KB262855

음애 이자와 기묘사림

陰崖 李耔 己卯士林

음애 이자와 기묘사림

초판 1쇄 인쇄 2004. 5. 20.
초판 1쇄 발행 2004. 5. 25.

지은이	정만조 · 이근수 · 정옥자 · 이성규
펴낸이	김경희
펴낸곳	(주)지식산업사
주소	서울시 종로구 통의동 35-18
전화	(02)734-1978(대)
팩스	(02)720-7900
인터넷	한글문패 지식산업사
	영문문패 www.jisik.co.kr
전자우편	jsp@jisik.co.kr, jisikco@chollian.net

등록번호	1-363
등록날짜	1969. 5. 8.

ⓒ 정만조 · 이근수 · 정옥자 · 이성규, 2004
ISBN 89-423-1077-X 93990

책값 20,000원

이 책을 읽고 지은이에게 문의하고자 하는 이는 지식산업사 전자우편으로 연락 바랍니다.

■ 위 : 음애 고택. 기묘사화 이후 음성의 음애동으로 옮기기 이전에 살던 곳이다.
■ 아래 : 음애 祠廟(不祧之廟). 대중국 외교에서 세운 공으로 선조 때 '不祧의 은전'이 사여 되었다.

■ 위 : 음애의 작은 집 옆으로 흐르는 계류.

■ 아래 : 사은정 아래 계곡의 釣巖. 음애가 조광조 등과 함께 낚시를 즐긴 곳이다.

卽事

연못물이 평평함을 보고 분수 지킴을 알겠고
물 대는 것을 보고 과업이 가득 찰 것을 기다린다.
구름의 그림자는 본래 자취가 없고
하늘의 모양은 길어 기울지 않네.
술 깨니 정신이 한가로이 명랑하고
시 지으며 편안히 앉아있네.
이것이 사람 가운데 경치이니
문득 백병이 씻은 듯 낫네.

《陰崖集》권1, 4b~5a.

기묘사화 이후 충주로 옮기기 전에 은거하던 마을, 음애동의 입구(음성군 소이면 비산리).

■ 위 : 濯纓仙榻(음성군 이소면 비산리). 음애동 계곡 바위에 음애가 직접 쓴 문자.

■ 가운데 : 음애동이란 글자가 새겨진 바위와 탁영선탑이 새겨진 바위 사이 계곡 아래 바위. 이 위에 정자가 세운 흔적이 남아 있다. 음애는 선비들과 함께 이 위를 배회하면서 시를 읊었다.

■ 아래 : 陰崖洞. 탁영선탑 刻字의 맞은편 바위에 새겨진 글자.

■ 위 : 劍巖쪽에서 바라본 마을의 모습. 멀리 팔봉서원이 보인다.

■ 옆 : 토계의 달천. 음애는 이 강물을 타고 왕래하였으며, 집이 좁아 이 강변에 헌 배를 매어두고 기거하기도 하였다. 시원한 바람이 불고 달 밝은 밤이면 부근에 살던 이연경이 배를 타고 올라와 함께 시를 짓고 낚시도 하며 仙人의 풍류를 즐겼다고 한다.

夢庵幽居(몽암에 숨어살다)

모재茅齋는 선명히 성긴 울타리 사이로 보이고
푸른 벽은 병풍이 되고 강은 연못을 만드네.
책상에는 시서詩書요, 병에는 술 있으니
음애의 생활 계획 이미 다 옮겼네.

음애가 말년에 은거하던 토계의 劍巖. 양쪽에 칼날처럼 험준한 바위가 闕門처럼
서 있고, 달천의 청류가 흐른다.

저무는 해의 심사는 그윽하고도 치우쳐
산문에 이를 때마다 홀로 오로지할 것을 생각하네.
수레나 말은 아예 없으니 시기가 일어날 일도 없고
고요한 뜰에서 종일토록 책을 보다가 잠자네.

《陰崖集》권1, 24a.

■ 아래 : 사은정(경기도 용인시 기흥읍 지곡리 소재). 여기서 음애는 조광조 · 조광보 · 조광좌와 함께 낚시를 즐기고 나물을 캐고 나무도 하고 농사짓는 隱者의 네 가지 즐거움을 누리며 학문을 닦고 이상을 꿈꾸었다.

■ 옆 : 사은정 가는 길.

팔봉서원. 이 자리가 바로 음애가 은거하던 몽암이다. 그가 죽은 뒤 이 자리에 서원이 건립되어 음애·김세필·이연경·노수신이 배향되었다. 이 언덕의 삼면을 달천이 감싸고 흐르고 있으며 오른쪽 강가에는 8개의 산봉우리가 우뚝 서 있다.

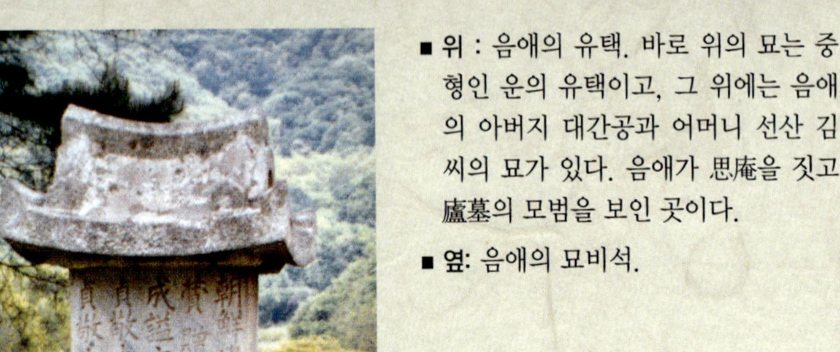

■ 위 : 음애의 유택. 바로 위의 묘는 중형인 운의 유택이고, 그 위에는 음애의 아버지 대간공과 어머니 선산 김씨의 묘가 있다. 음애가 思庵을 짓고 廬墓의 모범을 보인 곳이다.

■ 옆: 음애의 묘비석.

음애 이자_와 기묘사림

정만조 · 이근수 · 정옥자 · 이성규

지식산업사

책을 내며

역사는 인간이 창조한다면, 역사 연구는 역사에서 중요한 구실을 한 인물 또는 집단의 연구로부터 출발하지 않으면 안 된다고 해도 지나친 말은 아닐 것이다. 司馬遷의 《史記》 이래 역대 중국의 正史가 列傳을 가장 비중 있게 서술하였고, 전통적인 紀傳體를 계승한 최근 중국의 한 通史(白壽彝 主編)가 별도의 編章을 할애하여 중요 인물의 행적을 기술한 것도 바로 이 때문일 것이다. 혹자는 일체 인명을 거론하지 않는 역사 서술을 주장하기도 한다. 그러나 그러한 서술은 특정한 사건이나 주제와 관련된 인물에 대한 충분한 연구가 이루어진 이후의 단계이며, 역사의 어느 분야나 주제이건 관련된 인물에 대한 충분한 정보가 없으면, 그 성격은 물론 전체의 맥락도 제대로 이해할 수 없다는 것은 새삼 지적할 필요가 없다. 우리는 어떤 인물에 대한 정보가 필요한 경우, 급한 대로 역사사전 또는 인명사전을 참고한다. 그러나 그 사전들이 제공할 수 있는 정보란 본래 극히 한정된 범위를 벗어나기도 어렵거니와, 그 인물에 관한 자료의 정리와 연구가 선행되지 않으면 충실한 인명사전도 기대할 수 없는 것이다.

조선시대사의 경우 《國朝人物考》가 그래도 인물에 관한 일정한 정보를 제공한다. 그러나 이것은 행장·비문·묘갈 등을 그대로 모아놓은 것에 불과하다. 《조선왕조실록》에 짝하는 《조선시대

열전》이 필요하다는 공감대가 널리 확산되고 있는 것은 바로 이 때문이다. 그러나 이 열전이 바람직하게 편찬되려면 중요 인물에 대한 충분한 연구가 먼저 이루어지지 않으면 안 된다. 그럼에도 '거대 담론'을 중시한 탓인지, 영웅사관을 반대한 탓인지, 한국사 연구자들은 인물 연구에 큰 관심을 보이지 않았던 것 같다. 철학자나 사상가들의 '누구의 무슨 사상' 같은 논문을 제외하면 간혹 회갑이나 정년 기념논총들이 '역사와 인간' 類의 주제를 내걸고 간단한 인물 연구를 기획한 것이 눈에 띌 뿐 본격적인 전기나 평전은 오히려 비전문가들의 몫으로 넘겨진 듯한 인상이다. 이 책은 바로 이러한 현상을 조금이나마 타개하기 위하여 기획된 것이다.

이 책은 음애 이자에 대한 공동 연구서이다. 음애는 16세기 전반, 성리학의 이상을 조선사회에 실현하려는 사림파의 전형적인 인물로서 조광조와 함께 개혁정치를 주도한 기묘사림의 핵심 그룹 가운데 한 사람이었다. 그는 중종 4년 이후 홍문관과 승정원의 요직을 역임하면서 항상 사림파의 처지를 대변하는 데 앞장을 섰으며, 당시 가장 중요한 중국과 외교 현안을 해결하는 데도 주도적인 노릇을 하였고, 기묘사화에서 삭탈관직된 이후 음성 음애와 충주 토계에서 은거생활을 하며 학문에 정진한 醇正한 선비였다. 그의 수많은 저술은 대부분은 散逸되었고, 극히 작은 일부만 현재 《음애집》에 전할 뿐이다. 그러나 《조선왕조실록》은 그가 얼마나 기묘사림의 혁신정치에 주도적으로 참여하였는가를 잘 전하고 있으며, 현재도 남아있는 四隱亭(경기도 용인시 지곡리 소재)은 음애와 조광조·조광보·조광좌가 학문을 닦으며 풍류도 즐기면서 개혁정치의 이상을 키운 곳으로 기묘사림파가 형성된 생생한 역사의 현장을 보여주고 있다. 그리고 지금도 그 자취를 찾아볼 수 있는 음성 음애동의 그윽한 계곡과 충주 토계의 준엄하고 수려한 풍광을 접하면 그가 정치를 떠나 자연과 더불어 학문과 시문에 파묻혔던 만년의 은거생활이 떠오르는 듯하다. 기묘사림 파의 혁신 운동은 비록 좌절되었지만, 그 정신은 그 이후 조선 사대부의 중요한 전통이 되었다. 기묘사림에 대한 충분한 이해가 없이 조선시대의 정치, 사상, 학문을 제대로 논할 수 없는 것은 바로 이 때문이다.

기묘사림 또는 기묘사화와 관련해 항상 거론되는 사람은 조광 조이다. 그것은 그가 기묘사화에서 결국 처형되었고, 실제 중종 의 신임을 가장 크게 얻어 막강한 힘을 갖고 혁신 정치를 주도하 였기 때문이기도 하다. 조광조에 대한 본격적이고 전반적인 연구 가 시급한 것도 사실이다. 그러나 조광조의 중심 구실을 인정한 다고 해도 이른바 〈己卯黨籍〉에 오른 여러 士人들에 대한 일정한 연구가 없으면, 기묘사림의 혁신정치는 물론, 조광조 개인에 대 한 올바른 이해도 불가능하다. 이 책은 조광조에 가리어 거의 알 려지지 않은 기묘사림파 개개인에 대한 좀더 적극적인 관심을 촉 구하기 위한 것인데, 먼저 음애를 연구 대상으로 선택한 것은 《음애집》 정도의 저술과 《조선왕조실록》에 상당한 관련 자료가 있어 일정 수준의 개인 연구가 충분히 가능할 뿐 아니라, 특히 기묘사림의 이상과 개혁정치에 동참하면서도 지나친 과격성을 조 정하려고 노력한 음애의 학문과 덕행은 오늘날 우리에게도 커다 란 교훈과 시사가 될 수 있는 주제로 판단하였기 때문이다.

음애 연구를 처음 제안한 것은 李尙馥 교수(서울대 의대 명예 교수)였다. 평소에 음애에 관심을 갖고 있었던 그는 음애에 대한 재조명이 필요하다고 판단하였기 때문이다. 그러나 이 책은 음애 의 연구가 학술적 타당성이 있다고 판단한 연구자들이 독자적으 로 기획하였다. 즉 조선시대사 전공자인 정옥자·정만조·이근수 교수와 중국 고대사를 전공하면서 한국사에도 관심을 가진 이성규 교수가 함께 연구의 타당성을 검토하고, 각자 책임을 분담한 뒤 2004년 3월 말까지 일차 연구 성과를 모으기로 결정한 것이다.

개인 연구의 기초는 우선 그에 관한 정확한 정보를 제공할 수 있는 연보의 작성에서 출발하는 것이 정석이다. 《음애집》에도 盧守愼이 편찬한 〈음애행장〉과 李道興이 編次한 〈음애선생연보〉가 있다. 그러나 좀더 충실한 연보를 만들 필요가 있다는 데 의견이 일치하여 이 작업은 이성규 교수가 맡았다. 이 새로운 연보는 가능한 범위 안에서 음애에 관한 정보를 총망라하려고 노력한 것으로서 앞으로 음애 연구에 많은 도움이 될 것으로 기대한다.

정만조 교수는 음애가 기묘사림의 개혁정치에 중심이 될 수 있었던 배경과 실제 개혁정치에 얼마나 주도적인 노릇을 하였는지를 검토하는 작업을 맡아 〈음애 이자와 기묘사림〉을 썼다. 이 논문은 16세기 전반의 정치적 상황에서 기묘사림이 형성된 사정을 일단 살펴보고, 음애의 가계와 교우 관계를 분석하여 음애가 훈구 세력과 신진 士類 사이에서 개혁정치에 참여할 수 있었던 전후 사정을 밝혔으며, 지금까지 별로 알려지지 않았던 음애의 구체적인 정치적 구실을 부각함으로써 기묘사림과 그 개혁운동에 대한 이해를 깊게 했다. 이 글은 혁신에 동참하면서도 그 과격성을 반대한 음애의 정치적 태도를 높이 평가하였다.

이근수 교수는 《음애일기》의 분석을 담당하여 〈《음애일기》와 기묘사림의 개혁정치〉를 살펴보았다. 이 논문은 《음애일기》를 일단 조선 전기의 '野史' 전통에서 이해한 뒤, 《음애일기》의 내용과 성격을 분석한 것이다. 이 글에 따르면 《음애일기》는 음애가 직접 간여하였거나 견문한 사림파의 개혁정치를 기록하고 있기에 생생한 當代史이며, 동시에 기묘사림파의 개혁정치의 정당성을 주장한 기록이었지만, 음애 자신도 앞장섰던 기묘사림파의 중요한 일부 정책(賢良科·親迎·廟見)의 추진 전말을 기록하지 않은 것은 역시 그 과격성에 대한 반성과 회한으로 해석할 수 있다는 것이다. 이 글은 《음애일기》의 내용과 가치를 재조명하여 그 사학사적 의미를 부각하면서 사림파가 추진한 개혁정치에 대한 정치적 사상적 이해를 깊게 했다.

정옥자 교수는 《음애집》에 수록된 시문을 분석하여 〈음애 이자의 詩文學〉을 살펴보았다. 음애는 어려서부터 문장에 뛰어났고 특히 만년에는 시를 많이 지어 노수신이 행장을 편찬할 때에도 3,600여 편의 시가 남아 있었다고 한다. 이 글은 음애가 도학파에 속하였지만, 시문에도 탁월한 재능을 발휘하여 사장파와도 일정한 交往이 있었다는 것을 밝혀 음애의 정치적·사상적 성격을 간단히 정리하고, 시문에 나타난 가문의식·선비정신·은거생활을 집중 분석하여 16세기 성리학자의 한 전형을 부각시켰다. 특히 은거생활에 관한 부분은 조선시대 선비가 정치적 실의의 기간에 어떻게 살아가는지를 잘 보여주고 있다.

음애는 중국 使行에 두 번, 월경 문제로 한 번 각각 중국과 외교 교섭에 임하였는데, 이 문제는 이성규 교수가 담당하여 〈음애 이자의 對中國 外交 ― 正德本 《大明會典》 조선 기사의 개정 문제를 중심으로〉를 썼다. 이 글은 '이성계의 아버지가 이인임이며, 이성계가 고려의 마지막 4왕을 시해하였다'는 《대명회전》 기사의 개정을 요구한 조선의 외교 전말을 분석하여 조선 '명분 정치'의 국제적 외연을 고찰하여, 당시 대중국 외교의 실상과 성격을 이해한 것이다. 이 외교는 당시 조선의 '명분상의 사활을 건' 중대한 문제였다. 음애는 이례적으로 약 7개월을 북경에서 머물며 끈질긴 협상을 벌인 이 사절단의 副使였다. 그러나 주청사 파견을 강력히

발의한 이도, 성공적인 교섭을 실제 주도한 이도 음애였다. 선조 때 《대명회전》이 조선의 원하는 대로 개정되면서 음애가 공신록에 등재되고 관작이 추증된 것은 바로 이 공이 인정되었기 때문이다. 이 글은 단순히 음애의 외교적 활약을 소개하기 위한 것이 아니라 지금까지 전혀 주목받지 못한 기묘사림파의 對中國 外交 정책과 중국 인식 문제를 조명한 점에서 의미가 있다.

　이상 다섯 편의 글들은 모두 연구 기간이 촉박하여 각기 담당한 주제도 좀더 충분한 검토를 필요로 하지만, 이 다섯 편의 글들이 포괄하지 못한 주제도 적잖이 남아 있다. 그럼에도 일단 이 성과를 책으로 公刊하는 것은 우리 자신들이 앞으로 좀더 깊이 있는 연구를 다짐하면서 다른 연구자들의 적극적인 참여를 호소하기 위한 것이다. 우리의 뜻은 비단 음애뿐 아니라 아직까지 주목받지 못했던 기묘사림 諸賢들에 대한 연구도 활성화하기를 바라는 것이다. 그 연구들은 또다시 음애에 대한 이해를 더욱 심화시킬 것이다.

　끝으로 이 연구에 많은 관심을 갖고 격려해 주신 李尙馥 교수, 李德求 전 감사원 관리기획실장, 李亮求 전 용인 읍장, 그리고 흔쾌히 출판을 맡아 주신 지식산업사 金京熙 사장에게 감사를 표한다.

2004년 4월

필자들을 대표하여 이성규 씀

차 례

陰崖 李耔와 기묘사림

정 만 조

1. 머리말

역사란 무엇이며 또 어떤 것인가에 대해서는 사람에 따라 다르고 정의 또한 각양각색으로 내려질 수 있다. 그러나 그것이 인간 사고와 행위의 산물이며, 또 마치 큰 강이 흐르듯이 끊임없이 지속되는 변화의 과정이라는 데 대해서는 별반 이견 없이 동의할 수 있으리라 본다.

그러나 흐르는 큰 강물도 어떤 지점에 이르러서는 크게 방향을 꺾어 흐름이 달라지는 것과 마찬가지로, 역사에서도 지속적인 변화 속에 그런 변화의 누적으로 말미암아 어느 시점에 가서는 결정적인 큰 변화를 겪게 된다. 그래서 우리는 그런 변화의 시점에 따라 과도기를 설정하기도 하고 나아가 시대적 성격을 달리해 의미를 부여해 보기도 한다. 흔히 말하는 시대구분이 바로 그것이다.

조선시대도 계속적인 변화의 연속과정이었음은 물론이다. 그러나 그 속에는 그러한 변화의 공통적인 성격을 부여할 수 있는 몇 몇 시점의 큰 굽이가 있어서 시기의 구분이 가능하다. 임진왜란을 경계로 한 조선 전기와 후기의 구분이 그렇고, 다시 건국 초 1세기 동안 과도기적 성격으로서 創業期를 거쳐 그 이후에 전개되는 16~18세기의 守成期, 19세기 이후의 衰退期로 시기를 나누어 볼 수 있다. 그 가운데에서·가장 조선적인 특징을 보인 시기는 16~17세기라고 말하기도 한다.

이 기간을 중심으로 한 조선 중기설이 바로 그것이다(18세기는 조선적 특징인 爛熟을 거쳐 변화가 일던 시기라고 본다). 사림이란 사회세력이 주도하였기에 흔히 '사림의 시대'라고 부를 만한 이 조선 중기가 갖는 특징은 대개 다음과 같다.

먼저 이 시기를 이끌어 간 주도세력은 사림이다. 원래 사림이란 선비의 집단을 의미하며 일반적으로 관료까지 포함된 식자층 또는 독서인층으로 보아도 무방하다. 그러나 16세기에 들어오면서 사림의 의미는 후일 율곡 이이가 "마음속으로 三代의 古道를 그리워하고 몸으로는 儒行에 힘쓰며 입으로 法言을 말함으로써 公論을 가진 자〔心慕古道 身飭儒行 口談法言 以持公論者〕"라고 정의했듯이 먼저 자신에 대한 철저한 단련과 덕성함양〔修己〕에 힘쓰며 일상의 사회생활과 정치현실에서 古道에 나타난 의리의 실천과 구현을 위해 노력하는 존재로 의미가 달라졌다. 같은 文士라도 과거 응시를 위해 진부하게 경전의 구절이나 암송하고 화려한 詩句와 문체의 詞章에 힘쓰는 무리는 더 이상 사림의 범주에 들 수 없게 되었다. 그들은 利祿을 탐내는 심성이 바르지 못한 소인배로 간주되었다.

다음으로는 정치적인 면에서 정책 결정의 기준이나 정국 운영의 방식이 종전과 크게 달라졌다고 한다. 현실론을 앞세운 覇道的인 부국강병보다는 의리·명분을 바탕으로 한 인심수습과 안정을 우선하며, 소수권력집단에 따른 정책 결정보다는 가능한 한 지배층 전체가 참여한 토론에서 도출된 公論에 따른 결정과 정국의 운용 등이 나타난다는 것이다. 물론 명분과 논의를 높이다 보니까 필연적으로 의견을 같이하는 사람끼리 결속하게 되는 朋黨의 형성과 그로 말미암은 정쟁의 격화 — 종전 표현대로라면 黨爭 — 가 뒤따르게 되었음을 애써 외면하려는 것은 아니다.

그러나 私利를 도모하는 것이 아닌 공동의 善을 추구하는 公黨의 경우, 붕당이라 하여 배척되어야 할 이유는 없다. 성리학을 바탕으로 한 논리를 앞세워 白日下에 당당한 논전을 벌이는 행위를, 밀실의 음모를 통해 사적인 이해에 좇아 주요 정책을 결정해 버리는 정치형태와 같은 것으로 말해서는 안 될 것이다.

번연히 자기 붕당에 정치적으로 불리하다는 사실을 알면서도, 禮法에 맞게 함으로써 사회의 윤리질서를 유지하도록 하기 위해, 돌아간 임금에 대한 喪服의 격을 낮출 수밖에 논리를 펴는 黨人을 놓고 당파적 속성을 말할 수는 없는 것이다. 사림이 택한 이러한 정치형태는 붕당정치라 하며 15세기의 훈척정치나 18세기 이후의 탕평·세도정치와는 구별되고 있다.

사림이 주도하던 16세기 중반부터 18세기 전반에 조선의 사회·경제적 상황은 흔히 사림의 모집단인 兩班士族이 중심이 되어 운용되는 향촌공동체로 표현되고 있다. 유력한 사족들의 명단인 鄕案, 그 향안에 올라 있는 사족끼리의 유대관계를 규정해 놓은 鄕規와 그 물질적 토대로서 洞契 등을 통한 사족끼리의 결속과, 한편으로는 향촌사회의 자치적 운영을 위해 사족과 일반 향촌민 사이의 상호관계를 기록해 놓은 鄕約과 鄕會·鄕廳, 향촌민 구휼기구로서 社倉制 등에 의한 사족 중심의 향촌민 통제, 그리고 사림의 활동기반인 書院이 그것을 구성하는 주된 내용이다.

임진왜란 당시 사림의 주도 아래 다수의 향촌민이 참여, 자기 향촌을 방위코자 하였던 의병활동은 이런 향촌공동체의 존재의미를 단적으로 보여주는 예였다. 전란 뒤 복구과정에서 재건된 이러한 향촌공동체는 지주인 양반사족과 생산자인 농민의 공동노력으로 川防(농업용수 확보를 위해 내를 막는 것), 移秧(모내기), 畎種法(밭이랑 사이에 골을 파서 파종하는 것)과 같은 농법을 개량하면서 생산력을 높여 향촌사회의 안정을 가져오게 하였다. 이는 18세기 이후 본격화하는 유통경제 발전의 기초가 되었다고 한다.

사림이 활동하던 시기에 문화계의 양상은 한마디로 주자학풍 일색이라고 할 수 있다. 理氣心性論 중심의 사상논쟁이나 家禮 위주의 禮學 연구가 그러하였다. 다분히 관념적이기는 하지만 오랑캐인 만주족이 세운 淸의 지배를 받고 있었던 중국은 이미 문화중심지로서 중화의 가치를 상실하였고 오히려 명나라의 정통성을 계승한 조선이 — 명나라 황제의 제사를 지내는 萬東廟가 이를 상징한다 — 중화가 되었다고 믿는 문화적 우월의식의 팽배 역시 이러한 주자학풍의 결과로 볼 수 있다.

'사림의 시대'에서 파생된 歷史像은 위와 같이 다양하게 나타나지만, 그것이 처음으로 뿌리를 내리게 되는 것은 16세기 전반기 조광조 등 기묘사림이 주도한 도학정치의 시도와 성리학적 사회질서의 수립을 위한 노력에서부터라 한다. 바로 여기에 비록 그 당시에는 좌절되고 말았지만 후일에 꽃을 피우게 된 조광조를 위시한 기묘사림의 존재와 개혁정치가 갖는 역사적 의의가 있다. 이 글에서는 이런 커다란 변화의 중심에 서서 이를 이끌어 간 핵심적인 인물 가운데 한 사람인 陰崖 李耔에 대해 그 家系와 學緣, 그리고 정치적인 활동을 기묘사림과 대비를 통해 재조명해 보고자 한다.

2. 16세기 전반기의 정치정세

세조가 벌인 계유정난은 태종조 이래 세종을 거치면서 굳어진 집권세력의 재편성을 가져왔다. 皇甫仁·金宗瑞를 정점으로 한 문종·단종을 지지하는 정치세력과 함께 安平·錦城大君 등 일부의 文士 집단과 연결된 왕자 세력 역시 몰락하였다. 반면 首陽大君 시절부터 세조를 도왔고 그가 즉위한 뒤 공신으로 책봉된 세력이 정계의 요직에 포진, 정권을 장악하고 정국을 주도한 것은 당연하였다. 그들은 세조의 정치적 기반이었으며 그래서 왕실과 계속적으로 혼인관계를 맺으면서 친인척으로 얽히게 된다. 우리가 역사 용어로 부르는 '훈구파'나 '훈구척신 세력'은 바로 이들이었다. 이들 훈구계 인물과 그 동조 세력으로 구성된 훈구파가 세조 이후의 정치를 운영하였다.

그러나 이들만이 한 나라의 정치를 독점할 수는 없었다. 당장 세조의 처지에서 보더라도 훈구계가 그 정치기반이기는 했지만 그들이 정권을 독점하면서 생기는 군주권의 상대적 약화는 경계해야만 하였다. 그 자신이 權臣의 존재로서 왕위에 올랐던 만큼 세조로서는 자신의 통치 아래에서 권신의 존재가 성장하는 것을 용납할 수 없었다. 그래서 그는 科擧를 통해 새로운 관료로 등장하는 신진세력들을 이들과 분리시켜 그 견제세력으로 삼고자 하였다. 물론 과거를 훈구파가 운영하는 만큼 그 합격자도 훈구파의 영향 아래 있을 가능성이 많았다. 그러므로 세조는 그런 영향력을 배제하고자 군주가 직접 관여하는 登俊試·拔英試 등 특별시험을 실시했고, 이런 과정을 거쳐 관계로 나온 신진관료를 言官의 자리에 포진시켜 政曹에 자리한 훈구계를 견제하게 하였다.

그의 이런 정책은 뒤를 이은 예종과 성종에게도 계승되었다.

특히 13세의 어린 나이로 왕위에 올라 院相制 아래에서 훈구계로
부터 왕권의 훼손을 경험했던 성종의 훈구파 견제 시도는 더 적
극적일 수밖에 없었다. 영남 출신 김종직의 발탁과 그를 중심으
로 한 문인 집단의 형성, 그리고 그들의 언관직 진출을 통한 훈
구 세력과 대립 속에서 하나의 정치집단이 형성된 것은 이런 배
경 때문이었다. 김종직과 김굉필·정여창 등은 영남 출신이었지
만 그 추종자들이 모두 지방 출신이었던 것은 아니다. 거기에는
近畿지역이나 서울 출신도 상당하였다.1)

서울과 근기지역이 훈구계의 근거지이기는 했으나 한편으로는
그들로 말미암아 권력에서 밀려난 인물이나 그 후예도 많았고,
그렇기에 그들은 김종직과 門人 형식을 통하여 결집될 수 있었
다. 그뿐만 아니라 정권의 장기적 독점에서 오는 훈구계의 비리
와 횡포는 자체 내부의 비판을 불러오기도 하였다. 성종 연간 왕
실의 至親인 태종의 현손 李深源이 오히려 훈구계를 배척하고 김
굉필·정여창과 노선을 같이 하였던 것은 이를 보여주는 좋은 예
이다. 우리가 사림파라고 부르는 하나의 정치집단은 이렇게 해서
형성되었다.2) 경국대전 반포로 대표되는 성종 시대 통치체제의
완비와 유교정치의 발전은 왕권과 훈구 그리고 사림세력 사이의
삼각구도 속에서 구축된 정치의 안정 위에서 가능하였던 것이다.

연산군의 통치는 이런 권력의 상호 견제에 따른 삼각구도에 변
화를 가져왔다. 국왕의 일방적인 전제권 행사를 목표로 한 그의

---

1) 이병휴, 《조선 전기 기호사림파 연구》, 161쪽, 1982, 일조각.
2) 이상은 사림파 형성을 세조 대 이후 중앙정치의 전개와 관련해 훈구계의 상대
   로서 살핀 것이다. 그러다 보니 在地地主 출신으로서 사림의 존재는 다소 소홀
   히 언급된 것 같다. 그러나 Wagner(〈李朝 사림문제에 대한 재검토〉, 《전북사
   학》 4, 1980)와 이병휴 교수의 연구(앞의 책, 1982) 이후 종래 "여말선초 이래
   향촌지주의 후예로서 중소지주적 기반을 가졌다"는 사림의 향촌지주적 성격이
   사림파 형성에서 갖는 비중은 크게 줄었다. 그러기에 여기서는 정치적인 면과
   관련해 본 것이다.

정국운영 구도는 우선 권력 기반이 상대적으로 취약하면서도 비판의 기능을 수행해야 했던 사림계에 압력을 가하는 것이었다. 弔義帝文을 문제 삼아 김종직을 공격 대상으로 한 것이 바로 그것이었다. 그들이 정치적으로 거세되자 다음은 훈구계가 대상이 되었다. 임금 생모의 賜死와 관련지은 두 번째의 탄압으로 갑자'사화'라는 역사적 명칭과는 달리 사림계만이 아니라 훈구파의 피해 역시 엄청났다. 그들의 영수이던 한명회·윤필상 등이 이미 죽은 몸으로서 剖棺斬屍라는 형벌을 다시 받았고 일족은 종이 되어 가산이 몰수되는 그야말로 풍비박산의 지경에 이른 것이 그 하나의 예라 하겠다. 세조 이래 훈구세력은 이제 존폐의 기로에 놓였던 것이다. 결국 연산군은 자신의 목표인 전제권을 구축했는지는 몰라도 곧 훈구가 주축이 된 반발로 연산군은 축출되지 않을 수 없었다.

중종반정으로 정권을 장악한 쪽은, 물론 공신으로 책봉된 세력이었다. 전례 없이 117명에 달하는 공신 가운데에서 전대의 훈구적 기반을 가진 자는 삼분의 일에 지나지 않았고 나머지는 門地가 불투명하거나 훈구파와 친척으로 연결되는 정도였다. 그렇다고 종래의 훈구계열이 크게 쇠퇴했느냐 하면 그렇지는 않았다. 그들은 비밀스런 反正擧事에 가담하지는 못했다고 하더라도 중종 초의 정권 구성에는 적극 참여하였다. 鄭光弼·申用漑·安瑭 등으로 대표되는 그들은, 훈구계의 후예이면서도 김종직·김굉필·정여창 등과 일정한 학연을 맺었던 南袞·沈貞·李長坤·李繼孟 등과 함께 육조의 일반 정무직과 삼사에 포진하였다. 따라서 중종 초부터 한 십 년 무렵까지 정국의 운영추이를 본다면 朴元宗·柳順汀·成希顔의 이른바 反正 3대장과 일부 공신계가 政曹의 요직을 차지하고 비공신계 인사들이 나머지 관직을 구성하는

형세를 이루어서 성종 대부터 연산군 대까지 있었던 훈구 대 사
림이란 구도는 재현되지 않았다.

이 기간의 주된 정치적 과제는 연산군 지배 아래에서 파생된
각종 秕政과, 그 이전부터 누적되어 온 因襲과 舊制의 모순을 해
결하는 일이었다. 그러나 정권을 쥔 공신세력 자체가 그런 비정
과 얽혀 있어 그 청산에 적극적일 수 없었거니와 국가를 이끌어
나갈 만한 정치적 이념이나 통치질서 수립을 위한 능력을 갖지
못하였다. 그들은 연산군으로 말미암아 파탄에 처하였던 정치체
제를 반정으로써 회복한다는 데 만족했을 뿐, 더 이상의 정치변
화에는 관심이 없었다. 그래서 중종 9년까지 秕政의 청산과 개혁
을 논하는 주장이 아주 없었던 것은 아니나3) 별다른 반향을 일
으키지는 못하였다.

공신 중심의 고식적 정국에서 벗어나 변화를 구하려는 시도는
오히려 임금에 의해 선도되었다. 중종 초 이래 군주권을 견제하
던 박원종·유순정·성희안의 3대장이 차례로 죽은 데다 반정 일
등공신인 辛允武·朴永文이 역모를 꾀하다 처형된 중종 8년을 경
계로 공신세력의 약화가 뚜렷해지면서, 중종은 이듬해 정월 연산
군을 위한 死節人이 없었음을 통탄하고 나아가 임금에 대한 신하
의 절의를 새삼 강조함으로써 왕권 강화에 대한 강한 의지를 표
명하였다.4) 이어 친정을 통해 군주의 用捨權을 직접 행사하기도
하였다. 성균관 대사성 이하 유생 200여 명의 공동 천거로 趙光
祖·金湜·朴薰의 3인이 經明行修한 선비로 추천된 것도 바로 이
시점이었다.5) 임금으로서는 왕권 강화와, 새삼스럽지만 정치의

---

3) 昭陵復位, 魯山·燕山君의 立後, 戊午·甲子 被禍人 伸寃, 廢妃 愼氏 復位 등.
4) 《중종실록》 권19, 9년 정월 임진(27일).
5) 《중종실록》 권22, 10년 6월 계해(8일).

혁신을 바라는 민심에 부응하기 위해서는 이를 뒷받침하여 줄 정치이념과 지지세력이 필요하였다. 이런 경우 기존의 정치집단만으로는 부족하였다. 관료사회에 새로운 바람을 불러일으킬 신진 정치세력이 필요했던 것이다. 弔義帝文을 지어 군주에 대한 절의를 표방하던 김종직 계열을 이었고 至治의 재현이란 목표를 내걸어 도학정치를 표방하던 조광조의 정치이념은 바로 이러한 중종의 정치적 욕구와 일치하는 것이었다. 반정 직후에 추진되었어야 할 폐정의 개혁과 새로운 정치이념의 제시가 이 때 와서야 자리잡게 된 것이었다.

그동안 공신 지배체제 아래에서나마 간간이 표출되어 오던, 개혁을 향한 분산된 목소리들이 이제 한 접점에서 수렴되어 한 목소리로 정치적인 큰 힘을 발휘하게 된 것이다. 그 구심점에는 조광조가 있었고 여기서 후일 기묘사림이라고 불리는 정치집단이 이루어지게 된다.

이들 기묘사림에 관한 그동안의 연구 결과를 보면 그들의 출신성분은 이른바 공신계 또는 훈구계와 큰 차이가 없었다고 한다.6) 그들 대부분이 서울이나 近畿 지역 출신이었으며 일부가 충청도였다. 그리고 그들의 家系를 분석한 결과를 보더라도 상당수가 공신이나 고위관직을 지낸 집안인 일급 鉅族에 속하며 왕실과 혼인관계에 있었던 인물도 20퍼센트를 차지한다고 한다.7) 앞서 무오사화 때 사림을 박해하는 데 앞장섰던 尹弼商의 손자 尹光齡이 이 때 사림파 인물로 분류되어 〈己卯黨籍〉에 올라있기조차 하다. 따라서 출신성분으로서 훈구와 구별해 이들을 사림으로 규정하는 것은 큰 의미가 없다.

---

6) 이병휴, 앞의 책, 1982 ; 宋應燮, 〈중종 대 기묘사림의 구성과 출신배경〉, 《한국사론》 45호, 2002.
7) 송응섭, 위의 책, 2002, 167쪽.

조광조를 비롯한 그들의 공통점은 개혁에 대한 적극적인 자세와 성리학적 요소였고, 이런 면에서 자신들을 사류나 사림으로 불렀다.8) 그들은 그동안 인습에 젖어 폐단이 있음에도 침묵해온 여러 가지 문제점에 대한 개혁을 주장하였다. 內需司 長利와 忌晨祭·昭格署의 혁파가 그 대표적인 것이었다. 나아가 이에 대체하여 사회를 이끌어 갈 원리인 성리학의 보급을 위해 小學의 장려, 二倫行實의 간행, 師儒의 선정, 향약제 도입 등을 추진하였다. 이러한 개혁과 성리학적 가치관의 확산을 정당화하는 표상으로서 그들은 三代至治의 재현을 정치목표로 내세우고, 그 방법으로서 도학정치 실행을, 이를 위한 구체적 과정으로서 賢哲君主論을 펼쳤다. 그러나 그들의 이러한 개혁 추진은 공신을 축으로 하는 기득권 세력의 利害에 저촉되었다. 훈구적 기반에다가 반정공신으로 축적한 여러 가지 이권은 점차 부정부패의 증거로 지목되었다. 조광조 등 기묘사림이 내세운 君子小人論은 바로 이들이 그 적용 대상이었으며, 그것은 끝내 僞勳削除 요구로 표면화하였다. 이제는 정치생명까지 걸린 절체절명 위기에서 기득권 세력은 공신계를 중심으로 반발하지 않을 수 없었다. 몇 차례의 무력 도발이 있은 뒤 마침내 그들은 임금을 恐動하여 일거에 조광조 계열의 사림세력을 축출하는 데 성공하였다. 잘 알다시피 바로 이것이 기묘사화이다.

다시 한번 정리해 보면 기묘사화는 조광조 등 사림계 관료에 대한 공신계가 주축이 된 기득권 세력의 공격이었다. 그러므로 거기에는 공신계만 있었던 것이 아니다. 김종직의 문인이었던 남곤이 주동자였던 데서 보듯이 이미 사림계 내부의 분열이란 측면

---

8) 훈구와 구별되는 사림의 특징을 중소지주라든가 향촌적 여러 특징보다도 성리학에 있다고 한 지적은 E.W Wagner, 〈李朝 사림문제에 대한 재검토〉, 《전북사학》 4호(1980)에서였다.

을 갖고 있었다. 조광조 등이 군자소인론으로서 자기 파에 상대하는 세력을 소인으로 몰아 공격했던 데는 공신계 뿐만 아니라 사림의 범주에 속하면서도 도학정치론에 비판적이며 개혁을 방해하던 존재를 대상으로 한 것이었다.

기묘사화 이후 중종 말까지는 哀貞으로 알려진 남곤·심정이 주도하던 정국이 중종 25년까지 지속되고, 그들이 죽은 뒤인 중종 26년부터 32년까지는 金安老가 한때 정권을 농단하였다. 김안로는 그 부친 金訢과 삼촌 金詮이 김종직과 학연이 닿고 그 자신이 성종 대 사림파의 일원이던 朱溪副正 李深源에게 배웠으며 기묘사림의 일원이던 李耔와 동서 사이로 사림계와도 일정한 연관을 가진 인물이었다. 그래서 한때 사림계의 引進을 내세우기도 했으나, 자신의 권력기반 구축에 이용하는 데 불과했을 뿐 애초에 기묘사림이 추진했던 개혁이나 도학정치와는 무관하였다.

김안로 失勢 이후의 정국은 尹殷輔·洪彦弼·金克成 등 훈구적 기반을 가졌으면서도 사림계와 일정한 연결을 맺은 세력이 주도하였다. 그러나 이 시기에 이르러 훈구파냐 사림파냐 하는 성종 이래 정치집단의 존재는 더 이상 의미를 갖지 못하였다. 연산군 때의 타격과 후계자를 갖지 못한 채 노쇠화함으로써 훈구파는 이미 정치집단으로서 의미를 상실하였다. 다만 중종 말년에, 앞서 기묘사화 당시에 화를 입었으나 목숨을 보전했던 金安國·申光漢·權機·柳仁淑 등이 재기용되고 그들과 연결되어 기묘사림의 개혁이념에 공명, 정치에서 이를 실현하려 한 신진의 관료들, 즉 李浚慶·林億齡·具壽聃·李滉·李瀣·鄭希登·宋世瑩 등이 정계로 나오는 상황이어서 사림의 명맥은 부활의 조짐을 보이고 있었다.

이상이 음애 이자를 포함한 기묘사림의 활동과 관련되는 세조 연간의 훈구·사림세력의 형성에서부터 중종 말에 이르는 약 90

년 동안의 정치정세 추이이다.

3. 家系와 교우관계

음애 이자는 고려 말 都僉議贊成事를 지낸 稼亭 李穀과 牧隱 李穡의 후손이다. 가정과 목은 부자가 元나라에 들어가 급제를 하고 벌인 활동에 대해서는 이미 잘 알려져 있어 언급할 필요성을 느끼지 않으나, 다만 후일 이자가 다른 사류들과 교류할 때 그 학문적 배경이 되었던 점과 관련해, 목은에 대한 후세의 평가가 어떠하였는가를 잠시 검토하고자 한다.

조선 초에 목은에 대한 조정의 평가는 썩 우호적이지 않았다. 중국인 國子助敎 陳璉이 지은 목은의 墓誌가 문제되고, 이 바람에 문인이던 權近이 지은 행장과 河崙이 남긴 묘비명의 기록마저 재검토되는 과정에서 "이색이 두 임금을 섬기지 않았다"는 구절과 "甓寺(神勒寺)에 발원문을 지은 것은 중들이 하도 간청하기에 마지못해 응했다"고 한 구절에 태종이 반론을 제기하였다. 즉 태조가 위화도에서 회군하던 날 목은이 술을 보내어 맞이한 것과, 佛道를 좋아했음은 숨길 수 없는 사실이라 한 것이다.9) 사실 여부를 떠나 임금이 이렇게 단정한 이상 다른 이견이 있을 수 없었다. 그래서 후일 목은을 문묘에 종사하자는 의견이 일었을 때도 바로 이런 점 때문에 논의가 더 이상 진전되지 못했던 것이다.

목은의 문묘종사론은 세종 15년 成均司藝로 있던 金泮이 우리나라의 道學에 대해 李齊賢이 倡明하고 이색이 正統을 전했으며 권근이 宗旨를 얻었다 하여 처음으로 제기했으며,10) 이를 이어

---

9) 《태조실록》 권21, 11년 6월 무오(29일).
10) 《세종실록》 권59, 15년 2월 계사(9일).

세종 18년에는 성균생원 金日孜 등이 上言하였다. 특히 김일자는 목은의 불교관계를 변명하며 목은의 시에 "평생에 석가의 글은 알지 못한다〔平生不識釋伽文〕" "불교·도교의 두 길은 원래 무심히 지났으나 孔孟의 학문에 맴돌면서 두 귀밑 털이 희어졌다〔兩途自是無心去 洙泗沿洄髮已秋〕"고 한 구절과 韓愈·朱子·최치원의 불교와 관련된 故事까지 예로 들었다.11) 金泮은 바로 권근의 문인이고 김일자는 성균관에서 바로 김반에게 배웠기 때문에 이제현 — 이색 — 권근의 도통설에 따른 문묘종사론은 권근 계열의 문인들이 추진한 것으로 보인다. 그러나 세종 자신이 정몽주·길재의 절의를 말하면서 목은이 이를 다하지 못한 것을 아쉬워한데다가, 문묘종사를 추진하는 권근 문인들의 세력과 학통의 계승이 미약했던 탓인지 從祀論은 더 이상 나오지 못했다.

이렇게 조선 초에는 주로 節義 문제를 중심으로 목은에 대한 평가가 논의되었다면 성종 이후는 불교 관련 평가가 주제였다. 성종 8년 우승지 任士洪이 중국 문묘의 예를 들어 이제현·정몽주·이색·권근을 거론하였을 때 성종이 한마디로 "이색은 부처를 섬긴 자이니 어찌 문묘에 들어갈 수 있겠는가"라고 잘라 말하였고, 중종 18년의 경연에서 특진관 韓亨允 역시 고려의 풍속이 그러하여 어쩔 수 없었다는 점을 전제하면서도 목은이 불교에 미혹되었음을 거론하였다.12)

목은에 대한 士林의 종합적 평가는 士林의 정국 주도가 실현되고 사림의 시대가 본격화한 선조 초에 이루어졌다. 선조 2년 윤6월의 경연에서 당대 사림의 영수로 일컬어지던 奇大升은 목은이 공민왕 때 선비를 모아 가르쳤기 때문에 고려 말에 忠臣·義士가

---

11) 《세종실록》 권72, 18년 5월 정축(12일).
12) 《성종실록》 권82, 8년 7월 병술(21일); 《중종실록》 권48, 18년 7월 병술(18일).

<韓山李氏 李耔 家系 略圖>

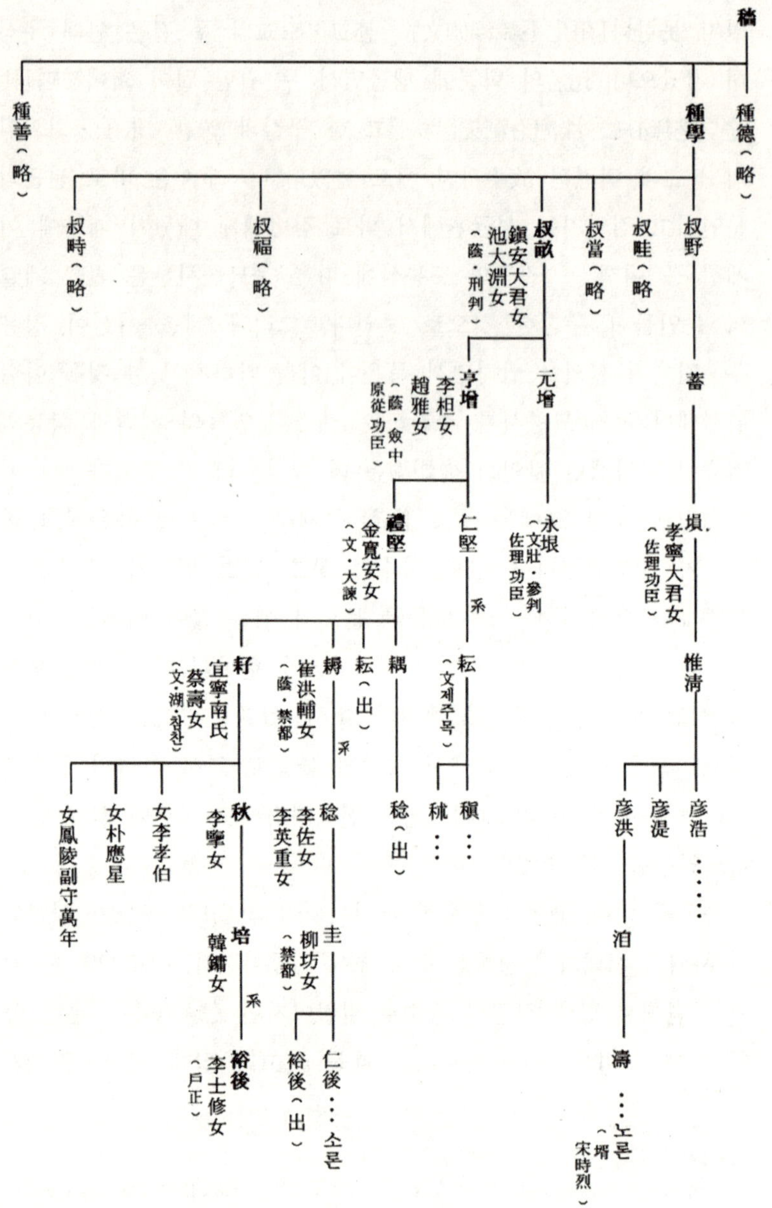

稿
種善（略）
種學
種德（略）
叔時（略）
叔福（略）
叔畝
叔當（略）
叔畦（略）
叔野
蓄
鎭安大君女 池大淵女（蔭·刑判）
元增
亨增 李桓女 趙雅女（蔭·僉中 原從功臣）
永垠（文壯·參判 佐理功臣）
埴 孝寧大君女（佐理功臣）
仁堅 系
禮堅 金寬安女（文·大諫）
惟淸
耔 宜寧南氏 蔡壽女（文·湖·찬찬）
耕 崔洪輔女（蔭·禁都）
耘（出）
耦
耘（文제주목）
秼
積
彦浩 彦湜 彦洪
女鳳陵副守萬年
女朴應星
女李孝伯
秋 李寧女
李佐女
李英重女
稔
稔（出）
培 韓鏞女 系
圭 柳坊女（禁都）
泊
濤
裕後 李士修女（戶正）
裕後（出）
仁後…소론
宋時烈…노론

많이 나오게 되었다 하여 교육에 힘쓴 그 공을 높이면서, 태종이
벼슬로 불렀으나 굽히지 않고 죽은 점〔不屈而死〕과, 숭불했다는
비난은 있지만 고려 풍속이 그러했고 문장이 뛰어났기에 불교 관
계 글이 나오게 된 것이라고 옹호하고는 "이 사람이 비록 학문하
는 가운데 말해지는 인물은 아니라 하더라도 氣節이 매우 높아
우리나라 학문의 源流가 된다"고 마무리하였다.13) 그러나 이러
한 그에게도 "此人雖非學問之人"이라는 단서를 붙인 데서 알 수
있듯이 목은을 우리나라 성리학의 정통에 자리 잡게 하는 데는
유보적이어서 정몽주에게 東方理學의 祖를 넘기고 있다.

음애는 목은의 5대 손이다. 목은에서 음애와 관련된 인물의 계보
를 간단히 표시해 보면 옆의 '韓山李氏 李耔 家系 略圖'와 같다.

음애 스스로 목은을 어떻게 보았는가는 그 〈自叙〉에 稼亭·牧
隱을 합해 "文章과 덕행이 드러나서 한 나라의 표본이 되었다"고
하는 외에는 잘 드러나지 않는다. 아마도 후손이기 때문에 先祖
에 대해 말하기가 어려웠으리라 짐작되지만, 그러나 〈別人〉이란
제목의 시에서 "稼亭·牧隱 조상의 유래를 내가 지켜오고 있다고
는 하지만, 先祖의 업적을 무너뜨리지 않는 그대에 견주면 도리
어 부끄럽다네〔稼牧從來吾有守 箕裘還愧彼無隳〕"라고 한 것14)을
보면 가정·목은 두 선조에 대해 강한 자부심이 있었음을 알 수
있다. 그뿐만 아니라 기묘사화 직후 벼슬에서 물러나 용인에 있
으면서 지은 《麟齋遺稿》의 발문에서도 族兄되는 우의정 李惟清의
집안에서 보게 된 그 선조 李種學의 유고를 접하고 감격해하며,
4대 130여 년을 지나 자신의 손으로 編錄하게 된 소회와 함께 자
손들에게 先祖의 큰 덕을 무너뜨리지 말 것을 재삼 당부한데서

---

13) 《선조실록》 권3, 2년 윤6월 기유(7일).
14) 《음애집》 권1, 七言律詩, 29장 후면.

도15) 가문에 대한 지대한 관심의 한 부분을 찾아 볼 수 있다.

위에서 말한 인재 이종학은 음애의 고조부였다. 목은에게는 種德·種學·種善의 3형제가 있었는데 3형제의 후손이 모두 조선에 들어가 번창하였다. 그 가운데 종덕의 후손은 조선 후기에 李顯英·基祚·徽祚·明彦 등에 이르러 소론의 대표적 가문이 되고 한 파는 영남으로 가서 大山 李象靖이라는 영남학파의 거봉을 배출했다. 종학의 후손은 중종 대 이유청이 영의정을 지내고 후기에 대체로 노론 가문의 색채를 지녔는데, 유명한 尤庵 宋時烈이 그의 현손인 德泗의 사위였고 여기서 7대를 더 내려가면 《華海彙編》16)이란 중국과 우리나라의 黨論 관계를 정리한 책을 낸 李源順이 있다. 또 종학의 다른 후손으로는 넷째 아들 叔畝의 자손이 있는데 음애 4형제가 바로 여기에 속하며 후기에는 李海昌……—必重—彝章이 文名을 드러내고 소론가가 되었다. 셋째인 종선 후손으로는 사육신의 한사람인 李塏와 靖難功臣으로 영중추부사를 지낸 李季甸, 성리학에 정통했다는 찬성 李坡, 《松窩雜記》의 저자 李墍 등이 있다. 이 집안은 붕당 정국 아래에서 노론(李秉泰·李秉常), 북인(李山海 후손), 소론(李巨源)이 함께 나왔다.

음애의 증조부는 종학의 여섯 아들 가운데 넷째인 숙무였다. 그런데 이 숙무는 태조 이성계의 맏아들인 鎭安大君 芳雨의 딸을 부인으로 맞아서 왕실과 연관을 맺는다. 무슨 인연으로 이러한 혼인이 이루어졌는지는 잘 모르겠으나 문과를 하지 않은 숙무가 음서로서 형조판서에까지 오른 것은 이런 혼인과 무관하지 않았을 것이다.17) 거기에 아들(즉 음애의 조부) 亨增이 僉知中樞院

---

15) 《음애집》 권2, 跋 〈跋麟齋遺稿〉.

16) 정만조, 〈李源順의 華海彙編〉(《趙東杰선생정년기념논총 한국사학사연구》), 1997.

17) 《세종실록》 권54, 13년 10월 기유(18일). 여기에 李叔畝의 아내를 韓山郡主로

事로서 세조의 原從功臣 3등에 책록된 것18)도 이런 영향 탓이 아닐까 한다. 음애 집안의 훈구적 성향이 드러나는 대목이다.

음애의 직계 선조로는 종학이 피살된 뒤 그 부인이 자손에게 科文 공부를 못하게 하여 문과급제자를 내지 못했다. 그러다가 음애 부친 禮堅과 그 백형 仁堅이 급제함으로써 과거의 길을 다시 열었고, 사촌형제인 永垠(음애의 당숙)이 문과 장원한데다가 음애의 4형제 가운데 음애와 중형 耘이 급제해 뒤를 이음으로써 文翰家의 명성을 되찾았다.

여기에 더하여 음애는 처가마저 문예로써 이름난 집안이었다. 처음 음애는 宜寧南氏를 맞았다가 사별한 뒤 蔡壽의 딸을 맞았는데, 채수는 본인이 예종 때 己丑文科에 장원하고 또 그 아들이 문과를 한 탓인지 사윗감을 성균관 유생에서 골랐다고 하며, 그래서 4명의 사위 가운데 金勘·金安老·이자 셋이 문과였고 특히 김안로·이자는 각기 丙寅科와 甲子科에서 장원하였다.19) 한 사람의 급제자만 나와도 집안 친척의 큰 경사로 여기는 당시의 풍습으로 볼 때 음애와 안팎으로 얽힌 친인척에 4명의 장원 급제를 포함, 10명의 문과급제자가 나왔다는 것은 대단한 영예였다. 음애의 이러한 가문적 聲價는 문과에 장원 급제한 그 자신의 능력과 함께 음애의 정치활동에 크게 작용, 그로 하여금 조광조·김정과 함께 기묘사림의 대표자로서 자리를 잡게 하는 배경이 되었다.

지금까지 살핀 음애의 가계로 보건대, 그 집안은 조선 초 당국자로부터 일시적인 박해를 받기는 했으나 곧 왕실과 혼인을 맺을 만큼 묵은 후손인 名家로서 지위를 누렸으며 세조·성종 연간 공

봉한다는 기록이 나온다.

18)《세조실록》권2, 원년 12월 무진(27일).

19) 南袞 撰,〈蔡壽碑銘〉,《國朝人物考》.

신에 책봉되는 등 훈구적 성향을 지녔으나, 연이은 과거 급제자
의 배출과 문한가로서 전통 때문에 사림의 정치이념에 생소하지
않았고 김종직 연원인 李深源의 학연까지 더하여 중종 10년 무렵
조광조를 중심으로 사림이 재집결할 때 음애가 그 頂點에 점 설
수 있었던 것이라 하겠다.

조선의 사림사회에서 교우관계는 여러 가지 인간적인 교섭과
계기를 통하여 이루어졌다. 친척과 인척, 고향을 같이한다는 사
실은 그런 관계의 출발점이었다. 그리고 학문적 수수과정에서 이
루어지는 師弟·동문관계는 교우관계를 형성하고 확산하는 가장
기본적인 계기였다. 나아가 관직에 나아갔을 때 같은 官署에서
맺어지는 동료관계와 현안 문제의 해결에 임하는 방법과 의견의
유사성, 연령의 근사성 등도 교우관계 형성에 작용하는 요소였
다. 그뿐만 아니라 조선시대에는 司馬試나 문과에 同榜으로 급제
하였다는 사실도 강한 유대의식을 갖게 하여 연령을 초월한 교우
관계를 갖게 하였다.[20]

이런 일반적인 예에 바탕을 두고 음애의 교우관계를 추적해보
면 대개 다음과 같다. 그가 스스로 지은 자신의 이력서인 〈自叙〉
와 〈연보〉에 따르면 그는 서울에서 출생했으나 지방관을 지내는
부친을 따라 그 임지인 영남과 관동에서 성장했다고 한다. 그리
고 7세부터 부친에게서 글을 배우고 12~13세 때 삼척 頭陀山의
中臺寺에서 독서에 정진하였던 만큼 여느 사람처럼 동향·同接의
친구는 없었다고 보인다. 그가 師承 관계를 맺게 된 것은 서울에
올라온 뒤 15세를 전후한 시기에 朱溪副正 李深源의 문하에 출입
하게 되면서부터였다. 深源은 태종의 현손으로서 김굉필의 문인

____

20) 《芝峰類說》 권16, 語言部 諧謔條. "吾東舊俗 特重司馬同年 視爲兄弟 同年之子
　　遇其父同年 則雖年少 禮敬如其父." 이런 풍속은 고려 말의 座主門生制의 유습
　　이 남은 데서 왔다고 생각된다.

이 되었으며 훈구세력의 비리와 횡포를 공격하는 데 앞장섰다. 이로 말미암아 훈구대신들의 미움을 받아 귀양 가기도 했고 마침내 연산군 10년의 갑자사화 때 집안이 멸문되는 화를 입었다.21) 그래서 深源은 종실 출신이면서도 이른바 전향사림파라 하여 성종·연산군 대의 대표적인 사림계 인사로 손꼽힌다.22) 음애가 다른 사람이 아닌 바로 이런 이심원의 문하로 나간 것은 아마도 훈구적 성향을 지녔던 집안을 의식하고 사림계로 무리 없이 전환하려 했기 때문이라고 생각된다. 아무튼 사림계 인물로서 음애의 출발은 이 때부터였다. 이 때 함께 한 同門의 벗으로는 李希輔·金公亮·宋世忠·李璿孫(종친 漆山正)이 있었다.

음애는 22세 되던 연산군 7년(1501)에 생원·진사의 兩試에 모두 합격하였다. 앞서 사마시의 同榜 사이에는 연령을 초월해 형제와 같은 유대관계가 형성된다고 했는데 이 경우에도 마찬가지였을 것이다. 음애 자신의 술회를 보더라도 金安國(1478~1543), 鄭忠樑(1480~1523), 成世昌(1481~1548), 柳雲(1485~1528)과 같은 이 때의 同榜들을 勝友라 했으며23) 후일 벼슬길에서도 상호 밀접히 연결되어, 뒤에 서술하겠지만 조광조 등의 개혁정치 움직임에도 비슷한 대응자세를 보였다.

사마시 합격으로 성균관에 遊學하게 되면서 교제의 범위는 더욱 넓어졌다. 〈自叙〉에 이 때 같이 講磨한 친구로 李長坤(1474~?), 沈貞(1471~1531), 李公仲, 李孝彦, 金希壽(1475~1527), 宋好義(?~1514), 宋好禮, 宋好智(1474~1526) 등 중종 이후의 정계에서 익히 접하게 되는 이름이 보이고, 그 가운데에는 심정과 같이

---

21)《연려실기술》권6,〈연산조 갑자사화 朱溪君 深源〉.
22) 이병휴, 앞의 책, 43~44쪽, 1982.
23)《음애집》권3, 雜著 34쪽〈自叙〉.

정치적으로 대립관계에 놓이게 되는 인물도 있다.

25세란 젊은 나이에 이룬 문과 급제는 음애의 교우관계를 크게 확대시켰을 것이다. 원래 문한가로서 명망 있던 집안 출신이었던 데다 식년문과에서 장원이란 명예는 당대 사림계에 그 이름을 크게 드러나게 했을 것이기 때문이다. 그러나 벼슬살이 이후에 새로 맺게 된 교우관계는 일일이 파악하기도 힘들거니와 그럴 필요도 없다. 그래서 그에 관한 기록에서 찾아지는 知友만을 거론해 본다면 權達手(1469~1504), 李堣(1469~1517), 權橃(1478~1548), 文瑾(1471~?) 형제, 柳雲 등이다. 특히 권발·이우·유운과는 近思錄을 선물로 주고받으며 愼妃 복위와 같은 민감한 정치사안을 논의할 정도로 가깝게 지냈다.

그의 정치적 생애에 가장 큰 영향을 주었던 조광조(1482~1519)와 언제 만났는지는 분명치가 않다. 다만 기묘사화가 훨씬 지난 뒤 조광조의 일족이며 함께 친하게 지냈던 趙廣佐의 아들인 趙沆에게 보낸 편지에서 그들이 함께 용인의 음애 先山 부근에 四隱亭을 세웠던 옛일과 관련해 밝힌 바에 따르면 조광조와 음애의 墳山이 같은 용인에 있고 조광좌·광보 형제의 田庄이 또한 용인에 있어서, "서울에 있으면 만나지 않는 날이 없고 용인으로 내려오면 함께 斗巖에서 川獵하며, 深谷에서 나물 뜯고 方洞에서 꽃구경하면서 切磨交益했다"고 하여 義同兄弟 實作道契하는 사이였다고 한 것을 보면, 용인의 같은 지역을 연고로 하여 서로 알고 친하게 지냈음을 알 수 있다. 이런 평소의 사귐이 중종 10년 조광조의 출사와 개혁정치의 추진에서 두 사람 사이에 공고한 결속을 가져오게 하는 원천이 되었던 것이다.

기묘사림의 주축이라 할 年少士類와 음애는 자연 연령에서도 그러하지만 십여 년 이상 차이 나는 급제 연월의 큰 차이로 평소에 접촉은 그리 많지 않았다고 생각된다. 음애 자신의 표현대로 先進으로는 鄭光弼・申用漑・安瑭・南袞・李惟淸 등이 있고 同輩로는 위에서 말한 權橃・柳雲・김안국・성세창・이장곤・심정 그리고 조광조・조광보 등이며, 흔히 기묘사류로 거론되는 인물들은 대부분 그 후배 대열에 있었다. 이들 후배와는 중종 10년 무렵, 이후 조광조를 중심으로 결속하는 과정에서 친교를 쌓게 되는 것으로 보아야 할 것이다.

음애에게 至治主義的 道學政治의 구현을 위해 志同道合했다는 표현대로 굳게 결속한 정치적 동지가 조광조였다면, 서로 면려하여 道義相磨하는 道友이면서 서로의 안위를 걱정하는 인간적인 신뢰 위에 마음을 허여한 知友는 權橃(沖齋)과 성세창(遯齋)이었다. 기묘사화 직전 禍機가 박두했음을 감지한 성세창은 병을 稱託하고 파주 別業으로 물러났으며 權橃은 음애・申鏛 그리고 조광조까지 설득하여 신진사류와 舊臣 사이의 갈등과 대립 완화를 꾀하다가 여의치 않자 삼척부사를 자원하여 나갔다. 음애는 이들을 전송하며 新・舊를 조정하려 하는 자신과 뜻이 같은 知己들이 물러나자 怏怏不樂하였다 한다. 후일 기묘사화 후 불만을 술로 삭이는 음애에 대해 權橃은 그 과음을 경계했고, 그 부음을 듣고는 슬피 울어마지 않았다. 성세창 역시 음애의 작고 소식을 듣자 "도의를 같이 논할 옛 친구 다신 없으니 (다시 누구 있어) 임금에게 옳은 말 아뢰기를 감히 기대하랴"라고 애도했다 한다. 조광조가 음애에게 정치적 동지였다면, 권・성 두 사람은 바로 出處의 心友였다고 하겠다.

기묘사화로 정계에서 물러난 41세 이후는 음애에게 失意의 시기였다. 〈自敍〉에 나타난 바로는 憤懣과 悔恨의 심정이 곳곳에 드러나고 있으며 거처도 음성의 음애,24) 충주의 兎溪 등 궁벽한 곳이어서 그야말로 杜門息交했던 만큼 교우관계는 말할 것도 없다. 배우려는 士子가 그를 찾지 않은 것은 아니지만, 김안국이 이천·여주에서 성리학을 강론하며 후진 양성에 열심이었던 것과는 달리, 自守 存養하면서《史評》25)과 같은 저술에 남은 정력을 기울이는 그에게 문인활동이 활발할 수는 없었다. 다만 충주 兎溪로 옮긴 이후에는 인근에 은거하고 있던 李延慶(1484~1548), 金世弼(1473~1533), 李若氷(1489~1547), 許礎 등과 서로 왕래하며 서로 학문을 토론하는 즐거움을 나누었다. 작고하기 몇 달 전 밀양부사로 부임하는 權橃이 퇴계 이황을 대동하고 이천에서 김안국을 만날 때 이연경·이약빙과 함께 여기에 참석한 것이 음애로서는 교우관계를 마무리한 마지막 자리가 되었다.26)

4. 정치활동과 개혁 참여

음애의 정치활동은 25세 때인 연산군 10년, 과거에 급제하면서부터였다. 장원 급제하였기 때문에 벼슬에 처음 나온 新及第者이면서도 단번에 6품의 품계를 받아 사헌부 감찰에 임명되었다가 千秋使의 서장관으로 명나라에 다녀온 뒤 이조좌랑을 거쳐 정랑으로 승진하였다. 그러나 갑자사화의 여파로 정국이 불안한데다가 그 부친마저 연산군에게 직언했다가 경상도 용궁·성주로 귀양간 상태여서 조정에 머물기보다는 外職을 원하였다. 그래서 의성현령으로 나가 3년 반 이상 재임하다가 그의 재능을 아낀 조정

---

24) 오늘날의 충북 음성군 소이면 비산리 음애동이다. 지금도 이곳의 바위에는 음애가 쓴 '濯纓仙榻'이라는 글씨가 刻字되어 있다.

25)《史評》은 사학에 밝았던 음애의 역사에 대한 논평을 모은 것으로 보이나, 현재 전하지 않는다.

26) 이상 〈음애 연보〉에 의거함.

관료들의 힘으로 중종 4년 8월 비로소 홍문관 수찬으로서 內職으로 옮겨,27) 이듬해 11월 부친상으로 물러나기까지 1년 남짓 동안 응교 등 주로 홍문관에서 벼슬하였다.

홍문관원의 직책이란 문한을 다스리면서도 임금의 顧問에 응하며 경연에서 임금의 학덕을 보좌하는 일이었다. 따라서 음애는 경연에 참여하면서 자신이 그동안 온축해 온 經史에 관한 역량을 발휘하여 영의정이던 金壽童으로부터 학문이 精微하다는 평까지 받았다.28) 삼사라는 별칭에서 보듯이 홍문관원은 兩司와 더불어 言論의 임무도 함께 지녔다. 그래서 음애 역시 정국공신이면서 탐학하였던 朴永文과 李苗의 奸狀을 탄핵하였고, 정몽주·길재의 충절을 들어 그 무덤의 보수를 건의하였다. 이 때 그의 활동이 평가되어 그는 부친의 喪服을 벗은 중종 8년 정월 홍문관 부교리로 다시 복직되었다.

이후 홍문관에서 벼슬하면서 왕실의 忌諱사항이라 하여 거론하기를 꺼리는 문종비 현덕왕후의 昭陵復位 문제에 관해 "개혁을 꺼리고 因循에만 머무는 것은 世間의 속된 견해"29)라 비판하며 "일이 되고 안 되고는 하늘에 달려 있고 사람의 화복은 명수에 있을 뿐"이라고 동료를 독려, 그 복위를 위한 언론활동을 주로 하였다. 그리고 마침내 그것이 실현되자 그 遷葬輓詞를 지으면서 節義의 중요성과 사림을 바른 길〔正道〕로 이끌기 위해서는 절의

---

27) 이와 관련해 〈음애연보〉에 보면 "士論以先生文學 可備顧問 宜內不宜外"라고만 되어 있어 누가 음애를 천거하여 끌어왔는지 분명하지 않다. 그러나 그의 지우인 성세창이 이 때 郎廳權을 행사하는 이조전랑의 자리에 있었고(《중종실록》 권9, 중종 4년 8월 을축(5일)조 史臣曰 이하 기사), 사림에 우호적인 申用漑가 이조판서이며, 후일 음애의 부탁을 들어 그 부친 李禮堅의 묘비를 지었던(〈음애연보〉 11년 병자조) 柳洵이 영의정으로 재임하고 있었던 사실에서 어느 정도의 짐작은 가능하다.
28) 《중종실록》 권12, 5년 8월 무자(5일).
29) 《음애집》 권2, 序 與柳從龍(雲).

의 배양이 필요함을 역설하였다.30) 특히 당시 비난의 대상이던 宋軼·洪淑·尹珣·姜徵을 탄핵하는 데 앞장서 士論의 지지를 받았으나,31) 임금에 거슬려 司諫에서 벼슬이 갈렸고 뒤이어 모친상을 당하여 중종 11년 10월 服을 마칠 때까지 벼슬에서 물러나 있었다.

이상이 대체로 25세 때 벼슬에 나온 이래 37세 때까지 음애의 벼슬살이를 살핀 것인데 4년 동안의 지방관직과 두 차례의 服喪이 겹쳐서 제대로 벼슬하였던 기간은 얼마 되지 않으나, 經史에 뛰어난 그의 능력을 인정받아 주로 홍문관의 직함을 가지고 경연을 통해 君德의 성취를 보필하고 淸論을 펴는 데 주력했다고 정리된다. 그의 이런 정치활동은 실은 당시의 정치상황에 대한 나름대로의 진단과 그에 대한 자신의 대책론에 바탕을 두고 있었다. 그는 廢主 연산군 때 자행된 秕政과 각종 비리가 반정으로 말미암아 완전히 청산되어야 함에도 현실은 그러지 못하다고 보았다. 앞선 시기에 간사한 행동으로써 나라를 그릇되게 한 어리석고 요망한 자들을 반정 뒤에 다스리기는커녕 도리어 벼슬을 더해 주고 으레 공신의 칭호를 붙여주는 잘못을 거듭함으로써 이제는 오히려 그런 무리들이 뽐내며 스스로 뜻을 얻었다 해서 조금도 꺼리는 바 없게 되었다고 하였다. 그래서 이익이 있다 하면 기강을 돌보지 않고 달려들어 禮를 범하고 悖亂을 일으킨 자들까지도 그것이 악한 줄을 알지 못하고 있으니, 이를테면 사회 전체가 부패와 私利 추구로 깊이 병들어 있다는 것이 그의 진단이었다.

이런 사회적 병폐에 대한 음애의 처방은 간단하였다. 그것은 刑法을 修擧하여 간신·昏妖를 정계에서 축출함으로써 국가 기강

---

30)《중종실록》권20, 9년 2월 경자(6일)조의 夕講.
31)《중종실록》권20, 9년 4월 임인(9일), 임자(19일).

을 확립하고 자기 한몸을 돌보기보다는 나라를 위해 정성을 다하는 인재를 뽑아 정치를 맡겨야 한다는 일종의 정치혁신의 단행에 있었다.[32] 그래서 그는 柳子光·宋軼·洪䃼 등 사리를 좇는 인물의 탄핵에 앞장섰으며 중국 한나라 때의 賢良方正의 제도 도입을 주장했던 것이다.[33] 부패한 현실의 개혁을 촉구하는 그의 정치적 주장은 여기서만 그치지 않았다.

일찍이 임금이 輔相에 대한 대책을 물은 적이 있었다. 이 때 그는 "성인이 정치를 논할 때는 반드시 보필하는 재상에 알맞은 사람을 얻는 일로서 으뜸을 삼았습니다만 끝에 가서는 반드시 임금 한몸에 책임을 돌리는 까닭이 무엇이겠습니까? 대개 임금이 조금이라도 성실하지 못하면 시비가 뒤바뀌어 간사한 것으로서 충성되다 하고 아첨하는 것을 도리어 성실하다고 하여, 마치 무엇에 둘러 씌어서 천지사방을 구별하지 못하게 된다는 播糠眯目의 옛말과 같아지게 되니 아무리 어린 자라 한들 무슨 수로 그 많은 일을 다할 수 있겠습니까. …… 宋儒 程頤가 말하기를 三代의 至治를 가져오려면 마땅히 삼대의 인물에게 맡겨야 하고 그러자면 반드시 삼대의 도를 써야 한다고 했습니다. 따라서 신 또한 이로써 전하에게 勉勵하려 합니다"[34]라는 의견을 올렸다. 정치는 어진 재상에게 맡겨야 하지만, 임금이 삼대의 古道를 믿고 이를 성실히 이행(즉 修己)하여야만 궁극적으로 태평성대의 이상향인 '지치'를 이룰 수 있다는 그의 정치관이 드러난다. 후일 조광조 등의 기묘사류가 개혁정치의 목표로 내세웠던 '지치'와 '도학(즉 고도)'이 이미 그에 의해 거론되고 있음을 보게 되거니와 조광조가 정치무대에 나서기 이전부터 실상 그는 이런 정치관에 바탕을 두

---

32) 〈음애일록〉 경오(중종 5년) 정월 11일, 계유(중종 8년) 9월.
33) 《중종실록》 권27, 12년 1월 신축(25일).
34) 《음애집》 권2. 輔相策.

고 '君德의 格正'을 위해 나름대로 고군분투했다고 하겠다.

그의 이런 정치활동과 주장은 조정의 주목을 받았다. 후일 개혁정치를 추진하던 기묘사림이 그를 자신들 주장의 대변자로 옹립하게 되는 배경은 이러한 그의 인상적인 정치활동에 있었던 것이다.

앞에서 언급한 바 있지만 공신세력으로 말미암아 무사안일 위주로 운영되던 정치가 변화를 타게 된 것은 대개 중종 10년 무렵 이후였다. 그동안 국왕에게 거북한 상대였던 반정 원훈 박원종·유순정·성희안이 모두 죽어 공신세력이 크게 약화되자 중종은 왕권의 강화에 큰 관심을 나타내면서 늦게나마 반정의 열기를 되살려 정치상의 변화를 구하려 하였다. 이런 임금에게 至治의 재현을 목표로 내세우고 인습의 타파와 도학정치의 실현을 주장하는 조광조의 정치개혁론은 관심의 대상이 되지 않을 수 없었다. 애초에 성균 유생의 천거로 벼슬에 나왔고, 바로 과거를 통해 언관을 거쳐 경연에 참여하게 된 조광조가 몇 년 사이에 대사헌에까지 오르며, 공신을 포함한 보수세력을 몰아내면서 개혁을 추진하는 커다란 정치혁신의 새바람을 일으킬 수 있었던 이면에는 이런 사정이 있었다.

그러나 조광조가 처음 정계에 나왔을 때부터 개혁을 위한 조건이 갖추어져 있었던 것은 아니었다. 그가 맞은 최초의 시련은 愼氏復位[35]를 주장했던 金淨·朴祥의 처리 문제였다. 대사헌 權敏

---

35) 愼氏의 복위문제란, 반정직후 왕비로 책립되었던 愼氏(후일 端敬王后로 追崇됨)가 반정당일 伏誅된 愼守勤의 딸이라 하여 폐출되었는데, 중종 10년 章敬王后가 元子를 낳고 바로 승하하자 담양부사이던 朴祥과 순창군수 金淨이 신씨의 복위와 아울러 그 폐출을 주장했던 공신 박원종 등에 대한 처벌을 주장한 것을 말한다. 이에 대사헌 權敏手, 대사간 李荇이 이를 邪論이라 하여 처벌할 것을 주장하고 영의정 柳洵, 좌의정 鄭光弼은 그 논의가 반드시 옳지는 않으나 이를 벌하면 言路를 막는다고 반대해서 金·朴 두 사람은 유배되는 데 그쳤으나 그 것도 바로 풀려 다시 조정에 벼슬하게 된다.

手, 대사간 李荇은 신씨복위론을 邪論이라 하여 金·朴 두 사람의 처벌을 주장하였는데 이 때 正言으로 있던 조광조는 권민수·이행이 언관으로 있으면서 도리어 言路를 막아 임금을 拒諫으로 이끌어간다고 거꾸로 공격하였다. 그래서 조정의 여론이 한동안 兩論을 각기 지지하는 쪽으로 갈라졌는데 영의정 유순과 좌의정 정광필이 절충론을 제시함으로써 金·朴 양인은 잠시 유배되고 權·李 양인은 언관직에서 물러나는 것으로 타결되었다.36)

그리고 조광조는 이후에도 홍문관 부수찬이 되어 경연에 참여, 자신의 견해를 개진하였으나 참석자들의 전폭적인 동조를 받지는 못하였다. 이런 경험을 하게 된 조광조로서는 자신의 주장을 뒷받침해주고 개혁론을 함께 구상하며 추진할 동조자를 규합할 필요성이 절실하였을 것이다. 자신과 함께 성균관 유생의 천거를 같이 받았던 金湜·朴薰과 유대를 강화하면서, 중종 12년 초 부제학으로 발탁된 金淨이 벼슬을 버리고 완전히 물러나려고 하자 편지를 보내어 개혁정치를 함께 할 것을 敦勉해 결국 개혁세력의 중심이 되게 한 것37)은 이를 방증해 주는 좋은 예라고 할 것이다.

동향으로서 평소에 知分이 얇지 않은데다 經史에 밝으며, 그동안의 벼슬살이를 통해 개혁지향적인 자세를 보여 관료 사이에 淸望이 높았던 음애에게 조광조의 관심이 쏠리게 되는 것은 이런 경우 극히 당연하였다. 음애 연보에 보면 중종 11년에 음애가 모친상복을 벗을 때쯤 조광조·조광보·조광좌와 함께 서울에 있으면 만나지 않은 날이 없고 고향 용인에 가면 함께 꽃 보고 쑥 태우고 놀아서 切磨交益했다고 표현하면서 그래서 이 때 四隱亭을 짓고 평생을 함께 하려 했다고 조광조와 志同道合한 관계를 말하

---

36) 《중종실록》 권23. 10년 11월 갑진(22일), 12월 을묘(3일).
37) 《연려실기술》 권8, 중종조(己卯黨籍) 〈金淨〉.

고 있는데, 그 시점이 바로 중종 11년 말이라는 점에 주목할 필
요가 있다. 그리고 중종 11년 12월 12일(무오)의 夕講 大學衍義
를 講하는 자리에서 검토관으로 참여한 조광조가 제왕의 학문으
로서 至治와 도학정치를 정식으로 거론하고 이어 다음해인 중종
12년부터 경연을 통해 도학정치를 표방한 개혁론을 본격적으로
추진하는 것과, 服闋한 음애가 중종 11년 12월 9일 홍문관 응교
로 복직, 이듬해 정월에 典翰으로 옮기면서 경연에 참여해 조광
조를 지원하며 신진사류의 의견을 집약하여 개혁론을 펴는 것과
맞추어 보면 위의 추리가 크게 잘못되었다고는 생각되지 않는다.

후세에 보통 기묘사림으로 불리는 중종 시대 개혁세력의 모태
는 조광조의 이런 노력 덕분에 형성되었고 거기에 신진사류가 결
집하여 기묘사림을 구성했던 것이다. 이런 기묘사림의 구성에서
음애의 위치는 항상 서열 1위였다. 연령이나 과거 급제와 그 이
후의 경력 그리고 관직 면에서 음애의 선배는 없었다. 굳이 따지
자면 김안국(1478~1543)이 나이가 2살 많은데다 사마시의 동방
에서 진사장원(음애는 2등 제18인)했고 음애보다 한 해 먼저 과
거했기에 선진이라 할 수 있겠으나, 그는 조광조의 군주중심의
급진적 개혁보다는 새로운 사회윤리와 통치질서 수립처럼 온건한
개혁에 관심을 두고 있어서,38) 크게 보면 기묘사림에 속하나 조
광조 세력과는 일정한 거리를 두었고, 한창 개혁 논의가 일던 중
종 11~14년 사이에 경상도와 전라도의 감사를 역임하느라 조정
에 머무는 기간이 짧았기 때문에 기묘사림의 핵심에서는 어느 정
도 벗어난 존재였다. 그러므로 음애는, 실질적인 영수는 조광조
였지만 기묘사림을 지칭할 때는 맨 먼저 거론되고 관직의 승진에
서도 항상 선두에 섰다.39) 실록에 의거해 볼 때 중종 12년 초에

---

38) 이병휴, 앞의 책, 1982, 110쪽.

서 기묘사류가 축출되는 14년까지 3년 동안 사림계의 대표적 인물이 거치는 관직은 대개 홍문관 부제학(直提學)ㅡ 승정원의 승지ㅡ 형조판서ㅡ 우참찬의 코스였다. 음애가 이 코스를 맨 먼저 밟았고 그 뒤를 김정이, 다시 그 뒤를 조광조·김식 순으로 이어졌다. 기묘사화가 일어나던 당시의 이들 관직이 우참찬(음애), 형조판서(김정), 대사헌(조광조)였던 사실이 이를 말해준다.

기묘사림의 개혁 논의가 본격화하는 것은 그 세력의 핵심부가 어느 정도 갖추어진 중종 12년 초부터였다. 그래서 앞의 2절에서 밝힌 대로 유교의 도덕적 명분 회복과 병폐를 자아내는 인습의 혁파 그리고 새로운 통치질서 이념으로서 도학정치와, 그 실천방식으로서 사림정치를 실현할 여러 가지 개혁책이 제시되고 논란되었던 것이다. 이러한 기묘사림의 개혁정치 추진과정에서 보이는 음애의 활동은 대체로 시기에 따라 다음과 같이 3단계로 나누어 볼 수 있다.

먼저 홍문관 典翰이 된 12년 정월부터 승정원 右副承旨로 옮긴 7월 말까지 7개월에 걸친 홍문관 재직 기간이다. 이 때 음애는 전한에서 직제학을 거쳐 홍문관의 長인 부제학의 자리에까지 올랐다. 홍문관은 왕의 顧問에 응하는 기관이니만큼 음애는 경연에 참석, 君德의 성취를 보필하면서도 과거제 개선을 위한 鄕擧里選制의 장점을 논하고 흉년구제의 대책을 마련하지 못하는 대신들의 무능을 질책하는 등 개인적인 政見을 내세웠다. 특히 鄕擧里選制의 건의는, 영의정 정광필과 예조판서 남곤 등이 과거제를 변호했지만, 임금의 호의적인 반응을 얻어 京外의 遺逸을 천거하게 하는 쪽으로 실현을 보았다. 그러나 홍문관에서 음애의 활동

---

39) 이에 대해 筆錄과 견문록에는 "己卯間 淸流推爲領袖 官至于參贊"이라고 사림의 영수라 표현하였다(《음애집》 권4, 부록).

은 이런 개인적인 데에만 그치지 않았다. 더 주된 임무는 홍문관에 포진한 金淨·尹自任·李淸·조광조·金絿·奇遵 등 기묘사림의 의견을 집약해 임금에게 올려 정책화하는 일이었다. "홍문관 직제학 李耔'등'의 箚子"라는 상소나 箚子의 첫 머리말이 이를 말해준다. 이 때 올린 疏箚 속에는 臣節에 어긋난 행동을 한 高荊山 權鈞 등에 대한 탄핵40)이나, 왕비의 私戚을 비호하는 임금에 대해 격렬히 항의한 揀諍41)과 함께, 새로 왕비를 맞이하는 데서 일찍이 왕실에서 이행하지 못했던 朱子家禮에 규정한 親迎禮를 古禮를 참조해 시행하는 문제 등이 들어가 있다. 특히 후자의 문제는 왕실의 의례에 일반 사대부의 예를 규정한 주자가례의 주장을 요구한 것으로 후일 선조 시대와 인조 이후 왕가의 특수성을 인정할 것이냐 사대부와 同禮를 할 것이냐를 놓고 벌어지는 예설 논쟁의 효시라는 점에서 주목된다. 그러나 여기서 그 내용을 일일이 열거하거나 검토할 필요는 없다고 본다. 그들 사이의 토론과 검토를 거쳐 나온 결론이어서 그것이 반드시 음애의 주장이라고만은 할 수 없기 때문이다. 단지 음애가 그런 결론을 종합해 구체적인 주장을 내세움으로써 사림 여론을 대변하는 主論者役을 했다는 점만 밝히면 되겠다.

음애는 중종 12년 7월 29일 승정원의 우부승지로 임명되어 이듬해 13년 5월 19일까지 약 10달 동안 도승지에 오르는 등 승정원에 머물렀다. 승지는 왕명출납이 주요 임무이니만큼 왕의 측근세력이다. 그뿐 아니라 경연에는 參贊官의 자격으로 참여해 國事 논의에 견해를 개진할 수 있었다. 실제로 음애는 승정원에 있던 기간에, 중종이 文定王后를 계비로 맞이하면서 행한 親迎禮의 후속절차로

---

40)《중종실록》권28, 12년 5월 무자(14일).
41)《중종실록》권28, 12년 7월 병신(22일).

서 며느리가 된 것을 사당에 아뢰는 廟見 문제에서 五禮儀대로 행할 것을 주장하는 南袞・申用漑・鄭光弼・金詮・高荊山 등에 맞서 古禮의 도입으로 고칠 것을 주장하는 사림계의 논의를 이끌었고42) 정몽주의 문묘종사 논의과정에서 불거진 僞辛(祐王)을 섬기는 欠節문제에 대한 조정의 난만한 시비논쟁에 대해서도 忠節에 초점을 맞출 것을 주장하는 등 적절한 해결책을 제시하였다.43)

그래서 史官은 음애의 이런 활동에 대해 "이 때의 승지 가운데 李耔는 성심으로 임금을 깨우쳐 주는 일이 많았다. 그러므로 사람들이 모두 그가 公輔의 자리에 오르기를 기대하였다"44)는 평가를 내리기도 하였다. 그러나 한편에서는 신진사류의 견해를 대변하는 음애에 대해 經史에 능통하고 治道를 알아서 평일에 사람들로부터 公輔의 기대를 받았던 인물임에도 연소배와 체결되어 詭激을 일삼고 老成을 배척하며 典章을 바꾸려 한다 하여 평생 배운 바가 씻은 듯이 없어지고 말았다고 하는 비난의 소리도 없지 않았다.

음애가 홍문관의 언관직을 떠나 侍從職인 승정원에 머물렀던 이 기간에는 그의 뒤를 이어 부제학이 된 金淨이 主論人으로서 사림의 여론을 좌우하였다. 개혁을 표방하되 비교적 온건한 언론을 펴던 음애와 달리 30대 초반의 젊은 나이로 연소 신진의 대표격이던 김정은 李荇・南袞・李惟淸・高荊山 등의 舊臣세력에 대해 君子小人論을 들어 공세를 강화하였다. 그런 만큼 공신계와 구신들의 반발도 거세져 수원부사 李誠彦은 조광조 등의 무리가 자기네와 뜻이 같은 자는 끌어들이고 다른 자는 배척한다는, 당시까지만 해도 죄악시되던 붕당의 논리로 반격을 꾀하였다. 여기

---

42) 《중종실록》 권29, 12년 8월 을사(2일), 8월 무신(5일).
43) 《중종실록》 권29, 12년 8월 무신(5일).
44) 《중종실록》 권32, 12년 12월 정묘(26일).

에 정광필·신용개의 의정대신들과 張順孫·權鈞·金詮 등의 중신들까지 언관들의 과격성에 대한 제재를 요청함으로써 이 시기의 정계에는 대간 시종과 대신 사이의 불화와 대립이 중요한 현안이다시피 하였다.

우부승지로 승정원에 들어온 이후 도승지까지 승진하며 승정원의 여론을 모아가던 이자 역시 이런 논란에서 피해가지는 못하였다. 언론의 주론자 자리에서 벗어났고 연소 사류와는 달리 온건한 자세를 견지하였다고 해도 기본적으로 그는 개혁세력이었다. 위에서 본 《史評》에서 公輔의 재목으로 인정하면서도 연소자들과 결탁해 詭激을 일삼고 옛 제도의 변경을 꾀한다고 비난한 것이 이를 증명해준다. 그러나 대신과 언관·시종직 사이의 갈등과 대립은 국정의 원만한 운영이나 개혁의 추진을 위해서는 물론이고, 신진사류의 정치적 장래를 위해서도 바람직한 현상은 아니었다. 신진사류의 인물로서는 가장 연장자이고 노성한 구신세력과도 원만한 관계를 유지하고 있던 음애가 신구세력 사이의 갈등을 완화하고 화해와 타협 속에서 개혁을 추진하는 쪽으로 활동하게 되는 것은 이러한 사정에서였다. 그러나 그것은 바로 실행되지 못했다. 宗系辨誣를 위한 奏請副使로 차임되어 정사인 남곤과 함께 중국의 북경으로 파견되었기 때문이다.

세 번째 시기는 도승지에서 대사헌으로 옮겨간 중종 13년 5월 19일부터 기묘사화로 축출되는 14년 말까지다. 이 기간에 그는 대사헌, 예조참판, 한성판윤, 형조판서, 우참찬 등의 관직을 거쳤으나 앞서 말한 대로 종계변무의 임무를 띠고 북경을 다녀오느라 약 8개월 반 동안 조정을 떠나 있었다. 따라서 그의 실제적인 활동은 使行에서 돌아온 중종 14년 4월 7일 이후였다. 사행의 임무를 제대로 수행하지 못했다고 해서 탄핵이 따랐지만 임금은 그를 바로 형조판서로 발탁하였고 한 달 뒤 우참찬으로 승진하였다.
이후 경연에 知事로 참여하였으나 侍講官이나 叅贊官 때보다는
횟수가 줄었고 발언기회도 많지 않았다. 그리고 그 자신의 개혁
열의가 다소 가라앉은 듯 좀더 신중해지고 온건한 방향으로 논의
를 폈다. 현량과에 장원으로 급제한 뒤 김정의 뒤를 이어 신진사
류의 주론자로 등장한 대사성 金湜을 임금이 경연관으로 겸임시
키려 하자 그는 전례가 없음을 들어 반대하면서 "무릇 조정의 법
은 함부로 고쳐서는 안 된다"45)고 말한 것이나 중종 14년 6월 23
일의 朝講에서 사화를 일으켜 사류를 많이 죽인 유자광에 대한
형벌을 반정 뒤에도 제대로 시행하지 못해서 識者들이 한스럽게
여긴다고 사간 朴世熹가 말하자, 그가 "송나라의 家法이 가장 바
르다는 것은 그 나라가 세워진 이래 사대부를 죽이지 않았기 때
문입니다. 지은 죄가 진실로 악하다면 법대로 해야 하겠지만 반
드시 잡아 죽이는 형벌〔刑戮〕을 쓰는 것만이 다스림의 지극한 도
리는 아닙니다. '너무 심하게 하지 않았다'는 것으로 보자면 꼭
형륙을 쓸 것만은 아닙니다"46)라고 하여 당시 사림이 절치부심
했지만 공신들의 옹호로 귀양 가서일망정 와석종신했던 유자광
문제에 대해서도 좀더 유연한 의견을 보였던 것이 이를 뒷받침한
다. 앞서 소릉복위를 주장하면서 "개혁을 꺼리고 因循에만 머무
는 것은 세간의 속된 견해"라고 몰아붙이던 때와는 커다란 차이
를 드러내고 있는 것이다. 개혁이 본격화하면서 연소사림의 개혁
열기가 더욱 뜨거워져서 賢良科와 특히 僞勳削除를 밀어붙이던
것과는 상반되는 그의 이런 자세 전환은, 물론 參贊이라는 재상
자리가 갖는 무게도 있겠지만, 矢幹係書47)사건에서 보이는 공신

---

45) 《중종실록》 권35, 14년 4월 갑신(21일).
46) 《중종실록》 권36, 14년 6월 을유(23일).
47) 矢幹係書란 화살 끝에 편지를 매어 의정부와 사간원의 대문에 쏜 사건이다.

계의 심한 반발에 대한 우려가 작용한 면도 적지 않았다.

중국 사행에서 돌아와 그 사이에 격화된 조정 정세에 대한 파악이 이루어지자 그는 신진사류와 老成官僚 사이의 신·구 갈등을 해소하고 대립을 완화하는 데 힘을 기울였다. 여기에는 權機·申鏛 등 그와 가까운 인물들이 동조하였고 한때는 조광조까지 뜻을 같이 하였다. 음애가 추구하는 개혁은 구세력과 불필요한 마찰을 피하고 그들과 화해를 통해 개혁을 추진하는 방향이 가장 바람직하다는 것이었다. 그러나 그의 이런 '화해와 타협 속의 개혁' 추구란 주장은, 개혁을 위해서는 구세력을 척결해야 된다고 보는 신진사류의 강경론 앞에 별다른 힘을 쓸 수 없었다. 신진사류의 제거를 획책하다 적발된 공신계의 金友曾·康允禧의 처벌에 다소 온건론을 견지했다고 하여 신진사류의 대표자이던 대사헌 조광조 자신이 바로 연소한 언관들로부터 탄핵을 받는 상황이 되자,[48] 權機은 장차 다가올 화를 피하여 삼척부사를 자원해 조정을 떠났고, 조광조는 끝내 연소사류의 요구를 받아들여 정국 폭발의 뇌관이라고 할 정국공신의 削勳(흔히 僞勳削除라고 함) 문제를 제기하지 않을 수 없었다. 음애의 '화해와 타협 속의 개혁' 노력이 물거품으로 돌아간 것이다. 그리하여 그 역시 형조판서로 임명되었을 때 후진으로서 선진을 제치고 벼슬에 뛰어 오른다는 혐의를 들어 사퇴하려 하였고, 중종 14년 5월에도 우참찬 자리에서 물러나기를 간절히 청하기도 했다. 그러면서도 그는 끝내 조정을 떠나지 않았다. 자신이 믿는 화해와 타협 속의 개혁론으로 정국의 파탄을 막을 수 있으리라는 희망을 버리지 않았으며, 그

글의 내용은 國政을 어지럽히는 위태한 인물이라 하여 趙光祖·李耔·金淨 등 기묘사류 30여 명의 이름을 써놓은 일종의 告變書였다〔《중종실록》 권34, 13년 8월 무자(21일)〕.

48) 《중종실록》 권35, 14년 3월 을미(2일).

리하여 기묘사화가 일어나기 직전까지도 영의정 정광필, 우의정 안당, 좌찬성 이장곤, 좌참찬 이유청 등과 더불어 위훈삭제 문제의 절충을 벌였다.[49) 그러나 정국공신의 개정이 시행된 다음날 밤 이른바 北門의 變이 발생해 결국 정계에서 축출되는 비운을 겪지 않을 수 없었다.

5. 맺음말

앞에서 16세기 전반기의 정치개혁을 시도하던 기묘사림과, 한때 이상적인 사회를 꿈꾸며 그들을 이끌어가던 한 양심적인 관료 학자의 전후반기로 나누어지는 극단적으로 대조되는 삶을 살펴보았다.

타고난 天分을 바탕으로 끊임없는 自己 수련과 省察을 통하여 이루어진 그의 인격과 경륜은 25세 때 장원 급제에서 시작된 淸華要職의 仕宦생활을 통해 구체적으로 실현될 수 있는 기회를 잡았고, 志趣契合하는 淸流眞朋마저 이루었으나 成事在天이라는 옛말처럼 결국 天人의 不合으로 挫折되고 말았다.

그러나 그들이 닦은 기초와 뿌린 씨가 있었기에 그들의 희생을 거름으로 하여 수십 년 뒤 사림정치가 꽃필 수 있었고, 전형적인 조선의 특징을 드러낸 사림의 시대가 올 수 있었다.

역사적으로 드러난 조광조라는 인물에 가려져 있던 또 한사람의 인물, 음애를 재조명하는 작업은 그래서 더욱 의미 있게 다가온다.

음애의 저술로는 〈書晦庵語錄考解後〉가 가장 순정하다 하며 시 3,656수와 銘·表·賦·辭·傳記·序說 등 합 74수 그리고 퇴

---

49) 《중종실록》 권37, 14년 11월 임진(2일).

귀한 만년에 정력을 쏟았으나 마치지 못했다는 《史評》이 있으나, 대부분 산일되고 현재의 《음애집》에는 그 일부만 전한다.

끝으로 음애의 생애와 정치활동을 추적해 오면서 그 인물을 어떻게 평가할 것인가를 생각해 보았다. 우리가 가진 零星한 음애에 관한 자료와 부족한 史才로는 당장 이에 대한 어떤 의견을 낼 수 없었다. 그래서 음애가 살던 당대인들의 그에 대한 평가로 대신하고자 한다. 그것은 그의 行狀과 輓詞에서 찾을 수 있다.

음애의 행장을 지은이는 을사사화에 죄를 입어 진도로 유배되어 20년 가까이 귀양살이하면서 성리학을 연구하고 선조 초 풀려나와 사림의 영수로서 영의정까지 지냈던 蘇齋 盧守愼이다. 그는 음애와 晚年을 같이하며 도의를 탁마하였던 灘叟 李延慶의 사위이고 그 인연으로 老境의 음애를 찾아 며칠 동안 侍奉까지 하였다. 그는 음애의 성품에 대해 타고난 천분이 아주 높았고 사람을 대할 때 부드러우면서도 엄격했다고 하였다. 그러나 사람마다 보는 관점이 다른지 음애 형제의 친구였던 김안국은 음애의 숙형 耘과 음애를 비교하여 운은 기절이 높아 마음을 허여한 친구가 적었고 時態를 잘 따르려하지 않았으나, 음애는 器局과 식견이 깊고 두터우며 부드럽고 너그러워서 형제가 극히 대조적이었다고 했다. 이를 본다면 음애는 사리가 분명하되 성격은 매우 온화했던 것 같다.

그의 학문은 쓸데없는 의리문자를 좋아하지 않고 오직 실질을 숭상하며 실천적인 데 바탕을 두었다고 하였다. 그리고 조정에서 그의 활동에 대해서는 이익으로 꼬이는 남의 말이나 눈치를 보지 않음으로써 사림에 큰 의지가 되었으며, 개혁을 지향하는 신진사류와 그들의 공격 대상이었던 구세력 사이의 대립을 조절하고 화해시키는 데 갖은 힘을 쏟았으나 젊은 사류의 반대로 뜻을 이루지 못했다고 하며 아쉬움을 나타내었다.

음애의 인품과 학문, 정치활동을 이렇게 논한 뒤에 노수신은 "슬프다! 그 부지런히 충군애국하는 마음은 오래 밭두렁에서 답답하게 지냈고, 나라를 다스리고 세상을 구하려는 당당한 큰 뜻은 이제 땅 속에 묻혔구나. 참으로 '이 사람에게 복이 없는 것이 바로 천하에 복이 없는 것이다'라는 옛말과 같도다"라고 하여 수십 년 후배로서 음애가 작고한 지 사오십 년 지난 뒤 그의 행장을 지으면서 자신이 보는 음애의 인물평을 마무리하였다. 그러면서 노수신은 음애와 동시대 인물들이 그를 어떻게 보았는가를 그 작고 당시에 이조판서의 자리에 있던 沈彦光의 만사를 인용해 다음과 같이 형용하였다.

영묘하고 높은 생각 큰 늙은이에 비유되나
한 세상 경장하려 했음에 세상 사람이 다 놀랐다네
詩禮에 의지하여 처음 벼슬길 나섰을 때
경륜이 반생을 그르칠 줄 어찌 생각이나 했으리오
벼슬하고 마는 것 하늘의 뜻이거니 기뻐하고 성낼 것 없지만
비참해지고 신세 피는 것은 땅에 따라 꽃 피고 지는 것과 같구나
궁하여 어쩔 수 없을 때 절개를 바꿈은 보통 할 수 있는 일이나
십 년을 임천에서 머물렀으되 오히려 아름다운 이름 그대로 가졌도다
英妙高懷擬老成　更張一世世曾驚
聊將詩禮修初服　豈意經綸誤半生
仕止在天無喜慍　慘舒隨地有枯榮
窮途易節尋常事　十載林泉尙令名

우리는 음애에 관해 역사적인 기록을 보면서 그 인물의 인품과 학문을 짐작할 뿐이다. 그래서 음애를 직접 대하고 일상에서 같

이 지냈던 사람들의 평가가 더 절실하지 않을까 한다. 이에 노수신과 심언광의 음애에 대한 평으로 우리의 음애에 대한 탐색을 매듭짓는다.

우리는 오늘날 젊음의 광분과 개혁의 홍수시대에 살고 있다. 세대간의 편 가르기는 고사하고 나이 들었다는 사실만으로서 마치 무슨 잘못을 범한 것 같이 뒷전 골방으로 내몰리고 있다. 정녕 개혁이란 이름이 붙으면 다 그럴까. 오늘날의 나라 형편을 보면서 500년 전 음애가 새삼 역사의 교훈으로 떠오른다. 조화와 화해와 타협 속에서 개혁을 추구한 그의 자세 때문이다. 역사는 교훈을 가르치지만 우리는 이를 받아들이는 데 너무 인색한 것 같다. 과거의 글자 속에서 음애를 우리 앞으로 불러내어야 할 것이다. 그래서 음애의 이름으로 '화해와 타협 속의 개혁'을 소리 높여 외치게 해야 한다.

《陰崖日記》와 己卯士林의 改革政治

이 근 수

1. 머리말

　　陰崖 李耔(1480~1533, 字 次野, 별호 楓林居士, 夢翁)는 정암 조광조와 함께 기묘사림의 대표 인물 가운데 한 사람이다. 이자와 조광조는 모두 선산이 용인에 있었던 관계로 서울과 향리 용인에서 많은 시간을 함께 하면서 학문으로 그리고 인간적으로 깊은 교류를 나눈 사이로서, 특히 홍문관과 승정원의 언관을 역임하면서 현실 개혁정치의 공론화에 늘 앞장섰다. 李耔는 25세인 연산군 10년(1504년) 문과에 급제한 뒤 사헌부 감찰, 의성 현령, 홍문관 부제학, 도승지, 대사헌, 형조판서, 좌참찬을 역임하였고, 기묘년 士禍로 관직을 떠나 은거생활로 생을 마치면서 수많은 저술을 남겼다. 그러나 그의 저술은 대부분 산일되었고, 현재 남아 있는 《음애집》은 그의 6대손 李道興이 李縡章의 도움으로 여러 해 동안 각종 문헌을 섭렵하고 자료를 수집하여 1752년(영조 28)년에 편찬한 것으로서, 이에 수록된 것은 그의 방대했던 저술의 일부에

불과하다. 이 《陰崖集》 권3에 《日錄》이 수록되어 있다. 李道興이
정리한 〈陰崖先生年譜〉에 따르면 李耔가 중종 4년(1509년)부터
《日錄》을 작성하였는데, 史家의 역사저술의 전통적인 방법에 따
라서 자신이 견문한 조정의 정사와 인물에 대한 평가 그리고 천
재 이변에 관한 사항을 直書하였다고 한다.1) 이 《일록》이 바로
이 글에서 분석하려는 《陰崖日記》로서, 《陰崖日錄》 또는 《陰崖雜
記》라고도 한다.2)

　〈陰崖先生年譜〉에 따르면 《日錄》이 중종 4년(기사년)에 시작하
여 중종 11년(병자년)에 그쳤으며, 중종 6~7년과 중종 10~11년
즉, 李耔의 부친상 및 모친상 기간에는 기록이 없다고 한다.3)
李耔는 중종 5년 11월 22일 부친상을 당하여 용인군 器谷面 智谷
里의 부친 묘소에서 廬墓를 치르고 三年喪을 마친 뒤인 중종 7년
12월에 서울로 돌아왔으며, 또한 중종 9년 8월 7일에는 모친 김
씨의 상을 당하여 모친을 부친묘소 옆에 장례하고 삼년상을 마친
다음 중종 11년 10월에 서울로 돌아왔다.4) 여기서 李耔는 중종
4년~11년 사이에 부모의 喪中으로 관직을 벗어난 시기를 제외하
고 현직을 담당하고 있는 기간에 《陰崖日記》의 기사를 기록한 것
을 알 수 있다.

---

1) 《陰崖集》 연보 중종 4년 기사년 윤9월 '始著日錄'항 "日錄 直書時政得失 人物賢
　　邪 天災時變 深得史家遺法."
2) 李耔가 이것을 편찬할 당시에는 '日錄'이라고 하였고, 17세기 초에 편찬된 《해
　　동잡록》은 《음애잡기》로 표기하였으며, 《燃藜室記述》 別集 文藝典故 野史類 조
　　에서도 《음애잡기》로 기록하였다. 하지만 선조 3년의 《실록》 기사에서 《陰崖日
　　記》라고 하였고(주121), 또한 16세기 말 편찬된 《해동야언》에서는 《陰崖日記》
　　라고 한 것에 의거하여 이 논문에서는 李耔가 세상을 떠난 직후에 관용적으로
　　사용한 《陰崖日記》로 부르기로 한다.
3) 年譜 4년 기사년 윤9월 '始著日錄' 항의 주 "起是年止丙子而 辛未壬申及乙亥丙子
　　先生居憂故無所著焉."
4) 《陰崖集》 연보 참조.

李耔는 중종 4년 이후 言官을 담당하여 성리학의 명분을 실현하고 도통을 확립하기 위한 개혁정책 — 昭陵追復·鄭夢周 文廟從祀·賢良科·親迎廟見 문제 — 등을 추진하는 과정에서 이들 문제를 '公論'으로 부각시키고 실현하는 데 늘 주도적 구실을 담당하였다. 이 과정에서 李耔는 본인이 직·간접적으로 관여한 이들 정책에 대하여 단편적으로 기록을 해두었으며, 기묘사화 이후 충주 兎溪 夢庵에서 은거하던 중종 25년 12월 말, 〈自敍〉와 〈書日錄末〉을 덧붙여 그 기록을 일단 마쳤다. 이처럼 《음애일기》는 李耔가 철저하게 자신이 관직에 있으면서 직접 관여하거나 見聞한 朝廷大事만을 기록하였기 때문에 그의 정치적 관심과 사상이 집중 표현된 저술이면서도 동시에 본인이 직접 겪은 사실을 중심으로 기술한 생생한 當代史로서의 성격을 아울러 지닌다.

따라서 《陰崖日記》는 중종반정의 전후의 사정, 반정 이후 사림 세력이 추진한 개혁정책과 정치운영을 이해하는 데 귀중한 자료가 된다. 이 글은 이처럼 역사자료로서 가치가 있는 《陰崖日記》에 대하여, 當代史를 서술한 野史로서 《陰崖日記》의 성격을 검토하고, 내용을 조목별로 나누어 《중종실록》 기사와 연계하여 정리하려 한다. 나아가 《陰崖日記》의 인물평가에서 드러난 李耔의 현실인식을 살피고, 《陰崖日記》 기사와 중종 대 기묘사림의 개혁정책을 대응하여 분석함으로써 《陰崖日記》에 나타난 정치사상과 아울러 그 사학사적 위치를 검토하고자 한다.

2. 朝鮮 前期 野史의 전통

《燃藜室記述》'野史類'조에는 조선시대의 야사 153편을 망라하여 들고 있다. 이 항목에서는 16세기에 저술된 야사로서 李耔의

《陰崖日記》를 포함하여 모두 42종의 야사를 제시하고 있다.5) 이처럼 이 글에서 살펴 볼 《陰崖日記》는 16세기에 편찬된 野史의 하나로서 지칭되었다. 《陰崖日記》를 구체적으로 분석하기에 앞서 먼저 야사로서 《陰崖日記》의 성격을 명백하게 하기 위하여 조선시대 야사 편찬의 전개와 야사의 개념을 살펴보기로 한다.6)

일반적으로 '野史'라 하면 국가기관에서 편찬한 사서인 '正史'에 대응되는 개념으로서 私撰史書를 가리키며, 私史·野乘·稗史라고 하기도 한다. 그러나 모든 사찬사서를 야사라고 부르는 것은 아니다. 조선 후기의 대표적 사찬사서인 《東史綱目》이나 《海東繹史》를 야사로 분류하지는 않는다. 그것은 위의 두 저서가 관찬사서인 정사의 편찬체제와 서술체제를 전형적으로 따랐기 때문이다. 이러한 점에서 본다면 조선시대의 '야사'는 사찬사서 가운데 기전체와 편년체를 포함한 전형적인 정사류의 편찬체제를 갖춘 사서를 제외한, 나머지 小說, 雜歌, 傳記 등의 雜著 내지 雜史類를 통틀어 지칭한다고 할 수 있다.

이러한 야사의 저술은 《破閑集》·《補閑集》·《櫟翁稗說》 등에서 알 수 있듯이 고려 후기부터 나타난다. 그러나 조선왕조 개창 이후에는 한동안 야사가 나타나지 않았다. 왕조 초에 야사가 편찬되지 않았던 것은 재야의 학자도 왕조 교체의 회오리가 몰아쳤

---

5) 《燃藜室記述》 별집 권14, 文藝典故 野史類 조. 이 항목에서는 '陰崖雜記'라고 되어 있으나, 《燃藜室記述》 본집의 燕山君 및 中宗朝 故事本末에서는 본문 기사를 서술하면서 참고 인용하는 책 이름을 들면서 모두 《陰崖日記》로 표기하였다.

6) 조선시대 야사의 용례와 개념에 대한 근래의 연구로는 李泰鎭, 〈조선시대 야사 발달의 추이와 성격〉(《又人金龍德博士停年記念史學論叢》, 1988), 鄭萬祚, 〈燃藜室記述의 편찬체제에 대한 재고찰〉(《한국학논총》 17,1994), 최이돈, 〈海東野言에 보이는 許篈의 當代史 인식〉(《한국문화》 15, 1994), 심승구, 〈조선 초기 야사편찬과 사학사적 의미-筆苑雜記를 중심으로-〉(《조선시대의 사회와 사상》, 1999) 등이 있다.

던 비상한 시국에서는 秘錄의 기술을 삼가는 관행에다가, 또한 조선왕조의 처지에서도 새로운 왕조 개창과 관련한 유언비어를 차단하여 왕조체제의 안정을 기하고자 하는 목적으로 이를 통제하였기 때문이라고 여겨진다.7)

조선시대 야사의 편찬은 15세기 후엽인 성종조에 비로소 나타나니, 위에서 언급한 《燃藜室記述》의 '野史類' 조에 따르면 成宗 ─ 燕山君 연간에 저술된 8종의 書冊이 야사류로 분류된다. 徐居正의 《筆苑雜記》와 姜希孟의 《衿陽雜錄》, 成俔의 《慵齋叢話》 등이 그것이다. 이 시기에 와서 사찬사서인 야사가 저술, 간행된 것은 호학의 군주인 성종대에 이르러 문치주의가 고조되고 집현전 ─ 홍문관으로 이어지는 학문연구 기관의 활성화로 많은 문사가 배출되는 시대상황이 이루어졌기 때문이다.8)

그러면 《陰崖日記》가 저술되기까지의 15~16세기 조선시대 야사는 어떤 의미를 지녔을까? 이 시기 야사의 개념을 각종 사료에 나타난 용례를 중심으로 살펴보면 다음과 같이 정리할 수 있다.

첫째, 중앙관서의 사관이 기록한 사서(정사)가 아니라 뜻있는 선비가 초야에 있으면서 보고 들은 바를 기록한 사서를 의미한다.9) 세종조에 야사의 개념을 이처럼 사관이 기록한 國史 또는 國乘과 대응되는 것으로 인식한 것은 이 무렵에 이러한 의미의 야사가 편찬되었다는 것을 시사해 준다.

둘째, 중앙관청의 관리인 사관이 기록한 관찬사서에 대응하여, 지방관이 지방의 사실 등을 주로 기록한 일종의 '外史'를 뜻한다.

---

7) 이태진, 앞의 논문, 1988, 107쪽.

8) 심승구, 앞의 논문, 1999, 388쪽.

9) 《세종실록》 권54, 13년 11월 병인 기사에서, 야사의 뜻에 대한 왕의 물음에 황희는, "이른바 野史라는 것은 사관이 기록한 것이 아니고, 뜻있는 선비가 山野에 있으면서 들은 바를 측면에서 기록한 것입니다"라고 대답하였다.

《陰崖日記》가 편찬되기 직전인 예종 — 연산군 시기에는 관찬사서(정사)는 춘추관의 사관이 왕실과 조정의 정사를 위주로 기록한 사서를 뜻하며, '야사'는 도사와 수령 등 외관이 草野의 善惡之跡을 기술한 史書를 지칭하는 것이다. 즉 지방관이 지방의 사정을 직필한 사서는 일종의 관찬기록이라 하더라도 지방의 일을 기록한 外史이기 때문에 '야사'로 지칭한 것이다.10)

셋째, 조선 초기에 이른바 '소설'로 분류된 사찬기록이 중종(16세기) 이후에 '野史(類)'로 분류되었다. 魚叔權은 고려조의 《破閑集》·《補閑集》·《櫟翁稗說》, 조선조 徐居正의 《筆苑雜記》, 成俔의 《慵齋叢話》 등을 우리나라의 대표적인 '소설'로 들고 있다.11) 관찬사서로서 정사가 전형적인 체제로써 기록된 사서임에 비하여, '小說'은 里巷의 전설이나 조정의 정사 등을 거친 체제로 기록한 개인 편찬기록으로서 雜記, 筆談, 野諺, 記聞, 漫錄, 日記, 言行錄, 見聞錄, 野談, 野話, 漫筆 등을 포함한다.12) 이 시기에는 개인이 형식에 얽매이지 않고 자유분방한 체제로써 중앙과 지방의 여러 방면의 관심사항을 기술한 이들 서책을 '소설'로 분류하였던 것이다.13)

야사에 대한 이 같은 개념은 중종 연간에 정치세력으로서 '사림'의 진출과 이들의 개인적 저술활동이 활발하게 이루어지면서 점차 달라진다. 즉 戊午士禍, 中宗反正, 己卯士禍를 거치면서 사림세력이 중요한 정치세력으로 표면에 떠오르게 되고, 이들에 따라 사화나 반정 등 정변의 사건 경위나 관련 인물에 대한 평가

---

10) 정만조, 앞의 논문, 1994, 60쪽 참조.

11) 魚叔權, 《稗官雜記》, 권4.

12) 정만조, 앞의 논문, 58~59쪽에서는 중국 四庫全書의 史部의 雜史類, 전기류와 子部의 소설가류(稗史·筆記·記聞·瑣說 따위)로 분류된 것 등이 조선초기의 필기·소설로 분류된 것에 해당한다고 하였다.

13) 이태진, 앞의 논문(1988) 110쪽에서는 이들을 '隨錄類'라고 분류하였다.

등을 개인적으로 저술하는 활동이 활발하게 이루어지면서 이들 기록이 '야사'로서 인식되었다.14)

야사에 대한 위와 같은 개념은 중종 때부터 달라지게 되니, 중종 15년 10월 기유의 朝講에서 侍講官 徐厚는, "중국은 國史가 갖추어지지 않더라도 文獻하는 사람이 많으므로 야사에도 상세히 실려 있으나, 우리나라에서는 국사에서 사실이 빠지면 후세에서 어떻게 알겠습니까?"라고 하였는데15) '야사'를 관찬사서인 국사와 대응하여 국사에서 사실이 누락되거나 빠질 때 이를 보완할 수 있는 것으로 그 의미를 적극적으로 해석하고 있다.

야사에 대한 개념이 국사·정사와 대응하는 것으로서 적극적인 의미를 지니게 되는 것은 임진왜란 이후에 더욱 분명하게 나타난다. 임진왜란을 당하여《춘추관일기》,《승정원일기》,《各司謄錄》등 국가의 관찬기록이 전화로 소실되게 되면서, 그때까지 전해지는 각종 개인의 일기 및 저술들을 소실된 관찬문서를 보완하는 중요한 사료로서 적극적으로 평가하게 된 것이다.16)

중국의 경우도 송·명대에 사대부 또는 縉紳 세력이 등장하면서 당시 붕당 사이의 대립과 관련된 논쟁 때문에 사찬기록인 '야사'가 성행하였던 것처럼 우리나라에서도 16세기 사림세력이 신진 정치세력으로 떠오름과 동시에 그들에 의해 야사의 저술이 성행한다.17) 그것은《燃藜室記述》'야사류'조에 실린 153종의 야사 가운데 16세기에 저술된 것이《陰崖日記》를 비롯하여 모두 42종

---

14) 이태진, 앞의 논문, 1988, 111쪽 ; 정만조, 앞의 논문, 1999, 63~64쪽 참조.
15) 《중종실록》권40, 15년 10월 기유.
16) 심승구, 앞의 논문, 1999, 384쪽.
17) 정만조 교수는 이 시기 야사의 개념을, '① 재야의 뜻있는 선비에 의해 ② 주로 전문한 바의 내용이 ③ 사사로이 기록된 것으로 ④ 《승정원일기》같은 국사의 궐루를 보완해 줄 자료가 되기는 하나 ⑤ 사료로서의 신빙성은 떨어진다는 것'이라고 정리하였다(정만조, 앞의 논문, 1994, 62쪽).

에 이르는 것에서도 드러난다. 이 16세기의 야사들의 성격을 다음과 같이 정리할 수 있다.

첫째, 16세기 야사는 서술체제가 대체로 '小說'類로 되어 있다. 이는 당시 야사를 편찬하는 주체인 사림세력들이 각종 정치적 사건에 직·간접으로 관련되면서 그들이 직접 경험하였거나 또는 목격한 것 그리고 개인적으로 傳聞한 것들을 단편적으로 기록해 두었다가 뒤에 이를 편찬하였기 때문이다. 따라서 이 시기의 야사는 관찬사서가 지니는 일정한 서술체제를 갖추지 않고 일기체나 기사체 등으로 당시의 정치적 상황이나 사건의 경위 그리고 인물에 대한 평가를 그때그때 단편적으로 기록하여 두었다가 나중에 그것을 서책으로 편찬한 것이 그 특징이다.

《陰崖日記》를 비롯하여 16세기에 저술된 단편적인 '야사류' 22종을 참고하고 인용하여 16세기 말에 편찬한 《海東野言》의 後序에서도, "조선 건국 후 200여 년 동안에 어찌 지나간 사실에 대한 말들과 행적을 알 수가 없는가? 국초에 야사를 금지함으로써 지나간 말과 행적을 기술한 작자를 들을 수 없으니 식자들이 이를 한탄하였다. 荷谷 許篈은 諸家의 '小說'을 모아서 이 책을 기록하였다"고 하며 《海東野言》에서 인용한 16세기의 기록들을 '소설'류로 지칭하였다.18)

둘째, 16세기에 이루어진 '야사'들은 16세기 말에 편찬된 《海東野言》, 17세기 중엽에 편찬된 《昭代粹言》, 18세기 말에 이루어진 《燃藜室記述》 등 야사의 通史와 叢書에 사료로써 인용되어 역사자료로서 구실을 하고 있다.19) 야사의 편년체 통사 형식을 처음

---

18) 《海東文獻總錄》 권3, 史記類 海東野言조.
19) 海東野言을 비롯한 野史叢書에 대하여는 정만조 교수가 상세히 분석 정리하였
    다(정만조, 앞의 논문, 1994, 66~69쪽 참조).

으로 개척한 《海東野言》에는 앞에서 언급한 대로 《陰崖日記》를 비롯한 16세기에 편찬된 22종의 사찬 '야사'를 발췌·인용하였으며, 이러한 방식은 18세기 말에 편찬된 조선시대 야사의 총결산이라고 평가할 수 있는 《燃藜室記述》의 편찬에도 그대로 채택되었으니, 앞에서 말한 대로 《燃藜室記述》에는 모두 153종의 '야사'를 묶어서 '야사류'로 분류한 것이다.

《陰崖日記》도 李耔가 時政得失·人物賢邪·天災時變 등을 '소설' 류의 형식과 체제로서 기록한 것을 기묘사화 이후 지방에 은거하면서 정리, 한 권의 책으로 편찬한 '야사'이다. 그러나 《陰崖日記》는 일정한 체제를 갖추지 않은 '소설'류의 기록이면서도 정치적 사건이나 그와 관련된 인물을 서술하는 데서 치우치지 않고 객관적으로 直書하여 후대의 야사 총서에 자주 인용될 정도로 역사 자료의 가치를 지니고 있다.

3. 《陰崖日記》의 내용

우선 《陰崖日記》의 내용을 다소 장황하지만 각 조목별로 열거하면서 관련이 있는 《중종실록》의 기사를 대응하여 검토함으로써, 《陰崖日記》의 내용을 좀더 심층적으로 파악하려 한다.

《陰崖日記》는 총 1권 47조목으로 구성되어 있다. 각 조목의 기사 내용은 아래와 같다.

① 중종 4년에 해당되는 조목

앞에서 살핀 대로 《陰崖日記》는 중종 4년(1509년) 윤9월부터 시작하는데, 李耔가 직접적으로 관여하거나 또는 몸소 見聞한 時政得失에 대하여 당시 기술한 현장감 있는 생생한 역사기록이다.

■ **1조목**: 중종 4년 윤9월 영의정 柳洵의 파직 기사. 영의정 유순의 파직 문제는 그가 수상에 합당한 인물이 아니라는 대간의 상소를 들어 윤9월 7일에 사직을 청하면서 표면화한다. 중종은 유순의 遞職을 요청하는 대간의 상소 및 본인의 사직 요청에 대하여, "首相은 모름지기 노성한 사람으로 하여야 하는 것이니 天變을 이유로 들어 사직을 말함은 불가하다"라고 하면서 윤허하지 않았다.[20] 이후 계속되는 대간의 상소에 결국 유순을 체직하고 박원종을 영의정으로 삼았다.[21] 李耔가 《陰崖日記》에서 대간의 상소를 중종이 받아들인 이 기사를 그 첫머리에 기술한 것은 그가 대간의 언론활동을 '공론'으로서 중요하게 여기고 있음을 상징적으로 보여 준다.

■ **2조목**: 윤9월 24일 災異로 말미암아 삼갔다는 기사이다.[22] 李耔는 天變과 災異 등 기상이변을 중요하게 인식하였다. 천변·재이와 정사의 관계에 대한 李耔의 인식은 중종 5년 2월 1일 晝講에서 검토관으로 참석하여 왕에게 올린 다음의 말에서 잘 드러난다. 李耔는 당시에 태백성이 대낮에 나타난 이상 현상에 대하여, "재변은 임금이 마땅히 경계하고 반성해야 합니다. 정전을 피하고 반찬을 감하는 것과 같은 것이 겉치레 같다 할지라도 恐懼修省하는 방법은 무엇이든 다 해야 합니다"라고 하면서 하늘의 견책에 대하여 반성할 것을 일깨웠다.[23] 李耔는 천변과 재이를 정사에 대한 하늘의 견책이라고 인식하여 《陰崖日記》의 여러 부분에서 기록하였다. 《陰崖日記》의 47개 조목 가운데 천변 재이 이상기후 등에 대한 기록은 모두 12개의 조목에 달한다.

---

20) 《중종실록》 권9, 4년 윤9월 병자(17일)의 전교 참조
21) 《중종실록》 권9, 4년 윤9월 병술(27일).
22) 《중종실록》 권9, 4년 윤9월 임오(23일).
23) 《중종실록》 권10, 5년 2월 정해(1일).

■ **3조목**: 10월 특진관 李墀가 鄭夢周의 증손녀이자 갑자사화 때 연산군에게 참살당한 趙之瑞의 처 鄭氏의 절개를 칭송하는 啓文을 올린 것에 관한 기사. 이 기사는 중종 4년 10월 25일 朝講에서 특진관 이우가 조지서의 처 정씨가 남편이 죽은 뒤 재산과 집을 籍沒당한 어려운 처지에서 남편 가문의 신주를 보존하고 제사를 받들어 온 절개를 특별히 드러내어 포상할 것을 건의한 사실24)에 바탕하여 기록한 것이다.

■ **4조목**: 11월 贊成事 李緝의 卒記와 그에 대한 평가의 기사.25)

■ **5조목**: 11월 대사헌 金詮이 부친의 병을 이유로 사직한 것과 관련한 기사. 이는 당시에 대간이 忌辰齋의 폐지를 주장하는 상소를 잇달아 올리는 와중에 臺官의 수장인 김전이 개인적인 일로 사직한 것에 대한 문제를 지적한 기사이다.

忌辰齋의 문제는 중종 원년 9월 5일에 중종이 기신재를 담당하는 내관을 설치하면서26) 표출되었는데, 이후 기신재의 폐지를 요구하는 상소가 계속되었다. 특히 중종 4년 9~10월에는 대간이 합계하고 대신들까지 나서서 이의 폐지를 요구하는 상소를 하자 중종도 이를 받아들일 수밖에 없는 상황이었는데, 대사헌 김전과 執義 權敏手가 미온적으로 대응하여 상소의 요구가 수포로 돌아가자 이를 애석히 여겨 이 기사를 기술하였다.27)

■ **6조목**: 11월 災異(大雪).

---

24) 《중종실록》 권9, 4년 10월 계축(25일).

25) 《중종실록》의 찬성사 李緝의 졸기는 《중종실록》 권9, 4년 8월 신사(21일)에 나온다. 따라서 《陰崖日記》에서 4년 11월에 이집이 죽었다고 한 것은 착오라고 생각된다.

26) 《중종실록》 권1, 원년 9월 신사(5일).

27) 기신재와 소격서의 폐지는 중종연간에 사림세력이 이단을 배척하고 성리학적 규범을 실천하는 차원에서 지속적으로 문제를 제기하였다. 李耔도 중종 12년 정월 12일 주강에서 소격서의 폐지를 주장하였다[《중종실록》 권27, 12년 정월 병술(10일)].

■ **7조목**: 12월 태백 晝見 災異: 元朝會와 禮宴을 간소히 치를 것을 명함.

■ **8조목**: 청계사에서 狂儒들이 經帖을 들고 갔으나, 寺僧이 鍮器를 몰래 가져갔다고 포도장에게 呈訴한 사건.[28] 李耔는 이 사건의 기술에서 寺僧이 거짓으로 呈訴한 일과 유생의 행태를 '末流之弊'라고 개탄하였다.

■ **9조목**: 대사헌 朴說과 대사간 成世貞이 경연에서 올린 朴永文 탄핵 상소와 捕盜將 柳世雄의 加資가 부당하다는 상소에 대한 기사.[29] 박영문에 대한 탄핵 상소는 중종이 11월 3일 무반 출신으로 반정에 공이 있는 박영문을 동반직인 공조판서에 제수하면서 표출되었다.[30] 박영문의 동반직 제수가 부당하다는 대간의 상소는 박영문의 추천으로 포도장 유세웅에 대한 파격적인 加資가 행해진데다가 영의정 朴元宗이 박영문을 옹호한 것이 더해지면서 증폭되어 당시 정국을 강타하였다. 결국 12월 25일 유세웅의 경우는 공론대로 처리하지만 박영문에 대하여는 이듬해 1월에야 체직시켜서[31] 이 문제는 일단락되었다.

당시 홍문관 수찬이었던 李耔도 중종 5년 1월 5일 석강에 검토관으로 참석하여 박영문의 과실과 죄상에 대하여 極論하고,[32] 1월 9일 조강에서는 대간의 상소가 계속되었음에도 중종이 '留難'하는 것을 비판하는 의론을 올렸다.[33] 이 사건은 왕 — 대신 — 대간으로 이어지는 정치구조의 문제를 상징적으로 드러낸 것으로서 李

---

28) 《중종실록》 권10, 4년 12월 계사(6일) 및 12월 병오(19일) 참조.
29) 《중종실록》 권10, 4년 12월 을사(18일).
30) 《중종실록》 권10, 4년 11월 신유(3일).
31) 《중종실록》 권10, 5년 1월 무진(11일).
32) 《중종실록》 권10, 5년 1월 임술(5일).
33) 《중종실록》 권10, 5년 1월 병인(9일).

籽는《陰崖日記》에서 대간의 의론을 公議라고 하면서 '公議'와 '公論'을 좇지 않은 영의정 박원종과 좌의정 유순정 등 대신들을 비판하고, 또한 대간의 상소에 대하여 우물쭈물 하는 중종의 대응도 아울러 비판하였다.

■ **10조목**: 氣像 이변 기사.

■ **11조목**: 12월 30일 대간이 박영문을 체직시키지 않은 데 대하여 불만을 품고 사직하였다는 기사.

② 중종 5년(1510년)의 기사

■ **12조목**: 정월 초 태백의 특이한 운행 기사.

■ **13조목**: 정월 9일 경연에서 대간이 박영문을 재물을 탐하고 음흉하다고 하여 탄핵한 상소에 대한 기사.

■ **14조목**: 정월 11일 정부와 六曹의 청에 따라 박영문을 遞職시킨 것에 대한 기사. 李籽는 이 기사에서 중종이 조정대사를 처결할 때 대신에게 參決토록 하고, 國是가 정해지지 않아 대신의 의논과 대간의 상소가 서로 모순될 경우에 중종은 반드시 세 번 생각한〔必留三思〕 이후에 대신이 함께 아뢴 뒤에야 비로소 이를 들어주곤 한다고 하였다. 李籽는 여기서 대신과 新進之士의 갈등, 그리고 왕의 우유부단함 등을 당시의 정치구조의 문제점으로 지적하였다.

■ **15조목**: 정월 18일 홍문관 상소에 대한 기사. 중종이 樂諫34)하지 않아 公道가 어그러지는 것을 비판하였다.

---

34) 이 15조목의 기사는《중종실록》권10, 5년 정월 병자 홍문관 부제학 이자견 등의 상소문에 바탕하여 기술한 것이다. 이 상소문에는 간함을 받아들이는 길에는 '樂諫'·'納諫'·'厭諫'·'怒諫'의 네 가지가 있다고 하며 아래와 같이 설명하였다. "마음과 행동에 과실이 없고 다스리는 도리에 결함이 없는데도, 오히려 경계하는 말을 듣고자 하여, 충성을 바치도록 인도하고 말을 다하도록 권장하는 것은, 이를 樂諫이라 하는데, 낙간하는 자는 흥합니다. 마음과 행동에 과실이

■ **16조목**: 2월 사헌부 관원을 파직 시킨 데 대한 기사. 清溪寺의 寺奴이자 內需司 奴가 誣告로 오랫동안 갇혀있게 된 것을 대비전에서 걱정한다는 말을 듣고 사헌부 집의와 장령 등이 請囑으로 그 자를 방면하였다. 이에 사헌부 관원이 좌천되는데, 李耔는 장령 柳仁貴가 이 의논의 장본인이면서도 허물을 감추고 태연히 있으면서 스스로 覈實하지 않음을 비판하였다.

■ **17조목**: 金友臣의 졸기에 대한 기사. 김우신과 그의 아들 金訢·金詮 등 아들에 대한 평가이다. 김전은 李耔의 동서인 金安老의 부친이다.

■ **18조목**: 3월 桃李의 꽃이 피지 않는 기상이변 기사.

■ **19조목**: 3월 5일 영의정 박원종이 사직하기를 청하여 金壽童을 영의정으로 삼았다는 기사.[35]

■ **20조목**: 興仁寺(《중종실록》에서는 貞陵寺라고 하였음) 舍利閣에 화재가 나서 유생들을 국문, 治罪한 사건에 대한 기사. 推官 등이 유생의 방화혐의에 대해 증거가 없다고 보고하자 중종이 친히 유생 등의 죄를 自筆하고 치죄한 것을 비판하였다.[36]

■ **21조목**: 3월에 서리가 내리는 기상이변에 대한 기사.

없지 않고 다스리는 도리에 결함이 없지 않으나, 말하면 곧 깨닫고 들으면 곧 고치는 것을 納諫이라 하는데, 납간하는 자는 창성합니다. 마음과 행동에 과실이 있어서 바로 잡아주면 기뻐하지 않고, 다스리는 도리에 결함이 있어서 간하여 다투어도 고치기를 싫어하는 것은 이를 厭諫이라 하는데, 염간하는 자는 쇠합니다. 허물과 악이 날로 드러나는데도 말하는 사람을 미워하고, 국사가 날로 글러가는데도 강경하게 다투는 사람을 미워하여 간하는 말을 행하지 않고 반드시 誅罰을 주는 것은 이를 怒諫이라 하는데, 노간하는 자는 망합니다"라고 하여 왕이 '樂諫'할 것을 건의하였다.

35) 《중종실록》 권10, 5년 3월 신유.

36) 《중종실록》 권10, 5년 3월 계미(28일)에는 貞陵寺 5층 舍利閣에 화재가 났다고 하였다. 또한 이틀 뒤인 중종 5년 3월 을유(30일)의 史論에는 이 옥사가 異端을 두둔하는 것이라고 비판하였고 또한 영의정 김수동의 미온적인 대응도 아울러 비난하였다.

■ **22조목**: 4월에 태백이 晝見하는 災異에 대한 기사.

■ **23조목**: 4월 4일 倭奴가 三浦를 노략질 한 이른바 '삼포왜란'에 대한 장문의 기사. 李耔는 식자들의 말을 빌어서 "장수는 교만하고 병졸은 기율이 없으니 어찌 적들을 막을 수 있겠는가?〔將驕而卒無紀律 何以禦敵〕"라고 개탄하였다. 좌의정 유순정이 都元帥가 되고 參知 安潤德 등이 중심 지휘관이 되어 결국 승전하였으나, 이에 대한 논공행상이 바르게 되지 않았음을 아울러 지적하였다. 李耔는 당시 홍문관 교리로서, 왜변에 대한 중종의 대응을 비판하면서 왕은 전란이라는 비상시국에 당면하면 臣僚들을 召對하여 衆論을 널리 들어서 그 中庸을 취하여야 한다고 하였다. 또한 장수를 임명하는 데 더욱 극진히 할 것을 주장하였다.37)

■ **24조목**: 朴元宗 卒記를 기록하면서, 박원종·成希顔·柳順汀 등 반정 3공신이 중심이 되어 감행한 中宗反正의 구체적인 과정에 대하여 자세하게 기록하였다.38)

■ **25조목**: 5월 개성유수 李世英 卒記. 39)

③ 중종8년(1513년)의 기사40)

■ **26조목**: 4월 중종이 인사행정을 親政한 기사. 賤微之官·庶

---

37) 《중종실록》 권11, 5년 4월 병신(11일).

38) 박원종 졸기는 《중종실록》 권11, 5년 4월 임인(17일) 참조.

39) 이세영의 졸기는 《중종실록》 권10, 5년 1월 병술(29일)에 있다. 《陰崖日記》의 기사와 《중종실록》 이세영 졸기의 사론부분은 내용이 같다. 《陰崖日記》에서 이 기사를 중종 5년 5월이라고 한 것은 착오라고 여겨진다.

40) 앞의 조목인 중종 5년 5월의 기사 이후에 李耔는 중종 5년 8월 말 越江하여 사냥을 일삼아 국경을 문란케 하는 평안도 북부인을 承服시키기 위해 3개월 동안 평안도 의주와 용천, 철산, 영변 등지를 순회하면서 머무른다〔《중종실록》 권11, 5년 8월 무신(25일)〕. 李耔는 11월에 모친의 병환 소식을 듣고 서울로 돌아 온 이후 부친상을 당하여 喪中인 2년여의 기간 동안 《陰崖日記》의 기록은 공백상태에 있다가 상을 벗은 중종 8년 4월부터 기록이 이어진다.

官의 경우는 종전대로 該曹에서 品第하여 낙점 제수하는 常政을 하는데, 다만 특별한 경우에 왕의 특지로 임명하는 친정을 하였다고 하여 인사행정을 常政과 親政으로 구분하였다. 李耔는 이 무렵 親政으로 말미암아 임명된 구체적인 예로 정광필과 본인이 각각 우찬성과 홍문관 부교리에 제수된 것을 들었다. 중종은 4월 1일 전교를 내리기를, "즉위한 뒤 일찍이 한 번 親政을 하였으나, 該曹의 注擬에 따라 落點할 뿐이었으니, 이는 常政과 다름없다. 내 생각에는 친정이란 銓曹가 궐원을 뽑아 아뢰면 친히 인물을 택하여 이름을 써서 제수하는 것이 옳으리라고 본다. 그러나 祖宗의 옛 일을 자세히 알 수 없으니, 속히 노성한 대신과 부원군·정부 및 이조·병조에 물어서 아뢰라"고 하여41) 인사행정에서 친정을 하겠다는 입장을 분명히 하였다. 이후 친정을 논의하는 자리에서 대체로 卑微한 관직은 銓曹에서 擬望하게 하고 대관과 요직은 왕의 친정으로 특지를 내려 제수하는 것으로 의론이 모아졌다.42) 실제로 중종은 그 이튿날 이조좌랑 金安老와 同壻 관계이기 때문에 상피의 제한이 따르는 훈련원 첨정인 李耔를 홍문관 부교리로 임명하고, 이어 아직 瓜滿이 차지 않은 함경도 관찰사 정광필을 의정부 우찬성 겸 함경도 관찰사에 제수하라는 파격적인 인사행정 전교를 내린다.43)

■ **27조목**: 성희안의 천거로 함경도 관찰사 鄭光弼을 의정부 우의정에 제수한 것에 대한 기사. 정광필은 4월 2일 중종의 '친정'으로 우찬성 겸 함경도 관찰사에 임명된 지 보름도 지나지 않

---

41) 《중종실록》 권18, 8년 4월 기해(1일).

42) 위의 전교를 내린 직후, 송일·김응기·유순·성희안·노공필 등 대신들과 의론하는 자리에서 이같이 의견을 모으니, 중종은 이를 받아들인다(《중종실록》 권18, 8년 4월 기해(1일) 위 기사 다음에 나오는 조항 참조).

43) 《중종실록》 권18, 8년 4월 경자(2일).

은 4월 15일 다시 2단계를 승진하여 우의정에 제수되었다.[44)]
《陰崖日記》의 27조 기사에는 정광필이 器局이 있으며 응접을 잘
하여 말과 행동이 休休하다고 평가하였다.

■ **28조목**: 4월 17일 소릉 遷葬에 대한 기사. 소릉은 文宗妃이
자 단종의 母后인 顯德王后(권씨)의 능이며, 현덕왕후는 단종을
낳은 후 세종 23년 9월 병사하였다. 문종이 즉위한 뒤 왕후로 추
존되었으나 세조 3년 왕후의 친정 동생 權自愼이 역모로 처형되
면서 왕후는 廢庶人되고 능도 廢陵되었다. 李耔는 소릉복위의 문
제를 성리학 명분과 관계되는 상징적인 것으로 중시하여 이에 대
한 자신의 인식을 기록하여 후세에 전하였다.[45)]

■ **29조목**: 5월 6일 문종비 현덕왕후를 太廟에 다시 모셨다는
기사.[46)] 현덕왕후를 태묘에 다시 모신 것은 앞의 '昭陵追復' 조
목과 연결되는 기사이다.

■ **30조목**: 5월 22일 밤에 큰 水災가 있었으며, 이와 관련하여
경기도와 함경도에 가뭄과 기근이 심하여 진휼정책이 필요하다는
내용의 기사. 중종은 5월 12일 경기도와 강원도의 한재와 기근에
대하여 특별히 전교를 내려 구황할 것과 災變을 방비하는 계책을
마련하도록 하였다.[47)]

■ **31조목**: 6월 8일 중종이 특지로 洪淑을 예조판서에 임명한
것에 대한 기사. 李耔는 이 기사에서 홍숙이 과거에 합격한 뒤
10여 년이 못 되어 嘉善의 지위에 올랐으나, 그 성품이 용렬하고

---

44) 《중종실록》 권18, 8년 4월 계축(15일).

45) 이 논문 4장 ② 昭陵追復 참조.

46) 《중종실록》 권18, 8년 5월 계유(6일), "顯德王后久廢廟享 陵侵不治 頃因講官之
言 考究其由 追廢之擧 出於一時大臣謬請 而非先王本意 乃以此博詢于朝 商度之
累月 群議僉同 予意已決 肆用祭告太廟 追復位號 開舊昭陵 遷付顯陵之左 去昭陵
舊號 合稱顯陵 于於本月初六日 躋祔神主於宗廟 配享文宗之室."

47) 《중종실록》 권18, 8년 5월 기묘(12일).

비루하며 財利를 인색하게 탐하여 사람들이 추하게 여긴다고 하여 비난하였으며, 이러한 홍숙을 예조판서에 임명한 중종의 '親政'도 당시의 물정을 저훼한 것이라고 하여 아울러 비판하였다.

李耔는《陰崖日記》의 46조목에서도 홍숙 등을 탄핵하는 기사를 실어서 이 문제에 대한 그의 비판적 인식을 보여주고 있다.

■ **32조목**: 7월 서울 지역의 洪水 災異에 대한 기사. 李耔는 이 때 수재로 산사태가 나고 성이 무너져 많은 사람이 수해를 입었음을 서술하였다. 이어 중종 즉위 이래 매년 가뭄과 흉년이 계속되는데도 관리들은 弊政에 젖어 직분을 받들지 않고 구차하게 문서에만 형식적으로 집착하여 백방으로 백성을 侵魚한다고 하면서 관리들의 안일한 직무수행 자세를 비판하였다. 이 해 여름의 수재는 함경도, 전라도 나주, 강원도 철원 등 전국에 걸쳐 있었으므로 중종도 8월 5일에 8도 관찰사에게 수재에 대한 반성과 하늘의 견책에 보답할 것 등에 대한 글을 내렸다.48)

■ **33조목**: 영의정 成希顔의 卒記.49)

■ **34조목**: 8월 국법으로 奉常寺에게 諡號의 의논을 주관토록 한 것에 대한 기사. 靖國 일등공신 張珽이 죽자 자손이 奉常正에 청탁하여 시호를 忠烈公이라고 한 것을 지적하면서, 당시에 하찮은 인물이라도 그 시호에 '文', '忠' 字가 들어가지 않으면 사람들이 괴이하게 여기는 세태를 비판하였다.

■ **35조목**: 9월에 대궐 안에 梨花가 만발하였다는 이상 기후에 대한 기사.

■ **36조목**: 柳子光의 아들 柳軫의 전 가족을 변방으로 옮긴 것에 관한 기사. 유자광은 중종 2년에 문사와 대간을 함부로 하고

---

48)《중종실록》권18, 8년 8월 경자(5일).
49)《중종실록》권18, 8년 7월 계사(27일), 성희안의 졸기 참조.

정사를 농단한 죄로 일가족이 처벌받았다. 유자광은 광양에, 그 아들 유진은 양산에, 유방은 산음에 付處하였다.50) 유자광이 配所에서 죽은 뒤인 중종 8년 6월에 유진은 어미에게 불효하며 그의 아우도 자결하게 한 不孝不悌의 죄목으로 문죄되었으며, 결국 9월 5일 사형을 감하여 全家徙邊의 처벌을 받았다.51)

李耔는 유진의 不孝不悌에 대하여 諫院과 시종이 의론을 합하여 마땅히 사형을 시켜야 된다고 주장하였는데도 왕이 특별히 死罪를 면하게 한 것을 지적하였다. 그는 중종이 유진의 사형을 면하게 한 것을 "형정을 시행하면서 불효를 죄주는 것보다 더 중요한 것은 없는데 당장 베푸는 은혜〔姑息之恩〕가 마침내 大仁을 해치게 되었다"고 비판하였다.

이 기사는 이 사건에 대한 당시 신진지사의 견해와 상통하는 것으로서,52) 유자광에 의해 주도된 무오사화에 대한 李耔의 비판적 인식이 드러난다.

■ **37조목**: 우의정 鄭光弼이 경연에서 皂隸와 水軍의 업무와 같은 지엽적인 일들을 청한 것에 대한 기사. 李耔는 이 기사에서 정광필이 세간의 기대를 받으며 대신이 되었는데, 가장 먼저 건의한 것이 기껏 사령들에 관한 사소한 일 몇 가지뿐이고 이후에도 드러난 것이 없다고 하면서 정광필이 재상에 합당하지 못함을 우회적으로 지적하였다.53)

■ **38조목**: 10월 14일과 18일의 災異에 관한 기사. 李耔는 이 때의 기상 이변이 국가의 기강이 없어지고 형벌이 원칙을 잃은

---

50) 《중종실록》 권2, 2년 4월 병신(23일).

51) 《중종실록》 권18, 8년 6월 계묘(6일) 및 8년 9월 경오(5일) 참조.

52) 《중종실록》 권18, 8년 9월 무인(13일)조. 韓效元·蘇世讓 등 신진지사들이 유진의 사형을 감하는 중종의 결정이 국가의 강상을 무너뜨리는 것이라고 비판한 것에서 이를 알 수 있다.

53) 《중종실록》 권18, 8년 9월 계미(18일).

徵驗이라며, 이어서 鄭莫介의 고변 문제를 기술하였다. 즉 이 때의 기상이변이 정막개의 고변과 같은 政變에 대한 하늘의 견책이라고 인식한 것이다.

■ **39조목**: 10월 22일 의정부 奴 鄭莫介가 박영문과 辛允武를 告變한 사건에 대한 기사. 이 사건은 박원종·박영문·신윤무 등 반정공신이 관련된 옥사로서[54] 당시에 매우 충격적인 사건이었다. 《陰崖日記》에서는 이 옥사를 길게 기술하였는데, 특히 10월 25일의 논공행상의[55] 문제점을 강조하였다. 중종이 고변자인 정막개에 대하여 '忠誠節義之士'라고 지칭하면서 벼슬을 더하여 주고 보물을 하사하는 등 포상을 지나치게 하였으며, 이 결과 士氣가 회복할 수 없을 만큼 크게 떨어졌다고 하였다.

■ **40조목**: 11월 좌의정 鄭光弼이 경연에서 柳子光의 공신 훈적을 삭탈하는 것이 불가하다고 건의한 것을 비판하는 기사. 《실록》에 따르면 정광필은 중종 8년 11월 12일 朝講에서, 이미 죽은 유자광의 翼戴功臣의 勳籍을 삭제하는 것은 지나친 처사이니 그의 훈적을 환급하여 중종의 忠厚한 기풍을 배양해야 마땅하다는 의론을 내었다.[56] 이 《실록》 기사의 史論도 간사하고 용렬한 유자광을 보호하고 용납하는 것은 왕의 충후한 덕성과는 관계없는데도 정광필이 감히 忠厚한 기풍을 내세워 유자광 훈적의 환급을 어물어물 용납하려 한다고 비난하였다. 40조목 기술 내용도 같은 맥락에서 정광필을 비판한 것인데, 이 때 이자도 유자광의 翊戴勳籍 환급을 반대하는 〈請還削柳子光翊戴勳錄疏〉(《陰崖集》 권2)를 올렸다.

---

54) 《중종실록》 권19, 8년 10월 병진(22일).
55) 《중종실록》 권19, 8년 10월 기미(25일) 기사 및 사론 참조.
56) 《중종실록》 권19, 8년 11월 병자(12일).

■ **41조목**: 12월 사헌부 지평 權橃이 정막개가 참람되게 상을 받은 것이 부당하다는 것을 獨啓한 기사. 權橃은 중종 8년 12월 9일 박영문과 신윤무를 고변한 정막개가 실은 사태 발생 즉시 고변하여야 하는데도 10여 일 동안 머뭇거리면서 관망하다가 뒤늦게 고변하였다며 그를 추문할 것을 獨啓하였다.57) 이 상소의 건은 원래 사헌부가 合啓하기로 합의하였으나 대사헌 朴說이 소극적으로 대응하여 결국은 權橃이 독계하였던 것이다. 대사헌 朴說은 權橃이 독계하자 '사헌부 내에서 지평 權橃과 의논이 서로 어긋나서 사헌부는 두 개의 부로 나뉘었다'라고 불평하면서 避嫌하여 이튿날 遞職된다.58) 權橃과 각별한 사이59)인 李耔는 《陰崖日記》의 해당 기사에서 대사헌 박열 등을 비판하고, 또한 정막개의 僭賞을 '末流之弊'라고 개탄하였다.

■ **42조목**: 중종이 '內農作'의 행사를 시행하도록 명한 것과 관련된 기사. '내농작'은 정월 대보름날 대궐에서 시행되는 의례적인 권농행사로서 짚으로 耕耘과 力役하는 농민의 형상을 만들어 행하는 것으로서, 원래의 취지는 왕에게 농사일이 어렵다는 것을 알게 하려는 데 있었다.60) 대간은 중종이 9년 정월 대보름에 이를 시행하려고 하자 내농작의 행사가 지나치게 형식화되고 놀이에 치우치며 또한 민폐를 끼친다는 것을 이유로 들어 반대하는 상소를 중종 8년 12월 하순부터 계속 올렸다. 그러나 중종은 선대에 이미 내농작을 시행한 전례가 있고 또한 세자에게 처음 농사에 대한 어려움을 알게 하려 한다는 이유를 들어 강행을 고집

---

57) 《중종실록》 권19, 8년 12월 계묘(9일).

58) 《중종실록》 권19, 8년 12월 갑진(10일)조, 宋軼 등에게 내린 왕의 전교 참조.

59) 權橃은 영천군수로 재직할 때 경상도 용궁현 大竹里의 田莊에 머물러 있는 李耔를 방문한 바 있으며, 이자는 다음날 떠나는 權橃에게 勤學·修行할 것을 당부하고 《近思錄》을 주었다《陰崖集》 연보 및 권1 詩 〈遺權冲虛近思錄〉 참조).

60) 《중종실록》 권1, 원년 12월 경오(2일) 사론 참조.

했다. 결국 중종 9년 1월 14일 '내농작'의 모든 기구를 대궐 후원
에 설치하고 내농작 행사를 거행하였다.61) 《陰崖日記》 42조목은
내농작 행사의 虛禮를 비난하며 이의 강행을 고집한 중종의 처사
에 대해 대소 관리가 모두 이상한 일도 여겼다고 하면서 완곡하
게 비판하였다.

④ 중종 9년(1514년)의 기사

■ **43조목**: 정월 초하루에 군신 會禮宴을 거행한 기사.

■ **44조목**: 醫官 高世輔와 河宗海에게 관직을 제수한 기사. 李
耔는 이 기사에서 중종이 의관에게 관직을 제수한 것과 또한 雜
術人에게 어의를 하사한 것 등을 비판적으로 서술하였다. 대간은
중종 9년 1월에 의관 하종해를 혜민서제조에 제수한 것에 대하
여, 제조는 모두 명망 있는 재상으로 임명해야 하는데 의관은 이
러한 士類에 들 수 없다고 하며 반대하는 상소를 올렸다. 중종은
이 상소를 받아들여 개정하도록 하였다.62)

■ **45조목**: 2월 중종반정 때 入直한 승지 尹璋·曹繼衡·李堪 등
의 功券을 追削토록 명을 내린 기사. 중종은 9년 1월 28일 이들이
반정 당시 燕山君의 승지이면서도 燕山君을 속이고 도망하였다가
뒤에 반정공신에 녹훈이 되었으니 이들의 공신훈적을 삭탈하여
절의를 勸勵하라는 전교를 내렸다.63) 그러나 이틀 뒤인 1월 30일
에는 鄭光弼·宋軼·柳洵 등 대신들이 반정 당시 승지가 절의를 지
키지 않은 잘못은 명백하나 이제 와서 소급하여 삭직하는 것은
부당하다는 의논을 올리자, 중종은 대신들의 의견을 따르는 전교

---

61) 《중종실록》 권19, 9년 1월 무인(14일).
62) 《중종실록》 권19, 9년 1월 임신(8일) 이후 수차례 상소를 하여 마침내 중종 1월
   15일 기묘에 하종해의 일은 그렇게 하라는 전교를 내린다.
63) 《중종실록》 권19, 9년 1월 갑오(30일).

를 내려 며칠 전의 녹훈 追削 결정을 번복하였다.64) 이에 대간
은 연일 반정 당시 燕山君 승지들의 공신훈적을 추삭할 것을 상
소하니, 결국 2월 15일 朝講에서 추삭할 것을 말하고 그 뜻을 전
교로 내렸다.65) 《陰崖日記》의 45조목의 기사는 이러한 사정을
기록한 것으로서, 2월 10일 사간원 사간으로 옮긴 李耔도 이 상
소에 관여하였을 것이다. 李耔는 2월 6일 夕講에 시강관으로 참
석하여 관리와 선비들의 절의를 배양할 것을 강조하였는데,66)
이 기사도 이러한 의식을 드러낸 것이다.

■ **46조목**: 3월에 兩司가 宋軼·洪淑·尹珣·姜徵 등이 본직에
맞지 않는다고 合啓하여 탄핵한 기사.《실록》에 따르면 송일 등
에 대한 탄핵 상소는 중종 9년 2월 22일 대사간 손중돈 등이 처
음 시작하였다.67) 이에 대하여 중종은 상소의 뜻은 당연한 것이
라고 인정하면서도 貶論을 당한 이들이 모두 대신들로서 현저한
과실이 없기 때문에 가볍게 결정할 수 없다며 윤허하지 않았다.
당시에 송일은 영의정, 윤순은 형조판서, 홍숙은 의정부 우참찬,
강징은 예조참판이었으니,68) 이 문제를 가볍게 처리할 수 없다
는 중종의 반응은 어찌 보면 당연한 것이었다. 이들에 대한 대간
의 상소는 이후 이들이 체직되는 6월 중순까지 몇 달 동안 집요
하게 이루어지는데, 주목할 것은 李耔가 이들의 탄핵 상소를 주
도하였다는 점이다.《중종실록》 권20 9년 3월 15일(무인)의 탄핵
상소 기사 말미에 첨가한 史論은, "李耔가 司諫이 되어 항의하고
탄핵하니, 士論이 통쾌하게 여겼다'라고 그 사정을 증언한다.69)

---

64)《중종실록》 권20, 9년 2월 경자(6일).
65)《중종실록》 권20, 9년 2월 기유(15일) 전교 참조.
66)《중종실록》 권20, 9년 2월 경자(6일).
67)《중종실록》 권20, 9년 2월 병진(22일) 대사간 손중돈 상소.
68)《중종실록》 권20, 9년 6월 병오(15일) 참조.

《陰崖集》 권2의 〈請遞宋軼洪淑尹珣姜澂等疏〉 상소도 이 무렵 올린 것이다.[70] 李耔는 宋軼의 탄핵을 極論하다가 결국 4월 19일 月課를 짓지 않았다는 사유로 체직된다.[71] 그런데 이 《실록》의 사론은 李耔가 처음으로 宋軼 등의 탄핵 상소를 발의하였으며, 집요한 李耔의 상소가 중종의 뜻을 거슬려 결국 체직되었고, 당시의 여론은 李耔의 체직을 한스럽게 여겼다고 전한다.[72] 李耔가 체직된 이후에도 이들에 대한 탄핵 정국이 계속되자 결국 6월 23일에 형조판서 윤순, 우참찬 홍숙, 예조참판 강징 등의 체직을 결정하는 전교를 내렸다.[73] 이어서 7월 16일에는 유순·정광필·신용개 등 대신의 건의를 받아들이는 형식을 취하며 영의정 宋軼의 체직을 명하였다.[74] 이들에 대한 탄핵 상소를 주도하였던 李耔는 《陰崖日記》에서 이와 관련한 장문의 기사를 싣고, '당시 조정 宰臣 가운데 이들과 같은 부류가 많음에도 이들을 더 구별하려면 禍端이 생길 것이 두렵다'라고 당시 정국의 문제점과 후일의 기묘사화의 화단을 나름대로 암시하였다.[75]

---

69) 《중종실록》 권20, 9년 4월 임인(9일)의 기사 및 사론 참조.
70) 李耔는 이 상소에서, "宋軼은 본래 정성이 없어 청탁을 물리치지 않고 외람되게 儀刑의 자리에 앉아 소인으로 군자의 자리에 있다는 비난을 많이 불러일으키고 있으며, 홍숙과 윤순은 자망이 본래 얕아 台司와 刑官의 長이 되기에 부족하며 강징은 나약하여 지키는 것이 없는데도 감히 春官의 貳(예조 참판)에 있다"고 비난하였다.
71) 《중종실록》 권20, 9년 4월 임자(19일).
72) 위 기사의 사론 참조.
73) 《중종실록》 권20, 9년 6월 갑인(23일).
74) 《중종실록》 권20, 9년 7월 정축(16일) 및 7월 무자(27일) 참조.
75) 《陰崖日記》 제46항목의 기사에서, '猶以朝廷宰執 多是等類 便加區別 恐開禍端' 이라 하였다.

⑤ 중종 11년에 해당되는 조목[76)]

■ **47항목**: 12월 25일 우승지 申鏛이 노산군의 묘에 致祭한 기사. 노산군 묘에 대한 치제 문제는 중종 11년 10월 하순 무렵 奇遵 등 사림들이 노산군의 후손을 세우고 제사를 지내자는 의론이 제기하면서 시작되었다.[77)] 이 의론에 대해 중종은, 노산군의 일은 오래전에 일어난 일이기 때문에 지금 후손을 세우려면 親屬으로 해야 하는데 이미 屬籍이 끊어진 상태에서 후손을 세우는 일은 어렵겠지만 노산군의 혼령을 위해 국가기관에서 공적으로 제사는 올려야 한다는 방침을 정하였다.[78)] 이에 대하여 사림들은 노산군의 후손을 세울 것을 주장하며 상소를 계속 하였는데, 중종은 태도를 바꾸지 않아 11월 22일 노산군의 묘소에 관원을 보내 致祭를 하고 분묘를 수축하도록 전교를 내렸다.[79)] 이어서 12월 10일에는 우승지 신상을 보내 노산군의 묘에 치제를 하고 復命토록 하였다.[80)] 노산군의 후손을 세우며 묘에 치제를 하는 것은 중종 8년의 '昭陵追復' 문제와도 상호 관련되는 것으로서, 《陰崖日記》 28조목에서 소릉추복 문제를 중시하여 기술한 李耔는 그와 상응하는 또 하나의 문제인 노산군의 후손을 세우는 문제를 이 조목에서 자세하게 기술한 것이다. 이것은 앞에서 언

---

76) 《陰崖日記》는 중종 9년 3월의 宋軼 등의 탄핵에 관한 기사 이후 중종 9년 6월 이후 2년 6개월 정도의 공백기간을 가진다. 《陰崖集》의 年譜에 따르면 중종 9년 8월에 모친상을 당하여 廬墓를 행하고 중종 11년 10월에 서울의 집으로 돌아왔다고 기술하였다. 《중종실록》에도 이 동안 李耔에 대한 기록이 거의 없는 것으로 보아, 李耔는 모친상으로 廬墓를 하는 동안에 공적활동을 하지 않았으며 따라서 時政得失에 대하여도 기록하지 않은 것으로 여겨진다.

77) 《중종실록》 권26, 11년 10월 경오(22일).

78) 《중종실록》 권26, 11년 11월 무인(1일)의 승정원에 내린 전교 참조.

79) 《중종실록》 권26 11년 11월 기해(22일)의 전교 참조.

80) 《중종실록》 권26 11년 12월 병진(10일), 이 기사의 史論에서는 復命할 때 신상과 김안국 등은 비감하여 눈물을 흘렸다고 기술하고 있어서 이 문제에 대한 사림의 절절한 입장을 보여주었다.

급한대로 이 문제가 기묘사림이 그들의 사상 바탕인 성리학의 명분과 도통론에 직결되었기 때문이다.[81]

이 조목의 내용 가운데 주목할 만한 것은 세조가 단종을 폐위하고 노산군으로 강등하여 영월에 유배시켰던 사정을 기술한 당시의 관찬사서에 대하여 강한 불신을 드러내고 있는 점이다. 李耔는, '史云魯山退在寧越聞錦城敗自盡'이라는 관찬사서의 기록은 당시의 狐鼠輩들이 세조에게 아첨하기 위하여 쓴 것이라고 지적하였으며, 또 후일에 《실록》을 편찬한 자들이 모두 당시에 아첨하는 무리들이라고 비판하였다. 여기서 李耔가 《陰崖日記》를 저술한 목적 가운데 하나가 이처럼 왜곡된 기존 사서의 잘못을 바로잡기 위한 것이라는 것을 알 수 있다.

⑥ 〈自敍〉와 〈書日錄末〉

이 부분은 李耔가 기묘사화 이후 10여 년 만인 중종 25년 말에 《陰崖日記》를 엮으면서 悲感한 심정을 피력한 일종의 後記라 할 수 있다. 李耔는 특히 조광조가 중종의 신임을 받아 추진한 유신정치가 年少 士人들의 과격성으로 좌절되고 조광조를 비롯한 많은 士人들이 희생된 것을 애통하는 심경을 토로하면서 생사를 초월한 자신과 조광조의 交情을 밝히기도 하였다.

4. 《陰崖日記》에 나타난 李耔의 현실인식

위의 절에서 《陰崖日記》의 내용을 각 조목별로 각기 해당 《중종실록》의 기사와 관련하여 살펴보았다. 이미 언급한 대로 이자

---

81) 고영진, 《성리학의 연구와 보급》, 《조선시대 사상사를 어떻게 볼 것인가》, 1999, 풀빛, 134쪽 참조.

는 조광조와 함께 기묘사림을 대표하는 文士이며 정치인이다. 기묘사림은 중종 8년 무렵 중종반정의 대표적 공신 세력인 박원종·성희안·유순정 등이 세상을 떠나는 시점을 전후하여 공신세력과 대응하는 정치세력으로 성장하였으며, 성리학 사상을 바탕으로 三代의 이상적 정치인 至治를 구현하고자 여러 가지 개혁정책을 추진하였다. 그들은 인과 덕에 의한 왕도정치를 수행하기 위해서는 군주가 현인의 경지에 이르러야 한다는 賢哲君主論을 주장하고 이를 위해 경연활동을 강화하였으며, 군주를 올바르게 보필할 수 있는 신하를 등용하는 방법으로 과거시험을 치르지 않고 학덕을 지닌 인물들을 천거로써 뽑는 賢良科의 실시를 주장하여 실현하였다.82)

李耔도 기묘사림의 이러한 개혁정책과 그리고 성리학적 명분과 도통을 세우는 것을 중요하게 여겼으며 이의 실현을 위하여 노력하였다. 그는 도학의 이상정치를 실현하려면 군주의 교화가 중요하다는 것을 인식하고, 중종에게 왕의 학문을 발전시키려면 朝夕講에서 기계적으로 경전을 강하는 것을 듣는 데 그치지 말고 늘 문사들과 토론을 하면서 '옛것을 바탕으로 현실정치에 적용할 것'을 권고하였다.83) 중종 13년 정월의 석강에서도 그는 왕에게 三代의 이상정치 실현을 목표로 삼아 '뜻을 세우고〔立志〕' 그것을 실천하려면 '居敬'을 하여야 한다는 것을 강조하였다.84) 그는 군주에 대한 교화와 함께 장차 왕이 될 세자에 대한 교화도 중요하다는 것을 인식하고, 중종 19년 정월에는 元子를 교화하는 책을 편찬하여 올렸다.85) 李耔는 이처럼 賢哲君主論에 바탕한 군주와

---

82) 조승호, 《정암 조광조의 개혁정치 연구》, 《강원사학》 6, 1990.
83) 《중종실록》 권12, 5년 8월 무자(5일).
84) 《중종실록》 권31, 13년 정월 정사(17일).
85) 《중종실록》 권27, 12년 정월 을미(19일), 홍문관 부제학 한효원 등이 올린 장

세자의 교화를 중시하고 나아가 三代의 이상정치 실현을 위한 현
실개혁정치에 적극적으로 참여하였다. 이들 내용은 물론 李耔가
'時政得失'을 기록하여 후세에 전한 《陰崖日記》에 반영되었다.

이 章節에서는 《陰崖日記》의 기사 가운데 기묘사림의 개혁정
치와 관련하는 정몽주·김굉필의 문묘종사, 소릉추복 등의 문제
를 살피고, 이와 함께 정치구조와 운영, 관련 인물에 대한 이자
의 비판과 평가를 분석·정리하여 기묘사림으로서 李耔의 현실인
식을 가늠해 보려 한다.

① 정몽주와 김굉필의 문묘종사

기묘사림은 성리학적 명분과 도통을 강조하며 이것의 구체적인
실현정책의 하나로서 정몽주와 김굉필을 문묘에 종사할 것을 주
장하였다.86) 기묘사림의 주요 인물인 李耔는 일찍이 홍문관 응
교를 지낸 중종 5년 2월에 정몽주와 길재를 고려말 '節義之士'라
고 하면서 사당을 지어 제사를 지내고 후손을 포상할 것을 건의
하였으며, 중종도 원칙적으로 찬성하였다.87) 중종 12년 8월에
이자는 儒者들이 학문의 방향을 알게 된 것이 김굉필과 정여창의
淳正한 학술 때문이라고 하면서 중종 시대 사림들의 學脈을 남모
르는 사이에 이들과 연계시켰다.88) 또한 중종 13년 3월 7일 不

문의 〈敎養元子書〉가 실려 있는데, 그 말미의 주에는 장문으로 이루어진 이 계
문의 편찬 경위를 전하고 있다. 이에 따르면, "중종은 홍문관에게 원자를 교양
하는 방법을 편찬케 하였으며 홍문관에서는 조목을 議定하여 응교 李耔에게 편
찬케 하였다. 李耔는 《大學衍義》를 모방하여 옛 글을 모으고 자기 의견을 붙이
어 조목별로 論辨하고 친절하게 깨우치게 하였으니, 사람들은 정밀하고 원숙한
것이 되었다고 칭찬하였다"고 하여 이 계문을 李耔가 주도적으로 작성한 것을
알 수 있다.

86) 金鎔坤, 〈16세기 사림의 문묘종사운동〉, 《김철준선생화갑기념논문집》, 1983.
87) 《중종실록》 권10, 5년 2월 정해(1일).
88) 《중종실록》 권29, 12년 8월 무신(5일).

時경연에서는 우리나라의 대표적인 '충의지사' 정몽주의 묘역을 정비할 것을 청하여 왕의 허락을 받았으며, 14년 7월 30일 晝講에서는 정몽주의 사당을 짓고 제사를 지낼 것과 김굉필·정여창에게 시호를 내릴 것을 청하였다.[89]

《陰崖日記》 3조목에 있는 특진관 李堣가 정몽주의 증손녀이며 燕山君 때 죽음을 당한 조지서의 처 정씨를 '節介'의 규범과 婦道를 실천한 예로서 포상을 건의했다는 기사는 바로 이러한 李耔의 현실인식을 반영하는 기록이다. 그는 이 기사의 마지막 부분에서 절의를 지킨 義士 정몽주와 그리고 갑자사화에서 죽음을 당한 조지서, 그리고 정씨를 연계하여 '절의'의 규범을 강조하였다. 李耔의 이 같은 인식은 정몽주·김굉필에 대한 기묘사림의 문묘종사운동과 맥락을 함께 하는 것이라 할 수 있다.

② 昭陵追復 문제

소릉추복의 문제는 愼妃復位의 문제와 함께 기묘사림이 성리학의 명분을 확립하고자 상징적으로 주창했던 정책이다.[90] 소릉은 단종의 모후인 顯德王后의 능으로 단종 폐위와 함께 폐릉 되었고, 신비는 중종비로 중종반정 때 부친 愼守勤이 燕山君의 총신으로 살해당한 뒤 폐출되었다. 기묘사림은 소릉과 신비가 정당한 이유가 없이 폐릉되고 폐출된 것은 성리학의 명분에 어긋나므로 다시 본래의 상태로 복위시켜야 한다는 것이다.[91] 이 문제는 왕위가 세종 — 문종 — 단종으로 이어지는 것을 왕위 계승의 정통으로 해석하고 세조의 왕위찬탈을 비판하는 기묘사림의 현실인식

---

89) 《중종실록》 권36, 14년 7월 신유(30일)의 晝講.
90) 중종 시대 소릉추복에 대하여는 정두희, 《조광조》, 2000, 아카넷, 122~130쪽 참조
91) 고영진, 앞의 논문, 1999, 134쪽.

과도 연결되는 것이었다. 昭陵追復에 대한 논의는 사림세력이 활발하게 진출하기 시작한 중종 7년 11월부터 본격적으로 논의되었다.[92] 이후 대간과 시종들이 수개월 동안 소릉추복을 지속적으로 주장하니, 중종은 마침내 8년 3월 12일에 소릉추복을 결정하는 전교를 내린다.[93]

李耔는 중종 7년 소릉복구가 기묘사림의 공론으로 논의될 때 부친상을 당하여 용인에서 盧墓 생활을 할 때이기 때문에 직접 관여할 형편이 되지 못했다. 그러나 이 문제를 성리학의 명분을 세우는 상징적인 것이라고 인식한 그는 그해 12월 臺諫 유운에게 편지를 하여 소릉복구의 문제를 상소할 것을 권하였다.[94] 여기서 李耔가 이 문제를 얼마나 중요하게 생각하였는지를 짐작할 수 있다.

이자는 음애일기의 28조목의 기사에서, "이 때에 이르러 소릉을 추복한 것은 하늘이 警諭함을 보였고 조정의 의론과 중종의 결단이 합치되어 50여 년 동안의 귀신과 사람의 원통함을 풀게 되었으니 宗社의 큰 다행이다"라고 소릉추복에 대한 의미를 평가하였다.

《陰崖日記》 28조목의 소릉추복에 관한 기사와 29조목의 현덕왕후를 태묘에 다시 모시었다는 기사, 그리고 《陰崖日記》의 마지막 조목인 47조목의 노산군 치제에 관한 기사들은 소릉추복 문제에 대한 李耔의 의식을 반영해 준다. 특히 47조목의 마지막 부분에서 중종 8년 4월 17일 소릉의 舊塋을 열고 梓宮을 고쳐서 문종릉인 현릉 옆에 모시는 의례에서 자신이 쓴 輓歌를 적어 '소릉추

---

92) 《중종실록》 권17, 7년 11월 임진(22일). 晝講에서 檢討官 蘇世讓이 소릉추복은 조종의 과오를 바로잡는 중요한 일이라고 주장하였다.
93) 《중종실록》 권18, 8년 3월 신사(12일).
94) 《陰崖集》 권2, 〈與柳從龍書〉.

복' '현덕왕후 祔廟', 그리고 '端宗致祭'에 대한 스스로의 素懷를 후세에 전하였다.95)

③ 정치구조에 대한 비판

李耔는 《陰崖日記》를 통해 반정공신의 정치적 영향력이 강했던 시기인 중종 4년과 5년의 정치구조에 대한 문제를 왕의 우유부단함과 그로 말미암아 심화되는 대신과 新進 선비들의 갈등으로 지적하였다. 특히 朴永文의 탄핵 상소에 대한 중종의 대응을 당시의 정치 구조의 문제로 인식하여 9조목, 11조목, 13조목, 14조목, 15조목에 걸쳐 집중적으로 기술하였다. 李耔는 14조목과 15조목의 기사에서, 조정대사가 있을 때 대간의 거듭되는 상소는 당시의 '公論'으로서 존중되어야 한다는 것을 여러 차례 강조하였다. 그런데도 왕이 머뭇거리면서 '留難', '必留三思'하고 대간의 의논과 서로 모순되는 처지에 있는 대신들에게 이러한 문제들을 '參決'케 함으로써 결과적으로 '公論'을 막았다고 하였다. 나아가 李耔는 이러한 문제를 해결하고자 대간의 상소에 대한 왕의 마땅한 대응은 '樂諫'을 하는 것이라고 하여 왕이 대간의 언론을 중시할 것을 강조하였다.96) 특히 중종 12년 10월 8일 왕이 의정부 대신을 延訪하는 자리에서, 우승지 李耔는 대간이 대신과 의견을 달리 하는 것을 가지고 왕이 상하가 和同하지 않는 것으로 여겨서 책한다면 대간이 진언을 할 수 없다는 점을 지적하고,97) 10월 24일 朝講에서는 왕이 조정의 불화를 논한 대간의 말을 용납하지 않으면 言路가 막힐 것이라고 진언하였다.98)

---

95) 《陰崖日記》 47조목, '扶日昇黃道 乘雲事異宜 理當歸有極 天合照無私 宗社開新慶 乾坤定舊儀 微臣陪素仗 和淚寫哀詞.'

96) 주 34의 홍문관 상소문 참조.

97) 《중종실록》 권30, 12년 10월 경술(8일).

④ 인물 평가

《陰崖日記》의 또 하나의 특징은 당시의 정치적 현안문제와 관련된 인물에 대하여 엄격한 褒貶 기준을 적용하여 평가한 점이다. 즉 《陰崖日記》는 '人物의 賢邪'를 주요 항목으로 기술하였는데, '物論鄙之', '識者惜之', '時論嘉之' 등과 같이 또는 '朝野', '時人', '議者' 등으로 표현하면서 관련 인물에 대한 평가를 당시의 여론이나 世評을 빌어 엄격하게 하였다. 그는 인물을 평가할 때에는 당시 기묘사림의 성리학 명분과 직결되는 덕목이나 규범을 기준으로 삼았다. 3조목의 기사에서 정몽주의 증손녀이자 조지서의 처인 정씨를 정몽주와 연결하여 '절의' 또는 '절개'의 규범을 실행한 사례로 든 것은 바로 그 한 예이다. 또 4조목에서는 贊成事 李緝은 성품이 질박하고 꾸밈이 없으며 법을 집행하는 데서 굽힘이 없는〔質朴·無文·奉法之不撓〕 모범적인 관리로 평가하였으며, 당시 사람들이 그를 '包閻羅'에 비유한 사실을 전하였다.99) 또 19조목에서 박원종은 천품과 성질이 확실하고 거취에서도 구애를 받지 않아 당시 공론이 그를 좋게 평한 것을〔時論嘉之〕 전하였고, 김수동에 대하여는 燕山君 때 정승 자리에 있었으나 당시 在位者들과는 달리 홀로 집을 화려하게 꾸미거나 사치와 뇌물을 좋아하지 않았다며, 그의 '淸儉'한 성품을 높이 평가하였다.100) 25조목의 李世英 卒記에서는 이세영이 청렴하고 검소하였으며 도승지로 재임하면서 청탁을 일체 배격하여 당시 사람들이 그의 介潔을 칭송하였다고 평가하여 '淸儉'과 '介潔'의 규범으로서 그를 평가하였다.101)

---

98) 《중종실록》 권30, 12년 10월 병인(24일).

99) 《陰崖日記》 4조목, '及其卒朝野惜之以比包閻羅云.'

100) 《陰崖日記》 19조목, '律身淸儉不隨世低昂 …… 時人尤重公之介焉.'

101) 《陰崖日記》 25조목에서는 이세영에 이어 도승지가 된 안윤덕이 인사청탁을

반면에 《陰崖日記》에서는 대신과 대간이 '公論', '公議'를 드러내어 실현해 함에도 오히려 그것을 훼손하는 경우를 여러 차례 예로 들면서, 그들을 비난하고 부정적으로 평가하였다. 5조목에서는 忌辰齋의 폐지와 내수사 장리의 폐단에 대하여 대간과 조정의 대신들이 모두 합계하여 거의 실현할 단계에 이르렀을 때 대사헌인 金詮이 부친의 병을 이유로 사직하고 執義 權敏手도 미온적으로 대응하여 이를 무산시켰다고 비난하였다. 이 두 명의 언관을 부정적으로 평가하는 기준도 '節義', '素節'이었으니, 해당 기록에서는 그 두 사람이 연산군 때에는 士類들의 추앙을 받았는데 이 때 대간의 公論을 저훼함으로써 素節을 굽혔다고 지적하였다.102)

《陰崖日記》에서는 中宗反正의 시말을 24조목 박원종의 졸기에서 서술하고 있다. 이 조목의 마지막 부분에서 중종반정에 대해 평가하기를, "무릇 燕山君을 폐한 일〔廢主之事〕는 成希顔으로부터 나와서 박원종으로 말미암아 성사되었으니, 위태로운 상황을 反轉하여 편안하게 하였으며, 轉禍爲福을 이룬 것으로서 실로 우리나라의 만세의 업을 이룬 것이다"고 적극적으로 평가하였다. 그는 이어서 "다만 성희안은 과단성과 결단성〔果決〕은 있으나 학술이 없고, 유순정은 성질이 우유부단하여 주장하는 바가 없었으며, 박원종은 거칠고 사나워 비록 충의에 격동된 바가 있어 功을 이루었으나 조처를 실시하는 데서는 마땅함을 잃었다"고 주도적 구실을 한 인물들의 반정 이후의 정치행태를 품평하였다.

또한 9조목에서는 포도장 柳世雄을 옹호한 좌의정 柳順汀을

받아 혼탁하게 되었다고 이세영과 안윤덕을 비교하면서, 당시 사람들이 이세영을 '時人尤重公之介焉'이라 하였다.

102) 《陰崖日記》 5조목, '二人本士類所推重而幾死於燕山者數矣 豈以涉世之險而矯其素節也.'

'公議의 중요한 것을 좇지 않고 감히 함부로 하였다'고 비판하였다.103) 13조목에서는 9조목의 기사와 연결하여 박영문을 옹호한 領事 박원종을 비롯한 3대신 ― 박원종·박영문·柳順汀 ― 이 公議와 公道를 돌보지 않고 자기 이익만 좇는다고 비판하였다.104) 37조목과 40조목에서는 각각 재상이 된 이후 世論의 기대에 부응하지 못하였고105) 柳子光의 공신훈적 삭탈을 반대한 좌의정 鄭光弼을 비판하였다.

그리고 《陰崖日記》의 후반부에서는 燕山君 말기의 승지인 윤장·조계형·이우와 당시 燕山君의 인척이던 權鈞·姜琿·柳泃을 임금에 대한 '節義'를 지키지 않은 신하의 표본이라 하며 비난하였다.106) 이어서 46조목에서는 중종 9년 4월 당시에 영의정 宋軼과 형조판서 尹珣, 의정부 우참찬 洪淑, 그리고 예조참판 姜徵 등을 본직에 합당하지 않은 대신이라고 부정적으로 평가하였다.

인물에 대한 《陰崖日記》의 평가와 관련해서 또 한 가지 주목할 것은 왕의 정치운영에 대한 지적과 평가이다. 《陰崖日記》 14조목에서는 박영문 탄핵과 관련하여 왕의 우유부단함을 비판하였다. 15조목에서는 왕이 대간의 상소를 '樂諫'하지 않는 것을 '公道'를 그르친 것으로, 39조에서는 鄭莫介를 '忠誠節義之士'라고 크게 포상함으로써 士氣를 떨어뜨렸다고 각각 비판하였으며, 36조목에서는 柳軫의 사형을 면하게 한 것을 "당장 베푸는 은혜〔姑息之恩〕가 마침내 大仁을 해치게 되었다"고 하며 비난하였다. 또한 42조목에서는 허례에 불과한 '內農作' 행사를 강행한 처사를 비

---

103) 《陰崖日記》 9조목, '不揆公議之重而敢擅恣 無識多類是.'
104) 《陰崖日記》 13조목, '不恤公議由己而行.'
105) 《陰崖日記》 37조목 '初光弼入相 議者皆云 光弼必爲 恢大之體 深遠之規 以收人望 及其第一建白 不過皂隸數事 而更無所著 識字惜之.'
106) 《陰崖日記》 45조목, '至是上以節義責臣下.'

판하였다.

이와 같이 《陰崖日記》에서는 '절의'·'개결'·'청검' 등의 규범을 기준으로 하여 이러한 규범을 실현한 인물을 文士의 모범으로 삼아 긍정적으로 평가한 반면, 이러한 규범을 좇지 않고 사치와 貪財를 일삼는 대신들을 공론과 공도를 저훼하는 것이라 하여 비난하였다. 나아가 왕이 '공론'에 따라야 한다는 것을 강조하면서 이와 어긋나는 왕의 정치행위를 비판하여 君臣에 대한 褒貶의 기준을 명확히 제시하였다. 이것은 바로 기묘사림이 지향한 성리학의 명분론과 그 이상정치의 기준을 제시한 것이었다.

⑤ 賢良科 및 親迎·廟見 등에 대한 기록 제외

賢良科의 실시와 反正功臣 僞勳削除 정책은 기묘사림의 중요한 개혁정책이며, 親迎·廟見의 문제는 기묘사림이 성리학 의례와 규범을 실현하고자 추진한 상징적인 문제이다. 그러나 《陰崖日記》에서는 이처럼 중요한 문제와 관련한 기사를 찾아볼 수 없다. 이 난에서는 時政得失에 대하여 當代史를 현실감 있게 기록한 《陰崖日記》에서 왜 이처럼 중요한 것에 대한 기록을 전하지 않았는가의 이유를 나름대로 가늠해보려 한다.

賢良科의 실시 문제와 反正功臣 僞勳削除 정책은 기묘사림이 추진한 중요한 개혁정책이다. 현량과의 실시정책에 대하여는 李耔도 중종 12년 정월 25일(신축) 夜對에서 과거 이외의 방법으로도 인재를 선발할 수 있다는 의견을 제시한 바 있다.107) 그

---

107) 《중종실록》 권27, 12년 정월 신축(25일). 夜對에서 侍讀官 李耔는, "옛날에는 鄕擧里選의 법이 있었고, 후세에는 爵祿으로 선비를 대우하면서 역시 과거로 (官界로) 나아가는 길을 만드니 그 득실을 걱정하는 풍습이 생기게 되었습니다. 어찌 과거 이외에 학술이 뛰어난 자가 없겠습니까? 따로 찾아본다면 그런 사람이 없지 않을 것입니다"라고 아뢰었다.

는 이어 중종 13년 3월 11일(경술) 朝講에서는 지조 있고 屈하
지 않는 대신의 중요성을 강조하고, 대신과 시종에게 천거케 하
여 인재를 얻는 방법을 제안하기도 하는 등108) 역시 현량과의
실시 문제의 중요성을 인식하고 이를 실시토록 하려고 적극 노
력하였다.

또한 이자는 反正功臣 僞勳削除의 문제도 중시하였다. 반정공
신에 대한 위훈삭제 정책은 중종 2년 노영손의 고변사건 때 녹훈
된 정난공신의 녹훈을 시정하려는 움직임에서 시작되었는데, 기
묘사림이 이 문제를 공론으로 표출한 것은 중종 12년 정월이었
다. 李耔는 중종 12년 정월 10일(병술) 畫講에서 김안국과 함께
定難功臣의 문제를 제기하였고,109) 이후 3월 4일(기묘)과 3월
12일에는 정난공신의 녹훈 시정을 주장하는 箚子를 잇달아 올렸
다. 특히 3월 16일에 올린 차자에서는, "덕이 없는 자가 높은 자
리에 있으면 어떻게 선비를 권장할 수 있으며, 공이 없는 자가
융숭한 상을 받으면 어떻게 충성을 권장하겠습니까?"라고 하여
위훈공신에 대한 그의 인식을 명확히 드러냈다.110)

이자는 반정공신 위훈삭제 문제가 기묘사림에 따라 '공론'화하
여 제기될 때인 중종 14년 11월에는 반정공신에 대한 전면적인
위훈삭제를 주장하는 대간의 주장에 대하여 의정부 우참찬의 처
지에서 대신들과 함께 4등 공신 가운데 물의가 비등한 자만 삭제
할 것을 건의하는 타협책을 내놓았다.111) 위훈삭제 문제는 기묘

---

108) 《중종실록》 권32, 13년 3월 경술(11일). 朝講에서 參贊官 李耔는 "대신과 시
　　종에게 분명하게 論薦하게 하여 才行이 쓸만한 사람을 얻는 것도 가하지 않겠
　　습니까? 別試 역시 祖宗朝의 일이지만 한번 이와 같이 하면 매우 유익할 것입
　　니다"라 하였다.
109) 《중종실록》 권27, 12년 정월 병술(10일). "御畫講 參贊官 金安國 侍講官 李
　　耔論啓定難功臣及昭格署事."
110) 《중종실록》 권27, 12년 3월 신묘(16일).

사화의 직접적인 원인이 된 정치문제로서 중종 14년 11월 11일 중종의 녹훈 시정 傳教가 내린 지 나흘 뒤인 11월 15일 조광조와 李耔 등 기묘사림이 투옥되면서 이른바 기묘사화가 시작되었다.

한편 親迎·廟見은 중종이 문정왕후를 새로 왕비로 맞아들일 때 李耔를 중심으로 한 사림들이 주자가례의 실천 강화의 차원에서 주장한 것이다. 李耔는 중종 12년 3월 윤비를 맞을 즈음에는 친영례를 거행할 것을 여러 차례 청하였다.112) 왕비 간택 이후인 7월과 8월에는 왕비의 묘현례를 행할 것을 주장하였으니, 특히 8월 2일 朝講에서는 廟現을 반드시 행할 필요가 없다는 남곤과 그 시행을 주장하는 李耔가 충돌하였다.113) 이와 같은 대립은 성리학의 명분과 의리를 儀禮를 통해서도 실천하려는 기묘사림과 이것을 반대하는 대신세력 사이의 갈등이었다.114)

이자가 이 문제들을 그처럼 중시하고 강력히 주장하였음에도 《음애일기》에는 賢良科·反正功臣 僞勳削除와 親迎·廟見의 주제들에 대한 직접적인 기록이 보이지 않는다. 그것은 이자가 기묘사화 이후 충청도 兎溪에서 隱居하면서 《음애일기》의 기록을 이들 문제가 정치적 현안으로 표출되기 이전인 중종 11년에서 마치도록 편집한 것이 그 이유일 것이다. 그가 〈書日錄末〉과 〈自敍〉를 지은 것은 사망하기 약 3년 전이었고, 〈書日錄末〉을 저술한

---

111) 《중종실록》 권37, 14년 11월 임진(2일). "영의정 정광필, 우의정 안당, 좌찬성 이장곤, 좌참찬 이유청, 우참찬 李耔啓 '靖國功臣은 이미 歃血 동맹하였으니, 이제 追改할 수 없습니다. 그러나 이제 대간이 논한 지 이미 오래고 (윤허하지 않으니 그들이) 사직하기에 이르렀으니, 4등 가운데에서 物論이 비등한 자만을 특별히 재량하여 감하십시오. 그러면 공론이 진정되고 조정이 편안해질 것입니다.'"

112) 《중종실록》 권27, 12년 3월 갑오(19일), "弘文館直提學 李耔等 以親迎之事 博採古禮 啓曰……."

113) 《중종실록》 권29, 12년 8월 을사(2일).

114) 고영진, 《15·16세기 주가가례의 시행과 그 의의》, 《한국사론》 21, 1989.

다음 해에도 〈船板記〉 등을 저술한 것을 보면, 중종 11년으로 《음애일기》를 마친 것은 건강 때문이 아니라 편집을 하는 과정에서 중종 11년 이후의 기록을 포함시키지 않은 것이다. 말하자면 의도적으로 위의 문제들에 대한 기록을 《음애일기》에서 제외한 것이 분명하다.

《음애일기》의 성격으로 보아 기묘사림의 개혁정치가 정점을 이루는 중종 12~14년의 기사를 전혀 언급하지 않은 것은 실로 의외이며, 이자가 자신이 직접 주도한 이 시기 주요 정책의 전말을 비망록으로 남기지 않았다고는 생각하기 어렵다. 따라서 이 문제는 이자가 비망록을 남겼지만 기묘사화 이후 없애버렸거나 은거한 이후 일단 정리하였으며, 〈書日錄末〉을 쓰면서 이 부분을 의도적으로 포함시키지 않은 것으로 해석할 수밖에 없다.115) 그렇다면 그 이유는 무엇인가? 이 답은 기묘사림파의 정치개혁이 지나치게 과격한 방향으로 흘러 실패한 것을 회한한 〈書日錄末〉의 기술내용에서 찾을 수 있다. 즉 이자는 지나치게 과격해진 소장 사림세력의 개혁운동에 대하여 회의적이었으며, 따라서 단순한 기록이 아니라 개혁정치의 정당성을 주장하기 위한 《음애일기》에 자신도 회의적으로 여기는 소장사림의 과격한 개혁운동을 포함시킬 수 없었다는 해석이 가능하기 때문이다. 그렇다면 《음애일기》는 기묘사림의 개혁정치의 명분과 정당성을 주장하면서도, 한편 그 과격성을 반성하는 저술로 이해해도 큰 잘못은 없

---

115) 權萬 〈陰崖集跋〉, "一時諸公不能長慮 以速北門之禍 嗚呼 可勝言哉 先生旣屛處陰崖 著日錄 備書當日事 及吾祖歿 而退翁爲狀 則引日錄於致恨於己卯諸公"은 음애가 기묘사화의 전말을 모두 기록한 것처럼 전한다. "當日事"가 반드시 '北門의 변 당일의 일'은 아니지만, 이 기록을 믿는다면 본래 《일록》의 범위는 적어도 중종 14년까지 포함되었을 가능성도 있다. 그러나 퇴계가 기묘 諸公을 한스럽게 여기며 인용한 《일록》은 〈서일록말〉의 내용이 분명하다. 따라서 퇴계 (退翁)가 본 《일록》에도 중종 12년 이후의 일이 기록되었다는 증거는 되지 못한다.

다. 〈書日錄末〉은 조광조를 중심으로 한 정치개혁과 그 좌절을 다음과 같이 요약하였다.

> 국가 중흥의 運에 당하여 朝野는 維新의 정치를 대망하였기 때문에 公(조광조)은 凝然히 建白하여 선왕의 법도를 회복할 것을 청하였다. 公은 아는 것은 다 말하였고, 주상은 公이 말한 것을 다 들어주었으니, 스스로 不世의 만남으로 여기고 教條를 정비하여 更張을 기약하였다. 주상의 厚意는 날로 융성하였고 순서를 뛰어 넘는 발탁으로 公을 대사헌에 제수하여 群望에 부응하셨다. 公은 綱紀를 장악하여 令을 내리면 행해지고 禁하면 그치게 되었다. 그러나 뒤에 참여한 年少 기예들은 점진적으로 개혁하려 하지 않고 위험을 무릅쓰니 物情에 크게 어그러졌다. 공과 申瑺(大用)·權橃(沖齋)은 양측의 사이를 조정하여 일이 敗闕하지 않기를 바랐으나 신구 세력이 서로 독을 품어 오늘의 사태가 된 것이다. 어찌 사람의 계책이 좋지 않았기 때문이었겠는가? 아아! 是非가 비록 한 시대에 뒤섞였지만 그 情狀은 후일 반드시 드러날 것이니, 왜 꼭 망했다고 말할 필요가 있겠는가? …… 나는 趙公과 가장 친하였으며 또 사생을 같이 하는 사이였다. 지금 죽음이 임박하니 내 자손들이 나와 조공의 交情이 幽冥을 달리해도 변하지 않은 것을 알지 못할 것이 두려워 庚寅(1531년) 除夕에 술 취한 기분에 붓 가는 대로 이 글을 지었다.

이자는 이 글에서 자신의 조정 노릇은 언급하지 않았다. 그러나 기묘 당인의 한 사람이었던 金正國(김안국의 동생)의 《기묘록》은 이자와 신상·조광조·權橃이 신구 세력을 조정하려 하였다는 것을 명기하였고,[116] 퇴계 이황이 지은 〈정암선생행장〉도

116) 《己卯錄》, 李耔 "諸賢共理 更張政教 彈劾尸位 物情大乖 公與申文節公鏛 趙文正公光祖 權忠定公橃欲調劑兩間 不至敗闕 則一二公執 不可已 無如之何."

정암의 조정 노력에 뜻을 같이 한 사람으로 이자·신상·權機 3인을 지적하였으며117) 盧守愼이 찬한 〈음애선생행장〉 역시 이자·신상·權機·조광조 4인이 年少氣銳의 과격성을 조정하려고 하였으나 성공하지 못한 사실을 전하였다. 118)

5. 맺음말 - 《陰崖日記》의 사학사적 의미

《陰崖日記》는 李耔 스스로가 밝혔듯이 말 그대로 그동안의 기록들을 모으고, 술에 취한 채 붓 가는 대로 〈自敍〉와 〈書日錄末〉을 덧붙여서 한 권의 책으로 엮은 史書이다. 그러나 이것은 그 종종 초 정치개혁에 주도적으로 참여한 인물이 그 역사의 중요한 내용과 성격을 직접 증언한 것으로서 그 사학사적인 의미를 다음과 같이 평가할 수 있다.

① 《陰崖日記》는 중종 4년 윤9월부터 기록하여 중종 4년에 11조목, 중종 5년에 14조목, 그리고 부친의 三年喪을 마친 뒤인 중종 8년에 17조목, 중종 9년에 4조목, 그리고 모친의 廬墓를 마친 이후인 중종 11년에 조목 등 모두 47개 조목을 기록하였다. 《陰崖日記》는 이 47조목의 주제를 正史의 편찬 체제 등 특정한 서술 체제나 형식을 취하지 않고 연대 순서에 따라 자유롭게 기술한 '小說'類의 역사기록이다.

② 《陰崖日記》는 당시대의 개혁정치의 추진에 주도적인 구실을 담당했던 李耔가 직접 겪은 중요 사실들에 대하여 기록한 일종의

---

117) 〈靜菴先生行狀〉, "顧於時勢 有大可憂者 故臨事 不得不稍存調劑之意 其他如申公鏜 李公耔 權公機所見皆然."

118) 〈陰崖先生行狀〉, "年少氣銳 競事彈劾 觸冒險阻 而物情大乖 居散地者 怨次于骨 匿跡旁伺矣 公與申公鏜 趙公光祖 權公機欲調適兩間 不至敗闕 則一二公執不可已 無如之何 而北門風雨作焉."

當代史이다.

③ 李耔는 자신의 견문을 객관적으로 서술하면서도, 성리학 명분의 실현과 도통의 확립을 기준으로 時政의 得失과 인물 평가, 天災時變을 直書하여 기묘사림의 현실 개혁의 가치를 강하게 표현한 가치 지향의 역사기록이다. 유감스럽게도 현재 남아 있지 않지만, 이자가 만년 중국 范祖禹의 《唐鑑》을 본받아 저술하였다는 《史評》도 바로 이와 같은 그의 사상과 가치관에 따른 역대 사론이었을 가능성이 농후하다.

④ 《陰崖日記》의 47조목의 노산군 묘 致祭 문제에 대한 기사에서, 세조가 단종을 폐위할 당시의 官撰사서의 기록들이 왜곡되었다고 지적하였다.119) 이에서 《陰崖日記》를 저술한 목적의 하나가 이러한 관찬사서의 잘못을 바로 잡기 위한 것이라고 할 수 있겠다. 그러나 《陰崖日記》는 단순한 관찬사서의 보충으로서 뿐 아니라 집권세력의 처지를 중심으로 하여 편찬된 관찬사서와는 다른 시각에서 서술된 사서의 필요성과 그 의미를 드러내주고 있는 것이다.120)

⑤ 이 글의 제3장에서 살핀 것처럼 《陰崖日記》의 기사 가운데에서 많은 부분이 《中宗實錄》의 기사와 '史論'에 반영되었다. 1조목의 중종 4년 윤9월 영의정 柳洵의 파직 기사는 《중종실록》 권9 4년 윤9월 27일 병술조에 그대로 반영되었고, 19조목의 영의정 박원종이 사직하기를 청하여 金壽童을 영의정으로 삼았다는 기사는 《중종실록》 권10 5년 3월 신유조의 기사와 같은 내용이다. 더구나 25조목의 개성유수 李世英 줄기에 대한 기사와 41조목의 權橃이 정막개

---

119) 《陰崖日記》 47조목에서 당시의 관찬사서의 기록이 사실을 왜곡되었다고 하면서 이렇게 지적하고 있다. "此時當時狐鼠輩奸媚之筆也 大抵後日修實錄者 皆當時從諛者."

120) 최이돈, 〈해동야언에 보이는 허봉의 당대사인식〉, 《한국문화》 15, 1994.

가 참람되게 상을 받은 것이 부당하다는 것을 獨啓한 것에 대한 기사는 각각 《중종실록》 권10 5년 1월 29일 병술조와 《중종실록》 권19 8년 12월 9일 계묘조의 사론의 내용과 같다. 이러한 사실은 명종 원년~5년에 《중종실록》을 편찬하면서 실록편찬관들이 《陰崖日記》를 중요한 자료로 활용하였음을 의미한다.[121]

李耔가 세상을 떠난 것은 중종 28년(1533년)이며, 《중종실록》이 편찬된 것은 그보다 13년 이후인 명종 원년~5년(1546년~1550년)이다. 이는 《중종실록》을 편찬할 당시 많은 부분의 기사를 《陰崖日記》를 자료로 하여 기술하였음을 가리킨다. 《陰崖日記》가 현실정치의 시비와 조정대신에 대한 행정과 평가, 그리고 천재지변 및 대외관계에 대한 기록을 자세하고 명확하게 하여 당대사인 실록을 편찬할 때 중요한 현장기록으로 인용될 만큼 사료로서의 가치와 의미를 지니는 것이라고 할 수 있다.

⑥ 이상과 같은 이유 때문에 《陰崖日記》는 후대에 野史를 편찬하는 데서 중요한 참고자료가 되었지만, 특히 《실록》이 공개되지 않는 당시 상황에서는 가장 직접적인 정보를 제공하는 史書가 될 수밖에 없었다.

《陰崖日記》는 당시에도 세인의 관심을 끌었으니, 李耔의 사후 37년이 지난 선조 3년(1570년) 召對에서 柳希春이 전일에 언급한 기묘 현인 가운데 덕성과 도량이 조광조에 버금하는 李耔가 빠졌다고 하고 이어 우부승지 李忠綽이 李耔가 지은 '日記'에 대하여 언급하니 선조가 읽어보겠다고 관심을 표하기도 하였다.[122]

특히 16세기 말 許對에 의해 편찬된 《海東野言》 권3 중종 시대

---

121) 김경수, 〈조선 중기 李耔의 日錄〉, 《최근묵교수정년기념논총 : 호서지방사연구》, 2003. 2., 경인문화사 참조.
122) 《선조실록》 권4, 3년 4월 신유(24일).

의 서술 부분은 주로 《陰崖日記》를 직접적으로 인용하여 이루어
졌다. 삼포왜변에 대한 기사 등 《陰崖日記》를 직접적 거론하지
않은 경우도, 그러나 그 기사의 내용이 《陰崖日記》의 해당기사와
거의 같은 것을 보면 역시 《陰崖日記》를 참고하여 기술한 것으로
판단된다. 《대동야승》에 등재된 《己卯錄》과 《己卯錄補遺》[123]의
〈정광필전〉과 〈李耔傳〉에도 《陰崖日記》가 중요 자료로서 인용되
었다. 또한 널리 알려진 대로 《燃藜室記述》 중종조 고사본말에는
《陰崖日記》가 역시 중요자료로 직·간접적으로 인용되었다. 이
와 같이 《陰崖日記》는 《朝鮮王朝實錄》도 공개되지 않는 상태에
서 중종조의 역사상을 전해주는 중요한 역사자료로 인식되어 16
세기 말 이후 각종 野史, 野史通史 또는 野史叢書에 거듭 인용되
었다. 조선 후기 野史叢書의 총결산이라고 할 수 있는 《燃藜室記
述》이 《陰崖日記》를 '野史類'로 분류한 것은 정당한 평가였다.

---

123) 《己卯錄》은 본래 기묘사화 때 같이 화를 입었던 한 사람인 金正國이 편찬한
　　것이고 뒤에 金堉이 충청도 관찰사 시절에 간행. 김육이 간행할 당시에 본문에
　　누락된 사항들을 안노가 찬하여 '보유'라고 하여 본문의 뒤에 덧붙였다.

陰崖 李耔의 詩文學

정 옥 자

1. 머리말

李耔(1480~1533)는 조선 전기 격변기인 연산군의 난정과 중종 반정의 소용돌이 속에서 산 사림파 가운데 한 사람이다. 이 시기 는 연산군의 폐정을 바로잡기 위하여 중종반정이 일어나고 이른 바 기묘사림이 훈구파의 비리를 척결하기 위하여 지치주의를 내 걸고 과감한 개혁을 단행하려던 更張의 시기였다.

조선왕조가 개창된 지 1세기가 지난 연산군 시대는 그동안 계 속된 정변으로 많은 공신이 배출되어 기득권을 향유하는 귀족으 로서 훈구파가 강고한 토대를 구축하고 있었다. 이름 그대로 국가 에 공훈을 세운 정치적 구파인 훈구파의 성종 시대부터 중앙 정계 에 등장한 사림파에 대한 피의 숙청이 두 번씩이나 일어난 시기였 다. 1498년(연산군 4년)의 무오사화와 1504년(연산군 10년)의 갑 자사화가 그것이다. 어린 나이에 어머니를 비명에 여의고 감성적 이었던 연산군은 왕위에 올라 어머니의 죽음에 대한 진실을 알고 나자 감정을 제어하지 못하고 사림파 대 훈구파라는 신·구 정파에 대한 조정능력을 상실한 채 훈구파의 꼭두각시가 되어 난정을 계속하고 있었다.

이자 스스로 시대를 잘못 만났다고 하였듯이 바로 이 연산군 시대에 과거를 보고 벼슬길에 나아갔다. 1501년(연산군 7년) 진사에 합격, 1504년(연산군 10년)에는 식년문과에 장원 급제하고 사헌부 감찰을 지냈다. 천추사의 서장관으로 명나라의 북경에 다녀온 뒤 이조좌랑으로 승진하였지만, 연산군의 난정에 환멸을 느꼈고 또 성주로 유배된 아버지 대간공 李禮堅을 가까이 모시기 위하여 지방관을 자원, 의성현령으로 나갔다. 1506년 중종반정 이후 중앙정계에 복귀하여 홍문관·사간원·사헌부 등의 언관 요직과 승지·도승지 등의 시종관을 지냈고, 변무 주청사로 명나라에 가서 활약하고 귀국한 이후에는 형조판서를 거쳐 좌참찬에 올랐으며, 항상 경연에 참여하여 중종에게 직언하였다.

중종반정은 연산군의 폐정을 개혁하는 것은 물론, 건국으로부터 1세기가 지나면서 기득권을 누리며 귀족화한 훈구파를 척결하려는 방향성을 갖고 있었다. 반정이란 정치를 바르게 돌이키고자 왕실에서 적격자를 뽑아 왕위에 올리는 정변을 말하는데, 반정을 일으킨 이들은 물론이려니와 왕위계승자로 물망에 오른 이도 위험을 무릅쓴 행위였다. 자칫 실패하면 역적으로 몰려 죽음을 면치 못하게 되기 때문이다.

모험 끝에 왕위에 오른 중종은 성종 시대에 시도했으나 이루지 못한 도학정치를 하고자 사림들을 적극 정부에 포진시켰고, 그 대표적인 인물이 趙光祖(1482~1519)였다. 조광조를 중심으로 한 사림파, 즉 道學派는 문장을 중시하던 훈구파, 즉 詞章派와 이념 투쟁과 정쟁을 하기 시작하였다.

　음애 이자는 이러한 갈등 구조 속에서 도학파에 속하였다. 특히 조광조와는 같은 용인 출신이라 일찍이 四隱亭을 함께 짓고 학문과 풍류를 같이한 각별한 사이였으며, 이 사은정에는 조광보·조광좌 형제도 참여하였다. 이자는 신진 사류들과 뜻을 같이하며 연산군의 난정에서 비롯된 폐단을 개혁하고 요·순·삼대의 정치를 이 세상에 재현하려는 이상주의에 동참하였다. 이른바 지치주의를 부르짖고 있었다. 따라서 훈구파와 대결은 피할 수 없는 현실이었다.

　이자는 시 작품을 무려 3,600편 이상 지었다고 하지만 남아있는 작품은 그 가운데 일부일 뿐이다. 그럼에도 《음애집》의 상당 분량이 시 작품임을 상기해 볼 때 그는 감성이 풍부한 인물임에 틀림없다. 따라서 그는 理勝한 도학자이기보다는 文勝한 시인의 소질이 다분하였던 것으로 보인다. 그가 장원급제한 직후 문장력이 뛰어난 인물로 선발하는 서장관으로 명나라에 파견된 것만 보아도 그의 문학적 재능을 짐작할 수 있을 것이다.

　그의 이러한 문학적 성향은 南袞(1471~1527)이나 金安老(1481~1537) 등 훈구파 또는 사장파로 분류되는 권신들과 교유하는 촉매제가 되었을 것이다. 그는 그들과 친분을 갖고 있었을 뿐만 아니라 과격하고 급진적인 개혁보다 온건하고 점진적인 개혁성향을 갖고 있었고, 이는 결과적으로 기묘사화에서 목숨을 건지는 원인이 되었다.

　그러나 그는 반정이 별 의미가 없어진 현실에 환멸을 느끼고 많은 동지들이 살육당한 마당에 더 이상 조정에 남아있을 뜻이 없었으므로 충청도 음성의 음애동에 은거하였다. 그의 호를 陰崖로 하게 된 것도 이것이 계기가 되었다. 그리하여 《己卯名賢錄》에 그 이름이 오르게 되었다.

이 글에서는 이자의 시 작품을 시대 속에서 파악하기 위하여 먼저 기묘사화의 역사적 배경과 그 문학사적 성격을 살펴보고, 나아가 그의 시에 나타난 가문의식을 추적해 보려 한다. 그가 고려 말 稼亭 李穀(1298~1351)과 牧隱 李穡(1328~1396)으로부터 '文獻之家'로 가문의 입지를 굳힌 뒤 절의를 지킴과 벼슬살이의 두 가지 선택에서 고민하던 선조의 삶에 깊은 애정과 존경을 갖고 있었고, 자기 처신의 모범으로 삼고 있었던 것이 확인되기 때문이다.

다음으로 음애의 시 작품에 나타난 선비정신을 검토해 보려 한다. 격변의 시대, 사화기 가운데에서도 가장 격심했던 기묘사화기에 사림파의 개혁에는 동참하였지만, 사화에서는 목숨을 부지하고 살아남아 난세에 선비가 선택하는 은거의 삶을 선택하였고, 기묘명현으로 기록에 남은 이자가 보여준 선비정신의 일단을 살펴보고자 한다.

그리고 은거생활의 구체적 모습을 그의 시를 통하여 살펴 선비적 삶의 방식과 실상에 접근하고 그의 시 세계를 점검해 보려 한다.

2. 기묘사화의 문학사적 성격

고려 말 주자(성리)학이 도입된 이후 신진사대부들에 의해 조선왕조가 개창되자 성리학은 國學으로서 그 지위를 굳혔다. 그 학통은 鄭道傳(1342~1398)·權近(1352~1409) 등으로 계승되는데, 정도전이 제거된 뒤 권근에 의하여 官學風을 조성하였다. 그는 고려 말 원나라로부터 성리학 도입에 결정적인 구실을 한 李齊賢(1287~1367)과 그의 제자 이색의 학통을 계승하고 있는 만큼1) 그 자신도 詞章에 깊은 조예를 갖고 있었다.

권근은 조선왕조 개창기에 文衡의 자리에 있으면서 事大・交隣 등 대외관계의 정립과 문물제도의 정비과정인 典章의 찬수에서 절대적인 공헌을 하는 한편,《四書五經口訣》,《五經淺見錄》,《入學圖說》등을 저술하여 성리학에서도 일가를 이루었다. 그야말로 道文一致에 충실했던 인물이다.

그러나 그의 제자 대에 이르러서는 權遇(1363~1419)・卞季良(1369~1430) 등이 문장으로 文翰의 책임을 담당하고 孟思誠(1360~1438)・許稠(1369~1439) 등은 政法에 밝아 국무에 이바지하는 등 사장 중심의 官學風을 조성하였다.

반면 鄭夢周(1337~1392)를 계승한 吉再(1353~1419)가 영남지방에 은거하면서 제자를 양성하며 私學風을 조성함으로써 2대 조류를 형성했다. 전자가 文詞에 대한 조예로 국초 문화에 이바지한 반면 후자는 정몽주의 嫡統이라는 자부심을 키우면서 義理之學인 성리학 연구에 깊이 침잠함으로써 그 이해의 밀도를 짙게 했다.

조선 초기에 이러한 성리학에 대한 관심은, 고려 말 성리학의 계승・발전을 의미하는 동시에, 유교국가로서 조선이 나아가야 할 방향을 제시하는 것이기도 하였다. 그러나 이 때의 성리학 이해수준은 아직 미약하여 성리학의 미묘한 뜻을 완전히 이해하기에는 미숙한 단계였으니, 세종 시대 최고의 학술기관인 집현전에서조차《性理大全》의 뜻을 제대로 이해하지 못하였다 한다.[2]

여하튼 조선 초기에는 성리학이 아직 체질화하지 않은 상태에서 전통적인 불교 등 비유교적 내지는 비성리학적 요소가 지배하

1) 鄭玉子,〈麗末 朱子性理學의 導入에 대한 試考〉,《震檀學報》 51, 1981.
2)《세종실록》 권39, 10년 3월 갑신, "上謂集賢殿應教金墩曰 性理大全書今已印之 予試觀之 義理精微 未易究觀 爾精詳人也 可用心觀之 墩曰 非因師受 未易究觀 然臣當盡心 上曰 雖欲得師 固難之."

고 있었다.3) 이들 이질적인 사상 사이의 갈등이 '癸酉靖難'으로 표출되어 세조는 조카 단종을 폐위시키고 자신이 왕위에 오르면서 집현전 출신의 관료들을 제거하고 비유교적 또는 비성리학적 요소를 부각시킴으로써 자신의 기반을 확고히 하려 하였다.4) 이러한 과정에서 세조에 동조하여 살아남은 집현전 출신의 학자들은 명분과 의리의 약점 때문에 성리학을 적극 현창·발전시키지 못한 채 세종 시대 이래 문물제도의 정비에 주력함으로써 詞章風이 성리학을 압도하게 되었다.

이러한 학풍 속에서 사장은 홍문관의 대제학 등 국가의 문화정책을 좌우하는 文衡들에게 주도되어 권근 이후 변계량·崔恒(1409~1474)·徐居正(1420~1488) 등 여러 문형을 거치면서 館閣體로 형성되어 科擧文인 功令文에 반영되고 영향을 주면서 양자는 이원 구조를 이루고 있었다.

그러나 세종 시대에 설정된 유교적 기준에 따른 제반 사업이 완결된 성종 시대에 이르자 좀더 근본적인 성리학 자체의 이해를 요구하게 되었고 성종 자신도 미약한 자신의 기반을 확고하게 하려는 의도에서 새로운 정치세력을 필요로 하게 되었으니 이러한 기류를 타고 등장한 이들이 길재의 제자 金宗直(1431~1492)을 중심으로 한 경상도의 이른바 영남사림들이었다.

김종직은 영남사림이라고는 하나 아직 사장이 우세하던 당시 상황에서 오히려 詞華로 인정받았기에, 사림으로서는 일정한 한계를 안고 있었다. 그러나 그의 제자들에 이르러서는 詞章派와 道學派의 확연한 대립관계가 성립되어 첨예한 갈등을 보이게 되었다.

---

3) 韓㳓劤, 〈朝鮮王朝 初期에 있어서의 儒敎理念의 實踐과 信仰·宗敎〉, 《韓國史論》 3, 1976.

4) 韓永愚, 〈朝鮮初期의 歷史叙述과 歷史認識〉, 《한국학보》 7, 1977.

다시 말해 김종직의 문도 가운데 理學을 주로 하던 金宏弼(1454
~1504)·鄭汝昌(1450~1504)은 도학파로, 詞章을 주로 하던 金馹
孫(1464~1498)·南袞(1471~1527)·南孝溫(1454~1492)·曺偉
(1454~1503) 등은 사장파로 나누어졌다. 이렇게 김종직의 같은
제자 사이에 두 파의 확연한 분파가 이루어진 위에 다음 세대인
중종 시대에 김굉필의 제자 趙光祖(1482~1519)가 經明行修로 탁
용되자 신진도학파의 영수로서 구학파인 사장파를 맹공하였다.
즉 도학파들은 조광조를 비롯하여 金安國(1478~1543)·金正國
(1484~1541)·金潭(1486~1521)·金絿(1488~1534)·尹自任
(1488~1519) 등이 중심이 되어 연산군 이래 퇴폐해진 世道를 匡救
하려는 중종의 정치를 뒷받침하였다.

五倫을 중시하는 성리학을 일으키기 위하여 '小學'을 존중, 학
문의리의 구명에 몰두하고 《소학》과 《近思錄》을 간행하여 전국
팔도에 반포하는 등 도학 진흥을 위해 발분하였다. 그리고 성리
학의 원리를 정치의 지침으로 삼아 도학정치를 실현하려는 여러
가지 조치를 취했다.

한편 남곤을 비롯한 사장파는 이론 면에서 열세에 있었기 때문
에, 도학도 존중해야겠지만 사장을 현실적으로 무시할 수 없다는
온건론을 폈다. 그러나 도학파는 사장을 僞學이며 '기술적인 예능
의 일〔技藝之事〕'이라 규정하고 사장을 하는 자는 부화하고 경박
하게 된다고 공격하였다.

나아가 人君은 시를 짓지 말고 신하들에게 시를 製進하게 하는
일을 금지해야 한다고 주장할 정도였다. 이와 함께 사장으로 시
험 보는 '科擧之學'의 무용론을 주장하였다. 이에 사장파는 事
大·交隣에서 사장의 중요성을 강조하고 과거는 인재를 뽑는 부
득이한 방편임을 지적하였다. 사장이나 經術이 당면한 바는 같으

므로 한쪽을 없앨 수는 없다고 수세의 처지에서 이론을 전개하였
다.5) 이러한 논쟁은 사장파가 문장 속에 도학적 이념, 즉 철학
을 가미하는 계기가 되어 사실상의 道文一致(도와 문을 일치시
킴)를 이룩하는 전환점이 되었을 것이다.

국초 이래 경학적 유교인식에 바탕을 두고 있었던 詞章學이 이
때 일전하여 성리학적 道學의 영향권 안으로 들어오게 된 것이
다. 그러나 이들 양자 사이의 심각한 갈등은 기묘사화의 한 요인
이 되어 기묘사화 이후에는 이학이 침체하고 사장이 다시 우세해
지는 경향이 나타났다.

3. 음애의 시에 보이는 가문의식

고려 말의 향리층은 말기적 폐단 현상을 드러낸 불교에 대체되
는 신학문인 신유학, 즉 성리학을 연마하여 그 사상을 건국이념
으로 하는 조선이라는 새로운 왕조 건설에 한 몫을 담당하였다.
지방사회에서 뿌리가 깊은 향리층은 지방에 대한 영향력과 함께
경제력을 갖추고 있었으나 고려 귀족사회에서는 한계인일 수밖에
없었다.

이들은 고려사회가 불교에 의한 말기적 폐단 현상을 드러내자
성리학에 착목하고 원나라에 유학하는 등 활로를 모색하였다. 이
른바 성리학을 주전공으로 하는 향리 출신의 신진사대부층이 형
성되었던 것이다. 한산 이씨 가문도 韓山에 세거하던 향리층으로
고려 말 새로이 두각을 나타낸 신진사대부 가문이다.

음애 이자가 현창해 마지않던 6대조 가정 이곡과 그의 아들 목
은 이색은 고려 유학의 발전에 이바지하였지만, 고려 조정에서

---

5) 《중종실록》 권29, 12년 8월 계유, "……詞章經術所當如一 不可偏廢也."

벼슬하는 데 한계를 느끼고 원나라에 유학하여 그곳에서 과거에 급제하고 벼슬살이를 한 뒤 다시 고려로 돌아와 고려의 고위직으로 출사하게 되었다. 그 과정에서 주자학을 비롯한 송·원대 성리학에 대한 깊은 이해를 고려 학계에 전달하는 구실을 하였다.

특히 이색은 문하에 많은 학자들을 키워 조선왕조 건설의 인재들을 길러냈지만 역성혁명의 대열에는 끼지 않고 은일을 선택하였다. 그리하여 고려 말의 三隱의 한 사람으로 유명하다. 이색의 아들 李種學(1361~1392)은 고려유신으로서 지조를 지켜 죽음을 당하였다.

이자의 가문이 조선왕조에서 벼슬을 하게 된 것은 그의 증조 李叔畝(1350~1439)부터이다. 이숙무는 음보로 임용되었고 관찰사로 지방관을 두루 거쳐 형조판서를 역임하고 지돈령부사에 올랐다. 이숙무의 아들 亨增은 첨지중추원사를 지냈으며, 형증의 둘째 아들 李禮堅(1436~1510)이 이자의 아버지이다. 예견은 대사간으로 1504년(연산군 10년) 연산군의 난정을 비판, 유배되었다가 1506년 중종반정으로 석방되자 낙향하여 학문 연구에 전념하였다.

이자가 시 작품에서 추모하는 선조는 6대조인 가정 이곡부터이고 그 이전의 선대에 대해서는 언급이 없다. 이곡을 추모하는 시로는 〈謹承次稼亭韻 奉玩感愴 更續元韻以呈〉이라고 제목을 붙인 七言絶句 여섯 수가 있다. 이 시들은 가정 이곡이 연경에 있을 때 家兄의 시에 차운하여 지은 시를 이자의 仲兄인 참의공이 또 차운하여 이자에게 부치자 이를 받들어 지었다고 시의 앞머리에 설명이 붙어 있다.

이곡은 李自成의 세 아들 가운데 막내로서 여기서 말하는 가형은 李培나 李蕃 가운데 하나일 터이다. 이자는 이예견의 네 아들

가운데 막내이고 李耦·李耘·李耔 등 세 형이 있었다. 따라서 여
기서 중형이란 이운이다. 그 시 가운데 두 번째 수를 보자.

> 해동海東의 성기星氣가 연도燕都를 쏘았고
> 금마金馬 문창文昌이 수고로움을 촉망하였네.
> 멀리 흰 구름 바라보니 민등산에 오르는 듯
> 무려巫閭의 산색은 하늘 높이 들어가네.
> 海東星氣射燕都 金馬文昌屬望勞
> 遙望白雲仍陟屺 巫閭山色入天高[6]

여기서 해동의 성기란 이곡의 문장기를 말하고, 연도란 물론 연
경일 것이다. 이곡은 한산의 향리 이자성의 아들로 일찍이 과거시
험에 합격하였으나 뜻을 펼 기회를 잡지 못하였다. 23세에 秀才科
에 2등으로 합격하였지만 미관말직을 벗어나지 못하다가 35세에
원나라 과거시험에 합격하여 원나라 翰林國史院의 검열관 직책을
받았다. 자신의 문장력과 학문적 능력으로 원나라의 청요직에 올
라 국제무대에서 활약하는 기회를 잡았던 것이다. 그 뒤 원나라와
고려를 오가며 많은 업적을 쌓아 재상의 반열에 올랐고 그의 아들
이색에 이르러 '문헌지가'의 명문으로 성장하였던 것이다.[7]

해동의 성기가 연도를 쏘았다는 표현은 이곡이 원나라 연경에
서 문명을 날리게 된 사실을 말한다. 그리하여 금마(金馬: 翰林
院)로[8] 표현되는 문단과 文昌으로[9] 표현되는 학계의 촉망을 한

---

6) 《陰崖集》 권1, 20b.

7) 韓永愚, 〈稼停 李穀의 生涯와 思想〉, 《韓國史論》 40, 1998.

8) 金馬는 한나라 未央宮의 문 앞에 있던 동제 말을 일컫는데, 이 문은 文學之士
들이 출사하던 문이었으므로 한림원의 별칭이 되었다.

9) 文昌은 文昌星의 준말로 이 별은 북두칠성의 국자머리에서 여섯 번째 별로 學
問을 맡은 별로 알려져 있다. 따라서 문창이란 학계를 뜻한다.

몸에 받게 된 영광을 노래한 것이다. 역시 《가정집》의 시운을 따서 지은 칠언절구의 시 두 수가 있으니 6대조인 가정 이곡에 대한 그의 각별함을 확인할 수 있다.

〈懷兄(형님을 그리며)〉이라는 시에서는 '去住俱爲別 存亡重在兄 終南修祠宇 器谷汎墳塋……(가고 남고 모두 이별하니 집안의 존망이 형님에게 있네. 남산집의 사우를 닦고 기곡리의 선영을 돌보는 중책도……)'이라 하여10) 남산 아래 자신의 집 祠宇와 용인 기곡리에 있던 선산을 돌보는 중책이 형에게 있음을 상기시키는 내용의 시를 쓰고 있다. 아마도 맏형님인 이우에게 보낸 시인 듯 하다.

〈呈仲氏(중형에게 올림)〉라는 시는 五言律詩 네 수인데 그 중 첫 수를 음미해 보자.

　나뭇가지 사이 까치소리로 기쁜 소식 접쳤더니
　아주 먼 곳에서 형의 친서를 보네.
　눈물 흘리며 심부름 온 이를 반기니
　말없이 쓸쓸히 사는 모습 아파하네.
　해풍이 부니 기러기는 날아가고
　가시나무에 붙어있는 꽃은 몇 송이뿐.
　기곡의 선영에 대한 다른 해의 꿈이
　헛되지 않음을 밝게 알겠네.
　枝間占喜鵲　天外見親書
　有淚迎來使　無言病索居
　海風吹雁去　荊樹着花疎
　器谷他年夢　明知不落虛11)

---

10) 《陰崖集》 권1, 3a.
11) 《陰崖集》 권1, 2ab.

이 시는 그 다음 시에 陰崖라는 표현이 있는 것으로 보아 음성에 은거하고 있을 때 중형인 이운의 편지를 받고 그 감회를 읊은 것으로 판단된다. 1519년 기묘사화가 일어났던 해에 그는 40세였다. 그해 11월 15일에 사화가 일어났고 그는 용인 선산 아래 일찍이 경영하였던 思庵으로 退歸하였다.

그가 음성의 음애동으로 옮긴 것은 다음해인 1520년 41세 때였다. 이 시는 그 다음해인 1521년 42세 때 지은 것으로 연보에 밝혀 있다. 멀리 떠나 은거하고 있을 때 둘째 형님의 편지를 받고 기뻐하는 모습이 손에 잡힐 듯 묘사되어 있다. 아마 계절도 기러기 날아가고 꽃잎 지는 가을이어서 더욱 그 감회가 서글펐던 것이 아닌가 싶다. 형님의 편지에 선영인 기곡에 대한 소식이 있었던 듯하니 여기에도 조상에 대한 그의 배려와 가문의식을 엿볼 수 있다.

셋째 형 금오랑 李耈가 사망하자 애도의 시를 지었으니 〈悼叔氏〉라 제목을 붙인 오언율시 네 수가 그것이다. 그 가운데 두 번째 시를 보자.

> 기곡과 송추는 가까운데
> 언덕과 들에 내린 비와 이슬은 깊네.
> 형이 먼저 몸을 편히 쉬시니
> 아우도 역시 몸과 마음을 맡기려하네.
> 황천길 머지않음을 기약하나
> 인간의 힘에 맡기지는 못하네.
> 이제껏 함께 근심 나누었더니
> 어디서 아름다운 소리 들으리.

器谷松楸密 丘原雨露深

兄先安體魄　弟復委身心
泉下期無遠　人間力不任
向來同草草　何處聽徽音12)

　이 시의 첫머리 역시 그의 조상들 묘소가 있는 용인의 기곡리가 그려지고 있다. 그에게 기곡리 선영은 자신의 뿌리일 뿐만 아니라 정신적 귀의처가 아니었을까 생각된다. 먼저 떠난 형에 대한 애틋한 추모의 정과, 형과 마찬가지로 자신도 머지않아 가문의 안식처인 선영에 묻힐 날을 기다린다는 뜻을 표현하고 있다.

4. 음애의 시에 나타난 선비정신

　이자는 기묘사림의 주요 인물로 보아도 무리가 없을 것이지만, 기묘사화에 희생된 인물들에 가려져서 아직까지 본격적인 조명을 받지 못한 것으로 보인다. 그가 당대의 권신들인 남곤, 김안로 등과 가까웠다는 것도 그 이유 가운데 하나가 될 수 있겠다. 남곤과 친분은 1518년(중종 13년) 宗系 辨誣 奏請使의 부사로 명나라 북경에 함께 가게 된 것이 결정적 계기가 되었다. 정사였던 남곤이 중병에 걸려 빈사지경이었는데 지성으로 간호하여 살려냈고 이것이 빌미가 되어 다음해 일어난 기묘사화 때 화를 면했다고 한다.
　김안로는 안뀨의 친척〔姻婭之親〕 관계이자 朱溪君 李深源에게서 함께 배운 동문관계였다.13)
　이러한 인연 외에 이자는 理勝한 도학자의 면모보다 文勝한 시

---

12)《陰崖集》권1, 3b.
13)《陰崖集》〈年譜〉14b, 명나라 세종 11년 임진조.

인으로서 자질이 더 돋보이는 인물이다. 따라서 사장, 즉 문장력
을 으뜸으로 여기던 이들과 일정한 공감대가 있었던 것으로 보인
다. 특히 남곤과 연행사의 임무를 함께 수행하는 긴 여로 틈틈이
시를 수창하면서 어느 정도 문학적으로 통하지 않았을까 생각된
다. 아울러 그의 온건개혁 지향성이 이들에게 위험인물로 낙인찍
히지 않은 주요한 이유일 것이다.

　이자의 온유하고 평담한 선비정신을 보여주는 시 작품을 살펴
보자. 〈卽事〉라 제목이 붙은 오언율시이다. '즉사'란 그 자리에서
듣고 본, 또는 가슴에 떠오른 것을 시상으로 하여 당장에 시를
짓는 것을 말한다.

연못물이 평평함을 보고 분수 지킴을 알겠고
물 대는 것을 보고 과업이 가득 찰 것을 기다린다.
구름의 그림자는 본래 자취가 없고
하늘의 모양은 길어 기울지 않네.
술 깨니 정신이 한가로이 명랑하고
시 지으며 편안히 앉아있네.
이것이 사람 가운데 경치이니
문득 백병이 씻은 듯 낫네.
池平知守分　水注待盈科
雲影本無迹　天容長不頗
酒醒神散郎　詩就坐婆娑
此是人中景　聊焉滌百痾[14]

　이 시는 이자가 사물의 이치에 통달하는 모습을 간단명료하게

---

14)《陰崖集》권1, 2b.

보여준다. 연못의 물이 가득 차 평평한 것을 보고 분수를 어떻게 지켜야 될지를 안다는 것은 보통 사람이 도달할 수 있는 경지가 아니다. 선비의 분수 지킴에 대한 깨달음이다. 나아가 논에 물 대는 것을 보고 과업, 즉 공부가 가득 차기를 기다린다는 표현도 공부가 급하게 되는 것이 아니고 천천히 차곡차곡 쌓아올려야 된 다는 것을 말하면서 선비의 담담한 기대감을 보여주고 있다. 또한 구름과 하늘의 모양을 대비시켜 자연의 이치를 설명하고 자신은 술과 시를 벗 삼아 유유자적하는 선비의 삶을 살고 있음을 은연중에 자부하고 있다.

〈臘日詠懷〉라 제목을 붙인 오언율시 여섯 수 가운데 다섯 번째 시에도 그의 선비정신은 엿보인다. 어느 해인지 확실하지는 않으나 은거시절의 섣달그믐에 지은 시이다.

한해가 다 가니 새 달력을 보며
외로운 모습 멀리 있는 사람을 그리네.
언덕과 들에 부는 바람은 나무를 부르고
기러기는 분신을 그림자 드리우네.
절벽의 눈은 해를 따라 얇아지지만
언덕 위의 소나무는 눈을 맞아 참되네.
푸르고 아득한 허공도 기다림이 있듯
남은 섣달에 봄날을 보네.
歲盡看新曆　孤形憶遠人
丘原風號木　鴻雁影分身
崖雪隨陽薄　岡松待雪眞
蒼茫如有待　殘臘見王春[15)]

---

15) 《陰崖集》 권1, 4b~5a.

한 해가 다 가는 섣달그믐에 다음해의 새해 달력을 보며 감회를 읊은 시이다. 멀리 있는 이를 그리워하는 감회와 더불어 언덕과 들에 부는 바람소리, 그림자를 드리우며 날아가는 기러기 떼의 묘사에서 추운 겨울날을 느끼게 한다. 그러나 이 시의 요점은 바로 세 번째 연이다. 절벽에 쌓여 있는 눈은 해가 비추면 녹아내려 얇아지지만, 언덕 위의 소나무는 눈을 맞아야 진가를 발휘한다는 것은 바로 "날씨가 추워진 뒤에야 소나무와 잣나무가 늦게 시드는 것을 알게 된다〔歲寒然後 知松柏之後凋〕"는 《논어》에 있는 공자의 명언을 달리 표현한 것이다. 소나무와 잣나무는 상록수이기에 추운 겨울에도 푸르른 것을 사람이 어려운 일을 당해야 그 굳건한 지조와 절개를 알 수 있다는 사실에 빗댄 것이다. 이자는 이 시에서 선비정신의 으뜸인 절개를 강조한 것이다. 마지막 연의 마지막 구에서는 그 추운 섣달에 봄을 기다리는 마음을 잘 나타내고 있다.

〈夢遊槐安有感〉이라는 시에서는 그의 인생관은 물론이려니와 기묘사림의 급진적 개혁성과 그 실패에 대한 반성도 보이고 있다.

괴안槐安은 수향睡鄕과 접해 있고
목도木道는 한단邯鄲에 통해 있네.
정신이 노니니 피로함을 모르겠고
뜻을 얻으니 슬픈 노래는 잊었네.
순식간에 과거에 발탁되어
기쁘게 고관이 되었네.
고을엔 열심히 일하는 사람이 넘치고
문서는 사람의 심간心肝을 늘렀네.
가까운 천광天光을 분간하지 못하고
환패環佩는 짤랑짤랑 소리를 내네.

은혜와 광영이 동네에 넘치고
이른 아침부터 밤까지 천자의 수레를 쫓네.
몸을 어루만져도 효험을 알지 못하고
손으로 머리 위의 관을 어루만지네.
한나라 왕업은 스스로 밝게 창성한데
가의賈誼는 헛되이 길게 탄식했네.
과부夸夫는 흰 해를 쫓고
우공寓公은 북산을 옮겼네.
시비가 바야흐로 분분한데
홀연히 정신이 돌아왔네.
영욕이 이미 수없이 바뀌고
세상맛은 헛되어 비어있구나.
진짜와 가짜는 마침내 깨닫기 어려우니
통달한 이는 마땅히 크게 볼지니.

槐安接睡鄕　木道通邯鄲
神遊不知疲　意得亡悲歌
俄頃擢科第　怡愉做高官
州縣漫勞人　薄領摧心肝
不分近天光　環佩鳴珊珊
恩光溢閭里　夙夜趨金鑾
撫躬不知効　手撫頭上冠
漢業自明昌　賈誼空長歎
夸夫逐白日　愚公移北山
是非方紛紛　遽然神已還
榮辱已飽更　世味空巒巒
眞仮更亡羊　達人當大觀16)

---

16) 《陰崖集》권1, 18b.

이 시는 몇 가지 우화와 역사적 인물을 인용하여 인생의 덧없음과 지식인의 이상과 현실의 괴리, 개혁의 조급성 등에 대하여 은유하고 있다.

꿈나라에서 괴안으로 들어가 나무 길을 통하여 한단에 간다는 첫째 연의 도입부는 두 개의 고사를 얽어 놓은 것이다.

첫째 연 첫 구의 괴안은 괴안국의 준말로 槐安夢에 나오는 개미의 나라이다. 괴안몽은 南柯夢, 또는 南柯一夢과 같다. 당나라 때 淳于棼이라는 사람이 자기 집 남쪽에 있는 늙은 회화나무 밑에서 술에 취해 잠이 들었는데 꿈에서 大槐安國 南柯郡을 다스리며 20년 동안이나 부귀영화를 누리다가 깨어났다는 고사이다. 한때의 헛된 부귀를 비유하는 말이다.

둘째 구는 邯鄲之夢을 말한다. 전국시대 조나라의 서울 한단에서 盧生이라는 이가 도사 呂翁의 베개를 빌려 잠깐 눈을 붙인 사이에 부귀영화의 꿈을 꾸었다는 고사이다. 이 또한 부귀공명의 덧없음을 비유하는 말이다. 이어서 다음 일곱 째 연까지는 꿈속에서 누린 부귀·영화·공명을 서술하고 있다. 인생이 一場春夢이라고 하는 말과도 같다. 이자가 은거생활에 들어가 음성의 음애동에서 다시 충주의 兎溪로 이사하여 새로 지은 집을 夢庵이라고 이름 지은 것도 그의 이러한 의식구조의 산물이라고 할 수 있다.

여덟 번째 연에서 한나라 가의에 대하여 언급하고 있는 부분은 그의 젊음과 개혁의 외침이 헛되었다는 것을 빌어 기묘사림을 비유하고 있는 듯하다. 가의는 前漢 文帝 때의 인물로서 비판의식이 날카로운 총명한 수재로 이름을 날렸고 개혁 의지를 불태웠지만, 시대에 맞지 않아 이상은 좌절되고 33세의 젊은 나이에 요절한 인물이다. 조선왕조의 왕업이 훈구파로 말미암아 이미 반석 위에 올랐는데 개혁을 외치다가 좌초한 기묘사림의 처지를 완곡하게 은유하고 있다.

아홉째 연의 첫 구 '夸夫逐白日(과부가 흰 해를 쫓는다)'는 표현은 '夸夫追日影'의 고사에서 나왔다. 과부가 해 그림자를 쫓아가다 쓰러졌다는 이야기다. 자신의 역량도 모르고 큰일을 계획했다가 중도에서 실패하는 것을 비유하는 말이다. 이 역시 역량도 안 되면서 개혁이라는 대사를 도모하다가 실패한 기묘사림을 비유한 것으로 보인다.

두 번째 구인 '愚公移北山(우공이 북산을 옮겼다)'은 흔히 '愚公移山'으로 쓰이는 《列子》 탕문편에 나오는 우화이다. 우공이라는 90세 노인이 동네 앞을 가로막고 있는 북산을 옮겨 교통을 편하게 하고자 산을 옮기는 작업에 착수하자, 智叟라는 이가 불가능하다고 만류하였다. 우공은 자자손손 계속하다 보면 언젠가는 옮길 수 있다고 하며 꾸준히 계속하여 결국은 뜻을 이루었다는 고사이다.

후세에 누군가 여기에 주를 달아 '하루아침에 성공하려는 사람은 세모에 이르러 한탄하게 되고 당년에 아름다움을 얻으려는 사람은 在身 뒤에 크게 슬퍼한다. 이런 것이 속된 선비의 근심이며 이 세상의 상정이다. 이에 견주어 大人은 하늘과 땅을 하루아침으로 삼고 億代를 긴 한숨으로 여기니, 근심을 잊고 일을 조성하고 무심히 공을 이루어낸다. 그래서 나를 위해서인지, 타인을 위해서인지 구별하지 않고 또 그 앞과 뒤도 따지지 않는다'고 하였다.

마지막 연의 '達人當大觀(통달한 이는 마땅히 크게 볼지니)'에서 달인이란 바로 윗주의 대인에 대한 다른 표현으로 보인다. 그 사이에서 우공이 북산을 옮기는 일에 대한 시비가 분분한데 자신이 홀연히 깨어 현실로 돌아와 보니 영욕이 뒤바뀌며 세상사는 맛을 잃었고 진짜와 가짜를 분별하여 깨닫기조차 어려운 현실을 한탄하면서 마지막에 자신은 달인이 되어 세상사를 크게 보며 초연해지려는 의지를 내비치며 결론을 맺고 있다.

기묘사림의 급진적 개혁과 그에 따른 실패, 그 결과 어려움에 부닥친 자신의 처지 등을 음미하면서 점진적 온건개혁을 추진하고자 했던 자신의 방향성에 대한 믿음을 재확인하는 시로 평가할 수 있다. 결론적으로는 인생을 한 자락의 꿈으로 치부하고 현실에서 초연하고자 하는 의지를 노래한 것이다.

5. 음애의 시를 통해 본 은거생활

이자는 37세인 1516년(중종 11년) 9월 선영이 있는 용인 기곡리 아버지 묘소 아래 양지 녘에 齋宿의 장소로 한 칸 집을 짓고 이름을 思庵이라 지었다. 그로부터 3년 뒤 40세이던 1519년(중종 14년) 11월 기묘사화가 일어나자 우선 이곳 사암으로 물러나 돌아왔다가 다음해인 1520년 41세에 충주 음애동으로 옮겼다.[17]

50세 되던 1529년 충주의 兎溪로 이사하여 정사를 짓고 夢庵이라 이름하고 호를 夢翁, 또는 溪翁이라 하였다. 토계는 일명 劍巖이라고도 하는데 獺川의 상류에 있었으며 충주 음애동보다 더 깊고 그윽한 곳이다.[18] 그는 이곳에서 李延慶(1488~1552, 字 長吉, 號 灘叟)[19] · 金世弼(1473~1533, 字 公碩, 號 十淸軒)[20] · 李

---

17) 《陰崖集》〈年譜〉 참조.

18) 《陰崖集》〈年譜〉 참조.

19) 본관은 廣州, 시호는 貞孝, 판중추부사 世佐의 손자, 奉事 守元의 아들. 1519년 현량과에 급제하여 지평 교리 등 언관직을 지내다가 이 해 기묘사화로 파직되었다. 이자와 충주에서 가까이 살면서 은거생활을 함께 했다. 1545년(인종 1년) 현량과가 복구되었지만 벼슬길에 나아가지 않았다. 이자와 함께 충주 八峯書院에 제향되었다.

20) 본관은 경주, 시호는 文簡, 僉正 薰의 아들. 1495년(연산군 1년) 사마시를 거쳐

若水(1489~1547, 字 喜初, 號 樽巖)²¹⁾·許磁(?~?, 字 靜仲) 등 몇몇 지기들과 교유하며 은거생활을 하였다. 이자의 시 작품 가운데 상당수가 은거생활의 감회를 읊은 것으로 보이는데 그 가운데 몇 수를 골라 살펴보려 한다.

비온 뒤의 심정을 읊은 〈雨後漫吟〉이라는 오언율시 세 편 가운데 마지막 시를 보자.

오래도록 흐리다 처음 해를 보니
많던 병이 다시 무리를 떠나네.
즐거운 기분으로 처마 밑 새소리 듣고
봄빛에 대나무 솟아나네.
잠수하던 물고기는 다투어 대오에서 나오고
성난 개구리는 진을 치려하네.
누가 장안이 가깝다 말하던가
이유 없이 오색구름 바라보네.
久陰初見日 多病更離群
喜氣聞簷鳥 韶光動竹君
魚潛爭出隊 蛙怒欲成軍

식년문과에 병과로 급제, 수찬 지평 등 언관직을 역임하다가 1504년 갑자사화로 거제도에 유배되었다. 1506년 중종반정으로 복권되어 賜暇讀書하였다. 여러 관직을 거쳐 1519년(중종 14년) 사은사로 명나라에 다녀온 뒤 기묘사화로 조광조 등이 숙청되자 그 부당함을 주장하다 留春驛에 장배, 3년 만인 1522년에 풀려났다. 이조판서에 추증되었으며, 이자와 함께 충주의 八峯書院에 제향되었다.

21) 본관은 廣州, 滋의 아들. 1513년(중종 8년) 수석으로 생원시에 합격하고 다음 해에 별시문과 병과로 급제, 여러 관직을 거쳐 1518년 공조정랑으로 賜暇讀書 하였다. 1519년 기묘사화로 희생된 조광조와 형 若水의 사면을 주청하다 삭직되었다. 이후 충주에 살며 이자와 교유한 것 같다. 이자보다 9세나 후생이지만 기본적인 생각이 같았기에 친구가 될 수 있었을 것이다. 그는 이자가 사망한 뒤인 1537년 복권되어 다시 관계에 나갔지만, 결국 1545년 을사사화 때 대윤일 파로 지목되어 죽임을 당했다. 선조 때 신원되고 대홍의 牛川祠에 제향되었다.

孰說長安近 無由望五雲[22]

　위의 시는 韶光(春光, 또는 화창한 봄 경치)이라는 단어로 보
아 계절은 봄이고, 계속 흐리다 반짝 개어 밝은 햇빛이 비치는
농촌의 경치를 묘사하고 있다. 처마 밑에선 새들이 즐겁게 노래
하고 대밭에선 죽순이 솟아나고 연못에선 물고기가 펄쩍 뛰어오
르고, 개구리는 무리를 지어 개골 대며 하늘엔 오색구름이 떠 있
는 한가롭고 아름다운 시골 풍경이 그림같이 눈에 선하다. 외롭
고 힘든 은거생활 속에서도 이런 전원의 낙이 있어 고달픔을 견
딜 만하지 않았을까?
　다음은 〈移卜兎溪〉라는 시 두 수 가운데 두 번째 것이다.

산 계곡 굽이치는 곳에 집을 지으니
바람과 햇빛이 기쁘게 천천히 퍼지네.
봄 짐승은 나무를 가리지 않고
여름자리는 그림자 따라 옮겨가네.
단풍 든 강엔 새벽하늘 비치고
설로雪爐에 양 가죽 그을리네.
소요逍遙하며 또한 걸어다니니
누가 백세를 기약할 수 있으리오.
結屋山澗曲　風日喜舒遲
春禽不擇樹　夏席隨陰移
楓江照曉天　雪爐熏羊皮
逍遙且于于　百歲誰能期[23]

---

22) 《陰崖集》 권1, 5b.
23) 《陰崖集》 권1, 11b~12a.

토계로 이사하여 그곳의 봄·여름·가을·겨울 사계절을 차례로 묘사하고 나서 마지막 넷째 연에서 자신의 삶을 '逍遙且于于'로 피력하고 있다. 산골짜기에 집을 짓고 바람과 햇빛을 흠뻑 맞으며 계절마다 그 아름다움을 즐기며 유유자적하는 모습이다. 꼭 산과 물이 어우러진 곳에 지팡이를 짚고 거닐고 있는 인물이 보이는 산수화를 연상케 한다.

충주 토계 몽암에 살며 지은 〈夢庵幽居(몽암에 숨어살다)〉라는 제목의 칠언절구 두 수를 읽어 그의 은거생활을 살펴보려 하는데 그 첫 수는 다음과 같다.

모재茅齋는 선명히 성긴 울타리 사이로 보이고
푸른 벽은 병풍이 되고 강은 연못을 만드네.
책상에는 시서詩書요, 병에는 술 있으니
음애의 생활 계획 이미 다 옮겼네.
茅齋楚楚暎疏籬　翠壁爲屛江作池
案有詩書瓶有酒　陰崖活計已全移24)

작은 띠 집이 성긴 울타리 사이로 보이고, 나무를 심어 만든 푸른 벽은 병풍이 되고 강은 연못을 만들었다는 첫 연은 몽암의 자연환경을 생생하게 묘사하고 있다. 책상에는 시집과 책이 있고 병에는 술이 있다는 둘째 연 첫 구의 책과 술은 그가 은거생활을 하면서 가장 사랑했던 벗들일 터이다. 그는 여러 시에서 책에 대하여 읊고 있는데 여기서는 시서로 명기되어 있다. 이로써 음애에서 생활하던 그대로가 다 옮겨졌다고 결론지은 마지막 구에서 安貧樂道하는 그의 생활태도를 엿볼 수 있다. 두 번째 시는 다음

---

24) 《陰崖集》 권1, 24a.

과 같다.

> 저무는 해의 심사는 그윽하고도 치우쳐
> 산문에 이를 때마다 홀로 오로지할 것을 생각하네.
> 수레나 말은 아예 없으니 시기가 일어날 일도 없고
> 고요한 뜰에서 종일토록 책을 보다가 잠자네.
> 暮年心事屬幽偏 每到山門思獨專
> 車馬本無猜不起 閑庭終日對書眠25)

한 해가 저무는데 자신은 온전히 홀로 있는 심경을 묘사하였다. 문밖엔 수레나 말소리도 없이 그야말로 고요하니 시기 받을 일도 없고 고요한 뜰에서 하루 종일 책이나 보며 잠자고 있다는 표현은 은거생활의 진수를 남김없이 보여주고 있다.

음애에서 살던 시절인 45세 때 지은 시를 보자. 제목은 〈題甲申曆衣〉이고 칠언율시 두 수 가운데 뒤의 것이다.

> 인간 나이 45세가 되고 보니
> 삶과 죽음은 옮겨 다니다 다만 무덤 하나네.
> 세상살이는 인연 따라 잘고 작은 것 더하고
> 형신形神은 서로 위로하며 얽혀있음을 웃네.
> 황촌荒村에서 여러 번 달력을 보는데
> 백수는 바다 위의 뗏목 타기 어렵네.
> 만사가 오직 천일주에 응하니
> 술지거미 먹으며 오히려 취향후醉鄕侯가 되겠네.
> 人間四十五春秋 生死推遷只一丘

---

25) 《陰崖集》, 위의 시에 이어 있음.

口腹隨緣添細瑣　形神相弔笑綢繆
荒村屢見天元曆　白首難乘海上桴
萬事唯應天日酒　餔糟猶作醉鄕侯[26]

자신의 나이를 45세로 못 박고 있으니 1524년(중종 19년, 갑신)이다. 기묘사화가 일어난 지 5년이 되는 해로 이자가 음애에 은거한 지도 4년째이다. 갑신년의 달력을 받아보고 감회를 피력하는 시로 첫 연에서는 삶과 죽음이 이리저리 옮겨 다니다 결국 무덤 하나로 남게 되는 것이 아니겠느냐는 다소 허무주의적인 면을 보여준다. 두 번째 연에서는 육신의 하잘것없음과 몸과 마음이 서로 얽혀있는 인간의 한계와 그것에 대한 연민을 말하고 있다.

세 번째 연에서는 궁벽한 시골에서 여러 번 달력을 받아보며 돌아가지 못하는 자신의 처지를 한탄하는 듯하다. 이 때까지만 해도 희망을 버리지 않고 돌아가 할 일이 많다고 생각하고 있었던 것 같다. 그럼에도 마지막 연에서 세상만사 오직 술로 대응하니 醉鄕侯나 되겠다는 것은 술이나 마시며 자족하겠다는 다짐과 교차된다. 은거생활의 마음 다스림이 고스란히 엿보인다.

이자의 은거생활은 고독, 그 자체였던 듯하다. 누군가 방문해 준 데 대하여 감사하는 시를 쓰고 있는 사실이 이를 반증한다. 〈謝人來訪〉이라 이름을 붙인 칠언율시가 그것이다.

바람에 눈 날리는데 장자의 수레소리에 깜짝 놀라
잔병殘病을 억지로 추슬러 뜰의 섬돌에 서다.
안 밖을 친히 연결하여 많은 믿음 밀어주고
정이 궁수窮愁에 이르니 깨달음이 남네.

---

26) 《陰崖集》 권1, 26b~27a.

반나절 맑은 술잔에 마음의 갈증 소생하는데
백년 고질병에 빠져 잘못된 이름 헛되었네.
향촌의 납사臘社는 편안히 나를 받아들이고
노자老子도 지금처럼 이미 호미를 쥐었겠지.
風雪驚聞長者車　强扶殘病立庭除
親聯內外推多怗　情到窮愁覺有餘
半日淸樽穌肺渴　百年沈痼誤名虛
鄕村臘社寧容我　老子如今已把鋤27)

바람에 눈 날리는 날 손님이 오니 아픈 몸을 일으켜 맞이하고
함께 술잔을 기울이며 회포를 푸는 정경이 떠오른다. 음성의 음
애인지, 충주의 토계인지 확인되지는 않으나 향촌의 臘社 — 납일
에 지내는 제사 — 에서 자신을 받아들였다고 한 것으로 보아 은
거하던 마을에 잘 적응한 것으로 보인다. 마지막 구에 보이는 老
子는 도가의 노자로 보이는 바, 유자들이 대개 물러나 은거할 때
는 노장적인 사고로 욕심을 버리고 여유로운 마음을 키우는 점에
비추어 보면 큰 무리가 없다고 생각된다.

〈歎衰〉라는 시는 점점 쇠약해지는 것을 한탄하는 글인데 내용
은 다음과 같다.

안발顔髮과 시서詩書 들 다 막연하고
마른 나뭇가지를 상대하니 하루가 일 년 같네.
산정山庭에 지나가는 비 잔서殘暑를 깨뜨리고
수면에 생긴 바람 작은 배로 옮겨가네.
잎이 진 가을 모습 나무에 어리우고

---

27) 《陰崖集》 권1, 27b.

험한 절벽 모양 시내에 거꾸로 흐르네.
뜬구름 인생의 이 꿈이 진실로 악이 아니라면
살고 죽는 일은 기꺼이 저 하늘에 맡기겠네.
顔髮詩書兩漠然　枯標相對日如年
山庭過雨破殘暑　水面生風移小船
濯濯秋容形樹木　巖巖壁色倒流川
浮生此夢誠非惡　存沒由由任彼天28)

늦은 여름날 산정에 소나기가 뿌리자 마지막 남은 더위가 물러
가는 듯 가을 정취가 느껴지는 분위기를 잘 묘사하였다. 첫 연의
첫 구에서 顔髮과 詩書가 다 막연하다고 한 것은 육체는 늙어가
는데 학문도 진척이 없다는 자탄이다. 두 번째 구의 하루가 한
해 같다는 표현은 그의 무료한 일상을 대변하고 있다.

　마지막 연에서는 부생의 이 꿈이 악이 아니라면 생사를 하늘에
맡기겠다는 심회의 토로에서 그의 마지막 자존심을 본다. 이 뜬
구름 같은 인생이 한바탕의 꿈이라고 할망정 자신의 일생이 악이
아니라고 자부하고 그렇게 살았기에 살고 죽는 것을 기꺼이 하늘
에 맡기겠다는 결론을 맺을 수 있었을 것이다.

　스스로 탄식한다 하여 〈自歎〉이라 이름을 붙인 시에서는 다음
과 같이 읊고 있다.

뜬구름 인생 오십에 오히려 허둥대니
어질지 못함을 스스로 웃고 또 스스로 상처입네.
글은 난쟁이 같아 오직 웃음거리요
학문은 쓸모없는 물건처럼 황량하네.

---

28) 《陰崖集》 권1, 28a.

이승과 저승을 영원히 짊어지고 정훈庭訓을 따랐더니
처음부터 끝까지 머뭇거리며 재앙을 뒤집기 어려웠네.
몸과 마음을 점검하여 돌아와도 속하지 못하고
백성을 편안히 구제할 수 있다면 요순堯舜을 만들겠네.
浮生五十尙遑遑　自笑無良更自傷
文似侏儒唯戱劇　學如髦弁轉荒凉
幽明永負趨庭訓　終始難迷覆餗殃
點檢心身還不屬　可能康濟鑄虞唐29)

이 시 역시 나이 50에 이룬 것 없음을 한탄하는 허무주의의 냄
새가 짙다. 그가 50세 때는 충주의 토계에 살고 있었고 이로부터
불과 몇 년 뒤인 54세에 세상을 떴으므로 이 때는 인생을 관조하
고 정리하는 단계로 볼 수 있다. 재미있는 것은 셋째 연에서 가
정의 가르침을 따랐지만 재앙을 바꿀 수는 없었다고 실토하는 대
목이다. 가정의 가르침인 선비정신을 지켰고 사화를 당하여 은거
를 선택했지만 그 결과가 재앙이었다는 것은 그의 불행이라는 것
이다.

그러나 마지막 연에서 몸과 마음을 점검하고 돌아와도 어디에
속하지 않고 백성을 편안히 하여 구제할 수만 있다면 순임금이나
요임금 같은 인물을 만들기를 바란다는 희망을 버리지 않고 있으
며, 그가 아직도 이상과 희망을 잃지 않고 있음을 확인할 수 있다.

---

29) 《陰崖集》권1, 29ab. 이 시 끝의 虞唐은 堯舜을 일컫는다. 虞는 有虞氏 즉,
　　舜임금을, 唐은 陶唐氏, 즉 堯임금을 말한다.

6. 맺음말

　이상으로 음애 이자의 시 작품을 살펴보았다. 시 3,656편, 글 74편을 썼다는 行狀(盧守愼 지음)의30) 기록으로 보아 그의 작품 세계는 시에 훨씬 무게중심이 실려 있다는 것이 확인되지만, 수습되어 《음애집》에 남아 있는 시는 120여 편으로 그 가운데 소수에 불과하다. 그럼에도 어려운 시대를 살다 간 그의 생활감정은 시 작품에 고스란히 나타나 있다.

　먼저 그가 살다간 시대가 조선 전기의 혼란기인 연산군 시대와 이의 극복을 위한 중종반정, 사림파가 개혁을 부르짖던 중종 초반기, 그리고 이자를 비롯한 사림파가 숙청된 기묘사화기에 걸쳐 있다. 따라서 그의 시를 그 시대를 바탕으로 이해하기 위하여 그들이 정치적으로 몰락하게 된 기묘사화의 문학사적 성격을 살펴보았다. 그는 당시의 勳舊派(詞章派)와 士林波(道學派)의 대립구도에서 사림파의 도학지상주의에 치우치지 않고 詞章에도 관심과 소양이 풍부하였다. 그는 理勝한 도학자이기 전에 文勝한 시인이었다.

　둘째 장에서는 시 작품에 보이는 그의 가문의식을 천착하였다. 그 결과 그는 6대조인 가정 이곡과 5대조인 목은 이색을 가장 존경하며 자신의 가문의 정신적 지주로 삼고 있음을 밝혔다. 가정 이곡은 한산의 寒微한 향리 출신으로 입신하여 가문을 '문헌지가'로 일으켜 세운 입지전적 인물이다.

　목은 이색은 아버지의 학문을 계승하여 당대의 새로운 학문인 신유학으로 대성하여 그 문하에 수많은 학자들을 길러내었다. 그리고 고려 말 조선 초의 정치적 격변기에 선비의 선택으로 은일

---

30) 《陰崖集》 45쪽.

의 길을 택하여 圃隱 鄭夢周, 冶隱 吉齋와 함께 三隱의 한 사람이 되었다.

이자는 기묘사화를 당하여 그 주모자였던 남곤이나 김안국과 친분관계 그리고 평소의 온건 개혁성향 덕에 화를 면했지만, 그가 존경해마지 않았던 조상인 목은 이색의 처세에 따라 은거를 선택하였고, 자신의 선택에 대해서 庭訓에 따른 것이라고 정당화하고 스스로를 위로하였다. 용인의 기곡리에 있던 선영은 그의 정신적 귀의처로서 자주 시에 등장하고 있는데, 조상에 대한 믿음과 자부심은 그에게는 평생의 버팀목이었던 것이다.

셋째 장에서는 그의 시 작품에 나타난 선비정신에 대하여 고찰하였다. 그는 분수에 대한 일정한 견해를 갖고 이를 연못물에 비유하는가 하면 가문의 전통인 선비의 지조를 지키기 위하여 은거를 선택한 데 대하여 신념을 갖고 있었다. 이런 부분이 그를 끝까지 술과 서책을 벗 삼아 음성에서 충주로 옮겨가며 14년 동안 고독한 은거생활을 하게 한 추동력이 되었을 것이다. 또한 그의 의식 밑바닥에는 기묘사림의 급진성과 기묘사화에 대한 반성이 깔려 있었으며, 그의 온건한 개혁노선이 과격한 선비들 때문에 좌절된 데 대한 회한이 있었다. 그리하여 인생을 뜬구름 같은 것으로 치부하여 '浮生'이라는 말을 자주 썼으며 이 세상의 삶이 그저 한바탕의 꿈이라 생각하여 '꿈'에 비유하였는데, 훗날의 은거지 충주 토계에 지은 자신의 집을 夢庵이라 이름 지을 정도였다.

마지막 넷째 장에서는 시 작품에 보이는 그의 은거생활의 면모들을 들여다보았다. 자연과 책과 술을 벗 삼으면서 계절의 바뀜에서 새삼스럽게 인생의 의미를 관조하는 모습과 함께, 찾아오는 이 없어 문정이 고요한 자신의 처지에 대한 초연함, 때로는 허무주의의 느낌도 감지된다.

은거생활을 독서로 소일하면서도 때로는 나무를 심고 농사도 지었던 듯 농사에 대한 시도 보이지만 생략하였다. 한편, 날씨와 계절에 대한 시 작품도 많이 찾아볼 수 있다. 그 밖에 길지 않은 관직생활 속에서도 두 번이나 북경에 가서 국제통으로 활약한 것도 가문의 전통을 말해주는 것인데, 이에 대한 시 작품으로 첫 번째 사행인 천추사 서장관으로 갔을 때 지은 〈奉酬聖壽無疆詞〉 五言排律 여덟 수는 특기할 만하다.

이 밖에도 여인들의 행적에 대해 관심을 보이는 여인시 30여 수가 있으니 대개가 중국 여인에 대한 것이고 한국 여인에 대해서도 몇 수가 있다. 당시의 일반적 풍조로 보아서는 특이한 현상이다. 다만 대부분이 烈女를 소재로 하여 유교적인 잣대로 서술한 것으로 보이며 여기서는 분석을 생략하였다.

전반적으로 그의 시 작품은 감성적이어서 계절과 날씨 등 자연과 환경에 대한 민감한 반응과 이를 시로 형상화하는 데 탁월한 소양을 보이고 있다. 나아가 인생에 대한 허무와 고독, 그것을 벗어나 초연하고자 하는 안간힘, 가문의 영광과 체면을 잃지 않으려는 의지, 선비로서 자존심을 지키려는 노력으로 점철되어 있으며, 나이에 견주어 감수성이 특히 돋보인다.

그에게 중종반정은 다른 기묘사림과 마찬가지로 기회이자 위험이었으며, 기묘사화는 결국 그에게서 이상과 열정을 빼앗았다. 훗날 중종이 사림의 중요성을 인식하고 사림파를 다시 등용하기 시작하는 1537년(중종 39년)을 겨우 4년 남겨 놓고 타계함으로써 그의 이상은 실현되지 못하였으나 그를 비롯한 기묘사림의 개혁성은 면면히 살아남아 선조 시대에 栗谷 李珥(1536~1584)에게 계승되고 1623년 인조반정으로 사림의 세상을 여는 토양이 되었다.

陰崖 李耔의 對中國 外交

正德本《大明會典》의 朝鮮 記事 改正問題를 중심으로

이 성 규

1. 문제의 발단

종종 13년(1518년) 4월 26일 政院은 中宗에게 다음과 같은 사
실을 긴급 보고하였다. 즉,

지금 正朝使가 새로 사온 《大明會典》에 우리나라 世系가 잘못 기
록되었고, 또 우리 祖宗朝에서 하지 않은 사실이 있어 신들은 이를
보고 매우 놀랐습니다. 이 책은 민간의 私撰이 아니요, 첫 面에 황제
의 御製序가 있으니 이는 곧 조정의 公議에 따라 편찬된 것입니다.
금일은 바로 齋戒하는 날이라 아뢰기 난처하나 몹시 중대한 일이기
때문에 부득이 아뢰는 것입니다. 널리 의논하여 조처를 취하시는 것
이 어떻겠습니까?[1]

---

1) 《중종실록》 13년 4월 갑오(26일).

이것은 1588년(선조 21년) 전년 改修된 《대명회전》 한 질이 조선에 하사될 때까지 70년 동안 조선의 군신들을 괴롭힌 '불필요한 소모 외교'의 단초가 될 줄은 아무도 몰랐다. 여기서 언급된 正朝使는 그해 정월 元旦 하례를 위하여 명나라에 파견되었던 李繼孟이다. 그가 명나라에 공식 入朝한 것은 전년 윤12월 29일(무술)이었다.2) 이 일행은 귀국에 앞서 2월 10일(기묘)에 사망한 명의 태황태후의3) 부음을 알리기 위하여 通事를 먼저 보냈다. 이 소식을 접한 조정은 2월 30일 사흘 동안의 停市와 停朝를 명하는 한편 중종은 종친과 백관을 이끌고 근정전 뜰에서 사흘 동안 곡하는 애도를 표시하였다. 이 애도는 특별한 儀注가 없어 부득이 세종 시대의 전례를 일단 따른 뒤 그 다음날 禮曹의 건의에 따라 사흘로 결정된 것인데, 그날 저녁 중종은 상복을 벗었다.4) 사흘째 되는 날 새벽 李耔는 李浩彦・韓效元・金淨・文謹・申公濟와 의논하여 사흘은 미진한 것 같으니 홍문관에게 古史를 널리 수집시키고 대신들에게 다시 의논하게 할 것을 건의하였지만, 대신들의 의견 역시 사흘 擧哀가 적당하다는 것이었다.5) 이 문제는 명나라에서 태황태후의 服喪을 직접 견문하고 돌아온 서장관 安仲孫의 보고를 계기로 다시 논의되었다. 즉 그에 따르면 당시 명나라의 관원들은 각기 근무 관아에서 사흘 동안 숙식하고 귀가하지 않았다고 하는데, 중종은 이 제도를 조선에서도 시행할 만

---

2) 《明實錄》正德 12년 윤12월 무술(27일), "朝鮮國王李懌遣陪臣李繼孟等慶賀正旦 及貢方物馬匹 賜宴 幷賞采段等物有差."

3) 《明史》권16 武宗本紀 正德 13년 "太皇太后崩."

4) 《중종실록》13년 2월 기해(30일), "正朝使通事敦伯衡先來 以太皇太后訃音啓 命停朝市三日 傳曰 先王朝太皇后則擧哀 而太皇太后則不擧 二喪亦有間乎 領議政鄭光弼等 啓曰 太皇太后皇太后何有間乎 今之擧哀 爲君上之事 不得已依世宗例 然後合於禮文也 上率宗親文武百官 哭臨於勤政殿庭……辛丑 上行哀禮 還思政殿 釋白袍 從吉."

5) 《중종실록》13년 3월 신축(2일) 참조.

한 것인지의 여부를 논의케 한 것이다. 이 지시에 따라 예조가 의견을 올린 것은 4월 17일(을유)이었다. 그 啓文에 "前日下敎"가 언급된 것을 보면6) 중종이 그 이전 서장관의 보고서를 읽은 것이 분명하다. 그러나 정사 이계맹과 부사 李思均이 입경한 것은 4월 21일(기축)이었고, 이들은 명나라가 보낸 왕후의 誥命과 冠服을 갖고 왔다.7) 그렇다면 서장관의 보고는 그 이전에 올린 것이거나 서장관이 정사·부사와 별도로 먼저 귀국하여 올린 것으로 추정되는데,8) 어쨌든 이 보고서에는 《대명회전》에 대한 문제가 거론되지 않은 것은 분명하다. 만약 그것이 거론되었다면 그 즉시 조정이 들끓었을 것이며, 이 보고서를 읽은 중종 역시 한가하게 태황태후 복상 문제만 논하고 있었을 리가 없기 때문이다.

한편 정사 이계맹도 귀국 당일 임금이 내린 좌찬성의 자리는 分外의 직이라며 사직을 청하였고9) 이틀 후인 23일 노비·전지 등의 상사를 받았지만, 4월 26일까지 《대명회전》을 거론한 흔적은 없다. 그렇다면 사신들은 《대명회전》에 문제의 기사가 있다는 것을 몰랐던 것일까? 《대명회전》은 1509년(정덕 4년)에 勅撰된 것으로서 명 왕조의 제도와 치국 大綱을 요약 집성한 統治大典이

---

6) 《중종실록》 13년 4월 을유(17일), "禮曹啓曰 前日下敎云 今正朝使書狀官安仲孫 聞見事建曰 擧哀三日 百官各宿于司 無歸其家云 此制甚美 亦可用於我國乎." 예조는 우리나라의 官衙가 중국과 달라 이것을 그대로 시행하기 어렵다는 의견을 올렸다.

7) 《중종실록》 13년 4월 기축(21일), "奏請使李繼孟 李思均還自京師 上幸慕華館 中宮御康寧殿 受誥命冠服."

8) 서장관이 정사·부사와 함께 귀국하지 않은 것은 무언가 특별한 사정이 있었던 것 같은데, 4월 23일 사행단에 대한 賞賜에서도 유독 서장관만 빠진 것도 무언가 사신단 내부에 문제가 있었던 것을 추측케 한다. 《중종실록》 13년 4월 신묘(23일), "賜奏請使李繼孟 副使李思均 檢察官文瓘 通事李和宗 敦伯衡 等 奴婢田地有差"를 보라.

9) 《중종실록》 13년 4월 기축(21일), "左贊成李繼孟啓曰 臣今受分外之職 敢辭 傳曰 勿辭."

며, 명이 조선의 수입을 금지한 史部의 政事類에 속하는 책이었
다. 이보다 좀 뒤의 일이지만 조선 사신 일행이 《自治通鑑綱目》을
구입하는데 禮部의 특별한 허가가 필요하였고,10) 嘉靖(1522~
1566) 초에 《大明一統志》를 구입하려는 것이 발각되어 그 이후
조선 使館의 문을 닫아버리고 출입을 금지한 것11)을 상기하면,
이 《대명회전》의 구입 역시 사신단의 비상한 노력이 없었으면 불
가능하였을 것이다. 이 책이 頒行된 뒤 근 10년 만에 비로소 조
선 사신이 구입할 수 있었다는 것도 이 책에 대한 禁輸令이 얼마
나 엄격하였는지를 짐작케 한다. 그 엄격한 금령에도 사신단이
《대명회전》을 구입한 것은 그것이 대단히 중요한 명 왕조의 통
치대전이었음을 잘 알고 있기 때문이었을 것이다. 그들이 구입
즉시 그 내용을 一瞥하지 않았다면 오히려 이상한 일이었을 것이
며, 그들은 특히 조선 관계 기사를 먼저 찾아보았을 것이다. 더
욱이 2월 10일에 사망한 태황태후에 대한 일반 관원의 服喪을 목
격하고 출발하기 직전 구입하였다고 해도 40일이 넘는 귀국 길에
서도 그것을 전혀 보지 않았다고는 생각하기 어렵다.

그렇다면 적어도 정사·부사·서장관은 귀국 이전 《대명회전》
권96 조공 1에서 《祖訓》을 인용한 다음과 같은 기사를 확인하였
다고 추정해도 큰 잘못은 없을 것이다.

조선은 곧 고려인데 이인임과 그의 아들 이성계 즉, 현재의
이름은 단인 그는 홍무 6년에서 28년 사이에 전후 4명의 왕씨

---

10) 《通文館志》 권7, 人物 〈李宗和〉, "赴京時(中宗時) 弘文館令購綱目 而有禁 不
　　敢貿諸書肆 至禮部宴日 公呈文于大堂 仍爲口陳言若懸河 而引用不通古今馬牛襟
　　踞之文 大堂聞而贊歎 卽題本許貿."

11) 《林下筆記》 권18, 文獻指掌編 8 〈留館出入〉, "本國使臣到燕 無防禁 嘉靖初 譯
　　士金利錫踞坐書肆 要買大明一統志 主客郎中孫存仁見之 因閉館門 禁其出入 嘉靖
　　甲午 中廟命蘇世讓呈文禮部 請遵舊例."

왕을 시해하였으므로 짐짓 기다리게 한 것이다〔朝鮮國卽高麗 其
李仁人12） 及子李成桂今名旦者 自洪武六年至洪武二十八年 首尾
凡弑王氏四王 姑待之〕.

물론 이 기사가 國初에도 이미 문제가 되었다는 것을 이들이
전혀 몰랐을 가능성도 배제할 수는 없다. 그러나 4월 26일 회의
에서 영의정 鄭光弼이 그 시기는 정확히 기억할 수 없지만 명의
《祖訓條章》에도 太祖가 이인임의 아들이라는 기사가 있어 그 오
류를 중국에 해명한 사실이 있었다는 것을 누군가와 이야기하다
가 들은 일이 있었다고 발언한 것을 보면13） 이들 역시 이것이
國初에 문제된 구절이라는 것을 어느 정도 알고 있었을 것이다.
설사 그들이 그것을 전혀 몰랐다 해도 이 구절을 무심히 지나쳤
다면 조선의 사대부가 아니다. 이 기사는 태조의 아버지가 엉뚱
하게 고려의 禑王과 昌王 시대에 전권을 휘두른 이인임으로 되어
있을 뿐 아니라, 조선의 건국은 고려 4왕을 시해한 반역의 결과
로 명시하였기 때문이다. 그들은 이것을 본 순간, 보고 여부를
심각하게 논의하였을 것이다. 그러나 일단 4월 17일 이전 종종이
본 서장관의 보고서에 포함시키지 않은 것은 분명하다. 그러나
나중에 이것이 문제가 되었을 때 이것을 보고하지 않은 '불충'이
추궁되지 않은 것을 보면 전혀 보고를 하지 않은 것으로 보기도
어려운 것 같다.

4월 26일 이 문제를 보고한 것은 政院이었다. 그러나 보고를

---

12) 李仁任의 誤記. 이하 같음.

13)《중종실록》13년 4월 갑오(26일), "光弼曰……臣聞之於間 大明祖訓條章內 亦
　　以太祖爲李仁任之後 其時 太祖大致辨明於上國 臣其時昏迷 不能記憶." 이것은
　　태종이 변명한 것이며, 정광필의 기억이 틀린 것이다. 그러나 魚叔權《稗官雜
　　記》가《祖訓》기록의 개정을 요청한 것도 태조로 전한 것을 보면 당시 민간에
　　는 이것이 태조 때의 일로 잘못 전해지고 있었던 것 같다.

받은 중종이 그 자리에서 "이 책을 보았지만 卷帙이 번다하여 이 기사는 미처 보지 못하였다"고 한 것14)을 보면 4월 26일 이전 政院에서 使臣이 사온 책을 御覽을 위해 올리면서 이 문제를 거론하지 않은 것도 분명하다. 그러나 책은 중종이 보고 있는 상황에서 政院이 문제의 기사를 보고한 것은 그들이 《대명회전》을 중종에게 올리기 전에 이미 그것을 확인하였다는 것을 의미한다. 이것은 그들이 스스로 검토하였거나 使臣의 보고를 통하여 알았던 것으로 추정되는데, 앞에서 지적한 바와 같이 사신들이 문제를 보고하지 않은 '불충'으로 처벌되지 않은 것을 보면 사신들이 《대명회전》을 정원에 넘기면서 이 문제를 의논한 것으로 보는 것이 자연스럽다. 그렇다면 政院이 《대명회전》을 중종에게 올리면서 문제의 기사를 보고하지 않은 것은 중종이 그것을 발견하고 '문제화' 여부도 스스로 결정하기를 바랐던 것으로 해석된다. 결국 그들이 먼저 이것을 '긴급' 거론한 것은 더 이상 기다릴 경우 오히려 중대한 문제를 보고하지 않은 책임을 추궁 당할 것을 우려하였기 때문인 것 같다. 즉 그들은 이 민감하고 난처한 문제를 될 수 있는 대로 문제화하지 않기를 원하였던 것 같으며, 사신들이 政院에는 보고한 것 같으나 귀국 보고서에는 이 문제를 언급하지 않은 것도 바로 이 때문으로 해석할 수 있다는 것이다. 한편 4월 26일 이전 중종이 《대명회전》을 일단 훑어본 것은 분명한데, 그 역시 조선 관계 기사를 먼저 찾아보았을 것이라는 것이 상식적인 추정이라면, 그가 《대명회전》의 양이 방대하여 미처 문제의 기사는 보지 못하였다는 것은 설득력이 부족하다. 실제 정덕본 《대명회전》의 卷帙은 그렇게 방대하지도 않고, 관심만 있다면 조선 관계 기사를 찾아보는 데 30분도 걸리지 않을 정도이다.

---

14) 《중종실록》 13년 4월 갑오(26일).

그러므로 그의 변명은 결국 그 역시 자신이 먼저 이것을 문제화하는 것을 원치 않았거나 문제화 여부를 아직 결정하지 못하고 망설이고 있었던 것으로 필자는 추측한다.

이와 같은 사신, 정원, 중종의 태도는 이것을 문제 삼을 경우 바람직하지 않은 '소동'이 일어날 것을 우려하여 될 수 있는 대로 문제를 덮어 버리려고 한 인상을 주는데, 어쨌든 일단 공론화하자 이것은 조선의 군신들이 '통분하고 억울한 감정'을 분출시키며 충성과 명분을 경쟁할 수 있는 호재가 되었다. 그러나 이것은 이미 120년 전 조선의 君臣을 두 번이나 '통분시킨' 해묵은 문제의 재발에 불과하였다.

처음 조선이 이 문제에 부딪친 것은 태조 2년(1394년) 4월 25일 조선에 온 명나라 欽差內史 黃永奇 등이 조선의 산천·海嶽의 신에 告祭할 때 읽은 제문의 내용이 알려진 직후였다. 명나라가 조선에 특사를 파견하여 조선의 산천·海嶽 신에게 告祭한 이례적인 처사는 조선이 명나라의 속국이라는 것을 직접 확인시키기 위한 정책의 일환이었다. 그러나 그 제문 가운데 다음과 같은 대단히 위협적이고 오만한 언사는 명나라의 대조선 정책의 성격을 잘 말해주고 있다.

즉 조선왕이 사람을 보내 명을 염탐하고 변경에서 노략질이나 일삼으며, 황제의 명을 받들어 충실히 백성을 다스리지 않고 있기 때문에 마땅히 대병을 동원하여 토벌할 일이다. 그러나 백성들이 병란에 희생될 것을 걱정하여 먼저 上帝에게 그 죄상을 告하려고 하나 그것도 상제를 번거롭게 하는 것 같아 일단 산천·海嶽의 신에 告하여 상제에게 이 실상을 전달하려는 것인데, 그래도 반성하지 않으면 군대를 동원하여 응징할 수밖에 없다는 것이다.

더욱이 이 축문은 이성계의 아비를 이인임으로 명시하였다.15)
이와 같은 노골적인 침략 위협 앞에서 조선은 명나라의 비난은
모두 모함과 오해에서 비롯된 것이며 언제나 '충성스러운 藩國'의
위치를 지켰으며 앞으로도 변함이 없다는 것을 거듭 천명하지 않
을 수 없었지만, 특히 22대조 翰에서 이성계에 이르는 世系를 밝
혀 이인임과 이성계는 아무 혈족관계도 아니라는 것을 주장하였
다. 그리고 辛旽의 씨인 가짜 왕들 — 우왕과 창왕 — 을 끼고 권
세를 휘두른 이인임의 죄상을 나열한 뒤 그 불법을 革釐한 이성
계를 그 아들로 표기한 것은 참을 수 없는 모욕임을 호소하였다.
그러나 조선은 이 해명을 위해 별도의 사신을 파견하지 않고 6월
16일 귀국하는 명나라의 사신 황영기를 통하여 상주하였고, 이
문제는 이것으로 일단락되었다.

그러나 9년 뒤 태종 2년(1402년) 정월 귀환한 賀聖節使 趙溫은
명나라의 개국정신과 제도 그리고 복무규율 등을 규정한《皇明祖
訓》(1393년 공포)에도 "조선왕의 系는 李仁任의 後"라고 기록된
사실을 보고하였다. 그러나 태종은 이것을 즉시 대응하지 않고,
그 다음 해 4월 告命을 받고 다시 10월에 冕服을 받은 뒤, 11월
15일 謝恩使를 파견하면서《祖訓》에 기록된 宗系 오류도 변명토
록 하였다. 당시 조선은 태조 3년 이 문제를 변명한 전말과 아울
러 宗系를 좀더 분명히 하기 위하여 이인임의 계보를 추가한 주
문도 보냈는데, 명나라 황제는 조선의 주장을 인정하여 개정을
허락하였고16) 조선은 그것으로 만족하였다.

---

15)《태조실록》6년 6월 갑신(16일), "高麗陪臣李仁任之嗣某 今名某者 或明遣人覘
視 暗行窺伺 誘我邊戌 殺掠沿海居民 及誘引爲非 如此構禍 卽欲興師問罪 然大兵
入境 傷生必衆 所以未敢輕擧 且高麗三環海 一負山 地方數千里 周回險阻 天造地
設 其間主生民者 非帝命不可 今觀李某所爲 似非奉帝命主生民者 予欲昭告上帝
又恐輕易 有煩帝聽 今遣人先告于神 惟神察其所 以達于上帝 彼若肆侮不已 問罪
之師 在所必擧."

현재《조훈》은 逸失되어 그 원문은 확인할 수 없지만,《대명회전》이 전재한《조훈》의 기사가 본래의 원문 그대로라면, 태종과 그 신하들은 또 하나의 중요한 문제를 전혀 거론하지 않은 것이다. 즉 그들은《조훈》이 명시한 이인임과 그의 아들 이성계가 했다는 고려 4왕의 시해를 외면한 것이다. 이것은 그들이 그 시점에서 이 문제를 거론하는 것 자체가 이로울 것이 없다고 판단하였던 때문인지도 모른다. 또 이성계가 이인임의 아들이 아니라는 것만 입증되면 공양왕의 시해는 이성계와 무관한 일이 되고, 우왕과 창왕이 왕씨가 아니라는 것만 입증되면 설혹 이성계가 그들의 추방과 죽음에 관련되었다고 해도 '군왕의 시해'란 오명도 자연히 해소될 것으로 판단하였기 때문인지도 모른다. 또 이성계는 공양왕 즉위 승인을 요청한 국서와 자신이 즉위한 이후 보낸 국서에서도 우왕과 창왕은 이인임이 멋대로 세운 辛氏의 후손이라는 것을 강조하였던 만큼, 태종과 그 신하들은 그것을 새삼 거론할 필요를 느끼지 않았는지도 모른다. 어쨌든 조선은 명이 굳이 인정하지 않을 이유가 없는 명백한 오류, 즉 宗系 문제만 거론함으로써 일단 이 문제를 간단히 해결하는 선에서 만족하였다.

2. 辨誣 奏請使 派遣의 결정

상당한 '불법'을 감행하면서 구입해 온《대명회전》의 기사는 태종 때 문제되었던《조훈》이 그대로 전재된 것이었다. 물론 조선의 군신들은 이것을 거론하지 않기로 암묵적으로 합의할 수도 있었을 것이다. 처음《대명회전》을 사온 사신과 그것을 접수한 정

---

16)　　末松保和,〈麗末鮮初に於ける對明關係〉,《京城帝國大學文學會論纂》제10집,《史學論叢》2, 1941, 149~150쪽.

원의 조처 그리고 그것을 御覽한 종종의 처음 반응이 앞에서 지적한 바와 같이 거론은 피하려는 인상을 준 것이야말로 바로 그 가능성이 없었던 것도 아니었음을 말해준다. 또 일단 거론된 이후에도 격론 끝에 문제를 덮어둘 수도 있었을 것이다. 그러나 이 문제에 대한 중종 시대 군신의 반응은 태종 시대보다 더욱 엄격하였고, 태종 시대의 군신들이 덮어둔 4왕 시해 문제도 크게 중시하였다. 이것은 결국 명분을 중시한 것인데, 이 문제를 강렬한 명분론의 관점에서 철저하게 추궁하면 다음과 같은 자학적인 자기 비하가 가능한 것도 사실이다. 즉,

(1)무릇 남을 아비라 부르는 것은 거지 아이도 하려 하지 않는 것입니다. 우리나라가 비록 보잘것없지만 그래도 여러 관리와 많은 백성이 있는데, 그 군왕을 거지 아이가 자기 아비를 아버지라 하는 것만도 못한 것으로 만들어 놓았으니, 자손 된 사람으로서 그 마음이 어떠하겠습니까? 이런데도 따져 밝히지 않는다면, 봄과 가을에 제사를 올릴 때 눈 감고 廟室 아래 서서 감히 '나는 祖先 을 잘 받들었다'고 할 수 있겠습니까?

(2)弑逆은 천하의 大惡으로 사람에게 용납될 수 없고 법에서도 용서받을 수 없는 것이며, 잇달아 4왕을 시해하는 것은 더구나 羿와 韓浞도 하지 않았던 일입니다. 왕씨에 대한 우리 國祖의 出處 본말은 위에 진술한 바와 같이 털끝만큼도 陵逼한 혐의가 없는데도, 저 羿·韓浞도 하지 않았던 악명을 씌워 東韓 전체를 亂逆의 소굴로 만들었으니, 전일 중국에서 배운 詩書와 禮義의 가르침은 어디 있으며, 綱常이 어디 있으며, 名分이 어디 있습니까? 이런 악명을 지고 어떻게 보통 사람의 축에 끼어 하늘과 땅 사이에 설 수 있겠으며, 어떻게 貢物 상자를 들고 大庭의 반열에 낄 수 있겠습니까?

(3)이제 우리나라는 위로는 군왕으로부터, 아래로는 士庶에 이르

기까지 寢食을 철폐한 채 주야로 머리를 들고 명백한 칙서가 내리기를 기다리지 않는 자가 없습니다.17)

이상은 모두 문제 기사의 개정을 요구하기 위하여 북경에 간 사신 남곤·이자 등이 예부상서에 만족할 만한 조처를 촉구한 서장의 일부인데, (1)은 종계의 오류가, (2)는 고려왕에 대한 시해가 각각 명분을 철저히 따질 경우 조선에게 어떤 의미를 가질 수 있느냐를 지적한 것이다. 물론 이것은 외교상의 과장일 수도 있으며, 실제 과연 조선의 군신들이 이 문제를 이렇게까지 심각하게 생각하였는지도 의문이다. 그러나 이것이 국가와 사회 전체를 유지하는 綱常의 근본이고, 이것이 무너진다면 인간은 인간다운 생활을 할 수 없다는 원칙론의 입장을 끝까지 철저하게 밀고 나갈 경우에, (1)·(2)와 같은 자학적 자괴감을 강하게 반박하기 어려운 것도 사실이라면, (3)과 같이 그 문제가 해결될 때까지 寢食을 철폐하는 것은 그 논리적인 귀결일 것이다. 물론 지나친 명분론을 반대하는 처지에서 본다면 이것은 자기가 설치한 명분의 덫에 자신이 걸린 것에 불과하다. 그러나 그 명분의 덫을 스스로 깨지 않는 이상, 이 덫에서 빠져 나올 수 있는 길은 결국 문제 기사를 모두 '誣告에 의한 오류'로 주장하고 그 조속한 개정을 관철하는 방법뿐일 것이다. 조선의 군신들은 이것을 '辨誣'라고 규정하였다. 이 '辨誣'란 결국 중국 조정을 설득하여 개정 약속을 받아내는 것이므로 대중국 외교와 협상은 이 '변무'의 불가결한 과정이었다. 필자는 이것을 '辨誣外交'라고 부르는데, 조선 사신들이 그토록 절실하게 개정 요구에 집착한 모습을 보고 예부 儀制司 관원이 다음과 같이 평한 것은 바로 이른바 '변무외교'의

---

17) 《중종실록》 14년 4월 경오(7일), 남곤 등이 북경에서 예부상서 毛澄에 올린 書.

본질을 정확히 간파한 것 같다. 즉,

> 조선이 (이 문제로) 중국에 힐책당한 일도 없고 또 후세에도 반드
> 시 追論당할 일도 없을 터인데도 (개정을) 奏請하는 것은 명분을 중
> 히 여겨 그런 것이다.[18]

그렇다면 명분론이 우세한 대책회의의 결론은 충분히 예상할 수
있었는데, 처음 대책을 논의한 군신회의에서 먼저 발언한 것은 영
의정 정광필이었다. 그는 國初에도 이 문제를 변명한 사실이 있었
음을 지적하고 《대명회전》의 개정은 쉽지 않을 것으로 일단 예측
하였다. 그러나 그는 奏文을 올려 《대명회전》의 기사가 진실이 아
니라는 것은 알려둘 필요가 있다는 주장으로 사실상 해명 사신의
파견을 제안하였다. 또 그는 태조가 즉위할 때 國老와 軍民들이
보낸 국서에 "간신 이인임 운운"한 내용이 있었다는 것을 상기하고
그 국서가 명에 보존되어 있다면 적어도 宗系 문제는 쉽게 해결될
것으로 낙관하기도 하였다. 그러나 그가 고려왕 시해를 전혀 언급
하지 않은 것을 보면 그는 태종 시대와 같은 정도의 대응과 해결
을 고려한 것 같기도 하다. 그러나 그 뒤를 이은 李耔는 다음 발
언에서 알 수 있듯이 더 강경한 대응을 주장하였다.

> 이 《대명회전》은 한두 사람이 저작한 책이 아니고 곧 조정이 함께
> 의논하여 撰한 것입니다. 그 서문의 年月을 보니 己巳年(정덕 4년,
> 1508년) 간에 만든 것으로, 또 황제의 서문이 있으니 실로 귀중한 典
> 籍입니다. 《大明一統志》 같은 책도 우리나라를 기록하면서 그 世系를
> 遠祖에서부터 太祖에 이르기까지 분명히 기재하고, 또 '王瑤가 昏弱

하여 사람들이 문하시중 某를 추대하여 군왕으로 삼았고’ 또 그 뒤 또 誥命을 내렸다고 쓰고 있습니다. 그 고명의 하사는 太宗朝에 있었으며, 그때에는 다만 權知國事라고만 칭하였는데, 무슨 까닭으로 그랬는지 알 수 없습니다. 조종이 설령 덕에 부끄러운 일이 있어도 사실과 다르면 또한 유감인데, 하물며 이와 같이 근거가 없는 일을 기록하였으니 무슨 더 할 말이 있겠습니까? 이 말이 반드시 천하에 반포되었을 것입니다. 천하에 반포될 뿐만 아니라 또한 후세에까지 전해질 것입니다. 大節의 사실이 이와 같이 전해졌으니, 정말 통분한 일이 아닐 수 없습니다.…… 恭讓이 誥命을 주청할 때 황제가 ‘王氏 대대로 왕이 되었는데, 근세에는 왕씨 아닌 자가 왕이 되었으니, 三韓이 왕위를 계승하는 良法이 아니다’고 하였으니, 상국에서도 辛氏가 왕씨가 아님을 알았던 것입니다. 왕씨를 시해했다는 것은 이것으로 밝힐 수 있습니다.[19]

李耔의 주장은 《대명회전》의 비중과 영향력에 대한 평가에서 출발하였다. 즉 《대명회전》은 명나라 조정이 공식으로 편찬한 최고의 통치 法典이므로 공간적으로는 천하에, 시간적으로는 후세에까지 그 영향력이 막대하다는 것이다. 그렇다면 그 안에 써있는 조선의 ‘오명’은 《대명회전》의 권위에 편승하여 ‘正論’으로 인정되면서 더욱 확산될 것은 명약관화하다는 것이다. 바로 여기서 조선이 《대명회전》을 개정하도록 하지 않을 수 없는 이유가 자연스럽게 도출된다면, 이자가 강력한 개정 요구를 위한 주청사의 파견을 주장한 것은 당연하였다. 그가 뒤이어 왕씨 4왕을 시해한 문제를 변명할 수 있는 논리, 즉 우왕과 창왕을 신씨로 강조한 것은 바로 정광필이 회피한 문제를 거론함으로써 개정 요구의 범위를 확대한 것이었고, ·이 문제의 추가는 개정〔辨誣〕외교의 명

---

19)《중종실록》13년 4월 갑오(26일).

분을 더욱 강화하였을 것이다. 훗날 마침내 《대명회전》의 改修
(1588년)로 조선의 개정 요구가 일단 관철된 직후, 李耔가 처음
그것을 발의한 공으로 功臣錄에 추천되고 不祧의 은전이 하사된
것을[20] 보면 당시 개정 외교를 가장 강력하게 주장한 것이 李耔
였던 것 같다. 더욱이 그는 그때까지 거론을 회피한 고려왕 시해
기사도 개정을 할 것을 주장한 것이다. 이자의 발언 뒤에 기록된
정광필과 예조판서 남곤의 議啓는 잠시 휴회한 뒤 承文院에 보존
된 관계 문서를 확인한 이후에 올린 것으로 보이는데, 그들도 주
청사의 파견을 다음과 같이 주장하였다.

> 지금 承文院의 文書를 詳考해보니, 과연 太祖朝에 이인임의 후예
> 가 아니라는 것을 밝힌 사실이 있었고, 두 번이나 상국[明]에 주청하
> 여 허락을 받았습니다. 그 당시 상국에서는 이미 祖訓條章에 기록된
> 것을 고칠 것을 허락하였으니, 지금도 속히 변명하지 않을 수 없습니
> 다. 그러나 지금 謝恩使가 가는 길에 (맡기는 것은) 필시 (시간이)
> 미치지 못할 것 같습니다. 이와 같이 큰일은 쉽사리 처리할 수 없으
> 니 널리 문서를 고증하여 천천히 변명하심이 어떠하겠습니까?"

이 건의를 받은 중종은 즉시 "조종이 어찌 이와 같은 일을 하
였겠는가? 빨리 奏請하여 고치게 하라"고 傳敎함으로써[21] 본격
적인 辨誣外交의 준비는 시작되었다. 중종의 傳敎 역시 '고려왕
시해' 오명을 벗는 문제에 비중을 둔 것이 분명하다. 이 하교에
따라 宰臣·육조당상·홍문관 대간이 의견을 올린 것은 5월 7일

---

20) 《영조실록》 12년 1월 병자(16일), "옛날 이자는 제일 먼저 宗系의 잘못을 고
    쳐야 한다고 발의하였는데, 이자가 죽어 光國勳에 기록되지 못하여 특별히 不
    祧의 恩典을 명하였습니다."
21) 《중종실록》 13년 4월 갑오(26일).

이었다. 이들이 臣子의 도리를 다하는 충성을 경쟁이나 하려는
듯이 모두 '辨誣'와 주청사 파견의 불가피성을 강조한 것도, 그리
고 특히 '고려왕 시해'를 더욱 심각한 문제로 통분한 것도 예상된
일이었다.22) 그러나 이들도 개정 요구가 관철될 것이라고 확신
하지 못하였고, 특히 고려왕 시해 문제는 더욱 어려울 것으로 전
망하였다. 이들은 국초에 개정을 약속한 종계 문제의 오류조차
《대명회전》에 의연히 남아 있는 것에 크게 실망하였고, 이번에
도 명나라의 성의를 기대하기 어렵다고 판단하였으며, 특히 이번
에 명이 개정을 약속해도 다시 예전의 오류를 답습할지 모른다는
우려도 숨기지 않았다.23) 그럼에도 그들이 변무외교를 적극 주장
한 것은 중국 측에 그것을 알리는 것 자체가 의미가 있는 일이라
고 판단하였기 때문인데,24) 다음과 같은 신용개의 의견은 확실한
성공은 기대하지 못하면서도 끝까지 성심을 표현하는 자세를 보
이지 않을 수도 없는 조선 군신의 고민을 잘 대변하고 있다.

《大明祖訓條章》에 기록된 이인임 부자의 系派가 사실이 아니기
때문에 先王祖께서 이미 奏文을 올려 辨明하셨고, 그 回咨에서 '마땅
히 고칠 것이다'라고 약속하였음에도 지금 가져온 《대명회전》이 아직
도 그 오류를 답습하고 진실이 없어, 뒤집어 쓴 악명이 천하에 유포
되고 있으니 실로 痛心할 일입니다. …… 皇朝는 우리나라에서 변명

---

22) 《중종실록》 13년 5월 기사(7일), "見先祖被誣 及欲洗說 不得不爾 今開其首尾
申達朝廷,""會典所錄錯妄至此 其唯聖裏痛怛 百代臣庶共痛憤 固當申奏痛雪……
四王之事 尤所痛憤 似不可不辨,""臣等不勝痛心 是必一時撰集之際 謬採荒胡之說
申達辨白 不可緩……臣子見君父受誣告其爲洗說 在所當盡力 豈忍容默,""其云弑
王氏四王者 亦可痛心."
23) 《중종실록》 13년 5월 기사(7일), 李長坤 등의 의견 "但璿系之錯 已於先祖奏
准改正 而會典尙因襲舊謬 今雖復辨 恐或如前."
24) 《중종실록》 13년 5월 기사(7일), "其依准改正與否 雖未可必 庶其上國之人 曉
然知傳訛之實 不爲無益."이것은 鄭光弼 등 24명의 의견인데, 趙光祖 등 8인도
동일한 의견이었다.

한 말을 다 믿지 않은 것이 틀림없습니다. 이렇다면 비록 진실을 다하여 해명을 상주한들 무익할 뿐입니다. 황조가 (이번에도) 비록 실제 증거가 있는 말을 받아들여 마땅히 개정할 것을 (일단) 허락할지라도 (후일) 다시 전일과 같이 예전의 오류를 그대로 답습하여 그 개정을 허락하지 않을 것이 걱정됩니다. 또 천하에 유포된 것을 다 개정하는 것도 (사실상) 어려울 것입니다. 그러나 우리나라가 상세히 변명하여 다시 상주하는 것은 비록 그 무익함을 알지만 역시 누명을 밝게 씻으려는 지극한 정성에서 나온 것입니다. 다만 지금 "4왕을 시해하여 짐짓 기다리게 하였다"는 말을 皇朝에 상주하여 변명하려고 하지만, 그 말이 《祖訓》에서 나온 것이므로 (皇朝는) 그 개정을 허락하지 않을 것입니다. 그러면 우리는 반드시 다시 청해야 하고 그래도 허락하지 않으면 세 번, 네 번 다시 청하여 반드시 허락 받을 것을 기약해야 합니다. 그러나 끝내 반드시 개정되리라고는 믿기 어렵습니다.25)

이 의견에 덧붙여 申用漑는 다른 사행과는 별도의 辨誣 주청사를 따로 선발하여 그해 가을 파견하는 성절사와 함께 보낼 것을 건의하였고, 중종은 이 안을 받아들였다.26)

결국 처음 대책회의에서 이자가 제기한 주장이 그대로 관철된 것이다.

3. 奏請 副使가 되다 — 文章과 中國 外交의 경험

왕후의 誥命을 감사하기 위한 사은사가 서울을 떠난 것은 중종 13년 5월 4일(신축),27) 변무외교 사행이 출발한 것은 7월 15일,

---

25) 《중종실록》 13년 5월 기사(7일).
26) 《중종실록》 13년 5월 기사(7일).

사은사에게 변무외교도 위임하는 것은 시간상으로도 불가능하다
는 정광필과 남곤의 의견은 사려 깊은 판단이었다. 실제 변무외
교는 단순한 축하나 사은이 아니었던 만큼 상대를 설득할 논리와
방법을 충분히 준비할 필요가 있으며, 이 임무에 적합한 사신단
의 구성도 쉬운 일이 아니었다. 일반 사신의 경우도 문장력은 가
장 중요한 요건이었다. 두 나라 사이의 외교에서도 물론 역관이
큰 구실을 한 것도 사실이다. 그러나 사신과 중국의 관원은 언어
가 통하지 않아 많은 경우 문장으로 의사를 소통할 수밖에 없고,
특히 秦漢 이래 문서행정이 발달한 중국은 중요한 외교 절차도
모두 문서로 처리하였다. 조선이 과거시험에서 表體 문장을 중시
한 것도 바로 중국 외교에 불가결한 문장가를 양성하기 위한 것
이었다. 당시 학술 위주의 인재 등용을 반대한 이른바 詞章派의
논거도 바로 문장력이 없으면 원만한 대중국 외교가 불가능하다
는 현실이었다.28) 이장곤의 다음과 같은 지적은 이것을 직설적
으로 갈파한 것이었다.

　　문장은 비록 (그 자체로) 귀한 것은 아니지만 事大 (외교에서) 命
　을 문장으로 만드는 일은 가벼운 것이 아닙니다. 만약 중국에 가면
　문장으로 인정받기 때문입니다.29)

---

27)《중종실록》13년 5월 신축(3일), "傳于政院 令諭謝恩副使金安國曰 聞卿有疾
　　調保隨後而往 安國曰 臣非臥痛之疾 豈安心隨後 當與上使偕行," 壬寅 "上親傳謝
　　恩表."
28)《중종실록》13년 3월 정미(19일), "上曰 策而取人之事 果當矣 近者以表 乃事
　　大之書 故或有表試之之時 參贊官韓效元曰 前者儒生庭試時 南袞以爲 近來儒生專
　　不務表辭 我國與中朝 言語不通 唯以表辭陳情 今則與上國 無譴責乞免之事也 如
　　有此事 則不可以他事陳懇 今者知表體者鮮少 文辭雖麗 其體模專無其法 故不得已
　　崇獎之 然不可以專以表爲主也."
29)《중종실록》14년 5월 신해(19일).

더욱이 이번 임무는 일반 사행과는 달리 사신들이 通事와 함께 직접 예부와 通政司를 방문하여 정성을 다해 설득할 필요가 있었기 때문에,30) 특히 상대방을 개인적으로도 감동시킬 수 있는 詩文 능력도 중요하였고, 신분의 격도 좀 높일 필요가 있었다. 그래서 처음 正使는 격을 높여 三公에서 선발하려고 하였으나, 반드시 그럴 필요까지는 없다는 의견에 따라 정2품 이상 문장력이 뛰어난 사람을 파견하기로 결정하였는데, 이장관·남곤·崔淑生 3인이 물망에 올랐다. 그러나 대제학(남곤)이 出使한 전례가 없고 대사헌(이장곤)도 임무가 막중하여 출사하기 어렵다는 의견에 따라 '古史에 박식하고 문장에 능한' 최숙생이 일차 내정되었는데(주30 참조), 그가 병을 이유로 고사하자 결국 문장력이 뛰어난 南袞이 5월 15일 정사로 확정되었다.31) 대제학이 사신으로 파견된 전례가 없었음에도 臺諫들도 임무의 중요성을 감안하여 그의 파견을 동의한 것은 역시 그의 탁월한 문장력이 이번 임무에 큰 힘을 발휘할 것으로 기대한 것으로 추측된다.

李耔가 副使에 낙점된 정확한 날짜는 확인되지 않는다. 그러나 정사가 확정된 이후로 추측되는데, 그가 선발된 이유 역시 그의 문장력이 높이 평가되었기 때문일 것이다. 현재 《음애집》에 남아

---

30)《중종실록》13년 5월 임자(15일), "傳曰 奏請使崔淑生再三辭以老病 臺諫亦言之 問于政丞……主書具壽福 以奏請使事 收議于兩相 啓曰 **崔叔生博識古史 又能於文 臣等之議 以爲甚合專對之任** 常時公會 以病不參之事 果多矣 雖無事赴京 **此事非如他例之事 須與通事躬進禮部通政等司 懇請竭誠 然後蒙准** 若然則須擇其無病者 以遣之可也 傳曰 可遞."

31)《중종실록》13년 5월 임자(15일), "光必且與吏曹判書安塘 參判金克愊等 同議以啓曰 奏請使須以能文人遣之 前所擬南袞李長坤崔淑生 此三人之外 更難得焉 但在前無以大提學出使者 大司憲亦重任 然有上重此奏請之事 何情其甚重乎……上曰 奏請之事至重 予初以爲宜遣三公 大臣以爲不必遣三公 故以正二品以上差之也 前日經筵 大臣云 南袞主文 李長坤憲長 任皆重不可遣也 不得已當遣淑生耳 今已遞淑生 當差遣南袞 而主文不可遣也 然則當遣李長坤乎 光弼曰 聞臺諫之言 其意欲遣南袞也 奏請之事至重 雖主文可遣也 傳曰奏請使以南袞差遣爲當 蓋從物議也."

있는 그의 저술은 그리 많은 양이 아니다. 그러나 1577년 盧守愼
이 그의 행장을 편찬하였을 때 그의 문장이 대부분 散逸되었지
만, 그래도 남아 있던 詩 3,656편 銘·表·賦·辭·傳·記·序·
說 74편을 사람들이 모두 귀중하게 여겼다는 사실32)만 봐도 그
의 문장 능력을 더 이상 강조할 필요가 없을 것이다. 그가 14세
에 宋史를 읽고 강개하여 〈萬言疏〉를 지어 상소하려고 했다는 일
화33)는 그의 문장력이 일찍부터 성숙한 것을 말해주는데, 그가
24세의 나이로 문과에 장원으로 급제한 것도 결코 우연이 아니었
다.34) 더욱이 과거에 급제한 뒤 1년도 안 되어 학식과 문장이
뛰어난 사람이 아니면 기용될 수 없는 書狀官이 되어 使行에 참
여한 사실은 그가 얼마나 촉망받는 청년 文士였는지를 웅변한다.
귀국 직후 성주로 유배된 아버지를 가까이 모시기 위하여 이조
정랑이었던 그가 義城縣令에 자원하고 28세의 나이에 《聞韶志》
(聞韶는 義城의 고명)를 편찬하고, 학문이 뛰어난 학자들이 기용
되는 홍문관직에 제수되어 많은 상소와 외교문서를 제작한 것은
그의 학식과 실무능력을 유감없이 보여준 것이었다. 특히 중종
12년(1517년) 1월, 원자 교육의 대강을 제시하여 그가 편찬한
〈敎養元子書〉는 그가 중국의 고전과 역사에 얼마나 해박하였는지
를 잘 말해주며,35) 삼포왜란 직후인 1510년 4월 22일 禮曹가 대

---

32) 盧守愼 〈陰崖先生行狀〉(《음애집》 권4 부록) "有陰崖集 散逸殆盡 只得詩三千
　　六百五十六 銘表賦辭傳記序說 合七十四篇 識者寶之."
33) 〈自敍〉,《음애집》(권3, 雜著), "年十四上頭陀山中臺寺 讀宋史 慨然自憤 作萬言
　　書 欲自獻 先府君戒止之."
34) 《연산군일기》 10년 9월 갑오(7일), "取李耔文科三十一人."
35) 《중종실록》 12년 1월 을미(19일), 이것은 홍문관 부제학 한효원이 올렸지만,
　　다음과 같은 사신의 주는 이것이 사실상 이자가 편찬한 것임을 입증한다. "원
　　자가 탄생한 뒤 날로 준수해져 겨우 두세 살인데도 언어와 거동이 이미 성인과
　　같아 보모와 侍兒가 감히 함부로 장난치지 못하였다. 이에 上은 홍문관에게 교
　　양하는 방법을 편찬케 하였다. 부제학 한효원, 直提學 이언호, 응교 李耔·유

마도주에게 보낸 답서는 그가 지은 것이 확실한데, 왜인의 역대
侵寇를 문책하고 회개를 촉구한 그 내용은 그가 얼마나 조선과
왜의 역대 관계도 숙지하고 있었는지를 잘 말해준다.36)

더욱이 그는 이미 중국과 외교에서 능력을 발휘한 경력도 있었다.
앞에서 그가 과거 급제 직후 서장관으로 중국 사행에 참여한 사실을
언급하였는데, 〈음애선생연보〉는 이것을 연산군 10년(1504년)조에
"充千秋賀節使書狀官 赴京師"로 기록하고 있으며, 이에 앞서 편찬
된 盧守愼의 〈음애선생행장〉도 "充千秋書狀"을 "擢文科第一名 授
司憲府監察" 직후에 기록하고 있다. 그러나《明實錄》은 그해 조
선의 사신이 황태자의 생일 즉 천추절을 축하하기 위하여 입조한
사실을 9월 22일(기유)에 기록하고 있으며,37) 그 이전의 弘治年
間의 賀千秋 使節의 입조는 대체로 9월 말쯤으로 기록하였다. 李
耔가 과거에 급제한 것은 그해 9월 7일, 따라서 그가 이 사신단
에 참여할 수 없었다는 것은 시간상으로도 자명하다.《명실록》은
그해 12월 9일과 24일에 각각 조선 사신의 입조를 기록하고 있
다.38) 만약 李耔가 과거 급제 직후 서울을 출발하였다면 비록

보, 교리 이청·신광한, 修撰 조광조, 부수찬 張玉·表憑, 박사 기준, 著作 정
응, 正字 유용근·안처순 등이 조목을 議定하여 李耔에게 위촉하였다. 李耔는
《大學衍義》를 모방하여 옛 글을 모으고 자기 의견을 붙이어 조목별로 論辨하
고 친절하게 깨우치게 하였으니, 사람들은 정밀하고 원숙한 것이 되었다고 칭
찬하였다."

36)《陰崖集》권2 書契에 수록된〈禮曹答對馬島主〉는 바로 예조가 보낸 답서인데,
결실된 부분도 많아《중종실록》5년 4월 임자(22일)에 수록된〈禮曹答對馬島主
書契〉에 비해 분량도 적지만, 구체적인 표현도 상당한 차이가 있다. 그러나 양
자의 대의는 대체로 같은 것으로 보아 문집에 수록된 것은 草稿였던 것으로 보
인다. 그가 일본 使者를 亂과 무관하다고 하여 귀환시키는 것을 반대한〈請勿
遣留館倭使疏〉(《음애집》권2)를 올리고, 규정에도 없는 일본 사신의 厚待를
반대한 것도[《중종실록》12년 8월 신유(18일)], 일본 외교에 대한 높은 지식과
식견의 一端이었다.

37)《明實錄》弘治 17년 9월 무자(22일), "朝鮮國王李㦕遣陪臣戶曹參判許輯等奉箋
文 方物 來賀皇太子千秋節."

하천추사는 아닐지라도 이 두 차례의 使行 가운데 어느 하나에 참여할 수 있었을 것이다. 그러나 그가 그해 11월 성주에 유배된 아버지를 覲省하였고 잡혀가는 權達手를 상주에서 전송한 것이(〈음애선생연보〉 참조) 사실이라면, 이 사행에도 그는 참여하지 않은 것이 분명하다. 그러나 그가 이 무렵 서장관으로 북경에 간 것도 사실이라면, 그의 전후 경력으로 보아 그것은 1505년뿐이다.

그러나 이 해 5월 6일(경인) 명나라 홍치제가 사망하고 5월 18일 황태자가 正德帝(武宗)로 즉위하였고[39] 새 황태자는 아직 없었기 때문에 전년까지 9월에 거행하던 천추절도 없어졌고, 따라서 이 해 조선이 파견한 사신에는 賀千秋節使도 없었다. 다만 《명실록》은 홍치 18년 7월 병술(초 3일)에 조선 공조 참판 朴說 등이 홍치제의 만수절을 축하하고자 來朝한 것을 기록하고 있는데, 이들은 홍치제가 사망하기 이전 출발한 것이 분명하다. 조선이 홍치제의 부음을 접한 것은 6월 2일(을묘), 북경으로 가던 주청사 安琛과 李純忠이 요동에서 이 소식을 馳啓한 것이다.[40] 안침 등이 입조한 것은 7월 20일,[41] 그렇다면 7월 3일에 들어간 賀萬壽節使는 이들보다 훨씬 먼저 이 소식을 접하였을 것이다. 그들도

---

38) 《明實錄》弘治 17년 12월 을축(9일), "朝鮮國王李懌遣陪臣同知中樞府使申叔根 等奉表文 香帛詣闕奉慰 賜宴幷彩段 衣服等物有此,"; 12월 경진(24일) "朝鮮國王李忄隆遣陪臣工曹判書閔孝曾等奉表箋方物 來賀正旦節 賜宴幷彩段 衣服等物有差"(권219).

39) 《明史》권15〈孝宗本紀〉18년 5월 신묘(7일), "崩於乾淸宮 年三十六"; 권16〈武宗本紀〉"孝宗長子也……弘治五年 立爲皇太子……十八年五月 孝宗崩 壬寅 卽皇帝位."

40) 《연산군일기》11년 6월 을묘(2일), "奏請使安琛 李純忠在遼東 馳啓皇帝訃音 依丁未年例 停 擧哀成服".

41) 《명실록》弘治 18년 7월 계묘(20일), "朝鮮國王李懌遣陪臣安琮等貢方物 馬匹." 安琮은 安琛의 誤記.

이 소식과 함께 사행의 중단 여부를 묻는 치계를 보냈을지도 모른다. 그러나 조선이 먼저 접수한 것은 안침의 馳啓였고, 조선은 관례에 따라 애도를 표시하고 陳慰使를 파견하였지만,42) 만수절 축하 사행을 중단시킨 흔적은 확인되지 않는다. 조선의 賀萬壽節使가 그대로 임무를 계속한 것은 바로 이 지시가 없었던 것 때문으로 추측되는데, 명도 그 사정을 고려하여 축하 사절은 일단 접수하고 喪中이라 연회는 귀환길에 遼東郡司에서 베풀었다.43) 또 그해 새 황제의 만수절 축하를 위하여 조선의 사신이 들어간 것은 12월 3일(갑인)인데,44) 그 다음해 정월 李耔가 李塏를 방문하여 시국을 강개하며 痛飮한 것이 사실이라면(〈음애선생연보〉) 이 사행에도 그는 참여하지 않았다. 그렇다면 이자가 1504년과 1505년 사이에 무언가 생일 축하와 관련된 사신단에 참여하였다면 황제가 죽은 뒤 북경에 도착하여 실제 축하 행사에도 참여할 수 없었던 1505년의 성절사 이외에는 달리 상정할 수 없는 것 같다. 그러므로 필자는 연보와 행장이 전하는 '1504년 천추절사의 서장관'은 '1505년 7월에 들어간 만수절 축하 사행의 서장관'을 잘못 전한 것으로 주장한다. 《음애집》에 수록된 〈奉酬聖壽無窮詞〉 여덟 수(권1)는 이 사행을 위하여 준비한 시로 추정되는데, 생일 축하가 아니라 문상을 하게 된 李耔는 실제 이 시들을 써먹지도

---

42) 《연산군일기》 11년 5월 정사(4일), "以右贊成姜龜孫 右議政田霖 充登極使 陳慰使."

43) 《명실록》 弘治 18년 7월 병술(3일), "朝鮮國王李懌遣功曹參判朴說等來朝 賀孝宗皇帝萬壽聖節 貢馬及方物 賜織金襲衣 彩段 絹 布等物 有差 以大喪免宴 俟其還 宴于遼東郡司." 통상 조선의 홍치제 만수절 축하 사행은 6월에(10일에서 22일) 기록되었는데(홍치제는 7월 생) 이 入朝가 7월 3일에 기록된 것은 명나라도 이 뒤늦은 사행의 처리 문제로 상당히 고민하였음을 추측케 한다.

44) 《명실록》 弘治 18년 12월 갑인(3일), "朝鮮國王李懌遣陪臣中樞府事成洗名等進香 別遣陪臣戶曹參判權仍孫等賚進表文 方物 馬匹 慶賀." 이 慶賀는 만수절이 그 대상이었다.

못하였을 것이다. 李耔의 처음 사행은 그 목적이 의례적인 축하
에 불과하였고, 그마저 임무를 수행할 수 없는 상황이 되어 별다
른 활동도 없었을 것이다. 그러나 이 사행은 그에게 많은 견문과
자극을 주었음은 분명하다.

　그 이후 이자가 다시 중국과의 교섭에 종사한 것은 중종 5년 8월
25일 義州推考敬差官에 임명된 시기였다. 그의 임무는 강을 건너
중국 영내에서 사냥하던 조선인 5인이 중국 측에 구금된 사건을
해결하는 것이었다. 중종 5년 8월 24일 평안도 관찰사는 이 사건
을 긴급 보고하였는데, 湯站 指揮의 통고문에 따르면 조선인들이
인가에 들어가 馬匹을 훔쳤다는 것이다.45) 사실 이것은 변경 지
방관 사이에 처리할 수도 있는 작은 문제였다. 8월 25일 중종은
신하들과 吏文·漢語를 講하였고, 여기에 참여한 李耔와 김안
국·신지숙은 중종이 하사한 술을 마시고 만취하여 서로 부축하
며 퇴궐한 것46)을 보면 중종도 처음에는 이 문제를 대수롭지 않
게 생각한 것 같다. 그러나 중종은 그날 저녁 퇴궐한 이자를 다
시 불러 당일 의주로 출발, 사건을 해결하라고 명하였다. 이것은
김수동의 의견을 따른 것이었다.47) 중종은 이 사건을 소극적으
로 대처할 경우 자칫 불필요한 외교 마찰로 확대될 것을 우려한
것 같은데, 특히 탕참 지휘가 사건을 '무기를 들고 국경을 침범한
행위〔持兵犯境〕'로 주장하여 조선인들을 탕참에 구금하는 한편
상부에 보고하겠다고 위협한 것48)이 마음에 걸린 것 같다. 이자

---

45)《중종실록》5년 8월 정미(24일), "平安道觀察使馳啓曰　龍川人金鐵你等五人打
　　圍于湯站地方　像人家馬匹　被捉拘留云　因湯站指揮批文而有是啓."
46)《중종실록》5년 8월 무신(25일), "殿講文臣吏文漢語　賜通解者黃金兒馬."〈關西
　　奉使錄〉(《음애집》권3) "庚午八月二十五日　上御思政殿　講文官吏文　耔及金安國
　　申止叔　受點入講　講後　賜酒　各引滿　扶醉而出."
47)《중종실록》5년 8월 무신(25일), "遣弘文館副應敎李耔于平安道　推鞫金鐵你等
　　從金壽童之言也."

는 당시 중종의 명령을 다음과 같이 전하였다.

上曰 "이것은 비록 站人이 위협하는 말이지만 上國과 관련된 일이
므로 가서 (사태를) 보고 편의대로 처리하라." 이어서 즉일 출발할
것을 명하였다(《관서봉사록》).

중종도 탕참 지휘가 상부에 보고할 가능성은 희박한 것으로 판
단하였다. 그러나 만의 하나 상부로 보고될 경우 문제가 확대되
고 이에 따라 조선의 부담은 커질 수밖에 없다면, 조속한 해결이
바람직하며, 이에 이자를 급파한 것이다. 이자는 당일 출발을 명
받았지만, 그날은 너무 늦어 집에서 자고 다음날 새벽에 전날 밤
미리 열어 놓은 대문을 나와 5일 만에 의주에 도착하였다. 도착
즉시 그는 탕참 지휘에게 사람을 보내 일단 구금자의 석방을 요
구였는데, 그는 탕참 지휘를 다음과 같이 설득하였다.

어리석은 백성들이 국가의 법을 두려워하지 않고 상국의 지계를
경솔하게 밟았으니 죽어 마땅한 죄를 지었지만, 실제 소란을 피운 죄
는 없습니다. 그들이 강을 넘은 연유를 철저히 추궁하겠으니 석방하
여 돌려보내 주시기 바랍니다(《관서봉사록》).

물론 탕참 지휘가 그의 요구를 즉시 수용하지는 않았을 것이다.
이 이후에도 몇 차례 협상이 있었을 것이며, 조선인들이 마필을
훔쳤다는 범죄의 진상 조사와 보상 문제도 간단한 문제는 아니었
을 것이다. 그러나 결국 이자의 요구는 관철되었고, 일단 그는 임
무를 성공적으로 수행한 것이다. 越江者들을 송환받은 李耔는 약

---

48) 李耔,〈關西奉使錄〉, "講後 賜酒 各人滿扶醉而出 歸臥本家 日暮 政院招我 强
赴命 則以平安道龍川人越江畋獵 湯站指揮聲以持兵犯京囚諸本站 將欲申報."

속대로 그 경위를 철저히 推問하였고, 이 기회에 그 일대 越江 문제의 재발을 막기 위하여 용천 주민들을 광범위하게 수사하였지만, 그들은 대부분 혐의를 부인하였다고 한다.49) 그는 11월 1일 병세가 위독한 어머니가 요청한 그의 귀환이 허가되고,50) 다시 11월 8일 철산에서 아버지가 위독하다는 소식을 듣고 급거 귀경할 때51)까지 약 2개월을 의주에 머물렀다. 그러나 그가 묘향산을 구경 가기도 한 것을 보면 그 업무 자체는 별로 과중한 것 같지 않은데,52) 그가 상경한 이후 그 후임자로 이자화가 파견된 것을 보면(주50 참조) 越江 문제로 중국과 다시 분쟁이 생기는 원하지 않는 조선 정부의 의지를 읽을 수 있다. 기간도 짧고 비교적 단순한 하급 지방관을 상대한 협상이었지만, 이 담판은 李耔가 최초로 담당한 대중국 실무 교섭이었고, 그에게 중국 관원과 협상하는 지혜를 터득하는 기회가 되었을 것이다.

이와 같이 뛰어난 문장력과 함께 중국과 외교 실무 경험도 갖추었을 뿐 아니라 辨誣外交를 적극적으로 발의한 이자가 辨誣 奏請使로 선발된 것은 당연한 일이었다. 정사를 선발하는 과정에서 최숙생·이장곤·남곤이 일차 물망에 올랐다는 것은 앞에서 언급하였지만, 이자가 여기에 포함되지 않은 것은 그 직급이 정2품이 되지 않았기 때문이다. 4월 4일 종묘제사에 바칠 소가 문으로 들어오다 죽은 사건을 災變으로 규정하고 大祭의 연기를 주장한 李

---

49) 李耔, 〈關西奉使錄〉, "指揮果放送 耔仍留 推問前後越江田獵人等 龍川人太半不
　　服 故久淹六旬."
50) 《중종실록》 5년 11월 계축(1일), "義州推考敬差官李耔之母病甚 上言請許耔來
　　覲 許之 以李自華代之."
51) 李耔, 〈關西奉使錄〉, "仲冬初八日 耔在鐵山郡聞家君不平 顚頓馳還 月十一日還
　　京."
52) 《음애집》 권1, "欲王香山徑赴寧邊 因雪深 未果 還出泰川 欲從雲山 往香山 奉邀
　　申明叟" 이하의 6수와 〈次泰川客觀韻〉는 이 유람 도중에 쓴 시들이다.

籽의 직함은 도승지(정3품),53) 奏請 副使로 선발된 이후인 5월 27일 그의 직함은 대사헌(정3품)이었다. 그는 奏請 副使로 선임되면서 가선대부 同知中樞府事(종2품)를 특명으로 배수하였는데 (〈음애선생연보〉), 이것은 그를 副使로 발탁하기 위한 특명이 분명하다. 정2품의 정사가 확정된 이상, 그 부사는 종2품이 되어야 하고, 그 자리에 李籽를 기용하려면 그에게 종2품의 官階가 필요하였기 때문이다. 그러므로 이 陞階는 이자를 奏請副使로 꼭 기용하려는 중종의 강한 의지로 해석된다. 韓忠이 서장관으로, 崔世诊이 質正官으로 각각 낙점된 것은 李籽가 副使로 확정된 이후였을 것이다.

4. 使行 준비 — 설득 논리와 證憑 자료의 확보

중종 13년 7월 15일 서울을 출발하기 전까지 辨誣 奏請使 일행은 명나라에게 《대명회전》의 조선 기사가 마땅히 개정되어야 할 오류라는 것을 설득할 수 있는 논리와 그것을 뒷받침할 수 있는 자료를 확보하고, 설득력 있는 문장으로 奏文을 만드는 작업으로 대단히 분주하였다. 5월 27일 중종은 대사헌 이자가 올린 다음과 같은 요청을 승인하였다.

"신이 奏請副使로 京師에 가게 되는데, 奏請하는 일은 매우 중대한 것이니 古史에 반드시 그 例가 있으나 아직 詳考하지 못한 일이 있을 것입니다. 옛날 蘇頌이 그 아버지에 관한 일을 고쳐줄 것을 청하여 神宗이 이를 허락하고 國史를 追改한 일도 있었습니다. 이러한 사례가 반드시 또 있을 것입니다. 弘文館으로 하여금 널리 史籍을 고증

---

53) 《중종실록》 13년 4월 임신(4일) 참조.

케 하십시오."

傳敎曰 "그리하라." 54)

蘇頌은 經史·百家의 學에서 圖讖·律呂·算法·山經·本草에 이르기까지 모르는 것이 없었다는 송 神宗·哲宗 시대의 명신이며, 그의 아버지 蘇紳도 眞宗·仁宗 시대에 한림원학사·예부상서 등을 역임한 文臣으로 부자가 모두 《宋史》에 상당한 분량의 독립된 열전이 있다.55) 그러나 《宋史》와 《續資治通鑑》에는 蘇頌이 아버지를 위하여 국사 개정을 요청하였다는 효성스러운 일화는 전하지 않으며, 유감스럽게도 필자는 그 來源을 확인하지 못하였다.56) 그러나 李耔가 확실히 어디선가 읽은 것이라면, 이 사례는 후손이 父祖에 대한 국사의 기록을 誣告로 주장하며 그 개정을 요구한 것을 황제가 허락한 선례이다. 이자가 이와 비슷한 사례를 더 널리 수집할 것을 요청한 것은 그 사례들이 이번 변무외교에서 중국을 설득할 수 있는 중요한 근거가 될 수 있다고 판단하였기 때문이다. 그의 요청에 따라 홍문관은 그 비슷한 사례를 수집하려고 노력하였을 것이다. 그러나 필자가 아는 한, 父祖의 명예를 위하여 編修 史官에게 부탁하는 예는 많아도57) 일단 편찬되어 奉呈된 史書의 내용에 이의를 제기하고 그 개정을

------

54) 《중종실록》 13년 5월 을축(27일).

55) 《宋史》 권340, 〈蘇頌傳〉 ; 권294 〈蘇紳傳〉 참조.

56) 《송사》 권294, 〈蘇紳傳〉에는 그가 남을 잘 중상하였고 王德用을 중상하는 그의 상소를 황제가 불쾌히 여겨 지방관으로 貶職되었다는 기사가 전한다. 혹 神宗 대에 편찬한 국사에 이와 같은 불명예스러운 기사가 있었고, 소송이 이것을 誣告라고 주장하며 시정을 요구한 것이 아닌가 추측된다.

57) 魏收 《魏書》가 후손들의 압력과 청탁으로 원칙을 지키지 못하고 '穢史'가 되었다는 것은 주지의 사실이지만, 劉知幾 《史通》 曲筆의 다음과 같은 구절도 많은 正史의 편찬이 자손의 청탁으로 크게 좌우된 사실을 잘 말해준다. "自梁陳已降 隋周而往 諸史皆貞觀年中群公所撰 近考易悉 正僞可求 至于朝廷貴臣 必父祖有傳 考其行事 皆子孫所爲."

황제에게 청원한 예는 없는 것 같다. 그러므로 홍문관의 노력은 별 성과가 없었을 것으로 추측되는데, 개정을 요청하는 奏文이 蘇頌의 사례조차 거론하지 않은 것을 보면 그 사례만으로는 중국을 설득하기 어렵다고 판단하였던 것이다. 실제 《宋史》가 전하는 蘇紳의 명예롭지 않은 행적이 특별히 중상모략이란 증거가 없다면, 그 개정을 요청한 蘇頌이나 그것을 허락한 神宗이 모두 불공정한 私情에 빠졌다는 비난을 면키 어려웠을 것이다.

그렇다면 奏請使는 무엇으로 중국을 설득하려고 하였는가? 奏請文은 그 설득 논리를 집약하여 표현하였는데, 그 초고는 正使 南袞이 일단 작성하였다고 한다. 그러나 이 초고는 6월 16일 대궐의 뜰에 모인 영의정 이하 6曹의 당상관과 대간 등 30여 명의 심의를 거쳐 筆削이 가해졌는데, 실제 이 수정작업을 주관한 것은 李耔·南袞·金銓·沈貞·崔淑生·金安老 등이었으며, 일단 필삭된 稿本은 다시 남곤과 이자가 반복 교정한 뒤 3정승의 승인을 거쳐 확정하였다.58) 이와 같은 절차는 조선이 이번 변무외교를 얼마나 중시하였는가를 단적으로 말해주는데,《중종실록》13년 6월 16일(갑

---

58) 《중조실록》13년 6월 갑신(16일), "영의정 정광필·좌의정 신용개·우의정 안당·남양군 洪景舟·중추부사 金詮·예조 판서 남곤·호조판서 高荊山·형조판서 李惟淸·花川君 沈貞·우참찬 崔淑生·예조참판 孫澍·병조참판 方有寧·호조참판 李自堅·대사헌 李耔·이조참판 金淨·이조참의 金安老·병조참지 趙邦彦·호조참의 金碔·홍문관부제학 趙光祖·형조참의 尹殷弼·대사간 孔瑞麟·직제학 鄭忠樑·집의 柳仁淑·사간 申光漢·장령 鄭士龍, 閔壽千·부응교 閔壽元·교리 尹自任·헌납 柳庸謹·지평 金湜, 任權·부교리 奇遵, 張玉·정언 李希閔·정자 李認 등이 대궐 뜰에 모여서 奏請文書에 筆削할 부분을 의논하였다. 김전·남곤·심정·최숙생·이자·김안로·김정 등이 그 일을 실제로 주관하여, 장황한 곳은 깎기도 하고 모자라는 곳은 보충하기도 하였다. 이에 정광필·신용개·안당이 그 교정된 글을 가지고 入啓하였다. "온당치 못한 곳을 고치고 보충할 데는 보충을 해서 대강 이와 같이 되었습니다. 그러나 아직도 미진한 대목이 있을까 두려우니, 남곤·이자— 남곤은 奏請正使이고 이자는 부사였다 —등에게 다시 반복해서 상세히 교정케 한 다음, 신들이 또한 다시 본 뒤에 결정하는 것이 어떠하겠습니까?" 傳敎曰 "그리하라."

신)조에 수록된 장문의 주청문은 (1) 이성계가 이인임의 아들이
아니며 (2) 이성계가 고려 4왕을 시해하지 않았음을 대체로 다음
과 같이 변명하였다.

먼저 (1)에 대해서는 태조와 태종 때 이미 변명한 사실을 적시
하고, 28代祖 翰에서 이성계에 이르는 世系와, 李仁任의 행적과
그 조부까지 소급된 가계를 대비시켜 이인임과 이성계가 전혀 다
른 가문임을 증명하였다. 이것은 태종 시대의 변무를 그대로 답
습한 것이었지만, 사실 이 이상 변명할 방법도 없었을 것이다.
그러나 이자와 남곤은 이것을 이미 명나라 태조가 인정한 사실임
을 강조함으로써 명에게 '실수'를 쉽게 인정케 하려는 전략을 세
웠다. 그들이 崇文院에 보존된 문서 가운데 태조와 태종이 각각
宗系 개정을 요청한 奏文, 그 개정의 허락을 통고한 명나라 禮部
의 咨文, 조선이 다시 이것을 감사하여 보낸 謝恩表를 등사하여
명과 담판에서 증빙서류로 제시하려고 한 것59)은 바로 이 때문
이었다. 그러나 이들은 璿源殿에 보관된 世系와 태종조 변무 주
문에서 주장한 세계가 1世 차이가 나는 것을 발견하고 크게 당황
하였다. 만약 태종 시대에 주장한 세계와 지금 주장한 세계가 차
이가 날 경우 명나라는 세계 자체의 진위를 의심할 것이며, 그
경우 이인임과 이성계의 가계가 무관하다는 주장도 설득력이 크
게 떨어질 수밖에 없기 때문이었다. 이들은 즉시 이 문제를 중종
에게 보고하고 대책을 촉구하였는데,60) 이 문제는 결국 직접 거

---

59) 《중종실록》 13년 6월 정유(29일), "奏請使 南袞과 副使 李耔 啓曰 "…… 또 承
　　文院에 있는 本國에서 보낸 太祖를 추대한 奏文과, 太宗祖 종계 개정을 청한
　　奏, 태종조 종계 개정을 재청한 奏, 禮部에서 종계 개정을 허락한 咨文, 본국
　　에서 보낸 종계 개정 謝恩表 등의 문서도 한 통씩 謄書해 가서 문답에 대비하
　　는 것이 어떻겠습니까?" 여기서 '太宗祖 종계 개정을 청한 주'의 '太宗'은 '太祖'
　　의 오기일 것이다.
60) 《중종실록》 13년 6월 정유(29일), "奏請使 南袞과 副使 李耔 啓曰 "太宗朝의

론하지 않고 문제가 될 경우 차이가 발생한 경위를 해명하는 선
으로 대비하였다. 아울러 이들은 이인임의 擅權·不法과 이것을
革罷한 이성계의 공을 대비시켰다. 이것은 이성계를 이인임의 아
들로 전한 것이 단순한 종계의 오류가 아니라 이성계를 逆臣의
아들로 둔갑시킨 참을 수 없는 모욕이며 왕조를 창업한 이성계의
자격을 부정하는 중대사임을 강조함으로써, 개정의 절실함을 주
장하려는 의도였지만, 동시에 4왕의 시해 문제도 아울러 해결하
려는 포석이기도 하였다.

한편 (2)에 관해서는 먼저 공민왕을 시해한 범인은 실제 홍륜
등이었기 때문에 이 문제는 비교적 간단하였다. 그러나 당시 이
성계는 홍건적이 침입했을 때 공을 세워 "무반의 직책을 받았지
만 아직 이름은 알려지지 않았음"을 주청문에서 강조함으로써 이
성계는 당시 왕의 시해에 참여할 처지도 못되었다는 것을 주장하
였다.61) 또 우왕과 창왕에 대해서는 본래 신돈의 씨였다는 것을
특히 강조하였는데, 홍무 22년 8월 명 태조도 이미 고려가 왕씨
의 나라가 아니었다는 것을 알고 있었다는 것을 그 유력한 증거
로 제시하였다.62) 이것은 바로 이자가 4월 26일 첫 대책회의에

先系를 고쳐 줄 것을 청한 奏本 가운데 '竸休로부터 安社──두 先系의 이름이다
──에 이르기까지 13世'라 하였는데, 이제 璿源殿에 있는 先系圖簇子傳寫記를 詳
考해보면 '긍휴에서 안사에 이르기까지 12世'라고 하였습니다. 鄭摠이 지은 桓
祖墓碑記에는 '忠敏이 華를 낳고 화가 珍有를 낳았다'고 하였는데, 奏本에서 13
世라고 한 것은 바로 이 때문입니다. 璿源圖는 단지 충민 이후에 진유가 있었
다는 것만 쓰고 華를 기록하지 않았기 때문에 1世가 빠지게 된 것입니다. 이
일을 대신과 의논하시고……."
61) 이 점은 주청사 일행이 북경에서 예부상서에게 올린 書가 더 직설적이다. 즉
"우리 國祖 康獻王은 공민왕 시대에 막강한 권세가 있었던 것도 아니고 遷民
출신으로 처음 武略으로 등용되어 벼슬한 지 10여 년 만에 갑인년의 변이 있었
는데, 직접 죽인 자도 따로 있고 當國者도 따로 있으며 그 일에 관여한 사람도
있었고 國祖는 알지 못한 일입니다."
62) "홍무 22년 8월 초, 8일에 배신 尹承順이 경사에서 돌아올 때 받들고 온 宣諭
聖旨에 '王氏가 弑逆을 당하여 후사가 끊어진 뒤 비록 왕씨를 仮稱하였다 할지

서 제시한 논리였다. 또 奏文에서는 어리고 아둔한 신돈의 아들
우왕을 세우고 권력을 휘두른 이인임을 비난하는 한편 명을 정벌
하려는 우왕의 '불충'과 위화도 回軍으로 이것을 저지한 이성계의
'충'을 강조하였고, 우왕의 퇴위도 "스스로 그 죄를 알고 두려워하
며 자리를 사양하여 昌에게 준 것"으로 주장함으로써 우왕의 퇴
위와 이성계가 무관함을 항변하였다. 또 창왕의 퇴출과 공양왕의
즉위도 이성계와는 무관하게 공민왕의 비 안씨가 저지른 왕씨 혈
통의 회복으로 주장하였다. 여기서 우왕과 창왕의 살해 — 공양
왕 즉위한 1389년 — 가 전혀 언급되지 않은 것은 왕위의 혈통을
되찾은 왕씨들이 신돈 자손〔僞辛〕을 당연히 제거했다는 정도로
주장하려는 의도로 추측된다. 또 공양양의 폐위와 이성계의 즉위
는 민심의 향배라는 '혁명설'로 설명하는 한편,63) 공양왕도 천수
를 다한 것으로 강변하였다. 끝으로 奏文은 '고려 4왕의 시해'란
이인임과 '僞辛'의 黨與들이 이성계를 모함하기 위하여 날조한 완
전 허위임을 강조하면서 "일국의 이목도 속일 수 없는데, 하물며
감히 聖聰을 기만하겠습니까"라는 말로 주문의 진실성을 다시 주
장한 뒤, 엄청난 오류가 개정되지 않으면 오히려 "상국의 寶典이
잘못된 것을 전하였다는 비난을 면치 못할 것"이라며 은근히 중
국의 자존심을 건드리기도 하였다.64)

  라도, 異姓으로써 왕을 삼는 것은 또한 삼한에서 대대로 지켜 온 良法이 아니
  다'라는 말씀이 있었습니다."
63) 이것을 입증하기 위하여 태조의 추대를 보고하는 奏文 사본을 준비하였다(주
  60 참조).
64) 북경에서 예부상서에게 올린 書는 '오류'가 개정되지 않을 경우 중국의 불이익
  을 다음과 같이 경고하였다. 즉 "四海의 사람들은 이 책만 보고 高皇帝의 뜻을
  모르고 반드시 모두 '조선은 弑逆의 나라이다', '弑逆의 나라도 朝貢의 반열에
  있을 수 있는가?'라고 할 것입니다. 그렇게 되면 우리나라의 모호한 악명이 오
  랜 뒤에 더욱 새로워질 뿐만이 아니라, 聖朝도 우리 소방을 자식처럼 돌본 일
  때문에 사해의 비판을 받게 될까 염려스러우니, 더욱 痛惜하여 감히 스스로
  편안할 수 없는 바입니다."

그러나 우왕·창왕의 폐립과 죽음을 이성계 세력이 주도하였고, 공양왕도 이성계 세력에게 폐위되어 일단 간성군에 유배된 뒤 2년도 못 되어 살해(1394년 4월)된 사실이야말로 "일국의 이목을 속일 수 없는" 진실이며, 奏文의 작성에 참여한 모든 衆臣들도 이것을 누구보다 더 잘 알고 있었을 것이다. 초고의 원문에 "신의 文辭가 만약 거짓을 나열한 것이라면, 하늘에는 해가 있고 땅위에는 臣民이 있으며, 또 믿을 만한 역사의 기록이 昭然합니다〔且有信史記載昭然〕"라고 되어 있었지만 중국이 실제 그 사적을 보자고 할 경우를 대비하여 주문을 筆削하는 과정에서 마지막 8자를 빼 버렸다는 것 ― 史臣의 注 ― 은 바로 그들이 진실을 은폐하고 있다는 것을 스스로 잘 알고 있었던 단적인 증거라 하겠다.

5월 17일의 대책회의에서 李長坤 등은 "자고로 혁명의 시기에는 微辭가 있기 마련이며, 지금 4왕 시해를 중국의 문헌으로 해명할 길이 없을 것"을 걱정하였지만,65) 조선의 군신들이 적어도 공민왕을 제외한 '3왕의 시해'를 '혁명'의 과정으로 적극 처리하였으면, 오히려 이와 같이 '거짓'을 '진실'로 주장할 필요는 없었을 것이다. 그러나 그들은 '시해'를 부정한 나머지 '살해' 자체를 부인함으로써 스스로도 납득할 수 없는 억지를 강변하였고, 바로 이 때문에 그 주장이 설득되기 어려웠던 것을 잘 알고 있었던 것 같다. 그들이 무익하지만 계속 주청을 주장한 것도 이 때문인데, 출발 전일 중종이 주청사 일행을 불러 송별의 주연을 베푼 자리에서 정사 남곤은 奏文의 접수조차 낙관하기 어려운 상황을 어떻게 대처할 것인가를 다음과 같이 보고하였다. 즉,

---

65) 《중종실록》 13년 5월 을묘(17일), "李長坤 鄭士龍 柳龍謹 崔山斗議 會典所錄
錯妄至此……四王之事 尤所痛憤 似不可不辨 但自古革命之際 或有微辭 據今中朝
文籍 亦無憑證以白."

이 일은 실로 臣民이 함께 분노하고 번민하는 일입니다. 그러나 예부가 이의를 제기하고 개정을 허락하지 않을 것이 걱정입니다. 신은 마땅히 주본을 예부에 올려야 하지만 예부의 의도를 살피며 시기에 따라 처리하여 반드시 (《회전》의 기사가) 誣罔한 것을 알리겠습니다. 황제는 (지금) 천하를 다스리는 일에 마음이 없고 대신들은 단지 법에 의거하여 '《회전》(의 내용)은 곧 태조 고황제께서 만든 것인데 어찌 外人의 말을 듣고 가볍게 고치겠느냐?'고 말할 것입니다. 종계 문제는 이미 永樂皇帝가 일찍이 개정을 허락한 것이니 가망이 있습니다만 신들은 그것도 허락 받지 못 할까 밤낮으로 황공할 뿐입니다. 전일 盧公弼이 (전하의) 誥命을 청하러 갔을 때 陳情하는 글을 만들어 예부에 올리려고 아침부터 정오까지 (그 문 앞에서) 방황하였지만 (예부는) 끝내 접수하지 않았고, 그 뒤 문을 지키는 자에게 조선의 사신들은 들이지 말 것을 엄명하였기 때문에 주문을 올리려고 해도 올리지 못하였습니다. (그런 가운데) 마침 王敞을 만났고 왕창은 노공필을 만난 것을 기뻐하며 즉시 奏文을 받아 통정사에 바쳤는데, 왕창은 이전에 우리나라에 사신으로 온 일도 있고66) 당시 통정사 堂上이었기 때문에 (일이 그렇게 된 것입니다만) 지금은 어떻게 될지 모르겠습니다. 그러나 주청하는 일이 大事이므로 반드시 쉽게 章疏도 접수하지 않을 것이니, 비록 章疏를 올려 뜻을 전달하려고 해도 받아주지 않으면 쉽게 전달할 수가 없을 것입니다.67)

중종의 즉위도 비록 동성 사이의 일이었지만 사실상 군주를 방축한 것이었기 때문에 질병을 이유로 연산군이 퇴위하고 그 동생이 왕위에 올랐다는 조선의 주장을 명나라는 쉽게 인정하지 않았

---

66) 왕창은 1486년(무신) 동월과 함께 홍치제의 登極詔를 받들고 조선에 왔다. 이 두 사람은 거만한 중국 사신들과 달리 의주로 마중 나간 許琮을 보고 크게 감복하여 대단히 겸손하게 그의 질문에 답하였고, 귀국 뒤에도 중국 사인들에게 허종을 극찬하였다고 한다. 魚叔權 《稗官雜記》 권4 참조.

67) 《중종실록》 13년 7월 신해(14일).

다. 그래서 명나라는 중종을 일단 '署理國事'로 인정하고 정식 왕위는 연산군의 사후로 미루었다. 이에 조선은 盧公弼 등을 보내 정식 고명을 요청하였지만, 명나라는 그 주청문의 접수도 거부한 것이다.68)《명실록》은 그해 12월 결국 중종의 정식 즉위를 승인하였지만, 그 이전 중종을 조선왕이 아닌 '朝鮮國署理國事'로 표기하였다. 주청사들은 '혁명'과 '시해'가 관련된 이번의 변무외교도 비슷한 대접을 받을 것으로 예상한 것이다. 정통성을 중국 황제에 의존한 조선 외교가 치러야 하는 서글픈 대가인데, 이자는 바로 이러한 상황을 타개하기 위하여 다음과 같은 계획을 제안하였다.

자고로 大事의 奏請은 通政司에 가서 章疏를 올렸는데 지금도 허락을 받는 일이 어려운 (큰일이니) 부득이 章疏로써 여기서(통정사에서?) 먼저 이 뜻을 전달하고 거기에 가서 하려고(예부에 가서 보고?) 하기 때문에 감히 아룁니다〔自古奏請大事 於通政司陳章疏 今亦難於准奏 則不得已 當用章疏 在此先達是意 而往彼爲之 故敢啓〕.

내용은 좀 불분명한 점도 있지만, 대체로 주문을 올리는 절차와 관련된 것은 분명하다. 通政司는 내외의 章疏를 받아 상주하고 封駁하는 것을 관장하는 기관으로서, 지방의 公事를 상주한 題本과 私事를 상주한 奏本 그리고 경사의 奏本을 모두 접수하여 內閣으로 올리는 것이 그 임무였다.69) 그러나 조선의 통상적인

---

68)《明史》권320,〈朝鮮列傳〉, "正德二年 懌以世子〔皇頁〕夭亡 哀慟成疾 奏請以國事付其弟懌 其國人復奏請封懌 禮部議命懌權理國事 俟懌卒乃封 其陪臣盧公弼等 以朝貢至京 復請封懌 廷議不允." 이것은 왕창을 통해 통정사에 접수된 이후 그 주청의 각하된 것을 전한 것이다.

69)《明史》권72, 職官2, "通政司掌受內外章疏敷奏封駁之事……凡在外之題本 奏本 在京之奏本 並受之."

표문과 주문은 예부에 올리면 예부가 이것을 내각으로 올렸지만, 중대사인 경우는 직접 通政司에 올릴 수도 있었던 것 같다. 예부가 접수하지 않은 조선의 章疏를 통정사 당상관 王敞이 직접 받아 통정사로 올린 것은 바로 그 중대사에 해당하였기 때문에 가능하였던 것이다. 李耔는 바로 이 '大事'의 奏請 관례로 예상되는 禮部의 냉대를 우회하려고 하였던 것으로 보인다.

이 밖에도 使臣團은 북경에서 그들의 활동에 편의를 제공해 주는 대소 관원들에 주는 예물을 준비하지 않으면 안 되었다. 동일한 문제로 변무외교를 하지 않을 수 없었던 숙종과 영조 때에도 수만 량의 뇌물이 지불되었으며, 영조 47년의 경우에는 명분상 뇌물을 바칠 수 없다는 원칙을 세웠지만, 갑자기 빈손으로 가는 것도 문제가 있다는 의견에 따라 7, 8천 량 정도만 준비하기도 하였다.[70] 서장관 한충과 중종의 다음과 같은 대화는 금번 사행에서도 역시 뇌물의 준비가 필수였던 사실을 잘 말해준다.

韓忠 "李繼孟이 상국에서 돌아와 敍班 李欽이 아국의 일에 진력하였다고 말하였습니다. 그가 요구한 물건이 이미 마련되었습니다만 서반은 아국의 通事와 같은 아주 미미한 존재인데, 국가가 그런 자에게 재물을 보내는 것은 욕된 일이 아니겠습니까?"

상 "맞는 말이다. 그것은 결국 뇌물을 준다는 말인데, 중국은 우리를 예의를 지키는 나라로 알고 있는데, 미관에게 뇌물을 주면서 일을 해결하려는 것은 정말 부끄러운 일이다. 그러나 부득이 재물을 주어야 한다면 사신이 스스로 주는 것은 괜찮을 것 같다."[71]

---

70) 이근수, 〈명청사서의 조선 '곡필'과 조선의 '변무'〉(《오송이공범교수정년퇴임기념동양사논총》, 1939, 9), 541~542쪽.
71) 《중종실록》 13년 5월 갑자(26일).

정말 '명분을 중시하고 예의를 지키는 나라'의 君臣다운 대화였지만, 결벽증적으로 명분에 집착하여 변무외교에 나선 '당당 사대부 군자'들이 '증물'이 없으면 통하지 않는 중국 관료제도를 상대로 그 관행에 따라 뇌물을 뿌리면서 스스로 부끄러워하고 중국에 명분상으로 책잡힐 것을 걱정하였다는 것은 실로 실소를 금할 수 없다. 敍班은 鴻臚寺 소속의 종9품의 미관말직이며, 그 요구에 따라 국가가 뇌물을 준비한다는 것은 사실 부끄러운 일이다. 그러나 이것은 중국이 요구하는 조공질서와 그 의례를 일단 인정하면 감수해야 할 대가였고, 중국의 뇌물 관행도 조선 사신이 개혁할 문제는 아니었다. 鴻臚寺는 황제의 의례에 참여할 사신들에게 까다롭고 繁鎖한 예절 교육을 시키는 기관이었다.[72] 이 예절 교육은 사신들을 얼마든지 곤욕에 빠트릴 기회를 제공하며, 이것을 면하려면 뇌물을 원하는 말단 실무 관원의 욕구를 충족시킬 수밖에 없었을 것이다. 위의 대화는 전번 사행에 주어야 할 贈物만 언급하고 있다. 그러나 이것은 실제 이번 사신이 준비할 뇌물을 의논한 것이라고 해도 지나친 말은 아니다. 즉 한충과 중종은 전번 사신의 약속 이행을 빙자로 이번 사행에 부득이 '부끄러운 일'을 하지 않을 수 없는 문제를 의논한 것인데, 그들이 이번 사행의 성공을 대단히 비관적으로 전망하였던 만큼 그 준비 자금도 일반 사행에 견주어 훨씬 많았을 것이다. 한충이 서반의 贈物을 거론한 것은 바로 서반까지도 그렇게 융숭히 대접할 수밖에 없는 현실을 강조함으로써,[73] 중종에게 충분한 자금 배정을 요구하기

---

72) 《명사》 권74, 관직3 鴻臚寺 "司賓典外國朝貢之事 辨其等而敎其拜跪儀節 鳴贊典贊儀禮 凡內贊 通贊 接贊 傳贊 咸職之 序班典侍班 齊班 糾儀及傳贊." 서반은 종9품 정원 50인, 司賓署丞은 정9품 1인, 鳴贊은 종9품 4인.

73) 李繼孟은 왕후의 誥命 주청을 성공적으로 수행한 사신이며, 그 고명에 감사하는 사행이 이미 출발하였다. 이계맹에게 요구한 敍班의 물품은 그 謝恩使가 전달하는 것이 상식적이라면, 韓忠이 굳이 이것을 거론한 것은 바로 이번 사행에

위한 포석이었을 것이다. 중종이 국가의 체면을 앞세우며 부득이한 경우 사신의 사적 공여를 인정한 것은 그 자금 배정을 약속한 것이었다.

5. 北京에서 벌인 외교 활동

나름대로 주도면밀하게 준비한 주문과 그것을 입증할 수 있는 문서의 사본, 그리고 원활한 활동에 필요한 자금도 갖춘 변무 주청사 일행은 성절사 일행과 함께 7월 15일 중종의 전송을 받으며 서울을 출발하였다.[74) 떠나는 李耔에게 金淨은 임무의 성공을 기원하며 다음과 같은 전별의 시를 보내왔다.

한 함의 주문 황제에 올리면	一函書奏達宸旒
밝은 해는 돌아와 바다 끝을 비추리	白日回光照海陬
성대에 내린 법전 잘못을 어찌 두랴	聖代豈容垂典謬
신명이 합하려는 지성의 계책이니	神明要與至誠謀
십년 배운 도, 큰 공을 거두리	十年學道收大功
만 리 길 외로이 나라 위해 떠나네	萬里孤臣許國休
먼 하늘 구름 따라 울며 가는 기러기	嘐唳長空雲鴈遠
객정을 내리라, 먼저 옥하 머리에	客情先落玉河頭[75)

1748년 李耔의 族孫 李彝章이 冬至使兼謝恩使의 書狀官으로서 북경으로 떠날 때 徐命膺을 비롯한 친구들이 수십 편의 전별시를

필요한 자금을 우회적으로 요구한 것으로 해석된다.

74) 《중종실록》 13년 7월 임자(15일), "奏請使南袞 李耔 聖節使方有寧 奉表如京師 上親傳聖節表文."

75) 《음애집》 권4, 부록 〈送李次野赴京〉.

보낸 것을 상기하면76) 이 시는 이자가 받은 수많은 시 가운데에서 유일하게 남은 셈인데, 김정 역시 오류를 남기지 않을 황제의 聖聰이 李耔의 至誠 및 學問과 만나 문제가 쉽게 해결될 것이라며 李耔를 격려하였다. 그러나 북경에 도착한 일행은 곧 난관에 봉착하였다. 그들이 서울로 귀환한 것은 4월 7일(후술 참조), 왕복 여행에 소요된 시간을 약 3개월로 잡을 경우 그들은 북경에서 약 7개월을 체류한 셈인데, 명대 조선 사신의 북경 체류를 40일로 제한한 것77)을 감안하면 이례적인 장기 체류였고, 이것은 그만큼 그들의 외교가 난항을 거듭하였음을 잘 말해준다.

《명실록》은 이들의 入朝를 正德 13년 11월 8일에 기록하고 있다.78) 이에 견주어 같은 날 출발한 聖節使의 입조는 9월 26일에 기록하고 있다.79) 이것은 결국 명나라가 변무 주청사의 공식 접수를 1개월 이상 회피한 것을 말해주는데, 11월 8일 奏文을 접수한 뒤에도 예부는 조선의 《대명회전》의 개정 요구를 근거 없는 것으로 묵살하였다. 귀국한 뒤에 이자는 당시 상황을 다음과 같이 보고하였다.

신들이 처음 주본을 예부에 올릴 때, (예부의 관원들은) 奏本을

---

76) 《忠正公燕行餞別試帖》(필자 소장)에 남은 시만 36편이다. 鄭玉子 〈18세기 시대상황과 燕行餞別詩宴〉(서강대 동양사연구실 엮음, 《동아시아 歷史의 還流》, 2000, 지식산업사)은 이 시첩을 분석한 논문이다. 이이장은 《음애집》의 편찬, 간행에 주도적인 역할을 하였다.

77) 全海宗, 〈淸代韓中朝貢關係考〉(《韓中關係史研究》, 1970, 일조각), 69쪽. 청대에는 60일까지 체류할 수 있었다.

78) 《明實錄》正德 13년 11월 갑진(초8일), "朝鮮國王李懌差陪臣南袞等貢方物 馬匹 請改正會典所載宗系 賜金織衣 彩段等物有差."

79) 《明實錄》正德 13년 9월 계해(26일), "朝鮮國王李懌遺陪臣吏曹參判方有寧等賀萬壽聖節 賜宴幷賜彩段等物有差." 《명실록》은 동일한 기사를 10월 임신(6일)에도 기록하고 있는데, 시간상으로 보아 9월의 입조가 정확한 것 같다. 入朝는 공식 접견과 賜宴 및 賜物을 의미하며 북경 도착을 의미하는 것은 아니다.

보지도 않고 "許改할 수 없다. 또 文皇帝 때에 准許한 종계에 대한 일도 고증해 보았으나 증거가 없다"고 하였으며, 예부의 判司郎官은 "南京에 가서 고증해 오겠다"고 하였습니다. 마침 主客司에 있던 私書를 고증하여 문황제 때에 우리나라가 성지를 받은 일을 찾아내자, 儀制司에서 "이것이 증거가 되니 너희들이 주청한 일은 가망이 있다"고 하였으나, 또 "조선이 중국에 힐책 당한 일이 없고 또 후세에도 반드시 追論 당할 일이 없는데도, 주청하는 것은 명분을 중히 여겨 그런 것이다. 그러나 고증하여 찾아낸 문서는 곧 사사로이 보관하였던 것이니, 이것으로 사실을 입증하기는 어렵다"고 하였습니다.80)

결국 조선 사신은 章疏를 통정사에 먼저 올리려는 계획과는 달리 예부에게 奏文을 올렸는데, 이것이 1개월 동안 지체된 이유도 혹 그 계획의 실패와 관련된 것인지도 모른다. 어쨌든 이와 같은 예부의 냉담한 태도는 실제 예부의 문서가 두 차례의 화재를 거치면서 소실되었기 때문이기도 한 것 같다.81) 그러나 문제는 명나라 예부의 관원들은 조선이 준비한 증빙 문건을 전혀 신용하려 하지 않은 것이다. 조선 사신들은 태조와 태종이 宗系 개정을 요청한 奏文, 永樂帝가 그것을 허락한 명나라 예부의 咨文, 그리고 이것에 감사하여 명나라에 보낸 謝恩表文의 사본을 증빙 문서로 준비하였으며, 적어도 종계 문제는 명나라도 쉽게 납득할 것으로 낙관하였다. 만약 예부의 관원들이 조금만 우호적이었다면 조선이 제시한 문서, 특히 예부의 자문은 일단 인정하였을 것이다. 물론 조선이 예부의 자문을 원본으로 준비하였다면 더 유리하였

---

80) 《중종실록》 14년 4월 경우(7일).

81) 《중종실록》 14년 3월 무신(15일), 주청사 남곤 부사 이자의 치계 가운데 다음과 같은 예부 낭중 강용의 말을 인용되어 있다. 즉 "본부의 문안이 두 번의 화재를 치렀다. 영락 연간에 개정한 일은 《대명회전》을 편찬할 때 攷據가 없었으므로, 《祖訓》에 바탕을 두어 기록하였다."

을지도 모른다. 그러나 그 咨文을 뒷받침할 수 있는 문서가 발견
되었음에도, 그것은 개인이 사적으로 소장한 문서에 불과하다는
이유로 조선이 제시한 사본을 인정하지 않은 것은 사실상 조선의
요구를 들어줄 의사가 전혀 없다는 것을 선언한 것이라고 해도
지나친 말은 아니다.

이와 같은 강경한 태도는 《대명회전》이 告成된 직후 그 편수
에 참여한 문신들이 대부분 견책, 강등된 사실과 무관하지 않은
것 같다. 즉 《대명회전》이 告成된 정덕 4년(1509년) 당시 황제의
신임을 업고 권력을 멋대로 휘두른 사람은 악명 높은 환관 劉瑾
이었다. 그는 특히 거액의 뇌물로 모든 관리의 인사를 좌우하는
한편 東廠·西廠 등의 특무기관을 활용하여 체포, 고문, 처형함
으로써 正德帝 초기를 부패와 공포로 물들인 장본인인데,82) 그
가 《대명회전》의 '小疵(작은 하자)'를 적발하여 찬수에 참여한 문
신들을 대부분 처벌한 것이다. 이 작은 하자가 구체적으로 무엇
인지는 확인되지 않는다. 그러나 이것은 불법적으로 권력을 전횡
하는 환관에 비판적일 수밖에 없는 문신들에 대한 탄압의 일환이
었던 것은 분명하다. 유근은 바로 그해 5월 《孝宗實錄》이 완성되
자 관계관의 遷秩을 빙자하여 평소 자신에게 아부하지 않았던 翰
林官 16인을 모두 南京 六部로 쫓아버리기도 하였다.83) 문제는
변무외교 사행이 상대하지 않을 수 없는 예부상서 毛澄뿐 아니
라84) 그 상주문의 재가 여부를 좌우할 수 있는 大學士(閣老) 毛
紀·梁儲·楊廷和 등도 《대명회전》의 편수에 참여한 뒤 유근이
지적한 '소자' 때문에 降秩된 경력이 있었다는 사실이다.85) 물론

---

82) 張仁忠, 《正德帝》(吉林文史出版社, 1996), 제2권 劉瑾專政 참조.

83) 《明史》 권304, 〈宦官列傳〉1, 劉瑾傳 "孝宗實錄成 翰林預纂修者當遷秩 瑾惡翰林
官素不下己 調侍讀吳一鵬等十六人南京六部."

84) 《明史》 권291, 〈毛澄傳〉, "正德四年 劉瑾摘會典小疵貶諸纂修者秩 以澄爲侍讀."

그들이 받은 처벌은 경미한 것이었고 유근이 처형된 것(1510년)도 이미 8년 전의 일이었다. 그러나《대명회전》의 편수자들은 그 기사의 오류를 운운하는 것 자체도 달가울 리 없지만, 특히《대명회전》의 '작은 하자'로 치욕적인 처분을 받은 그들이《대명회전》의 기사가 무고라며 그 개정을 요청하는 조선 사신에게 우호적일 수 없는 것은 당연한 일이었을 것이다. 더욱이 그들이 보기에는 그것은 그 문제로 "중국이 조선을 詰問한 일도 없고, 후세에도 반드시 追論 당할 일도 없는" 사소한 일이 아닌가. 반면 새삼《대명회전》의 하자를 인정하는 것은 유근이 자행한 탄압을 정당화할 우려도 있지 않은가. 예부의 관원들이 조선이 제시한 증빙 문서를 일방적으로 불신한 것은 바로 이 때문이었을 것이다.

조선 사신들은 이러한 분위기를 바꾸는 데 진력하였다. 이들이 예부상서 毛澄에게 올린 書狀은 바로 그 노력 가운데 하나였다.《중종실록》14년 4월 7일(경오)조에 細注로 소개된 이 書狀의 내용은 서울에서 준비한 奏文과 대체로 비슷하지만, 두 가지가 새로 덧붙여졌다. 첫째는《대명일통지》를 새로운 증거로 제시한 것이다.86) 이것은 李耔가 4월 26일의 회의에서 제시하였지만, 奏文에는 빠졌던 것이다. 이것을 첨가한 것은 이 書狀에 이자의 주장이 강하게 반영된 증거라 하겠다. 둘째는《대명회전》에 인용된《祖訓》의 마지막 구 "姑待之(짐짓 기다리게 하였다)" 세 자에 의미를 부연한 것이다. 이것은 명 태조가 이미 '4왕의 시해'를 부정한 증거로서 보완한 것인데, '기다리게 한' 것은 명 태조가 사

---

85)《明史》권190,〈楊廷和傳〉"瑾摘會典小疵 奪廷和與大學士東陽等俸二給,"〈毛紀傳〉"坐會典小誤 降侍讀,"〈梁儲傳〉"劉瑾摘會典小疵 儲坐降右侍郞." 正德 13년 양정화는 華蓋殿大學士, 모기는 戶部尙書兼文淵閣大學士, 양저는 建極殿 대학사였다.

86)《大明一統志》의 "(공양왕) 王瑤가 昏迷하여 衆人이 이성계를 추대하여 主로 삼았다"는 기사.

실을 인정해서가 아니라 사실 여부를 徵驗하기 위한 것뿐이었으며, 徵驗한 결과 사실이 아님이 판명됨에 따라 이성계를 모략한 자들을 처벌하고 조선을 잘 대해주었는데, 이것은 곧 명 태조도 '4왕 시해'를 모략으로 인정한 것이었다는 주장이다. 이 밖에는 간결하나마 표현이 좀더 구체적이고 직설적이라 설득력이 더해진 인상을 주었으며, 예부상서의 직무를 추궁하며 선처를 호소하는 한편 자신들의 난처한 처지를 강조한 것도 호소문에 어울리는 구성이었다. 즉 예부상서의 직책은 신과 인간의 화합에 힘쓰고 천하에 모든 사물이 제 직분을 얻게 하는 것이므로 이와 같은 일을 마땅히 앞장서서 풀어주어야 할 것이며, 자신들도 조선에 돌아가 보고할 말이 있어야 한다는 것을 설득력 있게 강조한 것이다. 중국 관원들이 이들의 문장에 감탄하였다는 것도 결코 과장된 것이 아닌 것 같다.

준비한 禮物도 위력을 발휘하였겠지만, 使臣團의 집요한 호소는 예부의 분위기를 우호적으로 만드는 데 일단 성공한 듯했다. 먼저 예부가 처음에는 개인의 소장이라며 인정하려고 하지 않았던 영락제의 聖旨를 인정한 것도 중요한 성과였다.87) 그러나 예부가 조선 문제를 내각과 상의하기 시작한 것이 더욱 커다란 성과였다. 서장관 韓忠에게 모든 공을 돌리려는 《東儒師友錄》은 예부가 내각과 의논하게 된 경위를 다음과 같이 주장하고 있다.

松齋 韓忠은 宗系辨誣 奏請 서장관이 되어 북경에 들어갔는데, 마침 황제는 陝西 楡林關에 行幸 중이었다. 이는 북경에서 1천 5백 리 떨어진 곳이었다. 上使 남곤은 수차 공에게 退還을 권하였지만 공은

---

87) 《중종실록》 14년 3월 무신(15일). 남곤과 이자가 올린 馳啓에 인용된 郎中 강용의 말 가운데 "이제 문황제의 성지 가운데서 그것을 찾아냈고……"는 바로 그것을 증거로 인정한 것이다.

이렇게 답하였다. "우리가 왕명을 받고 멀리 와서 이 변고를 만났지만 君命을 초야에 버리는 것은 도리상 불가하다." 그리고 홀로 闕庭에 서서 章疏를 올리며 물러나지 않았다. 예부상서 毛澄과 郞中 姜龍은 그 忠懇에 감격하여 본국의 奏本을 閣老에게 의논하였다. 공은 사신과 매일 예부에 나아가 辨誣의 글을 올렸는데 공이 지은 것이 특히 많았다. 각로들은 (그 문장을) 嘆賞하였다.88)

正德帝가 그해 楡林에 체류한 것은 10월 13일부터 11월 16일 사이였다.89) 그러므로 변무 사신들이 그 소식을 들은 것은 적어도 10월 15일 이후였을 터인데, 이것은 적어도 그들이 북경에 도착하고 거의 한 달 반 정도가 지난 시점이었다. 한편 이들의 입조가 《명실록》에 기록된 것은 11월 8일. 따라서 이 기사를 신용한다면 남곤은 11월 이전 奏本도 접수시키지 못한 상태에서 귀국을 주장한 것이 되는데, 《燃藜室記述》에 인용된 《己卯錄》도 이와 비슷한 주장을 하면서, 마치 설득력을 강화하려는 것처럼 이 기사에 앞서 남곤의 위독을 먼저 기술하였다.90) 그러나 남곤이 아무리 병이 위독하여도 奏文도 접수하지 못한 상태에서 귀국을 주장한 것이 상식적으로 납득하기 어렵다면, 이것은 韓忠과 南袞의 불화에서 만들어진 '비방'일 가능성이 농후하다. 이들이 귀국한 뒤 외교 성과에 불만을 가진 臺諫들이 사신 전체를 계속 탄핵하였을 때도 남곤이 중도 귀국을 주장하였다는 것은 전혀 거론되지

---

88) 《陰崖集》 권4, 부록 所引 《東儒師友錄》.
89) 《明史》 권16, 〈武宗本紀〉 正德 13년, "冬十月戊辰渡河 己卯次楡林 十一月庚子 調西官廳及四衛營兵赴宣 大 壬子次綏德." 10월 기묘는 13일, 11월 임자는 16일.
90) 《燃藜室記述》 권8, 己卯黨籍 韓忠, "南袞爲上使 李耔爲副使 袞遇病篤 公疾其奸 曰 這漢不死 必赤士類 無意救療 時武宗北巡楡塞 距京一千五百里 袞欲經還 公抗言 立庭待命 得請乃還 不可虛辱君命 呈文禮部 辨明宗系之事 遂忤於袞 其歸 袞自以爲其功 上特賜一行人臧獲田土 公自不言而事愈彰 袞之怒益甚."

않았다. 그러나 당시 남곤의 병이 위중했던 것은 사실이다. 귀국 뒤 대간들의 탄핵이 계속되자 남곤은 한직을 원하면서 본래 '풍병이 있고 재발이 우려된다'는 이유를 내세웠지만,91) 이자가 북경에서 남곤을 극진히 간병하였다는 다음과 같은 일화는 正使 남곤이 북경에서 제대로 활동하지 못한 사정을 짐작케 한다.

> 공(즉, 이자)은 무인년 종계 개정을 청하는 사신이 되어 한충·남곤과 북경으로 갔다. 남곤이 병이 걸렸으나 한충은 치료해 줄 생각이 없었고 "이 놈이 죽지 않으면 반드시 士類를 피로 물들 일 것이다"라고 말하였다. 그러나 공은 스스로 보살피며 지성으로 치료해 주면서 "이 奸人은 죽어도 아까울 것이 없지만 만리를 동행하였는데, 어째 그가 죽는 것을 좌시하며 구하지 않을 수 있겠는가"라고 말하였다. 기묘년에 (공이) 방면된 것도 남곤이 그를 치료해 준 뜻을 잊지 않은 덕분이었다.92)

《중종실록》의 史臣도 중종 15년(1520년) 尹衢의 옥사에서 남곤이 李耔를 보호하였다고 주장한 바 있지만,93) 어쨌든 북경에서 남곤의 병을 이자가 정성껏 돌보았던 것은 사실이며, 남곤의 병이 죽을 정도로 위급하였다면, 이자는 正使의 일까지 담당하지 않을 수 없었을 것이다. 한충의 구실을 과장한 《東儒師友錄》도 한충이 매일 '使'와 함께 예부를 방문하여 글을 올렸다는 것을 명기하였지만, 남곤이 병으로 누워있었기에 예부와 교섭은 실제 副

---

91) 《중종실록》 14년 4월 경진(17일), 남곤의 獨啓.
92) 《燃藜室記述》 권8, 己卯黨籍 李耔. 이것은 《荷潭錄》을 인용한 것인데, 《己卯錄》과 《野史》에도 비슷한 내용이 전한다(《음애집》 권4 부록).
93) 《중종실록》 15년 3월 경술(22일), 史臣曰 "이 때 윤구의 옥사가 일어나 조정의 논의가 바야흐로 가혹하게 다스리려고 하고 李耔에게까지 미치게 되자 남곤이 주선하여 救解함이 이와 같았다."

使 李耔의 책임 아래 진행된 것으로 보는 것이 타당할 것이다. 남곤이 귀국한 뒤 굳이 자신의 공을 내세우려고 하였다는 것도 (주90 참조) 실제 그가 병으로 거의 활동하지 못한 것을 만회하기 위한 것으로 이해되지만, 서장관 혼자 闕庭에 서서 章疏를 올렸다는 것은 상식적으로 있을 수도 없는 일이었을 것이다. 毛澄에게 올린 書狀에 이자의 주장이 강하게 반영된 것도 앞에서 지적하였지만, 귀국한 뒤 중종에게 전말을 보고할 때, 남곤은 중종 14년 2월 황제가 북경으로 돌아온 이후를 보고한 반면 이자는 처음 奏本을 접수하고 그 내용의 '진실'을 설득하는 과정을 보고한 것도(전술) 이 과정에서는 실제 이자가 협상을 주도하였음을 시사하고 있다. 이자는 禮部가 閣老와 의논한 이후 각로의 동의를 얻어 황제에게 올릴 覆本을 준비하기까지 과정도 다음과 같이 보고하였다.

마침 예부상서는 한림원 출신이었는데94) 그가 각로와 의논하니 각로가 "조선은 예의의 나라라 오명을 씻으려는 것이니 훌륭한 일이다"고 했다며, 예부에 앉아 낭중 강용을 불러 "내각과 의논하니 可하다 하였으니 그 주청에 답하여 보내라. 覆本을 만들어야 하는데 신중히 하라"고 지시하였습니다. 그 날로 초안을 지었는데 예부만이 아니라 조정도 함께 의논한 것입니다. 신이 한충·최세진 등과 함께 보니, 그 말이 과연 희미하고 불분명하였습니다.95)

예부상서가 閣老를 설득한 것도 그 자신이 이미 조선 사신에게 설득되었기 때문이었겠지만, 이와 같이 조선 사신들이 조선의 주

---

94) 《明史》 권191, 〈毛澄傳〉, "進侍講學士 再進學士 掌院士 歷禮部侍郎 十二年六月 拜尙書."
95) 《중종실록》 14년 4월 경오(7일) 李耔의 보고.

문에 대한 예부의 처리과정을 훤히 알고 있었고, 특히 예부가 草
한 覆本의 초안까지 볼 수 있었다는 것은 예부상서와 조선 사신
사이의 돈독한 관계가 없었다면 불가능한 일이었을 것이다. 이
초안을 이자가 韓忠·崔世珍과 함께 검토하였다는 것도 正使 남
곤의 事故를 말하고 있지만, 이자 등이 초안을 '희미하고 불분명'
하다고 판단한 것은 '4왕 시해'가 명확하게 부정되지 않았기 때문
이었다. 그러나 그들은 그 즉시 이의를 제기할 수는 없었던 것
같다. 이자는 그 이유를 다음과 같이 설명하였다. 즉,

> 그러나 勅旨에 '奏本을 갖추어 진정하였으니 특별히 奏請한 바를
> 윤허한다'는 등의 말은, 아마도 중대한 명분에 관한 것이기 때문에
> '너희 祖가 과연 하지 않았다'고 明言할 수 없어 희미하게 두 가지 일
> 을 들어 말한 것뿐인 듯싶습니다.[96]

이것은 예부가 올린 覆本이 다시 내려오고 聖旨를 받아 勅旨가
작성된 이후와, 覆本 초안 작성 직후가 뒤섞인 내용이 분명한
데[97] 이자는 '4왕의 시해'는 중대한 명분상의 문제이기 때문에
그 부정이 명확하게 표현되기 어려운 것으로 양해한 것 같다. 한
충이 귀국한 뒤 결과에 만족하지 않은 중종의 再奏請 타진에 대
해 다음과 같이 반대한 것은 이 문제에 대한 사신단의 공통된 입
장을 말해주고 있다.

> 비록 다시 주청해도 그 事勢를 보면 '四王을 시해한 일은 과연 하

---

96) 《중종실록》 14년 4월 경오(7일) 李耔의 보고.

97) 이것은 史官이 이 구두 보고를 漢文으로 필기하는 과정에서 빚어진 실수로 보
   인다. 《실록》을 읽다 보면 특히 긴 대화나 회의 자리에서 발언의 뜻이 애매하
   거나 문맥이 통하지 않는 경우가 많은 것도 역시 동일한 문제로 해석된다.

지 않았다'고 분명히 말하지는 않을 것입니다.98)

더욱이 예부의 覆本 초안을 외국 사신이 본 것 자체가 불법이었고, 異義를 제기할 경우 그들에게 편의를 제공한 예부 관원들이 기밀누설로 문책될 것이 명약관화한 상황이었다면, 그들이 이 覆本에 이의를 제기할 형편도 못 되었을 것이다. 그들은 애매한 표현이지만 복본을 통하여 주본의 내용이 황제에게 올라가게 된 것에 일단 만족할 수밖에 없었고, 복본이 예부 단독의 의견도 아니고 이미 내각과 합의 아래 상주되는 것이기 때문에 곧 准許될 것으로 낙관하였던 것 같다. 그러나 예부는 다시 황제의 부재를 이유로 覆奏를 미루었다.99) 그래도 이것은 可否의 문제에서 이제는 시간의 문제로 바뀐 것을 의미하며, 협상의 큰 진전이었다. 그러나 황제는 쉽게 북경으로 돌아오지 않았다.

정덕 12년 8월 이후 正德帝는 北邊을 征討한다는 명분으로 주로 山西 일대를 輾轉하고 있었다. 정덕 13년 정월 6일 그는 일단 경사로 돌아와 南郊에서 제천의식을 지내고 곧 다시 宣府로 돌아갔고, 2월 태황태후의 장례를 위하여 귀경하였지만 7월 다시 山西로 돌아갔다.100) 물론 그 사이에도 그는 하북 일대를 순행하며 사냥도 즐겼다. 6월 29일 남곤과 이자가 "지금 중국이 요란하여 황제도 북경 성내에 있지 않다"는 소문을 보고한 것은101) 아

---

98) 《중종실록》 14년 4월 경오(7일). 韓忠의 발언.

99) 《중종실록》 14년 4월 경오(7일). 남곤의 보고 가운데 황제가 북경으로 돌아오자 예부상서가 "황제가 멀리 行幸하였으므로 奏達하지 못하였으나 이제 황제가 天際를 지내기 위하여 京師로 돌아왔으니 제사를 마치면 곧 奏達하겠다"고 말했다는 것은 예부가 조선 사신들을 기다리게 한 명분을 짐작케 한다.

100) 張仁忠 《正德帝》 부록 〈正德帝大事年表〉 참조. 이하 정덕제의 出行과 관련된 서술에 특별한 주가 없는 것은 모두 이것에 바탕을 둔 것이다.

101) 《중종실록》 13년 6월 정유(29일). 주청사 남곤과 부사 이자의 啓.

마도 정덕제가 6월 태황태후를 茂陵에 安葬하기 이전 4월과 5월
에 河北 일대를 遊獵한다는 소문을 들었기 때문인 것 같다. 정덕
13년(1518년) 7월 이후 황제는 내내 陝西 북부와 山西 지방을 전
전하였으며, 대신들의 연이은 귀경 요청을 묵살하였다. 황제가
南郊의 祭天을 위하여 귀경한 것은 정덕 14년(1519년) 2월 8일이
었다.102) 예부가 조선의 奏文을 접수하고 贈物을 하사하고 나서
꼭 3개월 만이었다.

황제가 돌아오기를 기다리면서 이자를 비롯한 사신들은 북경을
한가하게 구경할 기회도 있었을 것이다. 嘉靖(1522~1566) 초,
조선 使臣團이 허가 없이《大明一統志》을 구입한 일을 계기로 使
館의 출입을 엄격히 통제하였지만, 李耔 일행보다 2개월 열흘 앞
서 서울을 출발한(중종 13년 5월 4일) 謝恩 副使 金安國(주27 참
조)의 다음과 같은 회상은 李耔의 북경 생활을 이해하는 데 참고
가 될 것이다.

김안국은 북경으로 가는 사람을 전송하는 글에서 이렇게 말하였
다. 내가 일찍이 왕명을 받들고 중국에 갔을 때는 사신을 따라간 사
람의 출입도 금하지 않아 혹은 先覺을 방문하여 예를 갖추며 배우기
도 하였고 혹은 市肆에서 서적을 구입하기도 하였으며 혹은 皇都의
성대한 문물을 縱觀함으로써 견문을 넓히기도 하는 것을 보았는데,
…… 近世 이래 중국에 사행하는 사람들의 출입을 마치 囚人처럼 엄
격히 금한다고 들으니…….103)

---

102)《明史》권16, 正德 13년 "秋七月……丙午 復如宣府 八月乙酉 如大同 九月庚
子 如偏頭關……冬十月 戊辰 渡河 己卯 次楡林 十一月……壬子 次綏德 幸總兵
官戴欽第 十二月戊寅 渡河 幸石州 戊子 次太原……十四年 春正月丙子朔 帝在太
原 甲辰 改卜郊 壬子 還宣府 二月 壬申 至自宣府."
103) 李裕元,《林下筆記》文獻指掌編 7〈使臣遊觀出入〉.

또 한충의 문장에 감탄한 중국 士大夫들이 使館으로 몰려와 한충을 극찬하였다는 주장은104) 李耔 역시 많은 중국 문사들과 交遊하였을 것을 짐작케 한다. 그러나 覆本이 상주되지 못한 상태에서 늘 예부를 방문하며 선처를 호소할 수밖에 없었던 李耔 일행은 그렇게 한가롭게 북경의 풍류를 즐길 수는 없었을 것이며, 문사와 교류도 조속한 해결을 위한 친선의 한 방편이었을 것이다. 황제가 귀환한 즉시 예부가 신속하게 황제의 勅旨를 받아 낸 것은 바로 이러한 노력의 덕분으로 보인다.

祭天은 황제의 독점적 특권이자 가장 중요한 의무 가운데 하나였고, 규정된 의례에 따라 매해 정월 15일 거행되었다.105) 그러나 황제는 太原에서 날짜 변경을 지시하고 뒤늦게 북경으로 돌아온 것이다. 황제가 제천의식을 거행한 것은 2월 13일, 조선 사신 일행은 황제의 행렬이 南郊로 나아가는 壯觀을 구경하였다.106) 제천을 마친 황제는 당일 다시 南海子로 가서 사냥을 하고 14일에 환궁하였다. 그런데 13일 북경에는 지진이 있었다.107) 강도는 알 수 없지만 지진은 황제의 실정에 대한 하늘의 중대한 경고로 받아들여졌고, 더욱이 제천의식 직후의 지진이었다. 이에 북경의 조야가 크게 당혹하였겠지만 李耔 일행도 크게 낭패하였을

---

104) 《陰崖集》 권4, 부록　所引《東儒師友錄》 "朝中士大夫咸願識其面　來訪者日衆　玉河館門之外　車馬塡咽　皆稱　此人不合在於小邦　求之中國亦不易得　云云."
105) 《明史》 권49, 禮志2 〈郊祀配位〉 "洪武元年　始有事於南郊……洪啓改元　勅曰…… 正月十五日大祀天地神祇　奉皇祖　皇考以配."
106) 先祖 稼亭 李穀의 시의 韻에 맞추어 시를 즐겨 지었던 李耔는 이곡이 元 至正 3년(1343년) 10월 17일 황제가 南郊에서 상제를 제사하고 돌아오는 행렬을 구경하고 지은 시 〈七月十七日觀法駕回自南郊〉(《稼亭集》 권17)을 상기하였을 것이다. '칠월'은 10월의 오기이다. 이성규, 〈高麗와 元의 官僚 李穀(1298~1351) 年譜稿〉(《동아시아 歷史의 還流》, 2000, 지식산업사), 233쪽 참조.
107) 《明史》 권16, 〈武宗本紀〉 正德 14년 2월, "壬申　至自宣府　丁丑　大祀天地於南郊　逐獵於南海子　是日　京師地震." 14일 환궁은 南袞과 李耔의 馳啓에서 보고하였다.

것이다. 조선의 문제에 관심을 기대할 상황이 아니었기 때문이
다. 그러나 예부는 신속히 조처를 취하였다. 황제의 귀환 이후의
상황을 南衮과 李耔의 馳啓는 다음과 같이 보고하였다.

2월 8일 황제의 車駕가 북경성에 들어왔으며, 13일에 郊天祭를 지
낸 뒤 南海子로 가서 사냥하고 14일에 환궁하였습니다. 16일에 覆本
을 예부에 내렸습니다. …… 17일 예부는 手本을 갖추어 한림원으로
이송하였습니다. …… 22일에 한림원이 칙문을 내각으로 올렸고, 이를
다시 中書舍人에게 내려 覆 寫를 마쳤으며, 23일에 尙寶司에서 寶璽
를 찍었습니다. 25일에 신들이 궐에 나아가 칙서를 받고 이어 陛辭할
때…….108)

한림원에서 칙문을 제작한 사람은 《대명회전》의 찬수에 참여
하여 그 '작은 하자' 때문에 감봉 처분을 받았던 대학사 양정화였
다.109) 한림원이 올린 칙문은 각로 3인의 승인을 거쳐110) 告
勅·制詔·銀冊·鐵券을 書寫하는 中書舍人에 의해서 필사되었
고, 이것은 그 다음날 다시 황제의 寶璽·符牌·인장을 관장하는
尙寶司로 이송되었는데, 여기에는 황제의 17개 보새 가운데 외국
을 책봉하고 위로하는데 사용하는 '天子行寶'가 찍혔을 것이
다.111) 鴻臚寺의 관원들은 이것을 그 당일 궐정에서 사신들에게
주었다. 예상 밖의 신속한 처리에 이자도 놀랐겠지만, 일행이 귀

---

108) 《중종실록》 14년 3월 무신(15일).
109) 《陰崖集》 권4, 所引 《東儒師友錄》 "覆題准許改正 寫勅慰諭令 大學士楊廷和草
本諭令 着力構草 無見笑於文獻之邦."
110) 《중종실록》 14년 4월 경오(7일). 남곤의 보고.
111) 《명사》 권74, 관직3 〈尙寶司〉, "掌寶璽 符牌 印章 以辨其所用……天子行寶
以封外國及賜勞."

국에 앞서 보낸 馳啓와 귀국한 뒤의 보고에 따르면 이 사이에도 사신들은 분주히 예부를 방문하여 상주를 촉구하고 미진한 점도 계속 질문하였다고 한다. 먼저 남곤의 다음 보고를 보자.

예부 郎中 姜龍이 우리나라 通事를 불러 "너희 나라에서 주청한 두 가지 일은 覆本에 분명히 실려 있으니 돌아가서 너희 나라 陪臣에게 '뒤에 복본을 보면 두 가지 일이 이루어졌다는 것을 알 수 있을 것이다'라고 말하라" 하였습니다. (이에 앞서) 예부상서도 "조선은 문헌의 나라요 우리 조정을 공경히 받들어 조공을 그치지 않고 있는데, 이제 주청한 것도 예의의 나라이기 때문이다. 황제가 멀리 行幸하였으므로 奏達하지 못하였으나, 이제 황제가 天祭를 지내기 위하여 경사로 돌아왔으니, 제사를 마치면 곧 주달하겠으며, '聖旨를 받들어 是(奉聖旨是)'로 올리겠다"고 하였습니다. '是'는 우리나라에서 '그에 따라 윤허한다'는 말과 같습니다. 이에 신들은 한 가지 일만 언급되리라고는 생각하지 않았습니다.112)

위와 같은 예부상서의 말은 황제가 돌아온 직후 복본을 상주하겠다는 약속의 이행을 촉구하기 위하여 예부를 방문한 조선 사신들에게 답변한 것이 분명한데, 예부는 14일 황제가 환궁한 직후 그가 복본을 볼 수 있도록 조처를 취하였고, 강용은 그 직후 조선이 요구하는 두 가지 개정을 모두 허가한다는 의견으로 覆本을 올린 것처럼 통고한 것이다. 그러나 이 때는 그 복본을 조선 사신들에게 보여준 것은 아니었다. 그렇기 때문에 사신들은 강용의 말을 믿을 수밖에 없었지만, 예부가 처음 초안한 복본에는 '4왕 시해'가 모호하게 처리된 것이 불안하였던 이들은 강용의 말에 크게 고무되었을 것이다.

---

112) 《중종실록》 14년 4월 경오(7일). 남곤의 보고.

예부가 올린 복본은 16일 다시 예부로 내려왔고 이것을 조선 사신들은 볼 수 있었던 것 같다. 예부가 手本을 갖추어 이것을 한림원으로 이송한 것이 17일이었으므로, 조선 사신들이 准許된 覆本을 본 것은 16일 오후 아니면 17일 오전 무렵이었을 것이다. 만약 이 때 조선 사신들이 강용과 모징의 말과는 달리 '4왕 시해' 문제가 복본에 누락된 것으로 판단하였다면 예부에 다시 이의를 제기하였을 것이다. 그러나 그들은 이 때에도 아무 불만을 표시하지 않았으며 19일 예부를 방문하여 미심한 문제를 더 협의한 과정에서도 이 문제는 전혀 언급되지 않았다. 19일 협의에 관한 남곤과 李耔의 馳啓는 다음과 같이 보고하였다.

使臣 "아국이 아뢴 일에 대하여 조정에서 이미 개정을 허가하셨으니, 恩典이 至重하여 감격스러움을 이기지 못하겠으나 단 어떻게 개정할지를 알 수가 없습니다. 비록 칙서는 받았으나 (《대명회전》의) 판본은 아직도 그대로 있으니 예전대로 와전될까 염려스럽습니다."

尚書 "《대명회전》의 기록은 전적으로 《祖訓》에 의거한 것이며, 《회전》은 이미 발간된 책이므로 추가로 개정할 수는 없다. 그러나 이 책은 근년에 새로 편찬되어 나온 책으로서 《조훈》과 같은 것은 아니며, 또 그 내용은 한때 시행하는 제도이므로 수시로 增損될 수 있으므로 머지않아 改撰될 것이다. 이제 분명한 勅旨가 있었으니 이것에 의거하여 개정할 것인데, 예전대로 될 것을 무엇 때문에 근심하는가?"

사신 "宗系 문제 하나도 태종 문황제께서 이미 개정하라는 칙지가 있었으나, 《대명회전》에는 예전대로 기록되었습니다. 지금 즉시 修改하지 않는다면 또 전과 같을 우려가 있습니다."

상서 "그대 나라의 일에 대하여는 《大明一統志》의 기록이 명백하며, 더욱이 이제 특별히 칙지까지 있으니 앞으로 모든 책의 찬술은 저절로 분명하게 바로잡힐 것이다. 그대들은 의심하지 말라."

사신들은 또 낭중 강용을 만나 동일한 걱정을 하였지만 강용 역시 尙書와 동일한 내용으로 사신들을 안심시키며, 다음과 같은 말을 덧붙였다고 한다.

本部의 문안이 두 번의 화재를 치렀다. 永樂 연간에 개정한 일은 《대명회전》을 편찬할 때 攷據가 없었으므로, 《祖訓》에 따라 기록하였다. 이제 문황제의 성지 가운데서 그것을 찾아냈고 또 특별한 勅旨가 있으니, 모든 서적을 修撰할 때는 이것을 바른 것으로 삼을 것이다. 史官도 기록하였으니 어찌 분명하지 않은가?113)

만약 사신들이 복본 그리고 그것에 바탕하여 곧 완성될 칙서에 불만이었다면 이와 같이 '아국이 요구한 개정을 이미 허락한 것'을 감사한다는 말을 할 수 없었을 것이며, 먼저 모징과 강용의 기만부터 항의하였을 것이다. 그러므로 사신들은 적어도 칙서를 받을 때까지는 두 건이 모두 해결된 것으로 믿었던 것이 확실하며, 19일의 방문은 다만 그 개정이 구체적으로 어떻게 처리될 것인가를 타진하기 위한 것이었다. 예부의 답은 지금 《대명회전》을 개정할 수는 없지만, 책의 성격상 머지않아 개정될 것이므로 그때 문제의 기사를 개정할 것이며, 이제는 명백한 증거가 확보되었으니 그 改撰에서 현재의 '오류'를 그대로 답습할 리가 없다는 것이었다. 《대명회전》 가운데 문제의 조선 관계 기사 42자, 그것도 전체 내용과는 거의 무관하다고 해도 되는 부분이다. 바로 이것 때문에 명이 모처럼 치국의 大典으로 修撰한 《대명회전》을 10년

___

113) 《중종실록》 14년 3월 무오(15일) 馳啓.

도 안 되어 개정할 것을 조선의 君臣도 기대하지 않았다면, 조선
은 그 改修를 기다릴 수밖에 없었을 것이다.

그러나 사신들이 25일 받은 다음과 勅旨는 다음과 같은 내용이
었다.

황제는 조선 국왕 李懌에게 칙유하노라. 그대의 先祖 이성계는 본
래 이인임의 종계가 아니므로 우리 태종 文皇帝께서 이미 개정할 것
을 준허하신 성지가 있었는데, 이제 그대가 또 奏本을 갖추어 陳情하
니 誠孝가 가상하다〔具本陳情 誠孝可念〕. 특별히 청한 바를 윤허하여
〔特允所請〕 칙서를 내려 짐의 뜻을 諭示하노니, 그대는 이 유시를 삼
가 받들라.114)

이것만 보면 조선이 요구한 두 가지 가운데 명나라가 허락한
것은 宗系 문제뿐이었으며, 이것으로 두 가지가 다 해결되었다고
주장하기는 어렵다. 조선 사신 역시 그 점을 모를 리 없었을 것
이다. 그들이 칙서를 받고 물러나 칙서와 함께 받은 봉함 〈勅諭
朝鮮國王〉을 열어 본 것은 바로 그들의 당혹감을 말해주는 것 같
다. 그 봉함은 원래 조선국왕이 직접 열어 보도록 한 것이며 使
臣이 개봉할 문서가 아니었기 때문이다. 어쨌든 그 내용도 칙서
와 동일한 것이었다. 남곤은 이 때의 상황을 다음과 같이 보고하
였다.

신들이 拜辭할 때는 칙서만 내어주었으며, 이미 拜辭한 뒤라 다시
奏請할 수 없었습니다. 또 칙서 밖에 '조선국왕에게 勅諭한다'고 씌어
진 봉함이 있었는데, 이는 본국에 가서 전하가 열어보시게 한 것이었

---

114) 《중종실록》 14년 3월 무오(15일) 馳啓.

습니다. 신들이 그곳에 있을 때 물러가 사사로이 열어보았으나, 열어 보았다는 뜻을 예부에 고할 수 없었으므로 다시 주청하지 못하였습 니다. 신들의 처음 칙서에는 반드시 두 가지 일이 거론되었을 것으로 생각하였습니다. 가서 다시 奏請하려고 했어도 事勢上 올릴 수가 없 었을 것입니다.115)

사신들의 이의 제기를 사실상 불가능하게 만든 '事勢'에는 물론 중국의 정치적 불안도 포함되었다. 그들이 칙서를 받은 2월 25일 황제는 예부에게 總督軍務武威大將軍 總兵官太師鎭國公朱壽가 북 경과 남경의 近畿와 山東을 순행하며 諸神에 제사를 올려 복을 빌 것이니 그 儀式을 준비하라고 지시하였다. 朱壽는 황제 자신 이었다. 황제는 자신을 대장군·태사·진국공 등의 官爵에 임명 하는 유례없는 작태를 부리며 또 다시 대대적인 巡遊를 계획한 것이다. 조정은 발칵 뒤집혔고, 황제는 이를 반대하는 수많은 사 람들을 무자비하게 투옥, 고문, 처형하였다.116) 사신들은 이와 같은 불안한 정세를 다음과 같이 보고하였다.

25일 신들이 闕에 나아가 칙서를 받고 이어 陛辭할 때 '황제가 동 남 지방을 두루 巡幸하고자 하여 衙門에게 선척을 수리하게 하고 河 道를 소통시키는데, 이 달 초순 사이에 御駕가 움직일 것 같 다'고 들었습니다. 그러나 만약 동남 지방을 순행하지 않는다면 요동을 순 행할 것입니다.117)

---

115) 《중종실록》 14년 4월 경오(7일). 남곤의 보고.
116) 《明史》 권16, 武宗本紀 正德 14년 2월 기축(25일), "帝自加太師 諭禮部 曰總 督軍務武威大將軍總兵官太師鎭國公朱壽將巡兩畿 山東 祀神祈福 其具儀式聞."; 3월 계축(20일), "以諫巡幸 下兵部郎中黃鞏六人於錦衣衛獄 詭修撰舒芬百有七人 於午門五日 金吾衛都指揮僉使張英自刃以諫 衛士奪刃 得不死 國治 杖殺之 乙卯 (22일) 下寺正周鈗 行人司副余廷瓚 主事林大輅三十三人於錦衣衛獄 杖舒芬等百 有七人於闕下."

황제는 절제 없이 巡遊하며 주색에 빠져 있으며, 간하는 신하를
가두어 욕보이고 경연에도 나가지 않으며 간신 姜彬을 신임하고 있
습니다.118)

이러한 상황에서 사신들이 귀국을 결정한 것은 현명한 판단이
었다. 그러나 재주청의 당부를 묻는 중종에게 남곤이 다음과 같
이 반대 의견을 진술한 것은 이들이 귀국을 결정하게 된 더 중요
한 이유를 말해주고 있다.

다시 주청하는 일은 경솔히 할 수 없습니다. 과연 한 가지를 准許
하지 않았다면 다시 주청하여야 하지만, 만약 中朝에서는 이미 두 가
지를 다 准許하였다고 여기는데도 우리나라가 다시 주청하는 것은
불가합니다.119)

이것은 결국 조선의 요구가 모두 허락되었다는 예부의 일관된
주장을 사신들이 인정한 것을 의미한다. 그러나 이것은 예부의
억지를 그대로 인정한 것이 아니라 사신들이 처음 한 건만 허락
한 것처럼 생각하였던 칙서도 두 건을 모두 허락한 것으로 해석
할 수 있다는 결론을 내렸기 때문이다. 그들이 더 이상 북경에
머물지 않고 귀국한 것은 바로 이 해석을 발견하였기 때문이었
다. 그러나 조선의 많은 신하들은 그들의 성과를 실패로 규정하
고 탄핵을 준비하고 있었다.

---

117) 《중종실록》 14년 3월 무오(15일) 馳啓.
118) 《중종실록》 14년 4월 경오(7일). 황제의 근황을 묻는 중종에게 남곤이 보고.
119) 《중종실록》 14년 4월 경오(7일). 남곤의 발언.

6. 귀국 보고와 평가

사신들이 귀국하기 이전 조선의 君臣들은 치계를 통하여 변무 외교의 결과를 이미 알고 있었고, 나름대로 평가와 대책도 논의하였다. 이들이 도착한 날 중종은 칙서를 맞이하기 위하여 모화관까지 직접 나왔고, 환궁 즉시 사신들을 접견하며 다음과 같이 첫 질문을 던졌다.

당초 주청할 때는 준허 받지 못할까 염려하였는데 이제 준허를 받아 왔으니 기쁘다. 그러나 처음에 두 가지 일을 주청하였는데 칙서에는 한 가지 일만 언급되었고, 또 경들의 書狀을 보아도 주청할 수 있다는 말은 없다. 예부에 다시 주청할 수 없다고 판단한 연후에 돌아온 것인가?

사실 이것은 사신들도 내내 걱정하던 질문이었을 것이다. 치계를 통하여 보고된 覆本과 勅文의 내용을 보고 명나라가 '4왕 시해'란 '오류'의 개정을 약속하였다고 생각할 사람은 거의 없다고 해도 지나친 말이 아니기 때문이다. 이에 남곤과 이자는 앞에서 이미 언급한 협상 과정을 상세히 보고하였는데, 이들은 조칙에 명시되지는 않았지만, 사실상 명이 '4왕 시해'의 개정도 약속하였다고 주장하였다. 이자가 이 문제를 '중대한 명분에 관한 것이라 분명히 말할 수 없어 모호하게 두 가지 일을 포괄적으로 언급한 것뿐'이라고 주장한 것은 앞에서도 이미 언급하였지만, 그 근거는 바로 칙지 가운데 '具本陳情'과 '特允所請'이었다. 즉 이것은 조선이 '奏本을 갖추어 진정한 것을 특별히 윤허한다'는 의미이며, 조선의 奏文은 宗系와 4왕 시해 기사를 모두 개정해 줄 것을 요청한 만큼, 칙지는 이 두 가지를 포괄적으로 허락하였다는 것이 그의 주장이다. 이것은 이자 개인의 주장이 아니라 사신들이 시해 문제의 누락을 더 이상 거론하지 않기로 방침을 정할 때 합의한 '묘안' 같은데, 남곤은 이것을 다음과 같이 부연 설명하였다.

다만 종계에 대한 일을 명확히 변명한 것은, 文皇帝의 분명한 聖旨가 이미 있었으므로 祖訓에 따라 准許한 것입니다. 또 칙서에 '주본을 갖추어 진정하였다'고 하였는데, '주본을 갖추었다'는 말은 (우리가) 주청한 것을 모두 지적한 것 같습니다. 또 '誠孝이 가상하다〔誠孝可念〕'고 한 말도 단지 宗系 한 가지만 허락하면서 한 말은 아닙니다. 만약 문황제가 준허한 것만으로 종계에 대한 일만 准許하였을 뿐이라면, 끝에 '주청한 일을 특별히 윤허한다'고 하지도 않았을 것입니다. 또 중국이 우리나라를 예의의 나라로 여기고 기쁘게 하기 위하여 칙서를 내린 것이라고 들었는데, 만약 한 가지는 준허하지 않았다면 반드시 그것을 윤허하지 않은 뜻을 언급하였을 터인데, 칙서에는 그 말이 없습니다. 중국이 우리나라를 꼭 속인 것이 아니라면 예부가 반드시 咨文을 보내어 准許하지 않은 뜻을 말하였을 것입니다.120)

이것은 언뜻 보면 사실상 실패한 임무를 '성공'으로 둔갑시키려는 '말장난'처럼 보일 수도 있고, 중국에 기만당한 것을 호도하기 위하여 오히려 중국의 기만전술에 동조하는 것처럼 보일지도 모른다. 더욱이 이것은 단순한 사신들의 功罪에 그치는 것이 아니라, 만약 중국이 정말 두 건을 다 허락한 것이라면 마땅히 謝恩使를 파견하지 않을 수 없고, 만약 하나만 허락한 것이라면 다시 주청사를 파견해야 하는 외교상의 문제와도 직결된 중요한 문제

---

120) 《중종실록》 14년 4월 경오(7일).

였다. 중종이 사신들의 해명을 들은 즉시 전체 신료들의 의견을
수합한 것도 바로 이 문제를 빨리 매듭짓지 않을 수 없다고 판단
하였기 때문이다. 예상대로 이자와 남곤의 해명을 납득하지 못한
사람들은 그들의 파직을 주장하였다. 먼저 다음과 같은 대사헌
金淨과 대사간 尹殷弼의 주장을 보자.

황제의 칙서를 보면 단지 종계 문제만 허락한 것이며 4왕 시해 문
제는 언급하지 않았습니다. 다만 예부의 覆本이 '奉聖旨是'라고는 하
였지만 칙서의 뜻과 조금도 다를 바가 없습니다. 대신들의 의견 은
각자 소견을 말한 것이니 주상께서 결정하십시오. 비록 謝恩使를 파
견해도 그 表文의 말은 몽롱하게 해선 안 됩니다. 그 頭辭는 '宗系等
事'라고 하고 表辭는 4왕의 일을 언급하면 중국은 반드시 웃을 것입
니다. …… 비록 칙서를 보지 않고 단지 奉聖旨의 내용(즉 覆本)만
보아도 단지 한 가지만 윤허한 것을 알 수 있습니다. 마땅히 至誠으
로 간절하게 진정해야 함에도 그렇게 하지 않은 것은 奉使의 체통을
크게 잃은 것입니다. 모두 파직하시기 바랍니다.121)

이자가 북경으로 떠날 때 그 성공을 기원하면서 전별의 시를 보
낸 金淨이 이제 그 파직을 주장한 것이다. 尹世豪·方有寧·尹殷
輔·李沈·朴守紋·朴世熹·鄭應麟·兪炯·趙光祖·金絿·李淸
·閔壽元·權雲·沈達遠 등은 이 의견에 동조하였다. 이들은 예부
가 두 건을 모두 허락하였다고 하는 것은 반드시 둘러댄 말〔權辭〕
로서 믿을 수 없다는 태도였다. 그러나 남곤과 이자의 주장을 인정
하는 의견도 의외로 많았다. 즉 영의정 정광필, 좌의정 신용개, 우
의정 안당을 비롯한 李繼孟·李長坤·高荊山·金安國·金克愊·

---

121) 《중종실록》 14년 4월 경오(7일). 이하 이 문제와 관련, 특별한 주가 없는 것
    은 모두 이날 제시된 의견들이다.

權撥·金當·崔漢洪·朴英金·金湜·崔山斗·梁彭孫·李認 등은
다음과 같은 의견으로 동의하였다.

지금 남곤의 말을 듣고 예부의 복본이나 칙서의 말을 다시 참고해
보니 주청한 두 가지 일은 대개 모두 허락을 받은 것입니다. 칙서 안
에 두 가지 일이 각각 언급되지 않아 비록 미진한 것 같지만 이것으
로 허락받은 것이 미진하다고 의심하여 다시 주청할 수는 없습니다.
만약 중국이 정말 한 가지를 허락하지 않았다면 마땅히 칙서 안에
허락하지 않은 뜻을 명언하였을 터인데, 그렇게 하지 않았습니다. 또
예부의 복본이 '聖旨是'라고 말하였다면 허락받은 것이 미진하다고 말
할 수 없습니다. 만약 다 허락된 것으로 생각하면서도 다시 주청하는
것은 사리에도 맞지 않을 뿐 아니라 중국이 어떻게 나올지도 알 수
가 없습니다.

또 정광필 등은 칙서가 한 가지만 허락한 것으로 이해하는 사
람들을 다음과 같이 비판하기도 하였다.

만약 허락하지 않으려면 우리나라가 무엇이 두려워 명나라가 명백
히 말하지 않았겠습니까? 그것을 隱微하게 표현한 것은 翰林院의 微
意입니다. 지금 이것을 몽롱하다고 여기는 논자도 있는데, 신들은 이
해할 수 없습니다.

찬반론자의 구성으로 보아 이와 같은 의견의 차이는 특별히 당
파성을 띤 것 같지는 않다. 그러나 실제 馳啓가 보고한 覆本의
내용을 보면 사신들을 탄핵한 측이 더 객관적인 인상을 주고 있
다. 복본의 결론은 비록 '奉聖旨是'라고 해도 적어도 馳啓가 보고
한 그 내용은 칙서와 동일하며,122) 준허된 복본을 바탕으로 가

감 없이 칙서가 작성되는 것이라면 이것은 당연한 일이기도 하
다. 그렇다면 과연 사신들의 해석을 수긍한 사람들은 오로지 사
신들을 보호하기 위한 것이었는가? 아니면 다른 정치적인 계산
때문이었는가? 처음 주청사를 파견할 때도 특히 '4왕 시해'는 개
정 요구가 관철될 때까지 계속 주청할 것을 다짐한 사항이었다.
그러므로 이번의 성과를 실패로 규정한다면, 조선은 국력을 낭비
하고 굴욕적일 수밖에 없는 변무외교를 끝없이 추진하지 않을 수
없다. 이것을 피하려면 이번에 이것도 해결된 것으로 간주하는
길밖에는 없었을 것이다. 사신과 그들을 지지한 주장은 일단 이
런 각도에서 이해할 수 있을 것이다. 그러나 《명사》 조선열전의
다음과 같은 기사를 보면 문제는 달라진다.

《대명회전》을 수찬할 때도 의연히 조선국 조에 《祖訓》을 열기하
였는데, 貢使가 그것을 구입하여 돌아가니 (조선왕) 懌은 世系를 갖
추어 진술하고, 先世가 시역한 사실이 없다는 것을 辨正한 상소를 올
려 개정을 요청하였다. 이에 예부는 다음과 覆奏하였다. "《會典》은
本朝의 제도를 상세히 기재한 것이고 외국에 관한 확실치 않은 일은
소략하게 처리된 것입니다. 더욱이 이성계는 皇祖의 명을 받아 나라
를 얻은 자이고〔況成桂得國 出於皇祖命〕, 이인임의 後가 아니라는 것
은 태종의 詔로 徵驗될 수 있습니다. 그 청을 들어주시는 것이 마땅
합니다." 詔書로 이를 허락하였다.

명나라가 조선의 요구 두 가지를 명확히 접수한 것도 의문의

---

122) 奉聖旨 조선 국왕 李懌의 祖 이성계가 李仁任의 宗系가 아니라는 것은 우리
太宗文皇帝께서 이미 그 개정을 허락하는 聖旨가 있었습니다. 이제 또 奏本을
갖추어 陳情하니 그 誠孝가 가상하므로〔具奏陳情 誠孝可念〕, 돌아가 조칙을 등
사하여 왕에게 주도록 하십시오〔還寫勅與王〕. 알았다〔知道〕. 칙서는 '還寫勅與
王'이 '特允所請'으로 바뀐 것뿐이다.

여지가 없다. 또 여기에 소개된 예부의 복주도 그 원본을 축약한 것인데, "況成桂得國 出於皇祖命"이 만약 '조사해 본 결과 과연 成桂가 시해 사실이 없었습니다'라고 명확히 기술되었다면 문제는 간단하였을 것이다. 그러나 이 표현도 사실의 여부를 떠나 이성계의 건국은 이미 고황제 태조가 승인한 것이라면 '前朝 4왕의 시해'도 더 이상 문제 삼을 이유가 없다는 의미로 보아도 좋다. 그렇다면 이 구절은 왕조 교체기에 있을 수 있는 '시해'를 적극적으로 부정할 근거도, 또 이유도 없는 예부 관원들이 그것을 誣告라고 주장하는 조선 사신들에게 배려할 수 있는 최대의 표현이라도 해도 지나친 말은 아니다. 이자도 '과연 너희 祖가 하지 않았다'고 하는 명백한 표현은 기대하지도 않았고, 서장관 한충도 다시 주청을 해도 "四王을 시해한 일은 과연 하지 않았다고 분명히 (중국 측이) 말하지는 않을 것"으로 전망하지 않았던가? 그렇다면 예부 책임자들이 공언한 대로 예부의 覆奏는 실제 두 건의 허락을 모두 요청하였고, 황제의 재가를 받은 것이다. 만약 조선의 군신들도 상기 조선열전의 기사를 보았다면 더 이상 논란을 벌이지 않았을 것이다.

사신들의 馳啓가 보고한 覆本의 내용에는 '況成桂得國 出於皇祖命'이 보이지 않는다. 물론 사신들이 보았다는 복본과 《명사》 편찬자들이 참고한 복본이 다를 리 없다면, 둘의 차이는 결국 覆本 원본의 발췌 과정에서 비롯되었을 것이다. 두 개 모두 覆本의 원문을 모두 轉載한 것은 아니기 때문이다. 한편 《명실록》에도 위에 든 조선열전과 거의 동일한 기사가 전하는데,[123] 《명사》가 《명실록》을 바탕으로 편찬된 만큼, 《명사》 조선열전이 소개한

---

123) 《明實錄》正德 14년 2월 기묘(15일). 단지 '況成桂得國 出於皇祖命'이 '況成桂之得國 出皇祖命'으로 표기된 차이 뿐이다.

복본은 실제 《명실록》의 편찬자들이 축약한 것으로 보아도 좋을
것이다. 조선 사신들은 覆本을 보고 宗系 문제만 언급한 뒤 곧바
로 '具本陳情 誠孝可念'을 발췌한 것은 바로 이 부분이 두 건의
개정을 모두 허락한 것을 강조한 것으로 판단하였기 때문일 것이
며, 실제 그들은 이 구절로 두 건이 모두 해결된 것으로 주장하
였다. 이에 비해 《명실록》 편찬자들이 이 부분은 생략한 것은 이
구절에 특별한 의미를 두지 않았기 때문일 것이다. 대신 그들은
'況成桂得國 出於皇祖命'을 시해 기사 개정을 허락한 구절로 판단
하고, 宗系 문제 앞에 내놓은 것이다. 그 결과 《명사》 조선열전
에 발췌 수록된 覆本은 다소 애매하지만 조선의 요구를 모두 허
락한 것으로 큰 무리 없이 이해될 수 있게 된 것이다. 그렇다면
조선 사신들이 '況成桂得國 出於皇祖命'을 종계 문제와 함께 병기
하지 않은 것은 어떤 의미에서 커다란 실책이었고, 이 때문에 불
필요한 논쟁을 일으킨 것으로 평가할 수도 있을지 모른다. 그러
나 覆本을 바탕으로 작성된 칙서도 역시 조선 사신들이 발췌한
부분만 特記한 사실은 오히려 조선 사신의 覆本 이해가 그 당시
로서는 정확하였다는 것을 의미한다. 그러나 이것은 결국 조선
군신들에게 더 깊은 '微言'의 의미를 천착하는 과제를 부여한 것
도 사실이다.

　정광필 등은 이 '微言'을 이해하였기 때문에 사신들의 해명을
납득하였다. 이에 견주어 조광조는 '조종의 대사를 중국에 보고하
여 승인 받는 일 자체가 구차스러운 일'이라며 이번 변무는 "准許
를 받지 않았다고 할 수도 없고, 准許를 완전히 받았다고 말할
수도 없다"는 다소 냉소적인 태도를 보였다.124) 한편, 중종은 사

---

124) 《중종실록》 14년 4월 신미(8일), "(趙)光祖曰 我國作事 苟且 其在祖宗朝 以
　　宗社大事 達於上國 亦皆苟且……此事 不可曰不得准 亦不可曰皆得准 固可疑也."

신들의 해명을 납득하지 못한 것 같다. 그래서 그는 '奉聖旨是'를
중시하여 覆本은 두 건을 다 허락한 것으로 일단 인정하였지만,
칙서의 불분명함에 대해서는 불만을 감추지 않고 재주청의 의사
를 강하게 표시하였다.125) 그러나 많은 신하들이 재주청을 반대
한 탓인지, 결국 두 건을 구체적으로 언급하지 않고 단지 칙서에
대한 감사를 표하는 내용으로 謝恩使를 파견하는 데 동의하였
고,126) 사신들에게도 약간의 노비와 전토를 상으로 하사하였다.
謝恩使가 떠난 것은 4월 23일(갑술)이었다.127) 귀국 이전 예조
참판(정월 26일),128) 漢城府判尹(2월 13일)을129) 제수받은 李
耔가 귀국 직후 다시 형조판서로 승임된 것은130) 중종도 결국
변무외교를 '성공'으로 평가한 것을 의미한다.

그러나 그것을 '실패'로 규정한 사람들의 비판은 계속되었고, 4월
17일 이자·남곤·한충은 모두 '使臣으로서 체통을 잃었다는 비난'
을 받은 이유로 사직과 함께 상급의 반환을 청하였다. 이 때 이

---

125) 《중종실록》 14년 4월 경오(7일), "傳曰 今聞奏請使之言 乃曰奉聖旨是 則雖不
　　辨言二事 而二事並擧矣 凡事有始 則必有終 雖曰是之 而則不分明 予欲更請," 辛
　　未(8일) "傳曰……予意本欲更請 非待今臺諫侍從之言 而後發也,""上曰 祖宗被誣
　　宜其於得請."
126) 《중종실록》 14년 4월 신미(8일), "(鄭)光弼曰 於謝表頭辭 先書勅書之事 緣而
　　爵謝表 何如 此亦有古例焉 光祖等曰 如此則猶或可也."
127) 《중종실록》 14년 4월 갑술(23일), "遣功曹判書金克愊等如京師謝恩.." 김극핍은
　　재주청을 반대한 사람이었다. 그들이 지참한 사은표는 崔淑生이 草한 것인데,
　　종계문제는 "先臣某系出孤寒 勢非盤結命氏類族 無冒姓瀆倫之德"으로, 4왕 시해
　　문제는 "正分名正 有賜號賜履之寵 事固著於本末 理未爽於見聞"으로 각각 표현하
　　여 모두 구체적인 언급을 회피함으로써 두 건의 해결을 모두 謝恩한 것 같기도
　　하고 그렇지 않은 것 같은 인상도 준다. 특히 이성계가 한미한 출신임을 강조
　　한 전자도 공민왕의 시해를 변명할 때 이용한 근거였음을 상기할 때, 두 건을
　　모두 포괄한 것으로 보인다.
128) 《중종실록》 14년 정월 신유(26일), "李耔爲禮曹參判."
129) 《중종실록》 14년 2월 정축(13일), "李耔爲漢城府判尹."
130) 형조판서 제수 날짜는 분명하지 않으나 4월 18일 형조판서의 사임을 청한
　　것을 보면, 그 이전이 분명하다.

자는 특히 나이에 어울리지 않게 너무 빠른 승임도 거론하면서
사직을 고집하였으나, 중종은 모두 허락하지 않았다.131) 그 뒤에
도 대간은 이자 등의 파직 또는 상급의 반환을 계속 주장하였
고,132) 이자도 여러 번 사임을 청하였지만 중종은 그를 右贊成으
로 옮겼을 뿐 그에 대한 탄핵을 모두 물리쳤으며,133) 한충도 홍
문관 典翰으로 승임시켰다.134) 이와 함께 재주청의 주장도 잠잠
해졌으며, 거의 1년 동안 계속된 변무외교도 일단 끝을 보았다.

7. 맺음말

변무외교가 결국 '성공'으로 평가됨으로써 거의 7개월을 북경에
서 동분서주하였던 이자와 그 일행은 모두 명예를 지킬 수 있었
다. 실제 중국은 그들의 요구를 모두 들어주었다. 다만 조칙이
두 가지를 직접 倂記하지 않고 '종계 문제를 비롯한 요구 사항을
모두 승인한다'는 문장 형식을 취하였고, 실제 개정은《대명회
전》을 改修할 때 반영될 예정이었기 때문에 그 결과가 당장 눈에

---

131) 《중종실록》 14년 4월 경진(17일), "남곤·이자·한충은 아뢰었다. '臺諫이 신
    들이 奉命使의 체통을 잃었다 하니 職에 있기가 미안하여 감히 사직합니다. 또
    상사를 받았으니 더욱 미안합니다. 상이 공 없는 사람에게 과람하게 미치는 것은
    불가합니다.'……이자는 아뢰었다. '지난해에 비로소 가선대부에 올랐는데 1년도
    못 되어 또 정2품에 올랐습니다. 더구나 육경의 자리는 반드시 물망이 있고 나이
    와 덕이 아울러 높으며 경력이 많은 사람이라야 감당할 수 있는데, 신은 올해에
    비로소 40세가 되었고 재덕과 경력이 없으므로 職任을 감당할 수 없겠기에 감히
    사직합니다.' (남곤과 이자) 두 사람이 굳게 사직하였으나 윤허하지 않았다."
132) 《중종실록》 14년 4월 신사(18일), 갑신(21일), 을유(22일), 무자(25일), 경
    인(27일), 임진(29일).
133) 《중종실록》 14년 4월 신사(18일), "刑曹判書李耔上章辭職 上不許," 5월 계사
    (1일) "南袞李耔辭賞典 不許," 5월 무신(16일) "李耔爲右參贊," 5월 경술(18일)
    "右參贊李耔懇辭 不允."
134) 《중종실록》 14년 4월 경인(27일), "韓忠爲典翰."

보이지 않았던 것뿐이었다. 처음에는 奏文의 접수조차 거부하였고, 접수 뒤에는 조선이 제시한 증빙 문건을 신용하지 않던 예부의 관원들이 결국 설득되었고, 특히 국정에 관심이 없는 황제가 祭天을 위하여 마지못해 귀경한 틈을 타서 신속하게 조선의 요구를 모두 허락하는 조칙을 받아낸 것도 모두 사신들이 얼마나 성실하고 집요하게 중국 관원들을 설득하였는지를 잘 말해준다. 李耔는 중병에 걸린 正史 南袞을 대신하여 이 모든 교섭 과정을 총괄하였다. 이자는 자신이 발의하고 직접 협상을 주도한 '변무외교'가 결국 성공으로 평가된 것에 안도하였을 것이다.

오늘날 관점에서 보면 '변무외교'란 국력의 무의미한 낭비였고, 오히려 중국에게 불필요한 저자세를 자청하는 愚를 범하는 것으로만 보일지도 모른다. 사실 《대명회전》의 조선 기사는 당시 중국 예부 관원들도 지적한 바와 같이 '조선이 이 문제로 중국에게 힐책 당한 일도 없고, 후세에도 追論되지 않을' 문제였다. 그럼에도 조선의 군신들이 그 개정에 그토록 집착한 것은 역시 중국 관원들도 지적한 바와 같이 명분을 중시하였기 때문이었고, 이 '변무외교'는 중국 관원들에게 조선이 얼마나 명분과 예의를 중시하는가를 재삼 확인하는 계기도 되었다. 중국인들이 이상하게 볼 정도로 조선이 명분과 예의에 집착한 것은 바로 그것이 조선의 생존전략이었기 때문이다. 그것은 안으로는 조선의 지배체제를 유지하는 원리였으며, 밖으로는 초강대국 중국, 그리고 여진·일본과 관계를 체계적으로 정립할 수 있는 원리였던 것이다. 조선이 성리학을 그토록 열심히 수용한 것은 바로 성리학이, 그들이 필요하다고 판단한 생존의 원리, 즉 명분과 의리를 가장 체계적으로 제공할 수 있다고 여겼기 때문이다.

16세기 초 성리학으로 무장한 李耔를 비롯한 사림파 士人들은 바로 이 명분과 의리로 조선 사회를 혁신하려고 하였으며, 勳舊 세력의 저항에 부딪쳐 '기묘사화'란 파국을 맞기도 하였다. 그들이 《대명회전》의 조선 기사가 명분의 양대 축인 충과 효의 뿌리를 뒤흔들었다는 생각을 무시할 수 없었던 것도 결코 무리는 아니었다. 李耔가 적극 변무를 주장한 것도 이 문제를 한 번쯤 정리할 필요가 있다고 생각하였기 때문일 것이다. 이것을 방치할 경우 명분과 의리의 주체를 자임할 자격이 없기 때문이다. 물론 이것은 스스로 설정한 명분의 덫에 스스로 걸린 셈이기도 하다. 그러나 그것은 조선이 생존의 원리를 명분과 의리에서 찾았던 대가였다면, 그 덫에서 벗어나려면 이 문제를 어떤 형식이건 해결하지 않을 수 없는 것도 현실이었다. 이자의 '변무외교' 성공은 바로 조선을 이 부담에서 해방시킨 것이었다. 이자가 조금 애매하고 포괄적인 중국의 문구를 더 이상 문제 삼지 않았고, 대간들의 끈질긴 '실패' 규정과 탄핵에도 많은 신하들이 이자의 해석을 지지하였으며 처음에는 불만을 감추지 않았던 중종도 결국 '변무외교'를 성공으로 승인한 것도 바로 이 '해방'의 의미를 인정했기 때문이었다. 하지만, 이것은 일반적인 자구의 농간이 아니라 중국의 생각을 정확히 파악한 것이기도 하였다. 조광조가 지적한 바와 같이 宗社의 大事를 항상 중국에게 허락받는 형식을 갖출 수밖에 없는 것이 조선의 구차스러운 현실이었다면, 이번 辨誣의 성공은 적어도 《대명회전》 기사가 요구할 수 있는 구차스러움을 제거한 것이었다.

더욱이 이번 사행은 또 하나의 부수적인 성과를 거두었다. 조선 사신들이 올린 章疏에 내각대학사(각로)들이 크게 감탄하였고, 중국 사대부들이 使館을 찾아와 문장을 交驩하였던 것이다. 앞에서 이미 지적하였지만, 한림원이 조선에 보낼 칙서를 '문헌의 나라에 웃음거리가 되지 않도록 공들여 草하였다'는 전언은(주 109 참조) 당시 조선 사신들의 문장이 얼마나 중국 사대부들에게 깊은 인상을 주었는가를 말해준다. 사신들에 대한 臺諫의 탄핵이 계속된 상황에서 중종 14년 4월 19일(신해)의 朝講에서 李長坤은 다음과 같은 주장을 함으로써 그 의의를 더욱 높였다.

　　지금 年少한 유생들이 經學이 근본이니 배울 만하다고 말하며 詞章은 누추한 것으로 여겨 製述에 공력을 들이지 않기 때문에 經術에도 미치지 못하고 詞章을 지을 줄도 몰라 이것에도 저것에도 미치지 못하는 자가 많습니다. 문장은 비록 (그 자체로) 귀한 것은 아니지만 事大 외교에서 詞命은 가벼운 일이 아닙니다. 중국에 가면 문장으로 인정받기 때문입니다. 근래 남곤 등이 주청사로 중국에 가 있을 때 그들이 지은 書章이 전파되어 암송되었고 중국인들이 조선을 문장의 나라로 여기게 되었습니다. 經學과 詞章에는 경중이 있지만 모두 폐할 수 없습니다.135)

즉 이번 사신들의 문장력은 중국 사대부들에게 함부로 대할 수 없는 '문장의 나라 조선'의 인상을 깊이 심어준 것이다. 이것이 바로 그들이 성공적으로 임무를 수행할 수 있는 요인도 되었지만, 또한 이 성공은 국내에서 經學과 詞章의 논쟁에서 詞章을 무시하고 經學만 배우려는 연소 유생들을 경고하는 산 교훈이 되었던 것이다.

李耔가 귀국한 뒤 중국과의 외교를 중시하고 咨文에 사용하는 종이의 질 문제까지 신경을 쓴 것도136) 사소한 문제로 중국과

135) 《중종실록》 14년 5월 신해(19일).
136) 《중종실록》 14년 7월 갑오(3일), "(朝講에서) 李耔曰 '요사이는 事大하는 일이 지극히 소루하고 해이해져 咨文에 쓰는 종이 같은 것도 여러 해 것을 축으로 만들어 놓고 한 장씩 택해 쓰고, 다음에도 또 이렇게 하니 (종이가) 점점

마찰을 일으키는 것을 피하고 예의를 갖추어 당당히 대접받으려는 의도로 해석된다.

그러나 조선의 군신들은 《대명회전》이 제기한 명분의 덫에서 해방된 여유를 오래 즐기지 못하였다. 중종 24년 5월 조선은 명이 《대명회전》을 개수한다는 정보를 입수한 것이다. 이후 그들은 《대명회전》의 改修에 조선이 요구한 개정을 포함시키려고 진력하였다. 그러나 《대명회전》의 개수는 순조롭게 진행되지 않았고, 선조 20년(만력 15년, 1587년)에 그 작업이 끝났다. 이 사이 조선은 무려 15차에 걸쳐137) 변무외교를 반복하였으며, 마침내 선조 21년 3월 조선의 요구가 명확히 반영된 萬曆本 《대명회전》 한 질을 頒給받는 데 성공하였다. 조선은 그해 5월 사신이 들고 온 《대명회전》을 종묘에 고함으로써 중종 이래 조선 군신의 숙원이 풀린 것이다.138) 이 개정본 《대명회전》 권105 조공 1에는 다음과 같은 기사가 수록되어 있다.

先時 永樂 원년에 그 국왕이 奏文을 갖추어 世系가 이인임의 後가 아니며, 《祖訓》에 실린 弑逆事를 변명하여 그 개정을 허락하는 詔를 내린 바 있는데, 正德·嘉靖 年間에 누차 청하여 모두 칙서를 내려 허락하는 뜻을 표하였다. 萬曆 3년 使臣이 다시 전의 일을 청하여 史館의 편집에 부치도록 하였기에 이제 여기에 기록한다. 이성계는 본국 전주 출신으로 遠祖 翰은 신라에 입사하여 司空이 되었고, 6대손

粗惡해져 매우 미안스럽습니다. 이후로는 (쓰는 양을) 미리 정해 놓고 따로 만들어 쓰는 것이 좋겠습니다. ……貢馬 선발을 三公이 有故하고 정사가 있어 정지하였습니다. 事大와 정사는 경중의 차이가 있는데, 정사 때문에 공마 선발을 미루는 것은 어찌 불가한 일이 아니겠습니까.'"

137) 중종 24년·28년·29년·32년·34년. 명종 9년·12년·17년. 선조 즉위년·5년·8년·10년·13년·14년·17년.

138) 末松保和, 앞의 책, 제12장 〈宗系辨誣の發端〉 참조.

克休는 고려에 들어갔으며, 13대손 安社는 行里를 낳았고, 行里는 椿을 낳고, 椿은 子春을 낳았는데, 그가 성계의 아버지이다. 이인임은 京山 府吏 長庚의 후예였다. 당시 왕씨 공민왕 顓은 아들이 없어 총신 辛旽의 아들 禑를 길러 아들로 삼았다. 공민왕은 嬖臣 洪倫 등에 의해 시해되었는데, 이인임이 當局者로서 홍륜 등을 죽이고 禑를 세웠다. 禑는 즉위 16년에 장군을 보내 요동을 침범하였다. 성계는 副將으로 그 안에 있었는데, 압록강에 이르러 諸將과 合謀하여 군대를 돌렸다. 禑가 두려움에 그 아들 昌에게 전위하였는데, 당시 공민왕의 왕비 安氏는 國人이 昌을 축출하고 왕씨의 孫 定昌君 瑤를 세운 뒤 禑와 昌을 죽이고 이인임을 축출하였으나, 곧 瑤가 멋대로 살육을 하여 국인이 歸附하지 않아 (국인이 모두) 이성계를 署國事로 추대하였다는 것을 上表하였다. 이에 高皇帝는 이성계를 국왕에 명하였다. (성계는) 이름을 旦으로 바꾸었고, 瑤를 종신 別邸에서 넉넉히 살도록 하였다.

실로 조선이 만족할 만한 내용이었고, 태종 때 거론되지 않은 弑逆 문제도 주청한 것으로 되어 태종의 명분도 살려 준 것은 조선 외교의 커다란 승리라고 할 수 있을 정도였다. 그러나 바로 이것을 얻기 위하여 조선이 거의 70년 동안 십여 차례에 걸쳐 구차스러운 변무외교를 계속한 것이다. '명분의 덫'이 얼마나 스스로를 옥죄일 수 있는가를 실감시켜 주는 사건인 것이다. 선조는 이 성공의 의미를 다음과 같이 정의하였지만, 설사 명분과 의리를 생명처럼 중시할 필요가 있다고 해도 과연 이렇게까지 결벽증과 자학의 극치로 밀고 나갈 필요가 있었는지 필자로서는 의문이다.

사람이 사람인 까닭은 윤리에 綱紀가 있기 때문이다. …… 箕子의 封國 수 천리가 아비도 없고 군주도 없는 夷狄·禽獸의 소굴에 빠진

지 지금까지 이백 년, 하늘을 우러러보고 땅을 굽어보아도 스스로 설 수가 없었으며, 먹고 자고 수작하는 것이 완연 벌레와 짐승과 같았다. 하늘과 바다 끝까지 이른 그 억울하고 고통스러웠던 일은 필설로 형용할 수가 없었다, 얼마나 다행스러운 일인가? 금일 다시 三綱을 얻고 五倫이 다시 펴게 되었으니! 이것은 뱀이 형체를 변하여 인간이 된 것과 같은 것이다.[139]

선조는 이 경사를 축하하고자 사면령을 반포하고 백관에게 加資의 은전도 내렸는데, 그 이전 변무외교에 이바지한 사람들도 아울러 표창(선조 23년)할 때 李耔도 光國原宗一等功臣錄券이 賜與되고 崇政大夫 議政府左贊成 兼 判義禁府事・世子貳事・知經筵春秋館事・弘文館大提學・藝文館大提學에 追贈되었으며, 死後의 功臣錄인 점을 감안하여 不祧의 특전이 하사되었다.[140]

그러나 이 '감격'도 오래가지 못하였다. 改修本《대명회전》도 조선이 만족할 만한 내용을 수록하였지만, 초간본에 인용된 문제의 《祖訓》기사를 삭제하지 않고 위의 내용을 첨가함으로써 마치 조선의 요구를 마지못해 들어준 인상도 남겼으며, 무엇보다 원본 《대명회전》(1509년 刊)이 이미 거의 80년 동안 유포되어 많은 史書들이 이것을 참고하였기 때문이다. 더욱이 明代에는 宋代와 달리 史書의 私撰 금령이 없어 私撰 史書가 크게 성행하였으며, 《明史》藝文志에 수록된 史書 가운데 萬曆 21년(1593년) 이전에 완성된 것만도 224종에 달한다면,[141] 조선이 우려한 대로《대명회전》이 인용한《祖訓》은 이미 천하에 유포되었던 것이다. 광해군 이후 조선이 그토록 개정하려고 노력하였던 문제의 기사들을

---

139) 《선조실록》 21년 5월 기축(7일).
140) 〈음애선생 연보〉 및 주20 참조.
141) 李小林, 〈萬曆年間的撰修 '國史'活動〉(《南開大學學報》 哲史版, 1991. 6).

그대로 답습한 史書들이 보고될 때마다 조선의 君臣들은 끝없이 변무외교로 시달렸고, 이것은 철종 14년(1863년) 청대 鄭元慶이 편찬한 《卄一史約編》의 개정 요구까지로 이어졌다.142) 이것은 결국 조선이 스스로 친 '명분의 덫'을 스스로 파괴하지 않은 대가였고, 그 결과 중국에게 조선을 조종할 수 있는 또 하나의 수단을 제공한 결과가 되었다. 이 글이 이 문제를 재조명한 것은 바로 변무외교가 실제 조선의 대중국 외교에서 커다란 비중을 차지하였고, 대중국 외교의 실상과 성격을 잘 보여주고 있을 뿐 아니라 조선 사대부의 명분론과 실천의 흥미 있는 예를 제공하였기 때문이었다.

李耔가 유언으로 남긴 〈夢庵觀化遺文〉은 死生의 근원을 달관하면서 다음과 같은 혁신적인 상장례를 당부하였다. 즉 《朱子家禮》를 따르되 조선에 실정에 맞지 않는 것은 따르지 말고,143) 염은 입은 옷을 그대로 하고, 제사 음식도 평상시의 음식으로 하되, 제사상은 한 접시만 올리라는 것이었다. 이것은 형식적인 예를 완전히 초탈한 성리학자의 모습이었다. 그는 중종의 再奏請도 반대하였지만, 형식과 명분의 덫에 얽매어 계속된 辨誣外交를 결코 찬성하지 않았을 것이다.

---

142) 光海君 이후 辨誣外交는 이성규, 〈明·淸史書의 朝鮮 '曲筆'과 朝鮮의 '辨誣'〉(《五松李公範敎授停年退任紀念東洋史論叢》, 1993, 9)를 참고.

143) 이 遺文도 逸失되고 盧守愼이 찬한 〈음애선생행장〉에 일부 내용이 전할 뿐인데, 李耔가 조선에 맞지 않은 것을 적어 놓은 부분도 없어졌다.

陰崖 李耔 年譜稿

이 성 규

음애 이자(1480~1533, 字 次野, 별호 楓林居士, 夢翁)는 정암 조광조와 함께 기묘사림의 대표적인 인물이다. 《조선왕조실록》은 기묘사화 이전 그의 정치활동을 비교적 자세히 전하고 있다. 1752년 간행된 《음애집》에 실린 시와 문장들은 그가 본래 지었던 수많은 저술 가운데 극히 일부에 불과하다. 그러나 그것은 그의 사상과 사화 이후의 은거생활, 교우관계에 관한 귀중한 정보를 제공하고 있으며, 현재의 자료로도 그에 대한 .일정 수준의 연구는 가능하다. 그럼에도 지금까지 그에 대한 본격적인 연구는 물론 간단한 논문조차 없었던 것은 실로 의외이며, 이것은 조선시대사 연구에 커다란 공백이 아닐 수 없다. 음애에 관한 이해가 없으면, 기묘사화에 대한 온전한 이해가 불가능하고 기묘사화에 대한 이해는 조선시대의 정치사와 사상사에 대한 이해도 불충분하다고 해도 지나친 말은 아니기 때문이다. 이 글은 이러한 문제의식에서 더 정확하고 상세한 음애의 연보를 제시하려는 것이 목적이다. 모든 개인에 대한 연구는 그 생애 전반에 대한 逐年的

정보가 가장 중요한 기초이고, 이 정보가 없었기 때문에 그에 대한 연구가 시작되지 않았다고 판단하기 때문이다.

이제까지 음애의 생애를 정리한 문헌이 없었던 것은 아니다. 언제 누가 만들었는지 알 수 없는 극히 소략한 이력서 수준의(약 20조 정도의 간단한 경력만 언급한) 연보도 있고, 그가 만년에 스스로 편찬한 〈자서〉(1530년)도 있으며, 盧守愼이 撰한 비교적 충실한 〈행장〉(1577년)도 있다. 또 《음애집》을 편찬할 때 李道興이 대부분의 자료가 散逸된 상황에서 李彝章과 협력하여 각종 문헌을 섭렵하며 음애에 관한 자료를 채록, 編次한 상당히 충실한 연보도 있다. 그러나 이 年譜도 《조선왕조실록》(이하 《실록》)을 참고하지 못하였기 때문에, 편년에 상당한 오류가 있고, 누락된 것도 너무 많다. 특히 장원 급제 직후의 賀千秋使 서장관으로 북경에 간 것, 〈勿遣還留館倭使〉 상소, 김안로의 방문 연대, 주청사 부사로 갔다가 귀국한 시점, 일부 관직 제수 時日 등 명백한 오류도 적지 않은 것 같다. 그래서 이 글에서는 《실록》에 언급된 음애 관련 기사를 모두 뽑아 그의 정치활동과 上疏, 啓文, 경연에서 한 말들을 포함해 더 확충된, 그리고 더 정확한 연보를 만들려고 노력한 것이다. 《실록》의 자료 가운데 간단한 것은 각주로 소개하였지만, 긴 것은 부록으로 처리하였는데, 이 가운데 상당 부분은 그의 문집에 포함시켜도 좋을 것 같다. 특히 부록 1의 〈敎養元子書〉는 사실상 음애의 撰이었다고 해도 지나친 말은 아니며, 辨誣 奏請使 上奏文도 南袞의 草라고는 하나 실제 음애와 공동으로 撰한 것이었다고 해도 틀린 말은 아니다.

이 글은 물론 완벽한 연보는 아니며, 앞으로도 계속 자료를 발굴하여 더 完善한 연보가 되기를 바라는 마음에서 〈年譜稿〉로 이름을 붙였지만, 이 연보는 앞으로 음애 연구를 더 쉽게 할 수 있는 바탕이 될 것으로 기대한다. 시문도 가능한 편년을 시도하였지만, 역시 대부분의 시는 현재로서는 편년이 불가능하다. 연보에 언급된 시문은 《음애집》에 수록된 시문의 극히 일부에 불과한 것을 잊어서는 안 된다. 번거로움을 피하고자 그 시문을 따로 소개하지 않은 것뿐이다. 또 관련 인물들에 대해서도 꼭 필요한 경우만 간단한 주기를 붙였고, 시간이 촉박한 관계로 대부분 생략할 수밖에 없었던 것 또한 이 글의 한계이다. 다만 본래 조선시대 역사에 문외한인 필자가 방계 후손의 자격으로 남이 하기 싫어하는 작업을 감히 거절하지 않은 것은, 이전의 연보를 조금이나마 개선해보려는 소망의 결과였다. 특히 四隱亭, 陰崖, 兎溪 夢庵에서 좋은 벗들과 함께 자연을 즐기며 엄숙하고 치열하게 학문에 정진하는 모습, 과격한 젊은 날을 悔悟하면서도 참을 수 없는 여한을 버리지 못하는 모습, 마지막 글 〈夢庵觀化遺文〉에서 피력한 達觀과 후손에게 지시한 喪葬禮와 제사의 예법 등은 당시 성리학자 사림의 純正한 면모와 신선한 실천적 개혁정신을 감동있게 보여주고 있다. 많은 참고를 바라는 마음에서 가능한 번역을 하였으며, 《실록》 자료는 일차 번역본을 참고하였으나, 한문 원문을 대조하여 오역이나 기타 필요한 경우는 필자의 판단에 따라 교정하였다.

■ **陰崖先生年譜稿**

1세(1480년, 성종 11년 경자)

　　　　漢都에서 출생(월일은 不傳).

　　　　父 臺諫公(司諫院 大司諫) 禮堅(牧隱 – 種學 – 良度公
　　　　　　(叔畝) – 亨增의 3子).

母 善山 金氏(호조참판 金吉德의 孫女, 將仕郞 寬安의 女).
목은의 5대손, 양도공의 曾孫.

6세(1485년, 성종 16년 을사)

아버지 대간공의 豊基 임소를 따라가다.

선생은 어려서부터 숙성한 어른 같았고,

함부로 장난하지 않아 사람들은 이미 보통 아이가 아

니라는 것을 알았다.

7세(1486년, 성종 17년 병오)

학문을 시작하다.

아버지 대간공이 처음에는 번거로움을 무릅쓰고 일일

이 깨우치셨는데, 곧 大義에 통하였고, 나이가 들

면서 더욱 학문에 진력하였다. 물러나 室內에 거

처할 때는 마치 마음에 깨달음이 있는 것 같았다.

12세(1491년, 성종 22년 신해)

아버지 대간공의 任所 三陟으로 가다.

성종이 여진을 정벌하려고 하자 대간공이 상소를 올

려 극력 반대하였기 때문에 성종의 뜻을 거슬러

삼척부사로 나가게 된 것이다.

14세(1493년, 성종 24년 계축)

삼척 頭陀山의 中臺寺에서 宋史를 읽고 감개, 의분하

여 **萬言疏를 지어** 올리려고 하였으나 대간공의 만

류로 포기하다.

이 疏는 남아 있지 않다. 두타산은 삼척부의 서쪽에
있다. 절 앞에는 절벽이 높이 서있다. 하얗게 쌓
인 눈이 등창을 비추는 밤, 선생은 늦도록 독서를
하며 천년 역사의 興廢에 격앙하였다.

서울로 돌아온 뒤에도 시국에 불만이 있거나 깊이 걱
정할 때는 길게 탄식하며 장차 諫官이 되어 世事
를 철저하게 직언하고자 하였다.

당시 중대사에는 계율을 엄하게 지키는 늙은 승려가
있었는데, 그 말에도 도리가 있어, 그를 좋아하여
불문에 참여하려고도 하였다(〈自敍〉).

서울로 돌아온 뒤 더럽고 시끄러운 세속에 파묻혀 말
할 사람도 없이 동네로 나가 바둑과 장기를 두며
소일하였다. 선생은 당시 자신의 모습을 "精氣와
날카로움은 다 없어지고 세속과 더불어 부침하였
다"고 술회하였다(〈자서〉).

15세(1494년, 성종 25년 갑인)
12월 성종 사망, 세자 즉위.

태종의 현손 朱溪君 李深源(字 伯淵 號 醒狂, 默齋)
문하에서 수업.1)
주계군은 寒暄堂 金宏弼의 문인으로 학문이 精深하고
鑑識이 있었다. 李希輔·金公亮·宋世忠·漆山正·

---

1) 이 기사는 연대가 미상이나 편의상 이 해에 繫年한 것이라고 한다. 이심원은
   갑자사화 때 처형되었다. 임사홍이 그 고모부였지만 성종에게 그 죄상을 極論
   한 바도 있다. 《燃藜室記述》 권7에 열전이 있다.

李璿孫 등이 모두 그를 찾아가 배웠다.

16세(1495년, 연산군 원년 을묘)

仲氏 耘 진사 시험에 합격하다.

22세(1501년, 연산군 7년 신유)

司馬 兩試 합격(生員 2등 제12인, 進士 2등 제18인,

金安國 榜下).

23세(1502년, 연산군 8년 임술)

臺諫公의 안동 任所에 수행하다.

25세(1504년 연산군 10년 갑자)

9월 7일(갑오) 式年 **文科 장원 급제하다.**[2]

사헌부 監察에 제수되다.

10월 甲子士禍.

대간공은 그 이전 이미 경상도 龍宮縣으로 귀양,

다시 星州로 遷移.

吏曹佐郎에 제수되다.

士禍로 화를 당한 스승 朱溪君 李深源을 哭하다.

성주로 대간공을 覲省하다.

11월 士禍로 龍宮縣 謫所에서 잡혀가는 權達手를 상주에서

---

2) 《연산군일기》 10년 9월 갑오(7일), "取李耔等文科三十一人."

위로, 작별. 공은 이 때 함창에 있었다. 권달수는
그 직후 처형. 중종 때 권달수가 복권되고 곡기를
끊고 자살한 부인 鄭氏가 열부로 표창된 이후(중
종 2년, 1507년)3) 이 때를 회상하며 〈記權達手被
禍事〉(권3)를 짓다.

26세(1505년, 연산군 11년 을축)

吏曹正郎으로 승진하다.

萬壽節(?) 축하 사행의 書狀官으로 명나라에 가다.4)

---

3) 《燃藜室記述》 권7 〈권달수〉. 권달수 안동인, 號 桐溪, 字 通之, 성종 壬子(1492
년) 문과급제, 湖堂校理. 권달수도 갑자년에 처형되었으나, 갑자사화는 성종
때 연산군 어머니 윤씨의 폐서인에 참의한 사람들을 처형한 것이고, 권달수는
연산군 때 윤씨의 묘를 세우는 데 반대하였기 때문에 처형된 것이다.

4) 盧守愼 撰, 〈음애선생행장〉에도 "甲子 擢文科第一名 授司憲府監察 充千秋書狀
比還遷拜吏曹佐郎"이라고 과거 급제 직후 賀千秋使行을 기록하고 있다. 그러나
《明實錄》은 그해 조선의 사신이 황태자 천추절을 축하하기 위하여 입조한 것
을 9월 기유(22일)에 기록하고 있다(권216, 弘治 17년). 9월 7일 과거에 급제
한 공이 이 사신단에 참여할 수 없었다는 것은 자명하다. 그 뒤 《명실록》은 그
해 12월 조선 사신의 입조를 다음과 같이 2차 기록하고 있다. 12월 을축(9일)
"朝鮮國王李﹐隆遣陪臣同知中樞府使申叔根等奉表文 香帛詣闕奉慰 賜宴并彩段
衣服等物有此"(권219), 12월 경진(24일) "朝鮮國王李﹐隆遣陪臣工曹判書閔孝曾
等奉表箋方物 來賀正旦節 賜宴并彩段 衣服等物有差." 그러나 11월 성주에 유배
된 대간공을 覲省하였고 權達手를 상주에서 만난 것을 보면, 공이 이 사신단에
참여하였을 가능성은 없다. 이후 공의 경력에서 이 무렵 명나라의 사신으로 갈
수 있었던 해는 1505년뿐인데, 이 해 5월 명나라의 홍치제가 사망하고 전 황태
자가 즉위하였지만 아직 황태자가 없었기 때문에 전년까지 9월에 거행하던 황
태자의 천추절도 없어졌고, 따라서 이 해의 조선 사신에는 천추절 축하 사행은
없었다. 다만 《명실록》은 홍치 18년 7월 병술(초 3일)에 조선 공조참판 朴說
등이 홍치제의 만수절(황제 생일)을 축하하기 위하여 내조한 것을 기록하고 있
는데, 이것은 홍치제가 사망하기 이전에 출발한 것이다. 명나라도 이것을 고려
하여 축하 사절은 일단 접수하고 喪中이라 연회만은 생략하였다. 그러므로 공
이 1518년 사신으로 명나라에 가기 이전 서장관으로 명나라에 간 것이 사실이
라면, 1505년 이외에는 달리 상정할 수 없고 혹 이것이 생일 축하와 관련된 것
이라면 1505년 명나라에 들어간 만수절 축하 사신으로 추정하는 것이 가장 온
당한 것 같다. 〈奉酬聖壽無窮詞〉 8수(권1)는 이 사행을 위하여 준비한 시로 추
정된다.

27세(1506년, 연산군 12년, 9월 중종 元年 병인)

　　　　　정월 松齋 李堣(明仲)를 방문, 痛飮하다.

　　　5월　　성주에 유배된 아버지를 가까이 모시기 위해 **義城縣
　　　　　　令을 자원하다.**

　　　　　　억지로 공무를 보며 술로 난세를 견디다.5)

　　　　　　이 때 백씨 耦도 아버지를 모시기 위하여 唐浦 萬戶
　　　　　　를 자원하다.

　　　9월　　仁祖反正.

　　　　　　동복 동서 金勘이 경상도 관찰사가 되어 회피하기 위
　　　　　　해 충청도 文義縣으로 전보되었다. 김감이 체직된
　　　　　　이후 다시 의성현령으로 복귀.6)

　　　　　　당포로 백씨를 방문, 〈游海賦〉(권1)를 짓다.

28세(1507년, 중종 2년 정묘)

　　　　　《**聞韶志**》 **편찬**7)(이것은 失傳).

30세(1509년, 종종 4년 기사)

　　　8월　　어머니의 上言으로 陽川縣監으로 전임될 예정이었으

---

5) 공은 이 때의 상황을 다음과 같이 술회하였다. "불행히 일찍이 과거에 급제하여
　폐조(연산군)에 歷仕하였다. 억지로 종사하며 오직 술로 스스로 달랬는데(?)
　아버님을 모시기 위하여 (外官으로) 나와 聞韶令이 되었다. 묵묵히 문서만 보
　며 스스로 조심하며 사람들을 대하였지만, 견디기가 어려웠다"(〈自敍〉).
6) 《중종실록》 원년 9월 신축(25일), "且前日金勘爲慶尙道觀察使　同生同壻義城縣
　令李耔則移文義……金勘遞觀察使後 李耔 金守潭皆還原任."
7) 聞韶는 義城의 옛 이름.

나, 臺諫과 侍從의 추천으로 **弘文館 修撰을 배수**.
領事 朴元宗도 公이 양천현감으로 옮기는 것은 반
대하였지만, 京職으로 오는 것은 찬성.8)

윤9월 《陰崖日錄》 기록을 시작.

11월 8일(병인) 夜對《孟子》 강의에 참석, 湯王과 武王은
우열이 없으며 의롭고 죄 없는 사람을 하나도 죽
이지 않고 백성을 위하여 해를 제거한 성인이었다
고 주장.9)

31세(1510년, 중종 5년 경오)
홍문관 應敎로 승진.

정월 5일(임술) 朝講에서 집의 金克, 정언 金珽, 說經 황여
헌과 함께 朴永文의 처벌을 주장하였으나, 왕이
따르지 않았다.

---

8) 《중종실록》 4년 8월 임신(12일), "(朴)元宗曰 吏曹啓請 外官雖未箇滿 若合於臺
諫侍從者 備望 永爲恒式 臣意以爲不可……義城縣令李耔 以其母上言換陽川 聞李
耔有臺諫侍從之望 入爲京職無不可也 況李耔之母 年旣不深 而兄弟亦多 迎送亦有
弊 雖不換可也."

9) 《중종실록》 4년 11월 병인(8일), "夜臺 講至孟子 行一不義 殺一無辜. 上曰 '伊
尹과 伯夷는 그렇지만 역대 군주 가운데 누가 이것을 실천하였고 누구는 실천
하지 못하였는가?'……上曰 '《書經》에는 피가 (강처럼) 흘러 공이가 떠내려갔
다는 말이 있는데, 어떻게 무고한 사람을 하나도 죽이지 않았단 말인가?' 李耔
曰 '《서경》에 피가 흘러 공이가 떠내려갔다는 것은 탕왕과 무왕이 무고한 사
람을 죽였다는 것이 아니라 紂의 무리들이 서로 공격하여 멸망하여 그렇게 되
었다는 것을 말한 것입니다.' 上曰 ' 요·순·탕·무는 모두 성인인데, 탕과 무
에도 우열이 있는가?' 李耔曰 '泰誓는 나중에 나왔기 때문에 文辭가 같지 않지
만, 탕과 무는 모두 성인으로 백성을 위하여 해를 제거하였으니 어찌 우열이
있겠습니까?'"

이날 夕講에서도 공은 황여헌과 함께 다시 박영문의 죄
상을 강조하였지만 역시 중종은 따르지 않았다.10)

정월 9일(병인) 朝講에서 성세정·김식과 함께 다시 박영
문의 죄를 공격하다.11)

2월 1일(정해) 晝講에서 재변이 일어나면 군주는 두려워하
고 반성, 자숙해야 한다는 것을 강조.12)
講에서 포은·야은의 사당을 세우고 자손을 등용할
것을 주장, 중종도 찬성.13)

2월 7일(계사) 夕講에서 《시경》 6월편 "文武吉甫 萬邦爲憲
〔문무를 (겸비한) 윤길보 만방의 모범이로다〕"를
講할 때 여기서 '文武'는 才藝가 아니라 반드시 實
行이 있어야 한다는 것을 의미한다고 해설하다.14)

---

10) 《중종실록》 5년 정월 임술(5일). 박영문 문제는 《日錄》 己巳年과 庚午年에도
상세히 언급되어 있는데, 박영문은 반정 공신의 논공행상 때 뇌물을 받고 불공
정하게 처리하였고, 궁중의 기물을 멋대로 집으로 가져가는 등 물의를 빚어 종
종 4년 말부터 대간의 탄핵을 받았는데 영의정 박원종이 비호하여 중종도 처벌
하지 못한 것이다.

11) 《중종실록》 5년 정월 병인(9일). 이 때도 박원종은 박영문을 두둔하였다.

12) 《중종실록》 5년 2월 정해(1일). "검토관 李耔曰 '재변이 있으면 군주가 마땅히
경계하고 반성해야 합니다. 正殿을 피하고 음식을 감하는 것 따위는 형식이지
만 두려워하고 반성하는 것은 다 해야 합니다.'"

13) 《중종실록》 5년 2월 정해(1일). "맹자를 講하는데 백이의 일에 이르자, 검토관
李耔曰 '절의는 매우 중요한데, 우리나라는 예로부터 의사가 드뭅니다. 전조 왕
씨의 난에서 정몽주는 난중에 죽고 길재는 숨어서 벼슬하지 아니하였으니, 마
땅히 포상해야 할 터인데, 지금까지 사당을 세우지 않았습니다. 청컨대, 사당
을 세우고, 그 자손들도 錄用하십시오.' 上曰 '절의는 국가에 소중한 것이니 당
연히 포상하여야 할 것이다. 그러나 예관에게 물어 보라.'"

14) 《중종실록》 5년 2월 계사(7일), "御朝講 講詩六月篇 至文武吉甫 萬邦爲憲 檢
討官 李耔曰 '여기서 말한 문무는 才藝를 말하는 것이 아니라 반드시 실행이

4월 3일(무진) 三浦 倭亂.15)

4월 11일(병신) 홍문관 입직 교리로서 부수찬 權橃 등과
　　　　　　 함께 왜란을 평정하는 군의 사기를 높이고, 兵籍
　　　　　　 에는 없으나 기예를 가진 자를 초모하여 군비를
　　　　　　 충실히 할 것과 왜관의 왜인을 모두 죽이지 말 것
　　　　　　 을 상주하다.16)

4월 21일(병오) **禮曹가 대마도주에 보낸 답서를 짓다.** 왜인의 역
　　　　　　 대 침구를 문책하고 회개할 것을 요구한 내용.17)

4월 27일(임자) 일본 使者는 이번 난과 무관하다고 판정
　　　　　　 귀환을 결정.
　　　　　　 이것을 반대한 〈請勿遣留館倭使疏〉(권2)는 직후에
　　　　　　 올린 것으로 추정된다.18)

5월 6일(경신) 朝講에서 조방언·이언호와 함께 대간의 주
　　　　　　 장대로 李苗의 직첩을 환수할 것을 주장. 아울
　　　　　　 러 臺諫에 대한 대우가 옳지 않다고 불만을 표

　　있어야 한다는 것을 말한 것입니다.'"
15) 《日錄》 권3, 경오 4월에 이 난의 경과를 기록.
16) 《중종실록》 5년 4월 병신(11일). 중종은 이미 적절한 조치를 취하였는데도,
　　이런 상소를 올렸다고 어느 정도 서운한 뜻을 보였다.
17) 《음애집》 권2 書契에 수록된 〈禮曹答對馬島主〉는 결실된 부분도 있어 《중종실
　　록》 5년 4월 임자(22일)에 수록된 〈禮曹答對馬島主書契〉에 견주어 분량도 적고
　　구체적인 표현도 상당한 차이가 있다. 그러나 양자의 대의는 대체로 같은 것으
　　로 보아 문집에 수록된 것이 초고이고, 《실록》에 수록된 것을 완성본으로 추정
　　한다.
18) 《음애선생연보》가 이 소를 중종 12년(1517년) 여름에 수록한 것은 잘못이다.

시하다.[19)

　　대간이 처음 이 문제를 거론한 것은 4월 28일(계축).
　　중종은 이것을 거부하였고, 대간은 계속 상소.
　　〈請還收李苗職牒疏〉(권2)는 이를 전후한 시기의 상소.

5월 21일(을해) 朝講에서 대사헌 조계상, 司諫 이철균, 典
　　　　　經 정사룡과 다시 李苗의 일을 극론하다. 중종은
　　　　　또 불허(《실록》).

5월 29일(계미) 朝講에서 중신과 함께 다시 李苗의 처리를
　　　　　요청(《실록》).

6월 29일(계축) 妻島에 거주하던 왜인 而羅多羅를 돌려보
　　　　　내는 것을 반대, 아울러 진위가 분명치 않은 일본
　　　　　사자도 귀환시키지 말고 벽지에 分置할 것을 주장
　　　　　하다.[20)

---

19) 《중종실록》 5년 5월 경신(6일), "御朝講 持平趙邦彦啓李苗韓及等事 正言李彦
浩亦啓 侍讀官 李耔曰 '예전 제왕이 외적을 물리칠 때는 도망하고 이반한 자들
도 초납하여 그 한 짓을 따지지 않았지만, 先儒는 그것을 잘못이라고 여겼습니
다. 하물며 이줄은 위인이 사람 축에 끼지도 못하는데, 비록 종군시켜도 본래
2품관이었기 때문에 卒伍에 편입할 수도 없고 邊將으로 임용할 수도 없었습니
다. 만약 하루를 쓰면 반드시 하루의 근심이 있을 것입니다. 전일 전장에 나갈
때도 역의 말이 불량하다고 驛丞을 구타하였습니다. 비록 역승이 천하기는 하
나 역시 관인인데, 이렇게 할 수는 없는 것입니다. 臺諫이 啓를 올린 지 이미
오래되었으니, 그 啓대로 하시기 바랍니다. …… 근일 대간이 아뢴 것을 심상
히 여기시고 유난하시기 때문에 대간은 계청을 윤허 받지 못하고, 또 반드시
대신이 아뢴 연후에야 따르시니, 대간 대우를 이렇게 하시는 것이 아닙니다.'"
이줄은 중종 잠저 때 측근으로 공신으로 인정되었으나, 실각되어 귀양 중이었
는데, 왜란으로 종군하여 공을 세워 職牒을 받은 것이다.

20) 《중종실록》 5년 6월 계축(29일), "李自堅・金克愊・安處誠・李耔・許遲・金乃
文・洪彦弼・黃汝獻・金應璧・鄭士龍 等議 '신등은 전일 의론을 모을 때 대마
도 왜인은 마땅히 궁벽한 郡에 分置하고 일본 사자는 관에서 대접하며 구류하

8월 5일(무자) 朝講에서 좌우 대신들과 늘 고금의 治道를
토론할 것을 권하다.21)

8월 24일(정미) 강을 건너 명나라의 영내에서 사냥하다 말
을 훔친 용천인 5인이 명나라에 구류된 사건을 평
안도 관찰사가 보고.22)

8월 25일(무신) 金安國·申淵과 함께 吏文을 進講, 講을 마
친 뒤 주연을 하사, 만취되어 서로 부축하며 나왔
다고 함.23)

중종은 명나라 측 탕참 지휘가 중앙에 보고하겠다는
것을 일단 위협으로 생각하였으나 명나라와 관련

고 서서히 사세를 보아 처리하자고 하였습니다. 하물며 지금 (좋지 않은) 소식
이 여러 번 이르고 있는 데야 더 말할 것도 없습니다. 더욱 돌려보낼 수 없습
니다. 다만 조정에서 이미 방환을 허락하였으니 명분 없이 중지할 수도 없고,
무기한 館에서 접대하면 그 폐단 이에 못지않을 것입니다. 지금 而羅多羅가 삼
포에 왕래하며 아내를 얻고 머물러 산 정상이 이미 드러났으니, 저번에 변경을
침범한 근본원인을 모르는 것이 없을 것입니다. 그밖에 또 일본 사자라고 칭하
는 자들도 그 진위를 적확히 알 수 없으니, 지금 또 이것을 이유로 그 죄상을
끝까지 힐문하고 館에 있는 島倭와 충주에 가둔 자도 이것으로 推鞫하여 모두
죄를 주고 궁벽한 郡에 分置한 연후에 처치하시기 바랍니다.'"

21) 《중종실록》5년 8월 무자(5일), "御朝講 侍讀官 李耔曰 '무릇 학문은 그 향방
을 신중히 해야 합니다. 신들이 강하는 것은 단지 구독만 講하는 것이며 그 깊
은 뜻은 논하지 않습니다. 반드시 좌우의 대신에게 고문하시어 옛 것으로 지금
을 증명하여(원고증금) 실제 일에 시행하며 계속 토론하면 聖學이 날로 고명해
질 것입니다. 그것은 비단 학문의 공에 유익할 뿐 아니라 다스리는 방법〔治道〕
에 더욱 유익할 것입니다. 고인이 말하기를 사람을 가깝게 하는 것〔近人〕에 학
문보다 편한 것이 없다고 하였습니다. 지금 좌우 대신과 고금을 토론하고 다스
리는 방법을 강론하신다면 이것 역시 사람을 가까이 하는 것입니다.'"
22) 《중종실록》5년 8월 정미(24일), "平安道觀察使馳啓曰 龍川人金鐵你等五人打
圍于湯站地方 像人家馬匹 被捉拘留云 因湯站指揮批文而有是啓."
23) 《중종실록》5년 8월 무신(25일), "殿講文臣吏文漢語 賜通解者黃金兒馬.";〈關西
奉使錄〉(《음애집》권3) "庚午八月二十五日 上御思政殿 講文官吏文 耔及金國卿
申止叔 受點入講 講後 賜酒 各引滿 扶醉而出."

된 분쟁을 시급히 해결할 필요가 있다고 판단, 술에 취하여 퇴궐한 공을 저녁에 다시 불러 **義州推考敬差官에 임명**, 즉일 출발을 명하다. 영의정 김수동의 건의에 따라 공을 파견한 것이다. 날이 저물어 본가에서 자다.24)

8월 26일(기유) 어젯밤 열어둔 대문을 나와 출발하다.

8월 30일(계축) 의주 도착.

9월 이후 약 2달 동안 체류하며 사건 수습.
〈關西奉使錄〉(권3)은 이 특명을 수행하는 전후 사정과 내용을 기록한 것이다.
먼저 湯站 指揮를 방문, 愚民의 실수를 관대히 처분할 것을 부탁, 잡혀간 5명을 석방시키는 데 성공. 계속하여 사건의 재발을 방지하고자 강을 건너 사냥한 사람을 탐문 조사하였으나 용천인 태반이 부정.
〈林畔館夜夢友人〉,25) 〈獨坐龍川小軒〉(권3)은 이 때

---

24) 〈關西奉使錄〉 "講後 賜酒 各人滿扶醉而出 歸臥本家 日暮 政院招我 强赴命 則以平安道龍川人越江畋獵 湯站指揮聲以持兵犯京囚諸本站 將欲申報 上曰 是雖站人恐動之辭 事係上國 往觀便宜 仍命卽日發行 因日暮出宿本家 待開門登道."; 《중종실록》 5년 8월 무신(25일), "遣弘文館副應教李耔于平安道 推鞫金鐵你等 從金壽童之言也."

25) 〈관서봉사록〉에 따르면 이 우인은 李沆(字 浩叔). 10여 일 뒤 이항도 이 때 함경도 군대를 감찰하는 중이었다는 소식을 들었는데, 서울에 돌아와 10여 일이 지난 뒤 공은 이항이 자기를 꿈에 보고 지은 시 3수를 받았다. 그 날짜를 계산해 보니 자기가 용천에서 이항을 꿈에 본 그날은 이항이 함경도로 떠나는 날이었고, 이항이 명천에서 자기를 꿈에서 본 날은 아버지 대간공이 돌아가신 날이었다는 것이다. 또 이항의 시에는 함께 홍문관에 근무할 것이라는 구절이 있었는데, 그것도 적중했다는 것이다. 이와 같은 두 사람의 우정도 이항이 훗

각각 선천과 용천의 객관에서 지은 시이다.

9월 15일(무진) 용천에서 望闕禮를 행함. 〈十五日望闕禮〉(권3)
  을 짓다.

  이후 영변을 거쳐 묘향산에 가려고 하였으나, 눈 때
  문에 그만두고 泰川을 거쳐 운산에서 묘향산으로
  가려고 하였다고 한다.
  〈次泰川客館韻〉, 〈十五日望闕禮〉와 〈遺權仲虛檄近思
  錄〉 사이에 수록된 申熙貞(字 明叟)을 맞이하는
  시 6수(권1)는 이 무렵에 지은 것이다.

11월 1일(계축) 어머니의 병이 위독하여 사직을 청하여 허
  가 받다.26)

11월 8일(경신) 철산에서 아버지 대간공의 병을 알고 급히
  출발.
  〈登鐵山北原與主倅朴仲通及柳彦仙小酌〉, 〈書鐵山倚枕〉
  (권1)은 이 직전에 지은 것으로 추정된다.

11월 11일(계해) 서울로 돌아오다.

11월 22일(갑술) 대간공 별세(이상 〈관서봉사록〉 참조).

날 남곤·심정파가 되면서 끝나고 말았다.
26)《중종실록》5년 11월 계축(1일), "義州推考敬差官李耔之母病甚 上言請許耔來
  觀 許之 以李自華代之."

32세(1511년, 중종 6년 신미)

　　　　정월 대간공의 상을 치룬 뒤 계속해서 **廬墓하다(용인
　　　器谷面 智谷里)**.

33세(1512년, 중종 7년 임신)

　　12월 서울로 돌아오다.

　　12월 말 〈與柳從龍〉書(권2)를 보내 昭陵 복구사를 논하다.27)

34세(1513년, 중종 8년 계유)

　　정월 상복을 벗다.

　　　　대간공의 묘 아래의 남쪽 개울 바위틈에 단풍나무가
　　　　숲을 이루었는데, 공은 이것을 사랑하여 楓林居士
　　　　라는 自號를 가졌다.

　　2월　24일(계해)　황필·김안국·안처성·김안로·성세창　등과
　　　　함께 소릉 복구를 주장하는 상소를 올리다(《실록》).
　　　　중종은 불허.
　　　　이 때 공의 관직은 **훈련원 첨정**, 정월 상복을 벗은
　　　　이후 제수된 듯하다.

---

27) 從龍은 柳雲의 字, 당시 臺官. 공과 과거 同年. 소릉은 문종의 비 단종의 어
　　머니 顯德王后(권씨)의 능. 세종 23년 9월 사망, 문종이 즉위한 뒤 왕후로 추
　　존, 능을 소릉으로 칭함. 세조 3년 왕후의 친정 동생 權自愼이 역모로 처형되
　　면서 왕후는 廢庶人이 되고 능도 개장되었다. 소릉의 복구는 결국 세조 훈구세
　　력에 대한 비난이고 단종의 옹호를 의미하기 때문에 신하들도 화가 두려워 그
　　주장을 꺼리는 상황에서 공은 同年 柳雲에게 소릉 복구 상소를 올릴 것을 권한
　　것이다. 자신은 상중이라 직접 상소를 올릴 수 없었다.

4월 2일(경자) **홍문관 부교리 제수**.28)

　　특지로 홍문관 교리로 移拜.29)

4월 17일(을묘) 소릉의 구영을 열어 문종의 현릉으로 이장
　　할 것이 결정되자 輓詩 〈顯德王后移祔顯陵輓〉(권
　　1)을 짓다.30)

5월 6일(계유) 현덕왕후를 追復하고 안산에 있는 소릉을
　　문종의 顯陵 좌측에 모실 것을 명하다.31)

6월 13일(경술) 伯氏 萬戶公 耦 별세.
　　백씨의 어린 차자 稔을 길러, 훗날 동생 耨의 후사로
　　보내다.

8월 18일(을유) 具壽永의 資 환급을 반대하는 대간의 啓를
　　지지(《실록》).

11월 좌상 鄭光弼의 주장에 따라 柳子光의 翊戴 勳籍을 환

---

28) 《중종실록》 8년 4월 경자(2일), "上親政于思政殿 教吏曹曰 弘文館多有闕員 其
　　下官則漸次塡差 副校理亦闕 其以訓練院僉正 李耔爲之 判書金銓啓曰 李耔與曹佐
　　郎相避何如 上曰雖然 其除之."

29) 《음애선생연보》는 이것을 명기하면서 정광필과 공민왕의 제수를 받았다고 주
　　를 달았는데, 《실록》에서는 확인되지 않는다.

30) 《음애일록》 계유년 4월 을묘(17일), "開昭陵舊塋 改用梓宮 卜新兆於顯陵左岡
　　校理李耔輓曰……."

31) 《중종실록》 8년 5월 계유(6일), "顯德王后久廢廟享 陵侵不治 頃因講官之言 考
　　究其由 追廢之擧 出於一時大臣謬請 而非先王本意 乃以此博詢于朝 商度之累月
　　群議僉同 予意已決 肆用祭告太廟 追復位號 開舊昭陵 遷付顯陵之左 去昭陵舊號
　　合稱顯陵 于於本月初六日 躋祔神主於宗廟 配享文宗之室"

급하자 대간은 연일 취소를 요구하는 상소를 올렸
고 공도 〈請還削柳子光翊戴勳錄疏〉(권2)를 올렸다.

35세(1514년, 중종 9년 갑술)

湖堂에 선발되다.[32]

《續東文選》 편찬에 참여하다.[33]

2월 6일(경자) 夕講에서 기절 있는 선비의 배양에 힘쓸 것
을 강조하다.[34]

2월 10일(갑진) **사간원 司諫을 배수**(《실록》).[35]

2월 13일(정미) 朝講에서 재상이 청탁을 듣지 않고 賢能한

---

32) 연산군 때 폐지된 호당을 부활. 申用漑가 대제학이 되어 공을 비롯하여 이장
  곤·김안국 등 19명을 선발.
33) 《음애선생연보》는 이것의 年條가 미상하여 일단 여기에 기록하였다고 하는데,
  《속동문선》이 撰進된 것은 종종 18년 7월 12일(을유)이다.
34) 《중종실록》 9년 2월 경자(6일), "御夕講 檢討官 李耔曰 '송의 人臣으로 危亂의
  시기를 당하여 조용히 죽음으로 나가는 자가 史書에 끊이지 않고 (기록된 것
  은) 300년 동안 배양한 소치입니다. 우리나라는 祖宗 이래 기절을 배양하는 데
  모든 노력을 다하였으나 廢朝가 원기를 저상시켜 기절이 훼손된 것이 지금보다
  심한 적이 없습니다. 원컨대 주상께서는 기절을 배양하는 데 마음을 두시기 바
  랍니다. 방금 그것을 배양하는 데는 학교가 중요합니다. 純正하고 博雅한 자를
  발탁하여 斯道의 영수로 삼으시면 一國의 선비가 자연히 감화되어 모두 正道로
  들어설 것입니다. 집집마다 찾아가 설교함으로써 한 시대의 사람을 모두 변화
  시킬 수는 없습니다. 節義의 선비는 비단 危亂의 시기에만 나오는 것이 아닙니
  다. 평시에도 능히 直道로 군주를 섬기고 허물과 잘못을 바로잡으며 큰일과 책
  임을 담임하는 자는 모두 節義의 선비입니다. 국가는 그런 사람을 택하여 맡기
  기만 하면 됩니다.'"
35) 《음애선생연보》는 이것을 중종 8년 말에 기록하고 있으나, 《실록》에 의거하여
  바로 잡는다.

자를 공천해야 한다는 것을 강조, 領事 宋軼과 충
돌하다.36)
掌令 金希壽와 함께 '前事'를 거론하다.

2월 20일(갑인) 조강에서 김희수와 함께 '前事'를 다시 거
론하였으나, 주상은 윤허하지 않았다.37)

2월 26일(경신) 조강에서 대사헌 이자견과 함께 송일·홍
숙·윤순·강징 등의 체직과 《後續錄》38) 시행
보류를 반복 주장하였으나 윤허 받지 못하였다.39)
〈請遞宋軼洪淑尹珣姜徵等疏〉(권2)는 이 무렵 올린
것이다.40)

---

36) 《중종실록》 9년 2월 정미(13일), "御朝講 講綱目 至唐主殺其河南尹羅貫 上曰
'貫은 성품이 강직하여 權豪를 피하지 않고 청탁이 행해지지 않았으니 가상하
다.' …… 司諫 李耔曰 '청탁이 재상에 행해지지 않으면 아래 사람들이 자연히
청탁을 하지 않을 것입니다. 또 삼공이 만약 현능한 사람을 알면 조정에 공천
하고 사천하지 않아야 합니다.' 又與掌令金希壽 論啓前史 不允." 공의 발언 직
전 宋軼은 上이 이것을 하문한 이유는 현재의 상황에 개탄한 바가 있었기 때문
이라며 '권세는 비단 재상에 있는 것만이 아니고 그 아래에도 있다'고 주장하였
다. 송일은 신진 士人의 득세를 비판한 것이며, 공이 이것을 반박한 것이다.
이를 전후하여 공은 송일 등의 탄핵을 주도하였다.

37) 《중종실록》 9년 2월 갑인(20일), "御朝講 司諫李耔 掌令 金希壽反覆論前事 不允."

38) 《후속록》은 《大典續錄》(성종 23년, 1492년 편찬) 이후의 법령을 정비하여 종
종 8년 10월에 일단 간행한 법전인데, 시행에 문제가 있어 시행을 보류하자는
의견이 제기된 것이다. 결국 1515년 6월 일부 조문을 없애고 남은 것은 各司에
서 수교를 칭하여 사용하도록 함으로써 폐기되었다.

39) 《중종실록》 9년 2월 경신(26일), "御朝講 大司憲李自堅 司諫李耔反覆極論宋軼
等 及提調後續錄事 不允." 여기서 2월 13일과 20일의 '전사'가 송일 등에 관한
문제인 것을 알 수 있는데, 공과 신진 사인들은 宋軼·洪淑·尹珣·姜徵 등이
집정 자격이 없다는 이유로 그 교체를 반복해서 요구하였다.

40) 이 상소는 송일은 "본래 정성이 없어 왕래(청탁)를 물리치지 않고 외람되게
儀刑의 자리에 앉아 소인으로 군자의 자리에 있다는 비난을 많이 불러일으키고
있으며, 홍숙과 윤순은 자망이 본래 얕아 台司와 刑官의 長이 되기에 부족하며
강징은 나약하여 지키는 것이 없는데도 감히 春官의 貳(예조참판)에 있다"고

《실록》에 따르면 이 탄핵은 공이 발의하였다고 한다.41)

3월 2일(을축) 조강에서 다시 송일 등의 일을 極論하였지만, 윤허 받지 못하였다.42)

4월 1일(갑오) 조강에서 김양진과 같이 또 송일 등의 일을 거론하였다.43)

4월 14일(정미) 송일 등의 체직을 요구하는 상소문을 짓다(권2, 〈疏〉와 〈再疏〉44)).

《음애일록》에도 송일·홍숙·유순·강징을 비난하는 구절이 많다.

4월 19일(임자) 월과를 짓지 않은 이유로 사간에서 遞差되다.45)

비난하였다. 한편 《중종실록》 9년 4월 임인(9일), 史臣曰 "송일은 貪汚가 끝이 없었고, 홍숙은 행실이 외람되며, 강징은 어리석고 나약하여 지조가 없었고, 윤순은 비루하고 좀스러우며 才行도 없는데 연산군에 아첨하여 출세하였을 뿐 아니라 특히 행실이 나쁜 처를 의절하지 못하여 비난을 받았는데, 이자가 사간이 되어 탄핵하니 士論이 통쾌하게 여겼다고 한다."

41) 《중종실록》 9년 6월 기해(8일), 史臣曰 "탄핵의 의논은 李耔에서 나왔고 이자견 등은 겉으로는 도왔지만 속으로는 꺼렸는데, 이자가 (司諫에서) 교체되자 그 의논이 갑자기 중지되었다."

42) 《중종실록》 9년 3월 을축(2일), "御朝講 司諫李耔 持平柳灌 反覆論宋軼等事."

43) 《중종실록》 9년 4월 갑오(1일), "御朝講 司諫李耔 執義金揚震 反覆論啓前事."

44) 내용 가운데 "양사가 지난 3월 15일 각각 합문에 엎드려 청명한 지 이미 29일이 되었다"는 구절을 보아 이 상소는 4월 14일에 올린 것이 분명하다. 《중종실록》 9년 4월 무신(15일) 이 문제를 쟁론하는 대간의 合司啓가 계속되었고, 계속 윤허를 얻지 못한 대간은 4월 7일 사직을 청하였다.

45) 《중종실록》 9년 4월 임자(19일), "吏曹啓曰 臺諫被推例 當遞之 司諫李耔以月

8월 7일(정해) 어머니의 상을 당하다.

10월 어머니를 아버지 대간공 묘 왼쪽에 祔葬하고 盧墓하다.

10월 《續三綱行實圖》 간행. 이것은 중종 6년(1511년) 발행
　　　한 《삼강행실도》의 속편으로 새로 편찬된 것이다
　　　(6월 완성). 여기에 공이 직접 참여한 자료는 확
　　　인할 수 없지만, 공이 중국의 역대 열녀 30인을
　　　칭송하는 시를 보면, 특히 열녀전의 편찬에 참여
　　　한 것으로 추정된다.46)

36세(1515년, 중종 10년 을해)
　　　4월 경상도 용궁현 大竹里로 가다.47) 영천군수 權橃의 내방
　　　　　을 받다. 권발의 동생 權檣, 文瑾·文瓘 형제, 許
　　　　　瓚, 金一源도 모여 夜話를 즐겼다고 한다. 다음날
　　　　　떠나는 권발에게 공은 부지런히 勤學·修行할 것을

─────────────────

　　課不作 在推考之例 遞差何如 傳曰可." 史臣은 공이 계속 송일 등을 탄핵하여
　　중종의 뜻을 거슬렀기 때문에 遞差된 것으로 논하였다.
46) 《음애집》 권1 〈樊姬〉·〈史氏女〉·〈伯宗妻〉·〈夏姜〉·〈無鹽女〉·〈秋胡婦〉·〈漆室
　　女〉·〈宿瘤女〉·〈樂羊子妻〉·〈老萊妻〉·〈浣紗女〉·〈緹縈〉·〈杜泰姬〉·〈桓氏〉·
　　〈范滂母〉·〈文姬〉·〈皇甫規妻〉·〈馬融女〉·〈梁鴻妻〉·〈王霸妻〉·〈倪氏女〉·〈夏侯
　　令女〉·〈周凱母〉·〈羊氏〉·〈董氏〉·〈程氏〉·〈李氏〉·〈程氏〉·〈楊氏〉. 《삼강행실
　　도》에 수록된 열녀 32명 가운데 중국인이 29명, 《속삼강행실도》에 수록된 열녀
　　26명 가운데 중국인은 8명이다. 또 비록 공의 사후 10년의 일이지만 1543년(중종
　　38년) 劉向의 《열녀전》이 왕명으로 언해된 것도 중국 열녀를 모범으로 열녀의 도
　　덕을 선전하려는 의도의 하나로 해석되는데, 공의 시는 바로 이러한 정책과 무관
　　하지 않을 것이다.
47) 대죽리에는 李壯元 遺址도 있었다고 하는데, 약간의 田莊이 있었던 것 같다.
　　〈음애선생행장〉에 "嶺表에 薄業이 있었다"는 구절은 이 전장을 말한 것이다. 또
　　당시 공의 장인 蔡壽가 용궁현 咸昌에 은퇴하고 있었는데, 공이 대죽리로 간
　　것은 이 때문이기도 한 것 같다.

당부하고 《近思錄》을 기증하였다. 시 〈遺權冲虛近
思錄〉(권1)을 짓다. 훗날 권발의 후손은 권발이 평
생 공이 준 《근사록》을 보며 많은 공부를 하였다
는 家傳을 전하였다.48)

10월 2일(을묘) 권발과 李堣(송재)가 내방하여 야화를 즐기
며, 朴祥(訥齋)과 金淨이 愼妃의 복위를 청한 상
소 문제를 언급하다.49)

11월 장인 懶齋 蔡壽의 喪을 哭하다(당시 채수는 용궁현
함창에 은거중).50)

37세(1516년, 중종 11년 병자)
4월 대간공의 비를 세우다(영의정 柳洵 撰書銘, 舍人 金希
壽 書).

6월 19일(기사) 의정부·이조·예조·성균관이 사유에 합당
한 인물로 선정한 52인에 포함되다(《실록》).

9월 대간공묘 남쪽 아래 재실 겸 거처하는 집 1칸을 짓고 思庵

---

48) 權萬, 〈陰崖集跋〉, "先生嘗以近思書貽吾祖 峴首之別 拳拳以勤學問勖之 吾祖平
生受用 多得力於先生所貽之書."
49) 愼妃는 종종의 잠저 때 부인인데, 愼守勤의 딸이라 공신의 반대로 중전이 되
지 못하였다. 그 뒤 신비 문제는 영조 15년 복위될 때까지 계속 논란이 되었
다. 박상은 당시 담양부사였는데, 이 상소 때문에 남평으로 유배되었다가 다음
해 방면되었다.
50) 채수의 字는 耆之, 호는 懶齋. 예종 때 문과 급제, 중종 정국공신에 참여, 판
서까지 올랐다. 중종 초 《薛公瓚還魂記》란 怪異소설을 저술하여 파직되었다고
한다. 魚叔權 《稗官雜記》 권2 〈蔡懶齋壽〉 참조.

으로 명명.

〈思庵上樑文〉(권2)을 짓다.

10월 어머니의 상복을 벗고, 서울로 돌아오다.

趙光祖(靜庵, 孝直)·趙廣輔(方隱, 仲翼)·趙廣佐(海
谷, 季良)과 함께 **四隱亭을 짓다**(현 용인시 기흥읍
지곡리).51)

---

51) 이 4명은 모두 용인군 출신, 조광보와 조광좌는 형제, 조광보는 중종 2년
(1507년) 박경의 옥사에 연루되어 파직된 뒤 학문에 몰두하였으나 역시 기묘사
화에서 고초를 겪었다. 그 동생 조광좌는 중종 14년 사헌부 지평이 되었는데,
그해 기묘사화에 연루되어 삭탈관직되었고, 1521년 송기련의 고변으로 28세로
옥사하였다. 공은 조광좌의 아들 趙沆에게 보낸 편지 〈答趙秀才書〉(권1)에서
四隱亭을 지은 연유와 4명의 우정을 다음과 같이 전하였다. "일전에 자네 선친
과 나의 교유를 말하다가 갑자기 소란스러운 일이 있어 자세히 말하지 못하였
기 때문에 지금 글로 간단히 말하고자 한다. 나와 정암, 자네 선친 형제의 의
는 형제와 같았고 실로 道가 부합하였다. 정암과 나의 선산은 용인에 있었고,
중익(조광보) 형제의 田莊도 역시 용인에 있었는데, 서울에서도 만나지 않는
날이 없었고, 향리에 내려오면 서로 어울려 斗巖에서 川獵하고 深谷에서 화전
을 해 먹었으며, 方洞에서 꽃을 보곤 하였다. 그때는 실로 한가롭게 논 것이
아니라 서로 도움이 되는 치열한 공부와 지극한 즐거움이 그 안에 깃들어 있었
던 것은 다른 사람들로서는 알 수가 없었다. 중익은 갑술년(1514년)에 미쳐 숨
어사는 바보처럼 행세하였기 때문에 정암이 대사헌이 되어 한참 신임을 얻을
때 비록 계량(광좌)은 기용하였지만 중익은 기용할 수 없었다. 아마 정암은 중
익이 벼슬하려고 하지 않는 것을 알았던 것 같다. 중익이 벼슬하지 않은 것은
실로 우리들보다 몇 수 위였기 때문이다. 정암은 항상 중익을 보고 '顏子가 다
시 살아왔다'고 말했으며, 계량을 '호걸지사'로 칭찬하였다. 중익은 정암을 보고
'그대는 그것을 겸하여 가지고 있으니 학문을 익혀 충실히 하라. 다만 너무 일
찍 출사한 것이 恨일 뿐이다'라고 하였다. 정암과 계량의 불행은 끔찍하여 차마
말할 수도 없으며 나만 죄를 짓고도 목숨을 보존하고 있으니, 공자가 말한 '다
행히 산 자' 격이다. 일전에 중익이 정암과 계량을 두고 한 말이 이렇게 될 줄
이야! 그 이전에 중익과 정암·계량과 나는 한 칸 窩室을 斗巖 위에 지어 놓고
여기서 낚시도 하고 나물도 캐고 나무도 하고 농사도 하는 이 네 가지를 즐기
기로 약속하고 정자 이름을 四隱이라고 붙였다. 중익은 스스로 주인이 되어 일
생을 여기서 보내려고 하였는데, 기묘년의 액을 당하여 정암은 유배처에서 죽
고 계량은 장살당하였으며, 중익은 어머니를 모시고 고향으로 돌아왔으나 얼마
되지 않아 세상을 떠났다. 나 홀로 늙어도 죽지 않았다. 여기까지 말하니 눈물

12월 9일(을묘) **副應教 제수**(《실록》).

12월 19일(을축) 文昭殿 位版을 홍보에 싸서 성안으로 던
진 사건과 관련하여 조광조 등과 함께 이 사건을
커다란 天譴(失政에 대하여 하늘이 견책한 災變)
으로 규정하고 자책과 반성을 강조하다.[52]

應教로 승진.[53]

監賑西道使로 떠나는 仲氏(耘)를 전송하다.

38세(1517년, 중종 12년 정축)

정월 10일(병술) 畫講에서 김안국과 함께 定難功臣과 昭格
署 문제에 대한 의견을 올렸는데, **昭格署 혁파를
주장한 것이다**.[54]

을 금할 수가 없구나. 중익·계량이 나와 주고받은 서찰은 수백 편이나 되지만
계량의 서찰은 기묘년에 이미 불에 태웠고 중익은 평생 숨어살고 남이 아는 것
을 원치 않았기 때문에 중익이 죽은 뒤, 나에게 준 서찰을 모두 불에 태웠다.”

52)《중종실록》11년 12월 을축(19일) “韓孝元·李彦浩·柳溥·李耔·申光漢·李
淸·趙光祖·韓忠·表憑·奇遵·鄭膺·安處順은 (다음과 같은) 의견을 제출하
였다. 즉 ‘이 일은 국가의 대 변괴로서 신인이 公憤할 일이니 마땅히 다방면으
로 推鞫하여 죄인을 반드시 잡아야 합니다. 그러나 당초 鞫問할 때 情迹이 의
심스러운 자는 모두 고문하였지만 죄인은 잡지도 못하고 도리어 억울하고 원통
하게 하였습니다. 지금 비록 자획으로 시험하여 혹 같은 점이 있어도 이와 비
슷하게 의심스러운 것으로 또 옥사를 일으켜 過濫하게 무죄한 사람에게 미치게
하는 것은 불가합니다. 이 일은 비록 사람이 한 짓이지만 실로 고금에 없는 災
變입니다. 마땅히 뼈를 깎는 아픔으로 자책하고 더욱 誠敬을 독실하게 하여 하
늘의 견책에 답하시기 바랍니다.’”

53) 정확한 날짜는《실록》에서는 확인되지 않지만, 중종 12년 정월 19일〈敎養元
子書〉를 올릴 때의 직함이 홍문관 應教이므로 편의상 여기에 수록하였다.

54)《중종실록》12년 정월 병술(10일), “御畫講 參贊官 金安國 侍講官 李耔論啓定
難功臣及昭格署事.” 이것은 昭格署의 혁파를 주장한 것이 확실하다. 昭格署가
혁파된 것은 중종 13년 9월이었다. 昭格署는 道教 신앙을 관장하는 관서로서
신진 사인들은 미신으로 간주하여 그 혁파를 주장한 것이다.

정월 15일(신묘) 중종은 공에게 감을 하사하며 陸績이 감을
품에 숨긴 고사를55) 시로 지으라고 명하다. 〈丁
丑上元 賜柑命并用陸績懷橘故事製唐韻七律〉은 이
날 지은 시이다(권1).

정월 16일(임진) 또 陸績의 고사를 주제로 시를 지으라는
명을 받았다. 〈翌日 又命陸績 懷橘爲題用前韻〉은
이날 지은 시이다(권1).

정월 19일(을미) **元子를 교양하는 書(부록 1)를 편찬하여 올
렸다**.56)

정월 20일(병신) **홍문관 典翰 제수**.

정월 25일(신축) 夜對에서 과거 이외의 방법으로도 인재를
선발할 수 있다는 의견을 제시하다.57)

---

55) 陸績은 중국 삼국시대 吳人. 袁術이 6세의 육적에게 귤을 먹으라고 주었는데,
육적이 물러간다고 절을 할 때 품속에 숨긴 귤 3개가 땅에 떨어졌다. 원술이
그 이유를 물으니, 어머니에게 드리려고 숨겼다고 답하여 원술이 기특히 여겼
다고 한다.

56) 《중종실록》 12년 정월 을미(19일)에는 홍문관 부제학 한효원 등이 올린 장문
의 〈敎養元子書〉가 실려 있는데, 그 말미의 주에는 다음과 같은 그 편찬 경위
가 전한다. "원자가 탄생한 뒤 날로 준수해져 겨우 두세 살인데도 언어와 거동
이 이미 성인과 같아 보모와 侍兒가 감히 함부로 장난치지 못하였다. 이에 上
은 홍문관에게 교양하는 방법을 편찬케 하였다. 부제학 한효원, 直提學 이언
호, 응교 李耔·유보, 교리 이청·신광한, 修撰 조광조, 부수찬 張玉·表憑, 박
사 기준, 著作 정응, 正字 유용근·안처순 등이 조목을 議定하여 李耔에게 위
촉하였다. 李耔는 《大學衍義》를 모방하여 옛 글을 모으고 자기 의견을 붙이어
조목별로 論辨하고 친절하게 깨우치게 하였으니, 사람들은 정밀하고 원숙한 것
이 되었다고 칭찬하였다." 그러므로 〈敎養元子書〉는 《음애집》에 수록되어야 하
며, 당시 사대부들의 세자 교육관이 집약된 귀중한 문헌으로 평가된다.

2월 3일(기유) 홍문관 直提學 제수(《실록》).58)

2월 28일(갑술) 畫講에서 흉년 대책이 없음을 개탄하다.59)

3월 4일(기묘) 定難功臣의60) **錄勳是正을 주장하는 箚子(부록
2)를 올리다(《실록》).**

3월 12일(정해) 정난공신 녹훈시정을 주장하는 箚子를 올
리다(《실록》).61)

3월 14일(기축) 정난공신 녹훈시정을 윤허하지 않은 것에 항
의하여 체직을 요구한 대간의 주장을 지지하다.62)

3월 16일(신묘) 정난공신 녹훈 시정을 윤허하지 않은 것을

---

57) 《중종실록》12년 정월 신축(25일), "御夜對……上曰 '후세에는 과거로 인재를
얻었지만 정말 쓸 수 있는 사람은 반드시 과거로 얻을 수 있는 것도 아니다.'
侍讀官 李耔曰 '성상의 말씀이 지당합니다. 옛날에는 鄕擧里選의 법이 있었고,
후세에는 爵祿으로 선비를 대우하면서 역시 과거로 (官界로) 나아가는 길을 만
드니 그 득실을 걱정하는 풍습이 생기게 되었습니다. 어찌 과거 이외에 학술이
뛰어난 자가 없겠습니까? 따로 찾아본다면 그런 사람이 없지 않을 것입니다.'"
58) 《음애선생연보》가 홍문관 典翰, 홍문관 직제학의 제수를 모두 중종 11년 말에
기록한 것은 잘못이다.
59) 《중종실록》12년 2월 갑술(28일), "御畫講 李耔曰 '지난해의 흉년은 을사년
(1485년)과 다를 바 없으며, 특히 노인과 어린이가 구렁텅이에 빠져 죽고 먹을
것을 구걸하는 행렬이 줄을 이었는데, 전일 迎訪時에 대신들이 멍하니 구제에
는 일언도 하지 않고 종사관에게 미루었으니 신은 적이 개탄합니다.'"
60) 중종 2년(1507년, 정묘) 서얼 盧永孫이 李顆 등을 역모로 고변하여 李果 등은
처형되고 노영손 등 21인이 정난공신이 되었다(《연려실기술》권7, 李顆獄).
이 시정을 요구한 것은 결국 이과의 역모를 부인한 것이다.
61) 3월 4일의 箚子와 비슷한 내용이다.
62) 《중종실록》12년 3월 기축(14일), "弘文館 直提學 李耔等 上箚 請從臺諫之言
不從."

항의하는 차자를 올리다.63)

3월 19일(갑오) 왕비 親迎에 관한 고법을 수집하여 올리다
(부록 3).64)

3월 20일(을사) 대간의 주장(정난공신 문제)을 윤허할 것
을 청하다(《실록》).

3월 24일(기해) 親迎禮를 거행할 것을 청하다.65)
정난공신 노영손의 加資 시정을 청하다.66)

---

63) 《중종실록》 12년 3월 신묘(16일), "弘文館 直提學 李耔等上箚 其略曰 '덕이 없
는 자가 높은 자리에 있으면 어떻게 선비를 권장할 수 있으며, 공이 없는 자가
융숭한 상을 받으면 어떻게 충성을 권장하겠습니까? 국가가 고변한 자에게 높
은 班次를 주고 공신록에 올리며 '定難'이라고 칭하였지만, 당초 難이 아닌데
'定'은 어디에 근거한 것이며, 본래 수고로움이 없었는데 어떻게 공이라고 하겠
습니까? 국론이 펴지 못하니 群情이 더욱 억울하게 느낍니다. 국가에 성대한
의례가 있는데도 대간이 참여하지 못하고 경연은 중대사인데도 이 때문에 폐하
였는데도 전하께서는 과실을 고치는 데 인색하고 諫을 따르기를 거부하시니,
신등은 실망하지 않을 수 없습니다.'"
64) 《중종실록》 12년 3월 갑오(19일), "弘文館 直提學 李耔等 以親迎之事 博採古
禮 啓曰……." 중종이 尹之任의 딸 文定王后를 새로 중전으로 맞이하기 위한
예법을 만들기 위한 것이었다.
65) 《중종실록》 12년 3월 기해(24일), "弘文館 直提學 李耔等 啓曰 '전일 이미 의
식을 거행하는 관에서 맞이하는 예를 정하였는데, 지금 대신은 절차가 어렵다
는 禮官의 의견으로 정지를 청하였습니다. 무릇 親迎의 예를 禮經과 先儒의 설
에서 고구해 보면, 비록 천자·제후와 같이 높은 신분도 반드시 冕服으로 친영
하였습니다. 의식을 거행하는 館에서 맞이하는 것이 바로 금일에 합당합니다.
어찌 삼대에 통행하던 예를 버리고 漢·唐의 것을 법식으로 삼을 수 있겠습니
까? 천자가 제후의 딸과 결혼할 때는 卿이 가서 公을 맞이하고 監이 그 나라에
가면 여러 경들은 모두 館所로 전송하고 천자는 나와 맞아들였습니다. 이제 奠
雁·奉迎의 예는 이미 왕비의 집에서 거행하였으니, 주상께서는 단지 館所에
나가 맞아들이기만 하시면 됩니다. 민을 인도하는 방법은 몸소 행하는 데 있습
니다. 이와 같은 성례는 마땅히 행해야 합니다.'" 영의정 정광필·좌의정 김응
기·우의정 신용개·좌찬성 김전·예판 권균·좌참찬 이계맹 등이 親迎禮를 반
대한 것이다.

4월 3일(무신) 빈번한 재변에 군주의 자성을 촉구하다.67)

4월 27일(임신) 김정·조광조·김구와 번갈아 《대학》을 進
講하게 되다(《실록》).

4월 29일(갑술) 朝講에서 부녀 대신 文臣이 원자를 輔養할
것을 주장하다.68)

5월 14일(무자) 상이 자전을 간병하고자 어소를 옮겼는데도
합당한 예절을 지키지 못하는 관리들의 기강을 바
로잡을 것을 청하다(부록 4).

5월 28일(임인) **홍문관 부제학 제수**(《실록》).

6월 12일(병진) 대간의 공론을 거부하는 중종의 처사, 특히

---

66) 《중종실록》 12년 3월 기해(24일), "공신은 이미 고쳤는데 노영손의 남발된 加
資를 고치지 않은 것은 사리에 맞지 않습니다. 6경의 자리에 끼인 지도 벌써
10년이 넘어 조정의 욕됨이 또한 심합니다. 비록 嘉善에 封君해도 다행한 일이
니 고치지 않을 수 없습니다."

67) 《중종실록》 12년 4월 무신(3일), "또 이자가 말하였다. 근래 재변이 겹쳐 나옵
니다. 純陽의 달이라 만물이 퍼져 번성할 때이므로 서리가 내릴 수 없는데도
서리가 내려 풀을 죽이고 있습니다. 지금은 바로 전전긍긍 덕을 닦으며 하늘의
견책에 답할 때입니다. 신의 생각으로는 입으로 말하는 것은 붓으로 쓰는 것만
못한 것 같습니다. 주상께서 즉위한 이래 생긴 변괴를 자리 옆에 써놓으시고
좌우로 돌아보며 항상 마음에서 떠나지 않게 하시는 것이 좋겠습니다."

68) 《중종실록》 12년 4월 갑술(29일), "御朝講……李耔曰 '옛 사람들은 태교를 하
였다는 말이 있는데 하물며 이미 태어난 뒤는 어떻겠습니까? 시정에서 보고 듣
고 것이 모두 비루하고 자질구레한 것이어서 왕의 자녀는 상인의 집에 섞여 살
수가 없습니다. 신들이 듣건대 원자의 기질과 식견이 탁월하신데, 어찌 부녀자
의 손으로 輔養하게 하겠습니까? 학문하는 일은 지금 할 수 없지만, 따로 文臣
을 택하여 항상 접견하며 미리 輔養하도록 하는 것이 좋겠습니다.'"

군신 상하가 막힌 것과 許磐의 처 노예 문제 처리방
법을 비판하는 箚子를 올리다(부록 5).

6월 14일(무오) 허반의 노비를 내수사로 귀속시키는 부당
성을 지적하고, 신료와 면대를 촉구하다.[69]

6월 16일(경신) 허반의 노비를 내수사에 귀속시키지 말 것
을 다시 주장(《실록》).

6월 17일(신유) 허반 노비 문제를 논하는 箚子를 올리다(부록 6).

6월 21일(을축) 허반 노비 문제에 대한 箚子를 올리다(부록 7).

7월 4일(무오) 경연의 속개를 청하다(부록 8).
　　대사헌 최숙생, 대사간 이언호, 승지 윤은보와 함께
　　召對에 참여하여 時事와 治道를 논하다(부록 9).

7월 10일(갑신) 조정에서 윤비의 책립을 명나라에 주청할
　　것인지를 논의하였다. 주청하면 명나라의 사신이
　　帝命을 받들고 올 것이며, 그러면 흉년이 든 서도

---

69) 《중종실록》 12년 6월 무오(14일), "弘文館 副提學 李耔等曰 '신들이 허반의 노
비에 관한 일을 듣건대 文案은 과연 분명치 않습니다. 그러나 이 일은 한편으
로는 국가와 관계되고 한편으로는 백성에 관계된 것이니 어찌 문안을 가지고
하겠습니까? 가령 법으로 보아서는 당연히 공에 귀속된다 하여도 내수사에 속
하게 하는 것은 크게 불가한 일입니다. 무릇 財利란 君德의 본원에 크게 관계
된 것이니 만약 군주에 조금이라도 누가 되면 그 해는 무궁합니다. 또 慈殿께
서 점차 차도가 있으시니 때때로 신료들을 접대하시면 상하의 정이 통할 수 있
을 것입니다. 지금이라도 곧 면대할 것을 명하시면 주상의 뜻은 아래로 미치고
下情도 상달될 수 있습니다.'"

에 커다란 困弊를 끼친다는 이유로 늙은 대신들은 반대하였지만, 공은 김정·조광조·안처순 등과 함께 주청을 주장하다. 예와 의리가 중하다는 견해였다(《실록》).

7월 15일(기축) 종묘 望祭에 사용할 豕牲 한 마리는 도망가고 한 마리는 죽은 사건은 고금에 없는 변고이며 祖宗의 譴告로 해석하고 주상의 자성을 촉구하다.70)

7월 19일(계사) 왕비의 廟見禮를 古禮에 따라 3개월 안에 거행할 것과, 아울러 백관과 內外命婦의 하례를 받아야 할 것을 청하다.71)

7월 20일(갑오) 궁중 풍기를 문란하게 하는 尹珣 부부의 放逐을 다섯 번이나 청하였으나 윤허 받지 못하였다.72)

───────────────

70) 《중종실록》 12년 7월 기축(15일), "弘文館 副提學 李耔等曰 '신들이 듣건대 종묘 望祭에 쓸 豕牲 하나는 놓쳐 잡지 못하였으며, 하나는 잡았으나 또 죽었다고 합니다. 이것은 고금에 없는 변이입니다. 설사 지키는 자가 태만하였다고 해도 다른 곳이 아니고 하필 종묘에서 일어난 일이니 이보다 큰 변이는 없습니다. 무릇 근일 제사를 관장하는 일들이 미진한 바 있어서 祖宗이 譴告한 것이 분명합니다. 주상께서 마땅히 나의 정성과 고영이 부족하다고 자책하시고 지난 허물을 생각하시며 속히 親祭를 드리는 것이 좋겠습니다.'"

71) 《중종실록》 12년 7월 계사(19일), "副提學 李耔等 啓曰 '혼례 가운데 대사는 親迎이지만 고인은 廟見한 연후에 婦가 되어 位가 정해지는 것으로 생각하였습니다. 이제 정례는 이미 거행하였습니다만 廟見禮는 특히 중요하니 반드시 거행해야 합니다. 고대에는 석 달 뒤에 廟見하였지만 주자는 사흘 뒤 廟見禮를 정하였습니다. 그러나 사흘은 급박한 것 같으며, 석 달이 또 古禮이니 본받아 행할 만합니다. 절목도 너무 간략하면 안 됩니다. 백관을 모이게 하고 내외명부를 모이게 하는 것을 이미 모두 그만 두게 하셨지만, 불가한 것 같습니다.'" 이날 공들의 주장에 따라 親迎禮를 거행하였다.

72) 《중종실록》 12년 7월 갑오(20일), "李耔等 再啓曰 '윤순의 처는 음란한 행실이

7월 21일(을미) 윤순 부처 추방을 다시 주장하고 중종의
經筵 참여를 촉구하다.[73]

7월 22일(병신) 윤순 부처의 방축을 또 주장하고 청을 들어
주지 않아 대간과 함께 체직을 청하다(《실록》).
유순 부처의 방축을 요구하는 장문의 차자를 올리다
(부록 10).
이 문제를 공과 대간이 이처럼 집요하게 주장한 것은
윤순이 책립된 윤비와 친족 관계에 있기 때문에,
이 부부가 다시 궁중을 출입하며 질서를 문란하게
만들 우려가 있다고 판단하였기 때문이다.[74]

7월 27일(경자) 왕비의 廟見을 4번이나 청하다(《실록》).

있을 뿐 아니라 궁중을 濁亂시키는 재주가 있으니, 격절시키지 않으면 장차 연
줄을 이용하여 교통할 우려가 있으며 또 자신의 음특한 짓이 탄로 난 것에 앙
심을 품으면 반드시 점점 더 참언하게 되어 불측한 화를 불러올 것입니다. 또
윤순은 본래 사특하고 貪鄙한 사람으로 전 폐조에서 술을 잘 먹는 것으로 총애
를 받아 資級이 濫加되어 수개월 사이에 높은 자리에 올라 지금도 재상의 반열
에 있으니 조정이 울분하고 있습니다. 그 처의 음란하고 더러운 짓은 국인이
다 알고 있는데, 참고 같이 살고 하는 짓이 이러하니 조정에 두어서는 안 됩니
다. 청컨대 사특하고 더러운 夫妻를 내쫓으시기 바랍니다.'"

73) 《중종실록》 12년 7월 을미(21일), "李耔等啓曰 '윤순 부처의 일은 오늘 召對에
서 다 말씀드렸으니 다시 아뢸 것이 없습니다. 근일 말씀 올리는 것을 많이 물
리치시는 것은 오랫동안 경연을 폐하였기 때문입니다. 성종께서는 왕비를 책봉
하신 뒤 사흘 만에 경연에 나오셨습니다. 학문은 중단되면 안 됩니다. 이제 大
禮도 지났으니 다시 경연에 나오시기 바랍니다.'"

74) 부록 11은 윤순 부부의 부도덕성을 구체적으로 명기하였지만, 특히 다음과 같
은 구절은 공이 이 문제를 이토록 중시한 이유를 잘 말해준다. "사람들은 모두
어진 국모를 얻은 것을 기뻐하였으나, 다만 간음하고 부정한 자가 친척 가운데
있는 것을 큰 불행으로 여겨 定位하는 날 아주 끊어버려 正始의 근원을 맑게
하고자 하였습니다. 이 때문에 신은 오늘 이와 같이 論啓하는 것입니다." 부록
11의 차자는 부제학 이자, 典翰 김정, 교리 윤자임 · 이청 · 조광조, 부수찬 김
구, 박사 정응, 정자 박윤경 · 안처순 등이 올린 것인데, 기준이 초하고 김준이
교정하여 김구가 완성하였다고 한다.

7월 28일(신축) 廟見을 다시 청하다.75)

또 체직을 원한 승지 가운데 주장자만 체직하는 것은 부당하다고 항의하였다(《실록》).

7월 29일(임인) **右副承旨 제수**(《실록》).

7월 30일(계묘) 경연이 늦게 끝나 식사에 지장이 있으므로 경연을 식사 뒤에 하거나 식사를 하며 하자는 중종의 제안을 반대하다.76)

8월 2일(을사) 조강에서 廟見 문제를 토의하다. 남곤 등은 반드시 할 필요가 없다고 주장하였으나 공은 계속해야 한다고 주장하였다.77)

---

75) 《중종실록》 12년 7월 신축(28일), "李耔等四啓曰 '廟見의 일이 五禮儀에 없는 것이라고 전교하셨는데, 아름다운 일이라면 祖宗이 미처 못한 것이라도 지금 하면 더욱 빛나고 아름다운 것입니다. 원컨대 유념하여 잘 생각해 보시면 일시의 습속에 구애되어 행하지 못한 것을 아시게 될 것입니다. 廟見의 예는 행하지 않을 수 없습니다.'" 그러나 중종은 이미 대신과 議定한 일이라며 듣지 않았다.

76) 《중종실록》 12년 7월 계묘(30일). 다음과 같은 政院의 回啓는 공의 말에 따라 결정된 것이었다(注:"院收僉議 而取決於李耔之言"). 즉 "근래 계속하여 경연이 늦게 파하여 신들도 마음이 편안하지 않습니다. 그러나 경연 시간과 수라 시간은 祖宗 이래 이미 일정한 시간으로 정해 있으니 앞뒤로 물리는 것은 어렵습니다. 근래 오랫동안 경연을 폐하였다가 지금 처음 다시 나오셨고, 입시 신하가 모두 새로 들어와 각기 생각한 바를 펼치기 때문에 시간이 늦은 줄 모른 것입니다. 만약 자주 경연에 나오시면 어찌 이런 일이 있겠습니까? 의논이 주상의 뜻에 미진한 것이 있으면 다시 불러 대답하시게 해야 합니다."

77) 《중종실록》 12년 8월 을사(2일), "參贊官 李耔曰 '廟見의 일에 대해서 물론 단연코 행해야 한다는 것인데, 남곤이 이렇게 아뢴 것은 매우 부당하나 異論은 아닙니다. 부인이 房闥에서 나와 廟庭에 출입하면, 후세에 이르러 점차 女后가 外政을 멋대로 휘두르게 될 우려가 있게 됩니다. 후세를 위하여 생각한 뜻이 깊은 것입니다. 그러나 中闈에서 祖先을 알현하는 것은 祖考를 敬順하는 뜻이니, 史官이 기록하지 않은 것은 廟見이 일시의 심상한 예라 기록하지 않은 것이 아니겠습니까?(《宋元綱目》에 쓰여 있음) 呂大方을 六禮使로 삼았다고만 쓰

8월 4일(정미) **右承旨 제수**.

8월 5일(무신) 廟見禮 거행을 다시 주장하다.78)
　　　　　　　김굉필·정여창 자손의 錄用을 주장하다.79)

8월 18일(신유) 규정에 없는 일본 사신 대접을 반대하다.80)
　　　　　　　정몽주가 우왕과 창왕이 辛氏인줄 알았건 몰랐건 그
　　　　　　　충절에는 흠이 되지 않는다고 주장하다(부록 11).

8월 22일(을축) 金湜을 召對하여 강론시킬 것을 추천하다.81)

고 納徵·納幣를 쓰지 않은 것은 廟見이 일이 다 육례 가운데 들어있으므로 그
대략만을 쓴 것인지 어찌 알았겠습니까?'…… '사소한 일이라도 뜻을 같이 하는
사람이 있으면 행할 수가 있으나, 뜻이 맞지 않으면 종신 모순 되어 행하지 못
합니다. 더욱이 국가의 대사에 대신의 의견과 侍從의 논의가 이처럼 같지 않으
니 어찌 애석하지 않겠습니까? 모름지기 주상께서 짐작, 正禮를 斷行하여 오래
편안할 수 있는 道를 확립하시는 것이 좋겠습니다.'"

78)《중종실록》12년 8월 무신(5일), "우승지 李耔曰 '근래 전에 예전에 없던 成禮
(親迎)를 행한 것을 大小 臣民이 누구인들 嘆美하지 않았겠습니까? 아랫사람들
이 하자고 한 것은 이 때문이 아니었겠습니까? 대신은 國俗에서 하지 않는 일
이라 時宜에 맞지 않을 것을 걱정하고 있지만 아랫사람들은 이미 正禮를 하고
正禮를 마치지 못한 것을 미진하게 여기고 반드시 해야 한다고 합니다. 주상께
서 처음에 古禮를 구하여 하시고 이제 습속에 구애되어 할 수 없다는 것은 무
슨 이유입니까? 주상께서 다시 斟酌하시기 바랍니다.'"

79)《중종실록》12년 8월 무신(5일), "李耔曰 '김굉필·정여창의 학술은 淳正하여
우리나라에는 이런 분이 없었습니다. 儒者들이 방향을 알게 된 것은 오로지 이
두 분의 공입니다. 옛날에는 贈職으로 褒獎하는 일이 있는데, 이것이 어찌 현
자에 관계가 있겠습니까? 그러나 군주가 마땅히 해야 할 일입니다. 그 자손도
錄用하는 것이 좋겠습니다.'"

80)《중종실록》12년 8월 신유(18일), "李耔曰 '前規를 가만히 보면 일본국 사신을
접대한 일은 결코 되는대로 하지 않았습니다. 그 왕래 때 대접은 한 가지 규정
에 따라 해야 하며 증감해서는 안 됩니다. 듣건대 宣慰使 등이 그 환심을 얻기
위하여 음식을 별도로 제공하는 일이 있다는데, 그러면 끝내 그만두지 못할 것
이 걱정입니다. 예에서 벗어난 일은 해선 안 됩니다.'"

81)《중종실록》12년 8월 을축(22일), "參贊官 李耔曰 '金湜은 나이가 40이 거의
다 된 사람으로서 爲人됨을 보면 국가가 아껴야 할 자이니 때때로 召對하여 강

제향을 정성껏 드리고 특히 악기 관리를 잘할 것을
청하다.82)

10월 8일(경술) 臺諫이 大臣과 의견을 달리하는 것을 상하
가 和同하지 않는 것으로 責하면 臺諫이 진언할
수 없다고 항의하다.83)

10월 24일(병인) 조정의 불화를 논한 대간의 말을 용납하
지 않으면 言路가 막힐 것이라고 진언하다.84)

론시켜 그 所由를 관찰하시는 것이 지당합니다. 物議는 다 臺官에 합당하다 하
는데, 이력이 없고 또 資級도 없기 때문에 그 曹에서 (추천하는 것을) 꺼리는
것입니다.'" 뒤이어 申光漢도 《대학》과 《성리대전》은 김식이 아니면 進講할 수
없다며 그를 강력히 추천하였다.

82) 《중종실록》 12년 8월 을축(22일), "李耔曰 '神明과 교접할 때는 성의로 서로
나아가지 않고 조금이라도 태만한 마음이 있으면 하늘에 계신 조령과 感通할
수 없습니다. 또 先王朝가 만드신 鐘과 磬은 음률이 和諧하지 않고 典守者가
또 마음을 쓰지 않아 음악을 연주할 때 宮·商이 어그러져 樂聲이 조화롭지 못
하니 심히 불가합니다. 佾舞를 할 때도 그 입은 옷이 남루하고 불결하며 또 雜
戲에 가까워 오직 형식만 갖추고 있을 뿐입니다. 무릇 祭享의 일은 반드시 주
상께서 성심으로 하셔야 합니다. 또 악기는, 종묘에서는 항상 齋室에 비치하는
데, 文廟에서 釋奠을 親行하실 때는 모든 樂具를 수레에 실어 날라 殘缺된 것
이 생기니 심히 불가합니다. 청컨대 문묘에 鍾과 磬을 놓아두고 다른 곳으로
옮기지 않도록 하소서.'"

83) 《중종실록》 12년 10월 경술(8일), "右丞旨 李耔曰 '대간이 번갈아 올린 상소에
상하가 서로 和同하지 않는 말이 있다는 말에 신 역시 놀랐습니다. 만약 대신
이 말한 바와 같이 상하가 서로 和同하지 않으면 무슨 일인들 할 수 있겠습니
까? 무릇 常人의 정은 스스로 자기의 견해를 의지하며, 현자는 마음을 비우고
좋은 것을 받아들이며 다른 사람을 따릅니다. 그러나 그 가운데에도 자기 의견
을 고집하는 사람이 어찌 없겠습니까? 그러나 그것은 국사를 위하기 때문입니
다. 이것 때문에 서로 어그러져 다툴 이유가 있겠습니까? 주상께서 이것을 상
하가 和同하지 않고 각자 자기 의견을 고집하는 것이라고 생각하신다면 아래에
서 진언하기가 어렵습니다. 이것은 중대한 문제입니다. 좌우 대신이 올린 것을
진정하라고 말씀하시는 것이 지당합니다.'"

84) 《중종실록》 12년 10월 병인(24일), "參贊官 李耔曰 '前 대간이 조정의 불화를
논한 것은 본래 일시의 우연한 말이 아니었습니다. 만약 주상께서 포용하신다
면 소인 역시 그 틈을 타고 파고들지 못할 것이나, 만약 그것을 過越하다고 생

11월 11일(계미) 祖宗의 관례를 들어 재상을 夜對에 접대
하는 것을 반대하다.[85]

11월 15일(정해) 晝講에서 성균관의 부실을 지적하다.[86]
　　夕講에서 災變이 잦으니 '小康의 世'라고 말할 수 없
다며 현실정치를 비판하다.[87]

11월 23일(을미) 풍수설을 황당한 것으로 주장하며 證考使
　　(胎를 묻는 곳을 찾기 위한) 파견을 반대하다.[88]

11월 24일(병신) 달이 太微의 垣 안으로 들어간 이변을 보
고하다.[89]

　'각하신다면, 사람들이 모두 아부하고, 구차스럽게 군주에 거슬리지 않으려고만
할 것입니다. 곧은 말과 바른 議論을 어디서 들을 수 있겠습니까?'"
85) 《중종실록》 12년 11월 계미(11일), "御朝講 參贊官 李耔曰 '夜對에 入參할 재
상을 충훈부에 들어와 자도록 이미 명하셨습니다만, 夜臺는 불시에 시종을 접
대하기 위한 것이며, 주상께서도 便服을 하시고 자리도 좁아 祖宗朝에서는 재
상을 접대하지 않았습니다." 중종은 이 의견을 따랐다.'"
86) 《중종실록》 12년 11월 정해(15일), "參贊官 李耔曰 '이제 듣건대 성균관에는
사대부의 자제는 전혀 모여서 배우지 않고 액수를 채운 자는 모두 먼 지방의
한미한 선비로서 訓導 자격을 시험하려는 자들뿐이니 비록 이름은 학교이지만
그 내실이 없습니다.'"
87) 《중종실록》 12년 11월 계해(15일), "御夕講 參贊官 李耔曰 '주상께서 치세를
이루려고 정성을 바치고 계시지만 민생은 困弊하고 서북의 근심은 조석으로 일
어나며 재변이 겹쳐 이르니 小康의 世라고는 할 수 없습니다.'"
88) 《중종실록》 12년 11월 을미(23일), "參贊官 李耔曰 '매년 흉년이 들어 백성들
이 곤궁한데, 이와 관계된 일의 폐단은 이루 헤아릴 수가 없습니다. 지금 證考
使가 아래로 내려가고 그 종사관 역시 많은데, 相地官도 또 한두 명 따라가 만
약 백성의 가옥과 田地 부근을 가리키면 백성들은 재산을 기울여 뇌물을 쓰기
마련인데, 이 일은 반드시 올해 할 필요도 없으니 證考使를 파견하는 것은 불
가합니다. 무릇 풍수설은 황당한 일입니다. 또 가까운 곳에서도 택할 만한 땅
이 없지 않은데, 하필 먼 지방까지 찾아가 백성들에게 폐를 끼치려고 합니까?'"
89) 《중종실록》 12년 11월 병신(24일), "승지 李耔가 관상감의 月暈圖를 가지고
와서 아뢰었다. '지난밤 月暈(달무리)이 보통 때와 아주 달라 白氣가 달을 관통

12월 18일(기미) 종친의 喪事에 종실이 서로 돕고 會葬하
여 親親의 도리를 돈독히 할 것을 주장하다.90)

윤12월 9일(경진) 親耕·親蠶으로 권농의 뜻을 보일 것을
주장하다.91)

윤12월 19일(경인) 晝講에서 바른말 하는 신하를 미워하지
말 것을 강조하다.92)
또 군주에게 부지런히 간하는 것은 그 마음을 바로잡
기 위한 것이라는 점을 해명하다.93)

하였으며, 그 형태를 그린 것이 달무리보다 컸습니다. 이것은 비상한 이변입니
다. 또 달은 太微의 垣外를 운행하는 것인데, 지난밤에는 반대로 垣內로 들어
갔으니 그 길을 잃은 것이 심합니다. 조마조마하며 두려워할 일입니다.'" 중종
도 하늘의 譴告로 인정하고 속히 대책을 강구하라고 지시하였다.

90) 《중종실록》 12년 12월 기미(18일), "楊原君夫人의 喪事가 나자 政院이 여러
사람들의 의견을 올렸다. '여러 군들은 지친인 형제의 상에도 赴救弔祭하지 않
았으니, 이것은 親親의 義를 알지 못하여 그런 것입니다. 청컨대 親親의 義를
宗長에게 깨우치시어 서로 赴救하게 하고 장례에는 서로 會葬하여 親親의 道를
돈독하게 하시는 것이 어떻겠습니까?'(注: 이것은 좌승지 이자의 뜻이었는데,
유운 역시 말을 보태었다)."

91) 《중종실록》 12년 윤12월 경진(9일), "李耔曰 '지금 백성이 곤궁하고 초췌한데
도 농사에 힘쓰지 않아 땅에 利가 버려져 있습니다. 반드시 이것을 진념하시어
親耕과 親蠶을 행하시어 권장해야 합니다.'"

92) 《중종실록》 12년 윤12월 경인(19일), "參贊官 李耔曰 '오늘 進講한 것은 모두
경서의 긴요하고 절실한 말들입니다. 이른바 사랑하되 그 나쁜 점은 알아야 한
다는 것은 시종 가운데 아첨하는 자가 총애를 받으면 마땅히 그 아첨하는 것을
미워할 줄 알아야 한다는 것이며, 이른바 미워하되 그 좋은 점을 안다는 것은
보필하는 신하의 정언이 귀에 용납되지 않아도 그 정언이 좋다는 것은 마땅히
알아야 한다는 것입니다. 군주가 만약 好惡를 분명히 할 수 있어, 좋은 것은
색을 좋아하듯 하고 미워하는 것은 악취를 싫어하는 것처럼 한다면 어찌 아름
답지 않겠습니까?'"

93) 《중종실록》 12년 윤12월 경진(19일), "李耔曰 '고인이 말하기를 군주의 잘못된
마음을 바로잡는다〔格君心之非〕고 하였는데, 군주의 마음이 한번 바르게 되면
邪와 正이 자연 판별되니 보통 때 시끄럽게 떠드는 의논이 있어도 듣는 사람이
반드시 잘 살필 필요가 없고 또 주상의 앞에 진언할 필요도 없습니다. 한번에

39세(1518년, 중종 13년 무인)

정월 6일(병오) 궐 밖에 나가 있는 元子를 자주 입궐시켜 친애의 정을 보일 것을 청하다.94)

정월 12일(임자) 褒姒의 예를 들어 군주가 부인에게 미혹되는 것을 경계하다.95)

정월 16일(병진) 상의 명을 전달하는 환관 金瓊이 96세의 어머니를 모시고자 요청한 歸養이 불허되자 불만을 표시하였다.96)

구제를 변화시키고 혹은 한번에 구습을 혁파하려면 衆口가 시끄러운 것은 비단 우리나라만 그런 것이 아닙니다. 이것은 고금의 通患입니다. 만약 조정의 근본이 청명하면 음험하고 더러운 일이 어떻게 관계되겠습니까? 아랫사람의 마음은 오직 주상께서 현명한 자를 좋아하고 선한 자를 즐거워하시는 마음이 끝까지 가지 않을 것을 두려워하기 때문에 부지런히 주상을 위하여 말씀드리며 그칠 줄을 모르는 것입니다.' 史臣曰 '李耔는 六聖從事官 등과 같은 말은 듣는 자가 반드시 새겨듣지도 않고 또 군주의 앞에서 진언할 수 없다고 생각하였다. 李耔는 관대함을 숭상하는 자이다. 그러므로 그 말은 이와 같았다.'"

94) 《중종실록》 13년 정월 병오(6일), "李耔曰 '원자가 오랫동안 궐 밖에 있어 근래 몸이 고르지 못한데, 오직 내관 의원에게 시약하게 하시는데, 어찌 대신들이 모르게 할 수 있는 일입니까? 또 원자를 자주 대궐에 들어오게 하여 어버이 사랑의 정을 보이시는 것이 좋겠습니다. 어렸을 때 어버이 사랑의 정을 알게 되면 그 지혜가 더욱 長遠하게 될 것입니다.'"

95) 《중종실록》 13년 정월 임자(12일), "御朝講 《大學衍義》를 강하여 '凡伯이 幽王을 풍자하였다'는 말에 이르자 參贊官 李耔가 아뢰었다. '자고로 군주가 미천한 부인 하나를 총애해도 천하가 반드시 망하게 되지는 않았지만, 부인이 군주의 心志를 미혹할 수 있으면 일찍이 망하지 않는 나라가 없었습니다. 心志가 한번 미혹되면 참언과 아첨이 뒤따르기 마련입니다. 혁혁한 宗周도 褒姒가 멸망시켰던 것입니다. 후세의 군주들은 마땅히 경계해야 합니다.' ……史臣曰 '上의 서자 嵋의 나이가 원자보다 많고 그 어미 박씨에게 총애가 있어 정광필과 李耔의 말은 嵋가 훗날 嫡子와 대적하게 될 것을 방지하기 위한 것 같다.'"

96) 《종종실록》 13년 정월 병진(16일), "좌승지 李耔는 그 분부를 (김경의 귀향을 허락하지 않은) 듣고 楸然히 근심하였다. '군주의 명을 전달하는 임무가 중요하다고 해서 그 歸養을 허락하지 않을 수는 없는 것이다.' 좌부승지 金淨도 역시 그렇게 생각하였다."

이 때 공의 직함은 **좌승지**, 이 이전 우승지에서 陞職
된 것이다.

정월 17일(정사) 夕講에서 군주는 '立志居敬'으로 三代 이상
의 정치를 목표로 삼아야 할 것을 주장하다.97)

정월 19일(기미) 巫覡淫祀를 금하면서 退米를 받는 것이
부당하니 일절 세금을 거두지 말라는 傳敎에 대해
현실적으로 巫覡淫祀가 완전히 금지되지 않았는데
세를 거두지 않는 것은 불가하다고 반대하다.98)

2월 22일(신묘) 鄭壽崗·李彦浩와 함께 대사헌 三望에 들
었으나 정수강으로 낙점되었다(《실록》).

3월 2일(신축) 이언호·한효원·김정·문근·신공제와 태
왕태후를 위한 상복 문제에 대해 의논하기를 청하
다(《실록》).

3월 7일(병오) 不時 경연에서 정몽주 묘역 정비를 청하여

97) 《중종실록》 13년 정월 정사(17일), "御夕講 參贊官 李耔曰 '이 글에 立志居敬
이란 말이 있습니다. 人主가 만약 잘 다스려진 세상을 가져오려면 반드시 三代
이상의 治世를 목표로 삼아야 하며 그 기본을 확정하면 그것은 자연히 이루어
지며 구차하게 하는 일이 아닙니다. 立志를 이렇게 하고도 居敬을 하지 않으면
안 됩니다. 인주의 立志가 독실하지 않으면 비록 경연에서 강론을 하여도 허사
이며 그 계획도 결국 이루어지지 않습니다.'"
98) 《중종실록》 13년 정월 기미(19일), "승지 李耔仍曰 '명하신 뜻은 지극히 아름
답습니다. 다만 歸厚署와 東西 活人署에서 장례를 치르고 구제하는 비용이 모
두 여기서 나옵니다. 또 巫覡淫祀는 비록 금하여도 역시 갑자기 근절되지 않습
니다. 갑자기 근절되지 않는데, 그 세를 거두지 않으면 국가 재정이 비고 부족
하게 될 것이 걱정입니다.'"

허락 받다(부록 12).

3월 11일(경술) 지조 있고 屈하지 않는 대신의 중요성을
　　　강조하고, 대신과 시종에게 천거하게 해 인재를
　　　얻는 방법을 제안하다.99)

3월 26일(을축) 延訪은 자세히 살핀 뒤에 하시는 것이 좋
　　　다는 의견을 올리다.100)
　　　천거된 인재를 6품관에 제수할 것과 良相을 얻어 성
　　　의껏 위임하고 그 뜻을 충분히 펼 수 있게 할 것
　　　을 청하다(부록 13).

　　　義州 건너 野人의 동태를 잘 감시하고 그 침범에 대

---

99) 《중종실록》 13년 3월 경술(11일), "御朝講 參贊官 李耔曰 '무릇 나라를 그르
치는 소인은 하루아침에 갑자기 생기는 것이 아닙니다. 먼저 군주의 처사를 보
고 그 다음에 조정 대신을 살펴서 이 사람은 위협할 수 있고 利로 유혹할 수
있다고 생각하고 그 경중을 헤아려서 일을 일으키는 것입니다. 漢의 汲黯은 정
사에서는 재능이 당시 대신들이 하는 바에 미치지 못하였지만, 불굴의 의지가
있었기 때문에 회남왕 安이 반할 당시 대신을 두려워하지 않고 汲黯을 두려워
한 것입니다. 조정에 불굴의 대신이 있으면 나라를 유지하기에 족합니다. 古人
이 가히 어린 자식을 위탁할 수 있다고 한 것은 이런 사람을 두고 한 말입니
다. 그러므로 마땅히 지조와 節義를 귀하게 여겨야 합니다.' …… '조정에 인물
이 부족하다는 탄식이 있는 것은 괴이한 일입니다. 일시의 인물은 신이 감히
알지 못합니다. 그러나 어찌 그런 사람이 반드시 없다고 하겠습니까? 국가가
인재를 취하는 길이 극히 狹隘하기 때문에 다수가 막히고 소통되지 않는 것이
니 銓曹에게 用人을 책하여도 역시 어렵습니다. 대신과 시종에게 분명하게 論
薦토록 하여 才行이 쓸만한 사람을 얻는 것도 可하지 않겠습니까? 別試 역시
祖宗朝의 일이지만 한번 이와 같이 하면 매우 유익할 것입니다.'"
100) 《중종실록》 13년 3월 을축(26일), "參贊官 李耔曰 '근일 의정부의 該司에서
議定하라고 하신 일이 매우 많은데 모두 아래에서 建白한 것이거나 상께서 傳
教한 것으로 모두 時政의 급무입니다. 전날 하교하시기를 延訪하여 의논하라고
하셨는데, 폐단을 가져오는 까닭과 폐단을 고치는 방법은 밖에 있는 것이 아니
니 조용히 詳察한 뒤에 延訪하는 것이 可하지 않겠습니까? 만약 졸지에 물으면
상세하지 않을 것이 걱정입니다.'"

비할 것을 청하다.101)

4월 1일(기사) 이장곤이 함경감사에서 대사헌으로 들어왔
으나 私家 철거 문제로 避嫌을 청하였는데, 上이
허락하자 반대 의견을 올리다.102)

4월 4일(임신) 종묘 제사에 바치는 소가 종묘 문으로 들어
오다 죽은 사건이 발생하자 큰 재변으로 규정하고
大祭의 연기를 주장하다(부록 14). 이날 공의 직
함은 都丞旨, 이 이전에 도승지로 승진하였다.

4월 26일(갑오) 正朝使가 새로 사온 《대명회전》에 '이성계
가 이인임의 아들이며 공민왕을 비롯한 고려 4왕
을 시해하였다'고 기록되어 있다는 사실이 보고되
자 그 대책회의에서 의견을 개진하다(부록 15).

---

101) 《중종실록》 13년 3월 을축(26일), "(李)耔曰 '평안도 事變을 고하는 書狀에
따르면 의주 건너편에 야인이 屯住하며 人畜을 약탈하여 지금 주청사의 迎逢軍
이 숲 속에 숨어서 요동으로 나가지 못하고 있다고 합니다. 또 滿浦僉使 崔世
節의 牒呈에 따르면 모월 모일 三衛의 야인이 중원을 소란케 하여 만약 利를
얻지 못하면 장차 方山 지방을 약탈하려 한다고 합니다. 야인이 滿浦에 와서
말한 것도 의주목사의 邊情 보고와도 같습니다. 5백 기가 의주 건너편에 모습
을 보였다면 심상히 방치할 수 없는 일입니다. 야인이 중원에서 발호하다 그
형세가 장황해지면 의당 예방해야 합니다. 무사한 것이 습관이 되어 방비가 疏
漏하면 어찌 침범의 근심이 없다고 보장할 수 있겠습니까? 또 奏請使의 길이
막혀 제때에 귀환하지 못한다니 이 또한 크게 놀랄 일입니다.'"
102) 《중종실록》 13년 4월 기사(1일). 上이 그 허락을 傳教한 내용 아래의 細注,
"승지 李耔 등이 서로 돌아보며 말하기를 '만약에 이것으로 長坤이 체직된다면
특명으로 부른 의미가 없다. 또 憲府가 검거하는 본의는 장곤 같은 사람을 검
거하려는 것이 아니며 韓叔昌 등이 지나치게 사치하고 무식하여 이미 철거하였
다가 다시 지은 것을 위한 것이다. 우리는 마땅히 禀啓해야 한다'며 上의 하교
를 물리치고 의견을 아뢰었다."

5월 2일(경자) 朝講에서 공신을 존중하는 차원에서 처벌된
　　공신이라도 그 일족은 관대히 처분하는 것이 바람
　　직하다는 의견을 제시하다.103)

5월 21일(기미) 대신을 파직할 때는 반드시 그 責辭를 붙
　　여 外方에 그 죄상을 알게 할 것을 청하다.104)

　　악기의 補修도 末節이 아니니 때에 맞추어 옛 제도에
　　따라 修緝할 것을 주장하다(孔瑞麟의 의견을 반
　　박, 《실록》).

5월 27일(을축) 《대명회전》의 오류 개정을 요청하기 위한
　　奏請 副使로 선발된 뒤, 홍문관에게 명나라를 설득
　　할 수 있는 자료를 史籍에서 수집하도록 명할 것
　　을 청하다(부록 16).105)

---

103) 《중종실록》 13년 5월 경자(2일), "御朝講 참찬관 이자가 (강하던) 글에 빗대
　　어 아뢰었다. '신하로서 망할 지경에 이른 국가를 부흥시키는 것은 不世의 공인
　　데, 昏闇한 군주는 그들을 보존할 수 없습니다. 당 현종은 본래 말할 것도 없
　　습니다. 무릇 공이 크면 의심하는 마음이 생기는데, 이것이 공신을 보존하지
　　못한 근본입니다. 또 큰 공을 세운 사람이 비록 극악하여 부득이 주살하였을지
　　라도 그 家屬과 戚屬은 또 분별하여 용서하면 공신을 대우하는 도리에 합당할
　　것 같습니다. 신의 생각으로는 辛允武의 첩 같은 사람은 용서하도록 명하시는
　　것이 좋겠습니다.'" 신윤무는 1513년(중종 8년) 10월 朴永文과 함께 역모로 고
　　발되어 처형되었다.
104) 《중종실록》 13년 5월 기미(21일), "李耔曰 '어제 張順孫·曹繼商 등의 파직을
　　명하실 때 政院이 미처 생각하지 못했습니다. 그러나 옛날에는 대신을 파직할
　　때 반드시 責辭가 있었습니다. 그런데 이번에는 단지 삭탈관직만 명하시니 外
　　方에서 어떻게 그 죄상을 알겠습니까? 신의 생각으로는 그 責辭를 분명하고 바
　　르게 해두는 것이 좋겠습니다.'"
105) 奏請正使 남곤이 결정된 것은 5월 계축(15일)[《중종실록》 13년], 공이 부사
　　로 결정된 것은 그 이후일 것이다.

주청 부사로 선발되면서 **嘉善大夫 同知中樞府事를 拜受하다.**

이날 공의 직함은 **大司憲**, 이 이전에 승진한 것이다. 대사헌을 배수하면서 **典醫監提調**를 겸하다.106)

6월 4일(임신) 재변에 대한 대책으로 각 기관의 추천으로 억울한 죄수를 석방하자는 의견에 찬성하다.107)

6월 9일(정축) 형조와 사헌부의 죄수 가운데 의심스러운 자를 분별하여 처리하는 문제와 제주목사를 **嘉善大夫**로 임명하는 문제를 논의하다(《실록》).

6월 10일(무인) 권발이 방문하다.

6월 16일(갑신) 남곤이 **草**한 주청문서의 원고를 **筆削**하고 교정하다(부록 17).108)

---

106) 중종 13년 6월 병신(16일)에 이항이 사헌부 대사헌이 된 것으로 보아(《실록》) 공은 대사헌 재임은 한 달도 되지 못하였던 것 같다. 사행을 위해 체직된 것 같다.

107) 《중종실록》 13년 6월 임신(4일), "大司憲 李耔曰 '육조와 한성부 그리고 4관에서 추천하면 빠지는 일은 없을 것입니다. 만약 각기 따로 상세히 철저하게 하라고 하신다면 더욱 상세하고 철저하게 안 될 것도 없지만, 죄인의 일이란 본래 그런 것이니 미리 잘못 추천할 것을 걱정할 필요는 없습니다.'"

108) 《중종실록》 13년 6월 갑신(16일), "……대궐 뜰에 모여 주청 문서를 筆削할 곳을 의논하였는데, 김전·남곤·심정·최숙생·이자·김안로·김정 등이 실제 그 일을 주관하여 번잡한 것은 깎아내고 부족한 곳은 보충하였다. 이에 정광필·신용개·안당이 그 교정한 글을 가지고 入啓하였다. '온당치 못한 곳을 고치고 보충할 데를 보충하여 대강 이렇게 되었습니다. 그러나 아직도 미진한 대목이 있을까 두려우니 남곤·이자 등에게 다시 반복해서 교정케 한 다음 신들이 또 다시 본 뒤에 결정하는 것이 어떻겠습니까?' 상은 그렇게 하라고 전교하

6월 19일(정유) 남곤과 함께 북경에서 외교 대책을 대신과
     의논하기를 청하였다 (부록 18).

7월 5일(임인) 권발의 방문을 받다.

7월 9일(병오) 권발·도승지 한효원·좌승지 이일과 함께
     文瑾의 집에서 夜飮하고 귀가하다.

7월 14일(신해) 상은 주청사 남곤·서장관 한충 등과 함께
     공을 인견하여 주청 외교의 성공을 당부하였다.
     남곤은 예부가 불허할 것을 걱정하였고, 공은 통
     정사에 먼저 章疏를 올려 취지를 전달한 뒤 예부
     에 보고할 계획을 말하였다.109) 上은 술을 내려
     위로하고 弓袋矢服을 하사하다.

7월 15일(임자) 북경으로 출발하다.110)
     金淨이 송별시 〈送次野赴京〉(권4)을 보내오다.111)

____

였다."
109) 《중종실록》 13년 7월 신해(14일), "상은 주청사 南袞·李耔, 聖節使 方有寧,
   質正官 최세진, 서장관 韓忠과 盧克昌을 인견하였는데 삼공도 나란히 入參하였
   다. 上은 남곤과 이자에게 말하였다. '지금 주청하는 일은 국가의 대사이니 경
   들은 힘써 (개정) 허락을 받고 돌아오라.' 南袞曰 '이것은 신민이 함께 분노하
   고 고민하는 일인데, 다만 예부가 다른 이의를 제기하며 개정을 허락하지 않을
   것이 걱정입니다.' …… 李耔曰 '자고로 大事의 奏請은 通政司에 가서 章疏를 올
   렸는데 지금도 허락을 받기 어려운 (大事이니) 부득이 章疏로써 여기(통정사)
   에서 이 뜻을 먼저 전달하고 거기에 가서 하려고(예부에 가서 보고?) 하기 때
   문에 감히 아뢰는 것입니다〔自古奏請大事 於通政司陳章疏 今亦難於准奏 則不得
   已 當用章疏 在此先達是意 而往彼爲之 故敢啓〕.'"
110) 《중종실록》 13년 7월 임자(15일), "奏請使 南袞 李耔 節使方有寧 奉表如京師
   上親傳聖節表文."
111) 당시 북경 사신으로 떠나는 벗에게 송별시를 지어 보내는 것이 관행이었던

8월 21일(무자) 공과 김정·조광조·한충·김안국·권발·김
식·문근 등 30여 명이 나라를 망친다는 비방의 글
이 사간원 대문에 화살에 묶여 꽂혔다(《실록》).

11월 4일(경자) 조광조가 《성리대전》을 講할 때 공과 김안국·
김정 등을 불러 질의케 할 것을 청하였다(《실록》).

11월 8일(갑진) 명나라의 예부에 공물을 올리고 《대명회전》
조선관계 기사의 오류 개정을 요청하다.112)
같은 날 출발한 성절사 方有寧 일행이 9월 26일 예
부에 정식 국서를 전달한 것과 견줄 때, 예상대
로 주청사 일행의 국서는 한 달 이상 접수조차 되
지 않은 것이 분명하다.113)
시 〈紀行〉(권1)은 이 사행 때 지은 것으로 추정된다.114)

조광조 등은 賢良科 설치를 주장하여 신진 사류를 대

사정을 고려할 때 수십 편의 송별시가 있었겠지만, 남은 것이 이것 단 한편 뿐
이다. 士禍를 겪으며 다 처분한 것 같다.

112) 《명실록》正德 13년 11월 갑진(초8일), "朝鮮國王李懌差陪臣南袞等貢方物 馬
匹 請改正會典所載宗系 賜金織衣 彩段等物有差."

113) 《동유사유록》에 따르면 이들이 북경에 갔을 때 황제가 섬서 유림에 가 있었
기 때문에 국서를 전달하지 못하였고, 이에 남곤은 귀환할 것을 주장하였지만
서장관 한충이 혼자 결정에 서서 장소를 계속 올려, 결국 감동한 禮部尙書 毛
澄과 郎中 姜龍의 주선으로 국서가 閣老에게 전달되었다고 한다. 한충만 혼자
그런 것이 아니라 공 역시 행동을 같이 하였을 것이다. 당시 남곤은 병이 위중
하여 공이 극진히 간호하였는데, 한충은 남곤이 士類를 죽일 간사한 인물로 평
가하여 공에게도 간병하지 말 것을 권하였다. 그러나 공은 같이 왕명을 받고
만리 이역에 와서 위급한 동료를 구하지 않는 것은 도리가 아니라며 계속 극진
히 간호하였고, 그 덕분에 남곤은 살 수 있었다고 한다.

114) 구절 가운데 "角聲生成店 烽火照關山"은 중국 여행의 풍경, "地白霜華重 天淸
夜氣寒"은 늦가을의 풍경으로 음력 9월 말에 도착한 이번 사행에 어울린다.

거 등용하기 시작하다.

40세(1519년, 중종 14년 기묘)

정월 26일(신유) **예조참판** 제수(《실록》).

2월 13일(정축) **한성부판윤** 제수(《실록》).115)

2월 16일(경진) 명나라 예부에서 개정을 허락하는 조칙을 받다.116)

2월 19일(계미) 예부상서를 방문하여 《대명회전》의 판본이
　　　　　그대로 남아 있어 와전이 계속될 것을 걱정하며,
　　　　　즉시 그 改修를 요구하다.

2월 25일(기축) 명나라의 궁궐로 나가 정덕 황제의 칙서를
　　　　　받다.

3월 15일(무신) 귀국 도중 외교 경과를 보고한 馳啓가 도
　　　　　착하다(부록 20, 이상의 북경 활동도 이 馳啓를

---

115) 《중종실록》 14년 2월 계사(29일)에도 한성부판윤 제수가 중복되어 나오는데,
　　역시 13일 이조판서에 제수된 신상도 이날 다시 이조판서 제수의 기록이 있다.
　　무언가 착오인 것 같은데, 어느 것이 정확한 것인지는 판단하기 어렵다.
116) 명나라가 예부의 의견에 따라 개정을 허락한 것은 전날 15일이었다. 《명실
　　록》正德 14년 2월 기묘(15일), "국왕 이역이 상소하여 世系의 본말과 (고려)
　　四王의 始終에 弑逆의 흔적이 없다는 것을 갖추어 설명하며 개정을 원하였다.
　　예부에 내려 의논케 하니, 《대명회전》은 我朝의 제도를 상세히 기록한 것이며
　　외국의 시비와 혐의에 관한 일은 무도 소략한 것인데, 더욱이 이성계가 나라를
　　얻은 것은 皇祖의 명령에 따른 것이며 그가 이인임의 후예가 아니라는 것도 태
　　종(영락제)께서 명백히 조서로 밝히신 것이니 마땅히 그 청을 들어주어야 한다
　　는 (의견을 올려) 허락하는 詔書를 내렸다. 또 그 효성을 가상히 여기 칙서를
　　내려 뜻을 알렸다."

근거로 정리한 것이다).

4월 7일(경오) 서울에 도착하여 慕華館에서 중종에게 칙서
　　　　　　를 바치고, 궁궐에서 남곤·한충과 함께 전말을
　　　　　　보고하다(부록 21).
　　　　　　2개 항의 개정 요구 가운데 종계 문제는 명확히 해
　　　　　　결된 것 같으나 명나라의 칙서에 고려 4왕을 시해
　　　　　　한 문제는 구체적인 언급이 없어 논란되었고 이
　　　　　　때문에 대사간과 대사헌이 주청사의 파직을 청하
　　　　　　다.117)

4월 17일(경진) 주청사의 소임을 다하지 못하였다는 대간
　　　　　　의 논박을 받고 사임과 賞給의 반환을 청하였으나
　　　　　　불허하다(부록 22).
　　　　　　귀국 직후 형조판서에 제수되고 五衛都總府摠管을 겸
　　　　　　하다.
　　　　　　또 사행의 포상으로 전토와 노비를 하사받다.

4월 18일(신사) 箚子를 올려 형조판서의 사직을 청하였으
　　　　　　나 허락하지 않았다.118)
　　　　　　젊은 나이에 너무 승진이 빨라 선배들의 불만을 고려
　　　　　　한 것이다.

---

117) 《중종실록》 14년 4월 경오(7일), "大司憲金淨 大司諫尹殷弼等……雖不得見勅
　　書 只見奉聖旨之辭 而亦可知其只允一事也 當以至誠陳懇而不爾 大失奉使之體 請
　　皆罷職."
118) 《중종실록》 14년 4월 신사(18일), "刑曹判書李耔 上章辭職 上不允 史臣曰 耔
　　有公輔之望 自以爲後進驟陞 不爲前輩所喜 再三懇辭 不得 請至於上箚 猶未蒙允."

4월 21일(갑신) 경연관이 성균관 司成을 겸하는 것은 찬성하
　　지만 사성이 경연관을 겸하는 것은 반대하다.119)

　　이날 공의 직함은 知事, 즉 知經筵春秋館事, 형조판
　　서와 겸한 것이다.

　　파주 별업으로 귀향하는 成世昌(遯齋, 蕃仲)을 송별
　　하다.120)

5월 1일(계사) 감사의 久任을 주장하다.121)

　　주청사로 포상 받은 賞典을 사양하였으나 불허하다.122)

5월 11일(계묘) 경상도의 分道는 찬성하였지만, 전라도 분
　　도는 반대하고 감사의 久任을 주장하였다.123)

---

119) 《중종실록》 14년 4월 갑신(21일), "知事 李耔曰 '경연관으로 司成을 겸하게
　　한다면 諸生도 상께서 학교를 중히 여기는 뜻을 알 것입니다. 특별히 兼官을
　　설치하여 수시로 성균관에 출사하게 하는 것은 가하지만, 司成으로 경연관을
　　겸하게 하는 것은 매우 불가합니다. 무릇 祖宗의 법은 경솔하게 개정할 수 없
　　는 것입니다.'"
120) 《음애선생연보》는 이것을 중종 14년 2월에 수록하고 있으나 이 때는 아직
　　공이 중국에서 귀환하지 않았다. 귀국 뒤 멀지 않은 시기였던 것 같아 4월에
　　편년하였다. 당시 성세창은 승지로서 김정 그리고 공과 친하였지만, 형세가 너
　　무 과격하다고 판단, 화를 면하기 위하여 별업으로 은둔한 것이다(기묘년 봄).
　　인종이 즉위한 뒤 우상·좌상으로 발탁되었지만(1545년), 명종 초(1546년) 다
　　시 유배되었다(《연려실기술》 권9, 仁宗祖相臣 성세창).
121) 《중종실록》 14년 5월 계사(1일), "李耔曰 '감사가 1년 만에 갈리니 진실로
　　그 (치적의) 효과를 보지 못합니다. 반드시 久任시켜야 그 실효가 드러날 것
　　입니다.'"
122) 《중종실록》 14년 5월 계사(1일), "南袞李耔辭賞典 不許."
123) 《중종실록》 14년 5월 계묘(11일), "同知事 李耔曰 경상도는 땅이 커서 나눌
　　수 있지만 전라도는 나눌 수 없습니다. 또 반드시 久任해야 成效가 나타날 것
　　입니다.……비록 작은 폐단은 있겠지만 1년마다 바뀌는 것과 같지는 않을 것입
　　니다."

5월 16일(무신) 의정부 右參贊에 제수되다(《실록》).

5월 17일(기유) 政院이 《성리대전》을 진강할 사람 21명을 선발 書啓하면서 공을 포함시켰다(《실록》).

5월 18일(경술) 사직을 간청하였으나 불허하다.124)

5월 19일(신해) 경상도의 분도와 감찰사의 임기를 2년으로 늘릴 것을 건의하다. 또 女樂 폐지를 둘러싼 논쟁과 관련하여 조정과 지방의 女樂은 폐기하되 母后의 잔치를 위한 女樂은 存置할 것을 건의하다.125)

6월 11일(계유) 추천된 사람을 취재법에 구애받지 않고 敎授·訓導로 차임할 것, 堤堰을 쌓아 관개 수리를 확충할 것, 경상좌도와 전라도의 황무지로 이민시킬 것, 5·6개의 驛을 1道로 합병하려는 계획을 중지할 것, 內禁衛 鍊才에서 罷한 자의 再試 허용 제도를 폐지하지 말 것, 중국 약재 가격을 조정하기 위하여 법정 면포 가격을 조정할 것 등을 건의

---

124) 《중종실록》 14년 5월 경술(18일), "右參贊李耔懇辭 不許."

125) 《중종실록》 14년 5월 신해(19일), "안당·이장곤·이유청·이자 議. 관찰사는 체통과 소임이 지극히 중하여 1년만으로는 효과를 올리도록 요구할 수 없습니다. 경상도는 땅이 넓고 백성이 많으니 좌우 도로 나누는 것이 편리하고, 전라도는 면적이 그다지 넓지 않으니 좌우 도로 나눌 필요가 없습니다. 각도 관찰사는 兩界의 예에 따라 2년 임기 뒤에 바꾸고, 경기만은 다른 도처럼 2년으로 하되, 가족 대동은 제외하는 것이 어떻겠습니까?" 신용개·안당·이장곤·이유청·이자가 女樂에 대한 가부를 의논하여 올렸다. "慈殿을 즐겁게 해드린다면서 가무를 하지 않는다면 이는 奏樂을 폐하는 것이요, 또한 대신하여 쓸만한 것도 없으니, 신들의 생각에는 조정과 외방에서 쓰는 女樂은 폐지하더라도 자전께 잔치 대접할 때는 전대로 거행함이 부득이한 사세라고 생각됩니다."

하다(부록 23).

6월 14일(병자) 우리 쪽으로 옮겨와 사는 野人 대책을 논
의하였다(부록 24).

6월 23일(을유) 대신의 도리를 논하고 극형 남용을 반대하
다(부록 25).

7월 1일(임진) 신하를 격의 없이 자주 접견할 것을 청하다.126)

7월 3일(갑오) 중국과 외교를 소홀히 하지 말 것과, 《소학》·《대
학》 등을 보급하기 위하여 서점을 설치하는 한편
구리로 활자를 만들어 책을 많이 인쇄할 것을 주장
하다.127)

---

126)《중종실록》14년 7월 임진(1일), "(朝講에서) 우참찬 李耔曰 '신이 중국 조정
에서 하는 것을 보니, 날마다 조회를 하고 그 뒤에는 또 경연에서 강론합니다.
세 閣老가 매일 입궐하여 종일 자문합니다. 우리나라에서는 본래 이런 일이 없
었습니다. 무릇 우리나라에서는 군신을 접견하는 일이 매우 드물고, 비록 승지
를 접할 때에도 대신을 접하는 예와 같이 하니 이는 매우 불가합니다. 이번에
만일 편전에서 정사를 보시되 편복으로 대하신다면 또한 서로 정의가 통하게
될 것입니다. 군신을 비록 부자와 같은 사이라고 할 수는 없지만 자연히 서로
친근하게 되는 관계입니다. 祖宗朝에서도 이렇게 하였습니다. …… 승지가 親
啓할 때에도 나와서 접견하는 예를 갖춘다면 구속하게 되어 항구한 방법이 못
될 것입니다.'"
127)《중종실록》14년 7월 갑오(3일), "(朝講에서) 李耔曰 '요사이는 事大하는 일
이 지극히 소루하고 해이해져 咨文에 쓰는 종이 같은 것도 여러 해 것을 축으로
만들어놓고 한 장씩 택해 쓰고, 다음에도 또 이렇게 하니 (종이가) 점점 粗惡해
져 매우 미안스럽습니다. 이후로는 (쓰는 양을) 미리 정해 놓고 따로 만들어 쓰
는 것이 좋겠습니다. …… 貢馬 선발을 三公이 有故하고 정사가 있어 정지하였
습니다. 事大와 정사는 경중의 차이가 있는데, 정사 때문에 공마 선발을 미루는
것이 어찌 불가한 일이 아니겠습니까. …… 銅鐵은 우리나라에 정말 많은데 校
書館이 인쇄한 서책은 모두 글자가 일그러져 비록 (그 책을) 사더라도 읽을 수
가 없습니다. 지금 書肆를 설치해도 책을 많이 인쇄하지 못한다면 외방 사람들

7월 17일(무신) 禮制를 논의하는 회의에서, 신하의 병이나 喪
에 왕이 일부나마 親臨하여 군신 사이의 소원함을
완화할 것과 宗家제도를 시행할 것을 주장하다.128)

7월 20일(신해) 朝講에서 대신의 진퇴에 체면을 세워 주어
야 할 것과, 부모의 병이 그리 심하지 않으면 늙
은 부모를 봉양하기 위하여 사직하는 것은 반드시
허락할 필요가 없다는 의견을 올리다.129)

7월 30일(신유) 晝講에서 정몽주의 사당을 세우고 제사할 것과,
김굉필·정여창에게 시호를 내릴 것을 청하다.130)

이 얻어 볼 수가 없습니다. 활자를 주조하면 많이 인출할 수 있을 것입니다.'"

128) 《중종실록》 14년 7월 무신(17일), "옛 군주는 대신들이 병이 나면 親臨하여
문병하고 죽으면 친히 염하여 한결같이 골육처럼 하였고, 문병만 한 것이 아니
라 그 뒤의 일을 묻기까지 하였습니다. 지금 군신 사이가 소원한데, 만일 주상
께서 이런 일을 행하신다면 아랫사람들이 또한 저절로 감동되어 분발할 것입니
다. 그러나 모든 사람에게 다 그렇게 할 수는 없겠지요. …… (宗子法은) 비록
古禮대로 다 하지는 못하더라도 행해야 합니다. 만약 古禮를 다 알지 못한다고
끝내 폐하고 행하지 않는다면, 다스리는 도리가 어디서 나오겠습니까?"

129) 《중종실록》 14년 7월 신해(20일), "御朝講 知事 李耔는 蔡京을 논하면서 말
하였다. '임금이 소인을 대할 때는 엄정하게 하여 체모를 갖추어줄 것이 없지
만, 대신을 진퇴시킬 때는 체모를 지켜주지 않으면 안 됩니다. …… 별로 관계
가 없는 일로 경솔하게 진퇴시킴은 불가합니다.' 韓忠曰 '이자가 아뢴, 대신 대
우에 관한 말은 곧 당면한 지금의 폐단을 헤아려 한 말이니, 만일 함께 道를
논하며 나라를 經綸하는 대신이라면 분주하게 복역하는 신하와 똑같이 대해서
는 안 됩니다.'…… 史臣曰 '이것은 李繼孟의 일을 가리킨 듯하다. 계맹이 크게
나쁜 일이 있었던 것도 아닌데 대간이 한 번 아뢰자 곧 퇴임을 명하니 한때 공
론이 너무 성급하다고 여겼었다.' …… 李耔曰 '국가가 효도를 근본으로 삼기
때문에 혹 (부모가) 연로하여 지방관으로 나가기를 간청하는 사람이 있으면 허
락하기도 합니다. 그러나 그런 사람이라도 으레 모두 돌아가 봉양하게 하는 것
은 역시 불가합니다. 비록 늙은 어버이가 있다 하더라도 병이 그다지 심하지
않거나 또한 다른 아들이 있다면 반드시 돌아가 봉양하기를 들어줄 것은 없습
니다.' ……(이자가 늘 權橃을 만류하고 이 일로 아뢰기를 두서너 차례나 하였
으며 혹은 이름을 지적하여 아뢰었지만 상이 모두 들어주지 않았다)……."

130) 《중종실록》 14년 7월 신유(30일), "御晝講, 《小學》을 講하는데 同知事 李耔

삼척부사로 부임하는 권발을 홍인문 밖에서 전송하
다.131)

8월 3일(갑자) 빈발하는 재변, 특히 소 한 마리가 새끼 다
섯을 낳은 것을 재변으로 여기고 그 원인을 찾아
대응할 것을 촉구하다.132)

8월 10일(신미) 이장곤·조광조와 함께 공을 원자 보양관
으로 삼으려 하자 이장곤이 신상을 또 추천하니,
너무 사람이 많아 번거롭다는 이유로 모두 보류
하였다(《실록》).

8월 20일(정해) 尹孝聘의 일은 더 이상 刑으로 추문할 필
요가 없다고 주장하다.133)

영천으로 부임하는 金緣(雲巖, 子裕)에게 시 〈送人〉

가 말하였다. '우리나라에서 정몽주 같은 사람은 정말 묘를 세워 제사를 지낼
만합니다. …… 김굉필·정여창 등은 전일 이미 享祀하기로 의논되었는데, 단
지 그 관에게 제수만 주라고 명하였으니 정말 구차스러운 일입니다. 묘를 세워
제사하는 것이 무엇이 어려운 일입니까? 또 贈爵은 하지 않아도 시호를 내리는
것이 고법입니다. 김굉필에게 최고의 품계를 贈爵하였지만, 시호를 내리지 않
은 것은 예를 결한 것입니다.'

131) 《음애선생연보》는 이것을 6월에 수록하였으나, 부모를 봉양한다는 이유로
외관으로 나가는 것을 반드시 허락하지 말라고 여러 차례 상소한 것이 권발을
만류하기 위한 것이었다면, 이 송별은 7월 말 정도로 추정된다.

132) 《중종실록》 14년 8월 갑자(3일), "特進官 李耔曰 '근일 재변이 매우 많아, 경
상도에서 소 한 마리가 송아지 다섯을 낳은 재변은 옛적에도 듣지 못하던 일입
니다. 반드시 그렇게 된 까닭이 있을 것입니다.'"

133) 《중종실록》 14년 8월 정해(20일), "李耔曰 '효빙은 貪汚할 뿐만 아니라, 어미
가 죽었을 적에 割封하고 관청 물건을 훔쳤으니, 이는 사람으로서는 할 수 없
는 일입니다. 그러나 事干을 고문하여 推問하는 것은 좋지 않은 것 같습니다.'"

(《음애집》(권1))을 보내다.

9월 2일(계사) 護軍을 습격한 여진인을 요격하지 못한 절
도사와 의주목사의 교체와 단련사의 처벌을 주장
하다(《실록》).

11월 2일(임진) 대신들과 함께 정국공신은 그대로 두고 4
등 공신 가운데 물의가 비등한 자만 삭제할 것을
건의하다.134) 이를 전후하여 조광조 등이 주도하
는 정국공신의 개정, 즉 僞勳削除를 요구하는 대
간의 상소가 계속되었다.

11월 9일(기해) 영의정 정광필, 좌의정 안당, 우의정 이장
곤, 좌참찬 이유청, 대사헌 조광조, 대사간 이성
동과 함께 어전에서 4등 공신의 공적을 심사하여
삭적을 논의하였다. 그러나 논란 끝에 대신들에게
다시 의논하게 하니 대신들은 이효성·유순·김수
동·김감·이계·이계남·구수영·이예(이상 2등)
·신준·송일(이상 3등) 등의 12명과 4등 전원의
削籍 명단을 올렸다. 그러나 중종은 처음 4등의
일부만 삭적하겠다는 약속과는 달리 공신 전원의
개정을 요구한 것이라며 화를 내고 말았다.135)

---

134) 《중종실록》 14년 11월 임진(2일), "영의정 정광필, 우의정 안당, 좌찬성 이장
곤, 좌참찬 이유청, 우참찬 李耔 啓曰 '靖國功臣은 이미 歃血 동맹하였으니, 이제
追改할 수 없습니다. 그러나 이제 대간이 논한 지 이미 오래고 (윤허하지 않으니
그들이) 사직하기에 이르렀으니, 4등 가운데에서 物論이 비등한 자만을 특별히
재량하여 감하십시오. 그러면 공론이 진정되고 조정이 편안해질 것입니다.'"
135) 《중종실록》 14년 11월 기해(9일). 삭제 대상은 일단 표를 붙이고 심사하였는

11월 11일(신축) 홍경주·최한홍·심순경·정광필·안당·
　　　　이유청·이장곤과 함께 다시 공신 문제를 논의하
　　　　였다(《실록》).

11월 12일(임인) 다시 의정부 우참찬에 제수하였다(《실록》).

11월 15일(을사) 조광조(대사헌), 김정(형조판서), 김식(대
　　　　사성), 유인숙(도승지) 등 '기묘 당인'과 함께 의
　　　　금부에 체포되다(《실록》).

11월 16일(병오) 공서린·유인숙이 방면된 직후 공도 방면,
　　　　파직되었다.136)
　　　　조광조·김구·김식·김정은 告身追奪, 決杖 100, 遠
　　　　方安置, 윤자임 등 4명은 告身追奪 杖100贖, 外方
　　　　付處 처분을 받았다(《실록》).

11월 17일(정미) 물러나 용인 思庵으로 돌아오다.

11월 18일(무신) 전라도 능주로 유배 가는 조광조와 용인

데, 공은 이 자리에서 다음과 같은 발언을 하였다. "이 공은 난잡하여 모두 허
사인데 오늘 아침에 표를 붙인 자들은 더욱 허사입니다. 이손과 김수동은 같은
부류인데 이손에게만 표를 붙이고 김수동에게는 붙이지 않은 것은 무슨 이유입
니까?"

136) 공의 방면은 영의정 정광필의 힘이 컸다고 한다. 처음 남곤이 초한 案에는
"誣上行私(임금을 속이고 私를 행하였다)"는 말도 있었으나 정광필이 올리면서
삭제하였고, 공의 죄명도 김식의 위에 올려 있었으나, 역시 정광필이 빼버렸다
고 한다(《연려실기술》 권8, 《東閣雜記》). 《음애선생연보》에 따르면 정광필은
공을 다음과 같이 옹호하였다고 한다. 즉 "이자는 비상한 인물이며 국가가 훗
날 크게 쓸 사람입니다. 관대하게 처분하시기를 간청합니다."

에서 작별하다.137)

12월 11일(신미) 현량과 혁파를 논의하는 자리에서 김희수는 조광조 등이 公도 이해할 수 없는 대책을 올린 사람을 무리하게 선발하는 전횡을 부렸다고 증언하였다.138)

12월 14일(갑술) 대사헌 이항은 공을 비롯한 안당·최숙생·신광한·이연경·한충 등 23명의 명단을 올리며 조광조와 朋黨比周한 죄로 처벌할 것을 청하였다. 그러나 중종은 이들을 다 처벌할 수 없다고 고집하였다(《실록》).

조광좌에게 편지 〈與趙季良〉(권2)을 쓰다. 우리가

---

137) 조광조의 향리 역시 용인이라 능주로 가면서 일부러 용인을 지난 것 같다. 〈정암선생연보〉(《靜菴先生文集》 권5 부록)에 따르면 조광조 등은 17일 밤 일단 출옥하여 동소문 밖 인가에서 자고 18일 아침 다시 의금부에 모여 성지를 받았다고 한다. 이것에 따르면 조광조는 18일 오후에는 서울을 떠난 것 같다. 그러나 《중종실록》 14년 11월 정미(17일)에는 다음과 같이 기록되어 있다. "조광조 등은 이미 한강 근처에 도착하였을 것이므로 다시 불러올 수 없다." 승지 성운의 이 보고를 보면 17일 이미 서울을 떠난 것 같다. 그래서 이 글에서는 조광조와 공이 용인에서 작별한 것을 18일로 수록하였다.

138) 《중종실록》 14년 12월 신미(11일), "정광필이 전하였다. …… 안당·남곤 등이 신에게 말하기를 '읽기 어려운 대책 하나가 있다' 하였는데 조광조 등은 '이것은 아무개의 대책인데 그 인물이 쓸만하니 뽑지 않을 수 없다'고 하였습니다. 上曰 '인물이 쓸만하다 하여 합격시켰다면 매우 옳지 않다. 그 이름이 무엇인가?' 허나 좌우가 다 이름을 대지 않았다(곧 成守琮인데, 그 이름을 말하기 어려워 대답하지 않았다). 金希壽曰, '李耔가 도총부에 입직하여 신을 불러서 공사를 의논한 뒤에(그때 김희수는 承文院判校고, 이자는 提調였다)함께 그 대책을 보았는데, 신이 이자에게 四宰(이자는 우참찬이었다)는 이 대책을 이해하겠는가 하였더니 이자가 백 가지로 보아도 이해할 수가 없다고 하였습니다. 남곤이 대제학으로서 試官이 되었으니 試場 안에서 선비를 策試하는 일은 文衡을 맡은 자가 주장해야 마땅한데, 조광조·金絿·金湜이 무리하게 멋대로 하였으니 어찌 옳겠습니까?'"

너무 과격하여 화를 자초하였다는 회한의 내용, 과격하다는 자신의 의견을 조광조도 동의하였고, 申鏛・권발과 함께 과격파를 조정하려고 하였으나 뜻대로 되지 않았다는 것이다.139)

12월 16일(병자) 중종은 남곤과 이유청을 불러 정승으로 삼고 公을 비롯한 30여 명의 처벌을 논의하였는데, 公에 대해서는 처음 파직만 하려고 하였으나 결국 告身까지 추탈되었다.140)

이날 조광조는 賜死, 김정・김구・김식은 絶島 유배, 윤자임・박훈・박세희・기준은 서북방 遠處 유배로 결정되었다.

중종은 처분 과정에서 특히 조광조에 대한 좋지 않은 감정을 토로하였는데, 공신 문제를 비롯한 여러 가지 개혁을 너무 서두르기도 하였지만, 중종을 너무 경연에 끌어내어 피곤하게 한 것도 중종의 마음을 돌리게 한 중요한 원인이었던 것 같다.141)

《麟齋遺稿》의 편찬을 마치고 발문을 쓰다.142)

---

139) 내용 가운데 "尙帶舊職"으로 보아 12월 16일 삭탈관직 되기 이전의 편지가 분명하다.

140) 《중종실록》 14년 12월 병자(16일), "上日 '이자는 저들과 상종하였으니 마땅히 파직되어야 한다.' ……上日 '유용근 등 4인(정응・최산두・정완을 아울러 4인)은 원방에 付處하고, 안당은 3인(유운・김안국을 아울러 3인)은 파직하고, 이자 등 11인(최숙생・이희민・이약빙・이연경・조광좌・윤광령・송호지・송호례・양팽손・이충건)은 告身을 모두 追奪하라.'"

141) 〈정암선생연보〉 "연소한 신진들은 개혁을 하는데 용감하여 時宜를 헤아리지 않고 주장을 더욱 준엄하게 하였으니 사람들이 모두 못마땅한 눈으로 보았다. 또 上을 모시고 경연에서 진강할 때도 문장의 뜻을 종횡으로 출입하여 말이 너무 늘어져 朝講이 해가 늦어 파했으니 聖體가 때때로 피곤하고 몸을 펴지 못해 자리를 옮기면서 드르륵 소리를 냈지만 諸賢들은 깨닫지 못하였다."

12월 22일(임오) 조광조 綾州 배소에서 사약을 받다(賜死
가 결정된 것은 20일).

조광조의 부음을 듣고 곡하다.

41세(1520년, 중종 15년 경진)

음성 陰崖로 移居하다.[143] 경상도 龍宮에 약간의 전
토가 있었지만 너무 서울과 멀어 이곳을 택하였
다. 여기에 소옥을 짓고 自號를 음애로 삼았으며,
인사를 끊고 시와 술과 학문으로 세월을 보냈다.
소옥 동쪽에 石泉이 콸콸 흘러 동구의 淸溪로 흘
러가는데 청계의 좌우에는 암석이 마치 동문을 이
룬 것 같이 서있어 공은 '濯纓仙榻'이라는 이름을
써서 새겼다. 이 위에서 선생은 때때로 학자들과
배회하며 시도 읊고 술도 마시며 자적하였다고 한다.

權橃이 계속 통음하는 공을 위로하며 경계하는 편지
를 보내다.

3월 27일(을묘) 尹衢의 옥사에 연루될 뻔하였으나 남곤의
변호로 무사하다.[144]

---

142) 麟齋는 公의 고조 種學 목은의 子. 발문의 간기는 '己卯 冬.'

143) 조광보에 보낸 편지 〈與趙仲翼〉(《음애집》 권1)에는 "형과 함께 孝直(조광
조)의 산소에서 곡하지 못하였다"는 구절이 있는데, 조광조의 관이 용인에 도
착한 것은 1520년 봄이었다. 이 때 成守琮·洪奉世·李忠楗 등이 회장하였다
한다(〈정암선생연보〉). 공이 용인에 있었다면 참석하였을 터인데, 참석하지 못
한 것은 이미 음애로 移居한 후였기 때문인 것 같다. 그렇다면 공이 음성으로
간 것은 조광조의 歸葬 이전일 것이다.

5월 金湜의 부음을 듣고 곡하다.145)

42세(1521년, 중종 16년 신사)

겨울 김정의 부음을 듣고 곡하다.146)

〈呈仲氏〉 4수(권1)는 이 무렵 제주 목사 중씨의 편지
를 받고 지어 보낸 시이다.147)

겨울 安處謙의 옥사에 연루되어 杖殺된 조광좌를 곡하다.148)

---

144) 안당이 우의정에 임명될 때, 좌상 신용개가 병으로 입궐하지 못해 主書 尹衢
를 시켜 신용개의 의견을 물으러 보냈는데, 윤구가 돌아오자 우승지 김정과 도
승지 이자는 신용개가 '안당을 천거하였겠지?'하고 물었고, 윤구는 대답하지는
않았으나 신용개가 안당에 비중을 두면서 천거한 것처럼 보고하였다고 한다
〔《중종실록》 13년 5월 을사(7일)〕. 이것은 이 때 윤구가 승지들의 지휘를 받
아 안당을 밀었다는 것으로 문제되었다. 신진 사인들이 정승 임명에도 멋대로
농간을 부렸다는 죄가 성립할 수 있기 때문이다. 그러나 윤구는 옥중에서 상소
를 올려 당시 이자는 자신이 보고서를 쓸 때 좀더 빨리 쓰라고 재촉하였을 뿐
다른 말이 없었다고 해명하였고, 삼공들은 이것을 근거로 신용하는 의견을 올
렸는데, 이것은 공과 윤구를 도우려는 남곤의 주선이었다는 것이다〔《중종실
록》 15년 3월 경술(22일)〕.
145) 大司成 김식은 처음 선산으로 유배되었는데, 12월 가죄되었다는 소식을 듣고
상소를 올린 뒤 망명하였는데 결국 5월 16일 거창 산중에서 목을 매고 자살하
였다(《燃藜室記述》 권8, 金湜亡命獄).
146) 김정은 錦山으로 유배되었는데, 군수의 허락을 받아 어머니를 문병한 것이 발
각되자 군수가 죄를 모면하려고 도망죄로 고발하여 다시 하옥되었다. 1520년 가
을 제주로 유배되었는데, 결국 이 해 겨울 自盡하라는 명을 받았다(《海東襍錄》,
김정). 당시 공의 중씨 李耘이 제주 목사로 있어 김정을 우대하였다고 한다.
147) "枝間占喜鵲 天外見親書 有淚迎來使 無言病索居……炎海三年謫 陰崖一畝宮
尺書豈易得 千里自難通"은 제주와 음애로 떨어진 형제가 어렵게 서신을 주고받
은 사정을 전한다. 이 편지로 공은 김정의 소식도 들었을 것이다.
148) 신사년(1521년) 9월 심정은 잔존한 사인 세력을 일소하기 위하여 執義 尹止
衡을 사주하여 兩司 合啓로 안당의 삭탈관직을 주장하게 하고 이어서 안처겸(안
당의 장자, 현량과 피천)·문근·유인숙·정순붕·이성동·신광한·박영 등의
삭탈관직을 追論케 하였는데, 10월 안처겸·詩山正叔·權磌 등이 대신들을 모해
하려는 음모를 꾸몄다고 송기련이 告變함으로써 대대적인 옥사가 벌여져 안처
겸·권전·시산정숙·조광좌·韓忠·宋好禮 등이 처형 또는 장살되었고 수많은
사람들이 유배되었다(《燃藜室記述》 권8, 辛巳安處謙獄事 참조). 이 역시 조광
조를 지지하는 士人에 대한 숙청의 연장이었고, 남곤과 심정이 그 배후였다.

11월 1일(기유) 조광보에게 〈與趙仲翼〉을 보내어 함께 조광
조의 산소도 찾지 못하고 조광좌의 장례에도 참석
하지 못한 것을 한탄하다.149)

45세(1524년, 중종 19년 갑신)

정월 〈題甲申曆衣〉(권1) 2수를 짓다.

이 무렵 〈書朱子語錄考解後〉와 范祖禹의 《唐鑑》을
모범 삼아 史評을 저술하다.150) 노사신이 撰한
〈행장〉에 따르면 공은 이 사평의 저술에 "모든 정
력을 바쳤고 손을 떼는 일이 없었다"고 한다.

46세(1525년, 중종 20년 을유)

寓舍를 개축하였는데 그 동북에 손수 경작하는 작은
오이밭이 있어 瓜亭이라고 이름 지었다.
이 때 지은 〈瓜亭記〉(권1)은 공이 손수 채마밭을 가
꾸며 세월을 보내는 모습이 잘 표현되어 있다.

47세(1526년, 중종 21년 병술)

3월 29일 조광좌의 아들 趙沆에게 〈答趙秀才〉(권1)를 보내
조광보·조광좌 형제와의 우정을 말해주다.

---

149) "耔在罪中 旣不哭季良之木樞 又不同兄哭孝直於山所 悲懼交之不宣."

150) 《음애선생연보》는 이 저술들의 정확한 연대를 찾지 못하여 이 해에 편년하
였다. 양 저술은 모두 전하지 않는다. 노수신은 〈書朱子語錄考解後〉를 공의 문
장 가운데 가장 '醇正'한 것으로 평하였다.

49세(1528년, 중종 23년 무자)

〈贈兵曹參判行承政院同副承旨李公碑文〉(李蕃의 비문,
권2)을 짓다.[151]

50세(1529년, 중종 24년 기축)

정월 〈題己丑曆〉(권1)을 짓다.

충주 兎溪로 거처를 옮기다. 토계는 일명 劒巖으로
獺川 상류에 8개의 봉우리가 칼처럼 깎은 듯이
나열해 있고 그윽하고 깊숙하였는데, 공이 그 幽
絶함을 좋아하여 옮겼다고 한다. 당시 공의 생활
은 대단히 청빈하였다고 한다.[152]

51세(1530년, 중종 25년 경인)

정월 오언율시 〈題庚寅曆〉과 7언고시 〈題庚寅曆〉(권
1)을 짓다. 전자는 사생의 경계를 담담히 직시하
면서 그래도 살고 있는 기쁨을 표현하고 , 후자는
30년 전 단란한 가족을 회상하고 兎溪를 봉래산·
영주로 생각하며 살 뜻을 피력하다.

---

151) 이번은 1528년(무자) 정월 25일에 사망, 이 비문은 이 해에 지은 것이다. 비
  문 말미에 "先是歲辛丑 三月初一日 盧夫人病歿……" 이하는 그 일족이 뒤에 첨
  가한 것이다. 공은 계사년(1533년)에 사망하였고, 이 신축년은 1541년이기 때
  문이다. 특히 을사년(1545년)에 贈職된 사실도 첨가되었고, 碑額에도 이 증직
  이 명기된 것을 보면 1545년 이후에 추가, 개변된 것이 확실하다.

152) 어느 날 아침 공이 일찍 일어나 창문을 미니 자던 구름이 물가에 흩어지고
  새벽 해가 산언덕을 밝게 비추고 있었다. 이를 보고 마음이 흔쾌하여 "즐겁도
  다! 즐겁도다!" 연발하니 창밖에 있는 어린 노복이 "소금이 없어도 즐겁구나!
  간장이 없어도 즐겁도다!"라고 혼잣말을 하였다고 한다. 이것은 士林의 미담이
  되었지만, 공의 빈한함을 잘 말해준다.

5월 30일 토계에 거처하는 精舍를 지어 夢庵으로 이름 짓고, 스스로 호를 夢翁, 溪翁으로 칭하다.153) 〈移卜兎溪〉 2수(권1), 〈夢庵記〉, 〈夢庵上梁文〉(권2)은 이 직후에 지은 것인데, 〈移卜兎溪〉의 두 번째 시 "決屋山間曲……"은 춘하추동 사계가 다 묘사되어 훨씬 뒤에 지은 것 같다.

이 글들은 老莊的 색채가 강하며 소박하게 자연과 술로 자적하는 생활의 이상을 그리고 있다.

李延慶(灘叟, 長吉)154)·김세필(十淸, 公碩)155)·李若氷(樽巖, 喜初)156)·許礎(靜仲)이 자주 와서 함께 講學하며 세월을 잊고 지내다. 공의 〈자서〉는 이들과 교유를 다음과 같이 회고하였다. "또 이탄수의 거처가 멀지 않아 청풍명월이면 문득 노를 한 번 저어 서로 찾아가 돌 위에 앉아 시를 읊으며 仙人의 자취를 羨慕하였다."

당시 朴祥이 충무 목사로 있어 이들을 잘 보살폈다 한다.

___

153) 《음애선생연보》는 이것을 기축년에 수록하고 있으나 〈移卜兎溪〉의 "丙寅五月晦 野老來營此 庵名號爲夢 生死均一時"는 병인년 5월 30일 정사가 준공된 것을 입증한다.

154) 이연경은 기묘년 현량과에 천거되어 교리가 되었으나 조광조 등이 숙청될 때 파직되어 충주 용탄에 살며 공과 자주 왕래하였다(《연려실기술》 권8, 이연경).

155) 김세필은 연산군 9년(1496년)에 문과 급제, 갑오사화에서 거제도로 귀양, 중종이 즉위(1506년)하고 응교로 소환된 뒤, 기묘사화에서 다시 陰竹里로 유배되었고(1520년), 1522년에 방면되어 충주 知非川에 거주하며 知非翁으로 自號하였다. 훗날 다시 복권되어 형조판서까지 올랐다(《연려실기술》 권8, 김세필).

156) 이약빙은 중종 9년(1514년) 문과 급제, 기묘사화에서 이조정랑으로 파직, 그 뒤 다시 복관, 을사사화 때 司僕卿으로 유배, 1547년 賜死되었다.

오해할 것을 걱정하는 것으로 끝을 맺었다.160) 이에 견주어 〈자서〉는 자신의 가계, 소년시절 이후의 경력, 기묘년 이후의 은거생활을 약술한 뒤 다음과 같은 자신의 심경과 사상을 간단히 언급하였다.

먼저 그는 자신의 성품과 인생을 다음과 같이 요약하였다. "다른 사람을 차별 없이 사랑하였지만 사람들은 나를 친하게 여기지 않았고 남에게 후하게 베풀었지만 사람들은 덕으로 여기지 않았다. 선을 독실하게 좋아하지도 못하였고 악을 미워하는데도 용감하지 못하다. 세상을 따르기도, 어기기도 하며 세월을 실속 없이 보내고 말았다."

그는 또 "둘째, 자신은 집안에서 부모의 제사도 제대로 받들지 못하고 신하로서도 허물만 받은 추물에 불과하다. 셋째, 건강이 좋지 않아 4, 5년 뒤에는 죽을 터인데 시집 못간 딸들이 걱정이다. 넷째 몇 년만 더 살 수 있다면 강호에 優遊하고 고향으로 돌아가 단잠을 자듯이 죽음을 맞이하고 싶다. 다섯째, 노년에 문장에 본격적인 관심을 가졌지만 별 성과는 없었다. 문장은 마음 가운데서 발하고 정성의 바름에 근거해서 자연스럽게 공교하게 되어야 하며 요란하게 억지로 꾸미고 괴이한 것을 다투는 것은 앵무새가 말하는 것과 같을 뿐이다"161)라고 하였다.

---

160) "吾與趙公最親 且知死生以之也 今當垂死 恐吾子孫不知我交情之不負幽明."

161) "皆出自中心發爲文章 以徵於性情之情 故其言不期而工 非若後世組繪刻鏤 爭其效怪 隨復變遷而詩之弊極矣 是不過鸚鵡能言 何足尙哉."

52세(1531년, 중종 25년 신묘)

가족들이 모두 오니 몽암정사가 좁아 廢船을 하나 빌려 지붕을 덮어 휴식처로 삼고 그 안에 누워 자연 속에 파묻혀 남은 인생을 즐기는 감정을 〈船板記〉(《음애집》 권2)로 표현하다.

〈跋尙友堂詩〉(권2)는 이 무렵에 지은 것으로 추정.[162]

길주에 유배되기 이전 자신의 처지를 해명하기 위하여 서울로 가는 이항에게 노복을 보내 안부를 물은 것은 이 해가 분명하다.[163] 이항은 이 해 12월에 결국 유배지에서 賜死되었다.

---

162) 尙友堂은 許琮의 호, 세조 때 이시애란을 평정하는 데도 공을 세웠고 성종 때 우의정에 오르고 陽川府院君으로 봉해진 명신이었다. 성리학에도 상당한 공부가 있었고, 《자치통감강목》을 20일 만에 독파할 정도로 학문에 정력을 쏟기도 하였다고 한다. 이 문장 가운데 그 손자 허항을 "안로에 아부하여 그 행실이 개, 돼지와 같았다"는 것은 경인년(1530년) 이후 허항과 김안로의 관계를 지적한 것이 분명하므로, 이 해에 지은 것으로 추정하였다. 《연려실기술》 권9 〈三凶用事丁酉敗死〉는 《丙丁錄》을 인용하여 다음과 같은 구절을 전재하고 있다. 즉 "許沆阿附安老 行若狗彘 嘗於經幄 垂涕言曰 臣許琮之孫 庶不欺負 甚矣 小人情態如此 韓忠獻公不獨有佞胄"를 전재하고 있는데, 이 구절은 바로 공이 지은 이 문장의 마지막 부분이다. 《丙丁錄》은 공의 이 문장 전체를 채록하고 있는데, 이긍익이 이 구절을 인용하며 근거를 생략한 것이다. 이 발문은 허종을 칭송하기 위한 것이라기보다는 허항과 김안로를 비난하기 위하여 지은 것으로 추측된다.

163) 《중종실록》 39년 12월 20일 (갑신) 史臣曰 참조. 이 때 心火가 난 이항은 시냇가의 물을 다섯 주발 들이킨 뒤 공의 노복에게 '돌아가 너의 주인에게 말해라. 너의 주인은 내 마음을 알 것이다'라고 하였는데, 이 말을 전해들은 공은 자신도 모르게 포복절도하였고, 문인들이 그 이유를 물었으나 끝내 말하지 않았다고 한다.

54세(1533년, 중종 27년 계사)

　3월 3일 企齋 申漢光과 獺川 하류 介山에서 만나다. 본래
3월 3일과 9월 9일은 해마다 공과 김세필·신한
광 3명이 모여 개산에 올라 풍광을 감상하였는데,
김세필이 사망하여 이 날은 두 사람만 모인 것이
다.164) 이날 신한광은 다음 시를 남겼다. 공이
화답하였을 시는 남아 있지 않다.

　　3월 3일과 9월 9일은 해마다 모였는데
　　옛 약속은 그대로지만, 일만 어그러구나.165)
　　향기로운 파란 풀을 밟는 날, 오늘이로다.
　　맑은 술에 흰 태는 옛 사람이 그르다고 했건만
　　바람 앞에 제비소리 처음 여리게 들리고
　　비온 뒤 복사꽃 드문드문 보이네.
　　모동 장인 속기가 없어
　　마음 두지 않고도 봄옷 입혔네.
　　三三九九年年會
　　舊約猶存事獨違
　　芳草踏靑今日是
　　清樽浮白古人非
　　風前燕語聞初嫩
　　雨後桃花看亦稀
　　茅洞丈人多不俗

---

164) 신한광은 신숙주의 손자. 기묘년 승지로 파직된 뒤 다시 삼척부사가 되었는
　　데, 신사옥사에 연루되어 削籍되었다. 3명이 이처럼 모인 것은 그 이후부터일
　　것이다. 그는 정유년(1537년) 복권되어 그 뒤 대제학·찬성까지 올랐다.《연려
　　실기술》권8 己卯黨籍, 권9 仁宗朝文衡 참조.
165) 김세필이 사망하여 모이지 못한 것을 슬퍼한 것이다.

可能無意典春衣

4월 권발이 내방하다. 권발이 소환되어 서울로 가는 길에
　　　들른 것이다.

7월 **김안국·권발·이황을 만나다.** 권발이 밀양군수가 되어
　　　내려갈 때 퇴계를 데리고 갔는데, 김안국이 이들
　　　을 이천에서 맞이하였다. 이연경·이약빙과 함께
　　　배를 타고 온 공을 바위 위 누각에서 멀리 보며
　　　맞이하였다.166) 퇴계는 1501년생으로 이 때 32세
　　　였다.

12월 병이 깊어 〈夢庵觀化遺文〉을 지어 자손에게 유언을
　　　남겼다.167) 이것은 생사의 근본에 통달하고 산소
　　　가 멀리 떨어져 있는 것을 슬퍼한 심경과 함께 다
　　　음과 같은 선각자다운 장례와 제사의 예법을 당부
　　　하였다.
　　　1. 상례와 장례는 모두 《주자가례》를 따를 것.
　　　　《주자가례》에서 행할 수 없는 것은 뒤에 써놓
　　　　았으니 그대로 할 것.
　　　2. 염할 때는 입은 옷을 그대로 할 것.
　　　3. 제사는 평상시의 음식으로 지낼 것.
　　　4. 돌아가신 아버님께서 유밀과를 쓰지 말라고 하
　　　　셨으니 그대로 따를 것.

---

166) 《음애선생연보》에 인용된 "《冲虛日錄》, 권발이 이 장면을 기록한 것이다.
167) 이것은 逸失되었지만 다행히 중요한 내용의 일부가 〈행장〉에 소개되어 있다.

5. 제사상은 한 접시만 올릴 것, 그러나 내 생각
   은 한 접시도 없어도 좋은 것 같다.
6. 喪祭에는 고기를 사용하지 말 것.
7. 우리 집안의 舊風은 매월 초하루와 보름에 포
   와 육장을 간단히 올리는 것이다.

12월 15일 충주 토계 몽암에서 考終하다.

■ 공의 학문

공은 평생 책을 손에서 놓지 않았다. 저술한 것은 반드시 상자
에 넣어 봉함하고 들어오면 다시 꺼내 저술하고 나갈 때는 다시
봉함을 단단히 하여 다른 사람들이 무엇을 저술하는지를 알지 못
하게 하였는데, 그 결과 수많은 문장을 지었다. 그러나 대부분
없어졌다. 노수신이 공의 행장을 지을 때(1577년)만 해도 시
3,656편, 銘·表·賦·辭·傳·記·序·說 74편이 남아 있었고,
사람들이 그것을 모두 귀중하게 여겼다고 한다. 현재 《음애집》에
보존된 시문과 논저들은 그 십분의 일도 안 된다.

노수신은 선생의 학문을 다음과 같이 총평하였다. "소쇄·응대
하는 것에서 시작하여 차례로 올라가 신묘한 자연의 조화까지 아
는 것을 궁극의 목적으로 삼았으며, 성정을 길러 확충하는 道가
있었고 體(사물의 본질과 원리)와 用(본질과 원리의 응용, 실천)
을 모두 갖추었다. 그러나 사람들이 알아주는 것을 원하지 않았
고 또 사람들에게 가볍게 자신의 학문을 이야기하지도 않았다.
空言(추상적인 이론)을 좋아하지 않았고 오직 실제에 착실하게
발을 붙이는데 노력하였다. 만년에는 그 眞이 쌓이고 노력이 오

래 되어 義가 정밀하고 仁이 원숙하게 되어 움직임과 고요함, 말
과 침묵이 장소에 따라 적합한 경지가 되었다.

■ **형제와 후손**

伯氏 耦: 1466년 생. 성주로 유배된 대간공을 모시기 위하여
　　　　문과한림에서 唐浦 萬戶를 자원, 풍토에 맞지 않아
　　　　현기증 병을 얻어 귀향한 뒤 1513년 6월 13일 수원
　　　　에서 卒. 和와 稔 2子가 있다.

仲氏 耘: 1469년 2월 생, 백부 仁堅의 後로 入. 1501년(신유)
　　　　문과급제, 공조 참의. 1535년(을미) 5월 13일 졸.
　　　　積과 秾(1535년 문과 장원, 대사성) 2子가 있다.
　　　　공은 중씨를 가장 친하게 모셔 마치 중국의 송대 사마광
　　　　과 그 형 伯康의 관계와 같다는 평을 들었다.168)

叔氏 耩: 의금부도사. 생졸년이 모두 失傳. 모년 11월 16일 졸.
　　　　숙씨를 애도하여 〈悼叔氏〉 4수를 짓다.169)
　　　　耘의 2자 稔이 후사로 入.
　　　　稔의 자 圭, 圭의 2자 裕後가 공의 손 培의 後로 入.

부　　인: 宜寧 南氏 - 無後.
　　　　仁川 蔡氏 - 대사헌 蔡壽의 女(1남 3녀를 생산).
　子　:秋.

---

168) 〈謹承次稼亭韻奉玩感愴更續元韻以呈〉 6수(권1)는 선조인 稼亭이 연경에서
　　가형에게 보낸 시의 운에 따라 중씨가 지어 보낸 시에 화답한 시들인데, 이 역
　　시 두 형제의 돈독한 관계를 잘 말해준다.
169) 〈도숙씨〉 4수는(권1) 숙씨의 졸년이 실전되어 연대 추정이 불가능하다. 다만
　　"獨向陰崖哭"이란 구절로 보아 공이 음애에 거처한 1520년에서 1528년 사이로
　　추정된다.

女　　: 李孝佰, 朴應星, 李萬年(종실, 鳳陵副守).

孫　　: 培.

1534년(중종 29년 갑오)

　　봄 용인 기곡면 선형에 안장하다.

1538년(중종 33년 무술)

　4월 21일(을묘) 직첩을 돌려받다(《실록》).

1570년(선조 3년 경오)

　4월 24일(신유) 召對에서 부제학 柳希春이 기묘년의 현인
　　　　을 언급하며 공을 "이색의 후손으로 조광조와 함
　　　　께 알려졌다"고 소개하였고, 우부승지 李忠綽이
　　　　공이 남긴 《일록》이 있다고 말하자 선조는 보고
　　　　싶으니 가져오라고 명하였다(《실록》).

1577년(선조 10년 정축)

　　노수신, 공의 행장을 만들다.170)

　　유희춘의 청에 따라 시호 文懿公을 받다.

1586년(선조 19년 병술)

　　1582년 봄부터 몽암 유지 북쪽에 세우기 시작한 八

---

170) 《음애선생연보》는 노수신의 〈행장〉 찬과 시호 하사를 모두 이 해에 기록하
　　고 있은데, 족손 이해창이 찬한 공의 〈묘갈음기〉에 따르면 시호 하사는 정축년
　　이다. 그러나 공의 〈행장〉에 시호가 언급되지 않은 것을 보면 〈행장〉은 시호
　　하사 이전에 완성된 것이 분명하다. 따라서 〈노수신연보〉에 그가 공의 행장을
　　撰한 것을 기묘년(1579년)으로 기록한 것은 오류이며, 정축년 이전일 가능성도
　　높지만, 일단 시호하사 이전의 정축년 정도로 편년하였다.

奉書院이 완성되어 공의 위판을 봉안하다. 서원은 溪灘 또는 劍巖이라고도 불렀고, 이연경도 並享되었다. 이 서원은 임진왜란 때 불타버렸으나, 난 이후에 중건되었다.171)

稼亭·牧隱·麟齋公을 모신 한산의 文獻書院에 配享되다.

1587년(선조 20년 정해)

5월 27일(을묘) 선조는 族姪을 택해 公의 손 培의 후사를 세우라고 특명하다.172)

이에 따라 공의 숙씨 耔의 曾孫 裕後가 培의 후사가 되었다.

---

171) 이 서원은 충청감사 金宇宏 및 충주목사 李選·劉韓忠·吳雲·金偉 등이 계속 贊成하였고 王子 師傅 康復誠이 院事를 주관하였다. 처음 낙성 때의 〈팔봉서원기〉는 노수신이 지었고, 중건시의 상량문은 李植(택당)이 지었다. 1612년부터는 김세필(十淸)과 노수신도 並享되었고 1672년 3월 충주 유생들의 청에 의해 11월 2일 예관을 보내 八峰書院 扁額을 하사하고 치제하였다[《현종실록》 13년 3월 계유(27일), 11월 계유(2일)]. 《음애집》 권4 부록에 수록된 知製教 尹深이 製進한 〈八峰書院賜額祭文〉은 이 때 지은 것이다.

172) 《선조실록》 20년 5월 을묘(27일). 培의 후사가 없어 배의 처 한씨가 그 일가의 딸을 데려다 侍養을 삼아 공의 神主가 한씨의 딸에게 돌아가게 되자, 공의 3녀 鳳城守의 처가 예조에 글을 올려 자기가 공의 제사를 모시겠다고 청하였다. 이에 예조는 公事(공식 후계문서)를 만들어 入啓하니 선조는 법을 어겨 公事를 만든 예조 당상과 색낭청을 推考하라고 명한 뒤 다음과 같은 의견을 제시하였다. "여자가 한 집안의 제사를 받드는 것은 그 사사로운 정에 따라 스스로 한다면 혹 괜찮을 수도 있다. 그러나 有司가 어찌 公事로 만들 일인가? 이자의 제사를 봉성수의 처가 받드는 것은 참으로 불가한 일이다. 그렇다고 배의 처족을 侍養으로 삼아 받드는 것은 더욱 이치에 맞지 않는 일이다. 무릇 한 집안의 제사를 이어가는 문제는 마땅히 법에 따라 처리해야 한다. 다만 이번 일은 이미 공사에 드러났고 글을 올려 후사를 세우려 하나 돌아보니 적합한 사람이 없다. 백성의 부모가 되어 그 재신의 제사가 단절될 것을 알면서도 조처하지 않는 것이 옳겠는가? 쇠약한 것을 일으키고 끊어진 것을 이어주는 것이 왕정의 선무이다. 유사에게 명하여 그 족질 가운데 李培의 후사가 되기 적합한 인물을 골라 이자의 제사를 받들게 하는 것이 어떻겠는가?"

1590년(선조 23년 경인)

光國原從一等功臣錄券과 贈職 崇政大夫 議政府左贊成
兼 判義禁府事 世子貳師 知經筵春秋館事 弘文館大
提學 藝文館大提學을 받다. 아울러 不祧의 특전을
받다.173)

1636년(인조 14년 병자)

묘갈을 세우다. 족손 李海昌174)이 碑陰을(《음애집》
부록) 쓰다.

金堉 등이 선정한 東國先賢 56명 가운데 한사람으로
뽑히다.

1752년(영조 28년 임신)

李道興(6대 손) 〈음애선생연보〉를 편찬하다.

1753년(영조 30년 을해)

《음애집》이 간행되다.

金在魯 서문(갑술, 1752년 12월)에서는 문집의 편찬과
정을 다음과 같이 소개하였다. "처음에는 화를 겪
으면서 나중에는 兵亂(倭亂과 胡亂)을 지나면서

---

173) 1587년 개수된 《대명회전》은 正德本 所載의 이성계 宗系와 고려왕 弑逆 기
　　사를 조선이 요구한 대로 개정하였고, 이에 그동안 이 외교에 공헌한 사람들을
　　모두 표창하였는데, 공도 처음 이 辨誣外交를 발의하고 직접 使行하여 담판한
　　공으로 표창된 것이다. 특히 공에게 不祧의 은전이 내린 것은 이미 사망하여
　　실제 공신록의 혜택을 받지 못하는 사정을 특별히 배려한 것이었다고 한다.;
　　《영조실록》12년 1월 병자(16일), "옛날 이자는 제일 먼저 宗系의 잘못을 고
　　쳐야한다고 발의하였는데, 이자가 죽어 光國勳에 기록되지 못하여 특별히 不祧
　　의 은전을 명하였습니다."
174) 이 묘갈은 유후가 세웠다. 海昌은 裕後의 실형 仁後의 長子.

평생의 저술이 거의 모두 散逸되었다. 蘇齋公(노수신)이 행장을 撰할 때 '단지 시 3,656편, 각종 문장 74개만 얻었다'고 했는데 그것도 지금은 다시 볼 수 없게 되었다. 6대손 察訪 道興은 개연히 뜻을 갖고 수년 동안 수집하여……시부 1편, 문 1편, 《일록》·잡저 1편·부록 1편을 채록하고, 이어서 연보를 草하여 문집의 첫 머리에 놓았다. 선생의 **族從孫 嶺南伯 李蘙章**(해창의 증손)**은 처음부터 그 수정에 참여하였고 稿本을 간행**하여 세상에 나오게 되니 실로 사림의 행운이다."

이에 앞서 1746년 겨울 權萬(權橃의 후손)이 撰한 跋文(병인년, 1746년 겨울)은 다음처럼 더 구체적인 상황도 전한다. "후손 전 **督郵 道興과 門孫 현 검토관 蘙章氏가 뜻을 다해 수집할 것을 의논하고 또 연보를 編次하여 首尾가 대략 갖추었으나** 수백 년 전의 일이고 考據가 넓지 않아 누락되고 잘못된 것이 많았지만 삼가 취하였고, 남으로 돌아와 우리 선조의 《일록》(권발의 《충허일록》)을 열람하고 선생에 관한 것은 작은 것도 모두 채록하였다. 또 李塏(松齋, 明仲)가 수록한 것 몇 건, 20韻을 1통의 書로 엮어 金緣(雲巖)에게 보낸 詩도[175] 얻어 알 만한 사람에게 확인하여 문집에 포함시켰다."

---

175) 이것이 〈贐金子裕緣令公之榮川郡〉(권1)인데, 5言 40句로 구성되어 있다. 김연은 중종 14년(1519년) 문과 급제, 대사헌까지 올랐다. 영천군수로 떠나는 김연을 직접 송별하지 못한 정을 나타낸 것이다. 음성에 은거할 때 지은 것으로 보인다.

〔부 록〕

1. 敎養元子書(《중종실록》 12년 1월 19일 을미)

　　홍문관 부제학 한효원 등이 다음과 같은 원자를 교양하는 書를 올렸다. 즉, 《예기》의 〈內則〉에 "接子에(아들을 낳은 어머니에게 특별한 음식을 먹이는 것) 택일하고 國君의 세자는 太牢로 하고 冢子가 아니면 모두 1등 감한다"는 말이 있고 《예기》 冠義篇에는 嫡子는 "阼에서 冠함으로써 부의 계승자라는 것을 드러낸다(冠於 阼以著代也)"라는 말이 있습니다. 《춘추》 환공 6년 9월 정묘의 '子 同이 태어났다'는 구절에 대해 胡安國은 "經이 '子同 生'이라고 쓴 것은 국가의 근본을 바로 잡고 후세 配適이 正位를 빼앗는 일을 방지하기 위한 것이니 垂訓의 뜻이 크다"고 말하였습니다. 漢 元帝時 定陶王을 태자보다 더 총애하자 승상 匡衡은 다음과 같이 상소하였습니다. "성왕은 반드시 后와 妃의 관계를 신중히 하고 嫡長의 位를 구별해야 합니다. 집안에서 禮는 낮은 자가 높은 자를 넘보지 않고 새로 온 사람이 이전 사람에 우선하지 않게 합니다. 이것은 인정을 통어하고 陰氣를 다스리기 위한 것입니다. 적자를 높이고 서자를 낮추기 때문에 적자는 阼에서 관례를 치루고 禮로 예우한 것입니다. 衆子가 그 열에 끼지 않은 것은 正體를 귀하게 여기기 때문입니다. 禮는 혐의를 밝히는 것이며 쓸데없이 禮文을 가하지 않으니 충심으로 아주 다르다는 것을 알게 합니다. 그러므로 예는 그 情을 찾아서 밖으로 보이는 것입니다. 만약 마땅히 친할 것을 소홀히 하고, 마땅히 낮출 것을 높이면 망령되고 간교한 무리가 때를 틈타 움직여 국가를 어지럽힙니다.

그러므로 성인은 그 단초를 잘 방지하고 그것을 미연에 금하며 私恩으로 公義를 해치지 않습니다." 眞德秀는 또 이렇게 말했습니다. "옛날에 세자를 낳으면 표가 나게 들어 올려 백성〔國人〕이 모두 알게 한 것은 衆望을 세자에 묶어 두기 위한 것이었다." 이것은 국가의 근본이 계승자를 세우는 날에 정해지는 것이 아니라 처음 태어날 때 정해진다는 것을 의미합니다. 이것이 《춘추》가 아들 同의 탄생을 근엄하게 쓴 이유입니다. **이상은 嫡庶의 구분〔分〕을 엄격히 할 것을 말한 것입니다.**

신들이 삼가 살피건대 后妃가 병립하고 적자에 필적하는 서자가 있거나 국가를 두 사람이 움직이는 것은 고금을 통하여 커다란 害였으며, 멸망의 화가 반드시 곧 이르게 마련이었습니다. 그러므로 성인은 처음 탄생할 때부터 단속하여 接子의 예에도 차등을 두었으며, 成人이 되어 冠禮를 할 때도 阼에서 함으로써 그에게 正位를 전한다는 것을 밝힌 것입니다. 이것은 비단 尊卑의 구분〔分〕을 밝힌 것뿐이 아니라 僭忒의 근원을 봉쇄하여 神人에게 소속된 바가 있게 하여 후일 동요하기 어렵게 한 것입니다. 옛날에 유복자를 세우고 선제의 委裘를 받들어도 어지럽지 않았던 것은 이 때문이었습니다. 하늘이 우리나라를 도와 성인이 탄생하였으니 실로 만세의 무궁한 복입니다. 반드시 正道에 어그러진 일이 없어야 합니다. 古人이 처음에도 근실히 하고 뒤에서도 엄격히 한 것이 어찌 소견이 없어 그랬겠습니까? 지금 (원자가) 어리지만 보통의 稱號와 의복과 예의 등급은 마땅히 분별하여 미리 의심스러운 것을 멀리해야 합니다. 엎드려 바라옵건대 성상께서는 유의하시기 바랍니다.

《列女傳》에는 이런 말이 있습니다. "옛날 부인이 임신하면 옆으로 잠을 자지 않고, 가장자리에 앉지도 않았으며 한 발로 서지 않았고, 부정한 맛이 나는 음식은 먹지 않았으며, 바르게 자르지 않는 음식은 먹지 않고, 바르지 않은 좌석에도 앉지 않았고, 사악한 것은 보지 않았으며, 음란한 소리는 듣지 않고, 밤이면 맹인에게 시를 암송시키고, 바른 일을 말하게 하였다. 이렇게 해서 자식을 낳으면 용모가 단정하고 재주가 남다르다." 《예기》 內則에는 이런 말이 있습니다. "國君의 세자가 낳으면 君에게 고하고 太牢로 接하며 宰는 그것을 갖추었으며, 3일 이내에 업어주는 士를 택하는데, 齋戒하고 조복을 입고 寢門 밖에서 아기를 받들어 업게 하는데 보모가 받아서 업는다"는 말이 있습니다. 賈誼의 《新書》〈保傅篇〉에는 이런 말이 있습니다. "옛 왕자는 태자가 탄생하면 士에게 업게 하고 유사는 齋戒, 단면하고 南郊에 나아가 天에 현신케 하였으며, 闕을 지나면 내리고 廟를 지나면 쫓아 달려갔다. 이것이 효의 도리이다. 그러므로 갓난아기 때부터 가르침이 이미 행해지는 것이다. 그러므로 태자가 탄생하면 바른 일을 보게 하고, 바른 말을 듣게 하며, 正道를 행하게 하고, 좌우 전후의 사람이 모두 바른 사람이어야 합니다." 程子는 이렇게 말했습니다. "사람은 자식을 낳아 말할 수 있으면 가르친다. 대학의 법도 사람이 어렸을 때 미리 가르치는 것을 우선으로 삼았다. 지식과 생각에 일정한 주장이 없을 때 격언과 至論을 날마다 그 앞에서 진술해야 한다. 비록 알아듣지 못하더라도 마땅히 薰陶시켜 귀에 익고 몸 안에 가득 차면 스스로 익숙해져서 마치 본래부터 그것이 있었던 것처럼 되어 비록 딴 말로 현혹하여도 그 말이 들어갈 수 없다. 만일 미리 그렇게 하지 않고 점점 자라게 되면 안으로는 생각을 제멋대로 하고 치우친 것을 좋아하게 되고 밖으로는 뭇사람의 말에 유혹되어 그때는 純完하고 싶어도 될 수가 없다." **이상은 敎諭하는 방법을 마땅히 빨리 마련해야 된다는 것을**

말한 것입니다.

신들이 삼가 고찰하건대, 옛사람들의 어린이 교양하는 길은 바르지 않은 것이 없었지만, 國君의 세자의 교양에 더욱 신중을 다한 것은 진실로 위로는 祖宗의 왕업을 이어받고, 아래로는 神明과 사람의 休戚이 매였고 국가의 흥폐와 존망이 항상 그에게 달렸기 때문입니다. 그러니 어찌 신중하지 않을 수 있겠습니까? 더욱이 세자는 지위와 권세가 한없이 높아 방종하기 쉬우니, 미리 바르게 교양하는 방도를 더욱 시급하게 서둘러야 합니다. 무릇 태어난 지 사흘 만에 知見이 있는 것은 아니지만, 반드시 齋宿한 士의 등에 업혀 하늘에 現身하고 恭敬을 깨우치고, 받들 곳으로 달려가 효를 顯彰하는 것은 단지 말로만 가르치고, 잘못이 보여서 간하는 것이 아니라, 특히 여유 있고 충분하게 涵養, 薰陶하여 氣質이 날로 교화되고 덕의 그릇이 날로 성취되어 자연히 순조롭게 이루어져 모르는 사이에 개발되도록 하려는 데 있는 것입니다. 지금 元子가 비록 어리기는 하지만, 옛사람들이 일찍 敎諭하던 법에 견주면 이미 늦었으니, 삼가 바라건대 성상께서 유의하십시오.

《예기》〈內則篇〉에는 또 이런 말이 있습니다. "孺子의 방을 따로 궁중에 마련하고 諸母와 가당한 자 가운데에서 가리되, 반드시 寬柔하고 慈惠하며 溫良하고 공경하며 신실하고 말이 적은 사람을 구하여 아들의 스승이 되게 하고, 그 다음에는 慈母, 그 다음에는 保母를 삼아 모두 아들의 방에 있도록 하며, 다른 사람은 일이 없으면 가지 않는다." 周 文王이 太公望을 태자의 스승으로 삼았는데, 태자가 鮑魚를 즐겨 먹자 강태공이 주지 않으면서 "禮文에 포어는 제사상에 오르지 않는데 어찌 禮가 아닌 것으로 태자를 기르겠는가?"라고 하였습니다. 賈誼의 保傅篇에는 이런 말이 있습니다. "옛날 成王이 강보 속의 어린애일 때 召公은 太保가 되고 周公은 太傅가 되었으며 太公望은 太師가 되었다. 태보는 태자의 신체를 보호하고 태부는 德義를 가르쳤으며 태사는 교훈으로 인도하였으니, 이것은 三公의 직책이다. 그러므로 어린이가 철이 들면 삼공과 三少가 진실로 孝·禮·義를 밝히고 道로 가르치는 것이다." 朱子는 "賈誼의 말은 실로 만세토록 바꿀 수 없는 定論이다"

教諭하는 방법을 논하자면, 반드시 孝·仁·義·禮로 근본을 삼아야 하고, 조목을 상세히 말하자면 용모와 말씨, 의복과 器用의 세세한 것에 이르기까지 조그만 것도 빠짐없이 모두 법도가 있으며, 반드시 그 성과가 마음과 더불어 이루어져서 道에 맞도록 하여야 합니다. 그것이 천성처럼 되어도 태만하고 싶을 때가 있습니다. 근세에는 제왕들의 아들 가르치는 법도가 매우 소략해 졌습니다. 대개 그 가르친다는 것이 記誦이나 書札을 잘하는 것에 지나지 않아 일찍이 인·효·예·의를 익히지 않고, 용모와 말씨나 의복과 器用에 있어서도 지나치게 사치하지만 일찍이 제재하지 않고, 아침저녁으로 거처에 드나들며 간격 없이 친근하게 지내는 사람도 가까이 보시는 宦官에 불과할 뿐입니다. 이는 마치 집에 간직한 明月珠나 야광주를 길거리나 도둑들 틈에 버려두는 것과 같은 것이니, 어찌 위험한 일이 아니겠습니까?

당나라 代宗은 柳晟을 12세 때 궁중에서 키우면서 태자와 함께 吳道瓘에게 글을 배우게 하였고, 宋 眞宗은 蔡伯希에게 仁宗을 시종케 하였으며 인종이 出閤하지 않았을 때에는 종실의 아들 가운데 어리면서도 영리하고 나이가 비슷한 자를 택하여 같이 놀게 하였는데, 程子는 "개발시키는 방법은 대개 길이 있는 것이나 분명히 익히도록 하는 도움이 가장 긴요하기 때문에, 주공이 성왕을 보필하면서 伯禽과 함께 거처하게 한 것이다"라고 하였습니다. 성인들이 하신 일은 실로 부당한 것이 없으니 진종이 채백희에게 인종을 모시게 한 것은 옛일을 본받은 것입니다. 신들이 바라는 것은, 신료들의 자제 가운데 10세 이상 12세 이하의 단정하고 조심성 있는 영특한 자 세 사람을 뽑아 성상의 좌우에서 모시면서 성상께서 읽는 글을 또한 읽도록 하고, 물체를 구별할 수 있는 이른 아침에 들어왔다 어두워지면 나가게 하되 늘 두 사람을 입시시키고 한 사람은 쉬도록 하시고 나이 든 궁인이나 內臣 가운데에서 두 사람을 택해 그들을 따라다니며 보살피고 잠시도 떠나지 않으면서, 常情으로 하는 우스갯소리는 역시 금할 것이 없으나, 오직 반드시 언어를 바르게 하고 거동을 신중하게 하며, 講官이 항시 가르치고 깨우치며 勸勉하여 무서워하고 꺼려할 줄 알게 하다가 13세가 되면 그만두고 나가게 하였으면 합니다. **이상은 평상시 敎養하는 체례를 마땅히 바르게 해야 함을 말한 것입니다.**

　신들이 삼가 고찰하건대, 옛날 세자들은 거처나 음식에 모두 常度가 있었고, 師傅와 賓僚의 輔養에도 바탕이 있었으니, 성인의 생각이 깊었습니다. 그런데 지금은 평소의 원자 교양이 지극히 소략하니 한심한 일입니다. 탄생한 처음에 아직 聖質이 굳어지지 않았는데 보모에게 주어 곧 外間으로 나가게 하고 동쪽으로 避接했다 서쪽으로 갔다 하기를 한 달에도 두서너 번씩이나 하며, 符籍과 축문이 잡다하게 문과 담에 나붙고 瞽史는 종횡으로 禍福만 지껄이고 오직 方位만 묻고 처소는 가리지 않으며, 심지어는 행실이 없는 宗室의 집이나 미미한 여염 속까지 가지 않는 데가 없습니다. 옛사람들이 친절하게 道義로 인도하던 것을 모두 宮妾 따위의 근시들 손에 맡기고도 지혜가 개발되고 덕성이 순수하게 완성되기를 바라니, 또한 어려운 일이 아니겠습니까? 전에 연산군이 姜希孟의 집에서 자랄 때 같이 노는 자들이 오직 교활하고 미욱한 아이들이었는데, 이들이 아침저녁으로 번갈아 드나들었으니 마침내 천성을 버리게 되었던 것입니다. 지난 일의 경계를 조심하지 않을 수 있겠습니까? 삼가 바라오니, 전하께서는 궁중의 한적한 곳에 따로 孺子의 방을 마련하여 몸과 마음을 정양시켜 사물에 이끌리지 않도록 하시고, 朝臣 가운데 忠信하고, 威儀가 중후한 사람 5~6명을 가려 하루씩 번갈아 侍奉케 하며 구체적인 상황으로 깨우치게 하되 반드시 義方으로써 하게 하십시오. 용모와 말씨, 의복과 器用도 단속하여 사치하지 못하게 하고, 거동과 언어가 잘못됨이 있으면 그 즉시 간하여 바로잡도록 하십시오. 좌우에서 심부름하는 사람들도 오직 꾸밈없고 곧은 老成한 사람을 쓰고 곁에서 아첨하는 사람을 쓰지 않는다면, 세월이 흐르는 동안 자연히 유익함을 알게 될 것입니다. 총명한 어린이를 가려 같이 놀게 하는 것은, 주공이 당시 효과를 거두었고, 程子가 후일에 자세히 논하였기 때문에 아울러 여기 열거하였사오니 삼가 성상께서 유의하시기 바랍니다.

맹자는 戴不勝에게 이렇게 물었습니다. "그대는 그대의 군주가 착해지기를 바라는가? 내가 분명히 그대에게 말하리라. 여기에 楚나라 大夫가 있어 그의 아들이 齊나라 말을 하게 하려면 제나라 사람으로 가르치겠는가? 초나라 사람으로 가르치겠는가?" 이에 대불승은 "제나라 사람이 가르치게 해야지요"라고 답하였습니다. 이에 맹자는 말하였습니다. "제나라 사람 혼자 가르치고 뭇 초나라 사람이 지껄인다면 비록 날마다 매질하면서 齊語하기를 바라도 되지 않겠지만, 끌어다 깊은 산속에 두고 비록 매일 매질하며 두어 해가 지난 뒤 楚語하기를 바라도 또한 되지 않을 것이다. 그대가 薛居州를 善士라고 여겨 군주 곁에 있게 하지만, 군주 곁에 있는 다른 사람들은 老少와 高下를 막론하고 모두 설거주같은 사람이 아닌데, 군주가 누구와 善한 일을 하겠는가? 설거주 한 사람이 혼자 宋王을 어떻게 할 것인가?"《예기》에는 "虞·夏·商·周에는 師와 保가 있었고 疑와 丞도 있었다. 四輔와 삼공을 두었지만 반드시 인원을 다 갖출 필요가 없으며 오직 그에 적합한 사람으로 해야 한다"는 말이 있습니다. 또 賈誼의 保傅篇에는 이런 말이 있습니다. "옛날 존귀한 삼공이 있었고 친근한 三少가 있을 뿐 아니라 道와 充도 있고 弼과 丞도 있었지만, 위로는 반드시 주공·태공·召公·史佚 같은 사람들을 얻어야 그들이 그 맡은 바를 감당할 수 있었으며, 아래로는 반드시 孝悌하고 견문이 넓어 道術이 있는 사람을 택하여 취하였다. 불행히 한 사람이라도 邪人이 그 속에 끼면 반드시 내쫓았던 것이다. 그러므로 아침저녁으로 같이 지내는 사람과 좌우에 출입하는 사람들이 모두 올바른 사람이어서 태자는 일찍이 한 가지 악한 짓도 볼 수 없었던 것이다. 이것이 三代 군주들에게 장구한 道가 있어, 수백 년 동안 천하를 잃지 않았던 이유이다." 宋 太宗은 壽王을 태자로 책봉하고 楊徽之·畢士安을 左右 庶子로 삼고, 喬維岳·楊礪를 兼 左右 諭德으로, 夏侯嶠를 兼中書로, 李至·李沆을 兼 賓客으로 삼고, 태자에게 빈객을 師傅의 예로 대하라 일렀습니다. 이지 등이 들어가 인사하자, 태종은 이렇게 당부하였습니다. "태자의 仁孝와 賢明을 올바른 사람에게 의뢰하여 道로써 輔導하게 하고자 하니 경들은 마음을 다해 調護할 것이며, 행동이 예를 따르면 찬성하고 하는 일이 온당치 못하면 힘껏 말해야 하며, 그대로 순종하지 말라." **이상은 宮僚의 선택을 신중하게 해야 함을 말한 것입니다.**

신들이 듣건대, 오직 학문을 해야 마음을 수양할 수 있고 敬해야 마음을 存養할 수 있으며, 오직 군자와 친근해야 이 마음을 지킬 수 있다고 합니다. 그러므로 옛 현명한 군주들은 태자를 가르치고 기를 때 반드시 방정하고 敦良한 士를 택해 같이 지내게 하며 薰陶시켜 습관이 되게 하여 德業을 충실케 한 것입니다. 무릇 薛居州 한 사람으로는 진실로 宋王을 착하게 할 수 없는 것이라면 邪人 사람 하나쯤 여러 사람 속에 끼이더라도 태자의 덕성에 방해됨이 없을 듯한데, 반드시 내쫓고야만 것은 무슨 까닭이겠습니까? 대개 군자는 엄숙하여 친근하기 어렵고 소인은 편벽하여 친근하기 쉽기 때문입니다. 군자의 道는 반드시 같은 좋은 무리와 어울릴 때 이루어지고 소인의 술책은 언제나 음험한 것을 노립니다. 그러므로 仁人 군자들은 반드시 그들을 통렬하게 끊어버리며 마치 늠름하게 敵國을 대하 듯하고 항상 내 태만한 틈에 그의 침해를 받게 될까 두려워하는 것입니다. 더욱이 태자의 德器가 아직 굳게 단단히 안정되지 못하여 志氣가 흔들리기 쉬우니 불행히 간신이 한 명이라도 그 사이에 끼면 반드시 영합하고 그대로 따라서 文詞나 機巧, 聲色이나 游獵 등 온갖 계책으로 교묘하게 파고들어 그 마음을 방탕하게 하면 군자는 날로 소외되고 소인은 더욱 기탄 없게 됩니다. (그러니 궁료를) 신중히 선발하는 방법이 중요하지 않겠습니까? 宋 太宗이 태자를 위해 궁료를 선택하면서 모두 당시 최고의 選良으로 채우고 또 "올바른 사람에게 의뢰하여 道로써 輔導하고자 하니 온당치 못한 일이 있으면 그대로 순종하지 말라"라고 한 것은 可謂 聖王들이 남긴 뜻을 체득하였다고 하겠습니다.

《예기》〈文王世子篇〉에는 이런 말이 있습니다. "太傅는 부자와 군신의 도리를 밝혀 교시하고, 少傅는 태자를 받들며 태부의 덕행을 관찰하여 자세히 敎諭한다. 태부는 앞에 있고 소부는 뒤에 있었으며, 들어오면 保가 있고 나가면 師가 있었다. 이렇게 교유하니 덕이 이루어지는 것이다. 師는 일로써 가르쳐 덕을 깨우치게 하는 사람이고, 傳는 그 몸을 부지런히 하여 유익하도록 輔導하여 道로 돌아가게 하는 사람이다.” 군자는 “덕이 이루어지면 교화가 높아지고, 교화가 높아지면 관원이 바로 되고 관원이 바로 되면 나라가 다스려진다”고 하였으며, 東萊 呂祖謙은 “옛날의 학자는 반드시 그 스승을 엄하게 받들었다. 스승이 엄한 연후에 도가 높아지고, 도가 높은 연후에 篤敬해지며, 篤敬한 연후에 능히 自守할 수 있으며, 自守한 연후에 用이 과감해지고, 用이 과감한 연후에 두렵지 않고 변동하지 않는다”고 하였습니다. 陸象山은 “그의 학문을 논하는 것은 그 스승을 논하는 것만 못하다. 스승을 얻고서도 마음을 비우고 자신을 맡기지 않는다면 또한 스승을 허물할 수 없는 것이다”고 하였습니다. **이상은 師傅에 대한 예의를 마땅히 융숭하게 해야 한다는 것을 말한 것입니다.**

신들이 삼가 고찰하건대, 삼대 성왕들은 師와 友가 없는 사람이 없었습니다. 무릇 존숭 받아야 진심으로 믿고 받아들이는 實이 있고, 친근한 바가 다해야 절차탁마의 공을 다하게 되는 법인데, 秦 이후부터는 군왕을 높이고, 신하를 억누르는 풍습이 귀와 눈에 익어 군왕이 멀리 저 위에 있어 상하의 사이가 격절되어 성의와 정감이 통하지 못하고 군왕이 스승을 얻을 수 없는데 어떻게 태자를 착하게 만들겠습니까? 세상에서 이른바 師傅를 尊禮한다는 것은 오직 오르내리고 拜揖하는 것에만 있고 誠意는 있지 않는데, 오르내리고 拜揖하는 것은 예의 절차이고 마음이 진실로 道를 좋아하여 엄숙하게 神明처럼 여기는 것이 예의 實입니다. 太傅는 나에게 부자·군신의 도리를 알게 해 주고 太保는 나를 輔翼하여 道로 나아가게 해 주는 사람입니다. 무릇 내가 하늘을 우러러보고 땅을 굽어보며 과오 없는 곳에 서 있는 것은 모두 사부가 輔導해 준 힘이니 지극한 성의로 존대하는 것이 마땅합니다. 그러나 그의 책임은 세자에게 남는 것이나, 그 사부는 군주와 재상이 선택해야 합니다. 성상께서는 유의하십시오.

《중용》에는 이런 말이 있습니다. "혹자는 날 때부터 알기도 하고 혹자는 배워서 알고 혹자는 어렵게 애써야 알지만, 알고 나면 다 마찬가지이다. 혹자는 편안해서 행하고 혹자는 유익하다고 생각하여 행하고 혹자는 억지로 실행하지만 誠을 이루면 다 같은 것이다. 학문을 좋아하는 것은 智에 가깝고 힘써 실행하는 것은 仁에 가깝다. 부끄러워할 줄 하는 것은 勇에 가까운 일이다. 이 세 가지를 알고 나면 修身을 알게 되고, 修身을 알면 治人을 알게 되고, 治人을 알고 나면 천하와 국가 다스리는 것을 알게 된다. 널리 배우며〔博學〕 깊이 살펴 묻고〔審問〕 신중하게 생각하며〔愼思〕 분명히 따지고 가리고〔明辨〕 독실하게 행동〔篤行〕해야 한다. 道란 잠시도 떠날 수 없는 것이니, 떠나게 되면 도가 아닌 것이다. 그러므로 군자는 남이 보지 않는 곳에서도 戒愼하고, 남이 듣지 않는 데에서도 恐懼하는 것이다. 은밀한 곳보다 잘 보이는 데가 없고, 세미한 일보다 잘 드러나는 것도 없다. 그러므로 군자는 혼자 있을 때 신중히 한다(愼其獨)." **이상은 학문의 道를 독실히 해야 마땅하다는 것을 말한 것입니다.**

신들이 듣건대 옛날 치세에는 천하에 배우지 않은 사람이 없었고, 왕자의 자제는 그 가르침이 더욱 엄밀하여 무릇 本源을 涵養하고 지식을 開導하는 준비를 신하되고 태자 될 때에 이미 익숙하게 하였기 때문에 속과 겉이 엄정하게 단단히 굳었고 通明한 思慮의 효과가 천하에 군림하는 날 나타나게 되었던 것입니다. 무릇 학문하는 功은 知에 이르고〔致知〕 힘써 행하는 것〔力行〕을 자신이 지키고 따라야 할 절실한 내용[實]으로 삼아야 마땅합니다. 무릇 아는 것에는 早晩이 있고, 실행하는 데에는 難易가 있습니다. 이것은 기질이 일정하지 않기 때문이나, 비록 지극히 暗弱한 사람이라도 진실로, 지성으로, 절실하게 스스로 자신을 다스리면 高明해질 수 있는 것은 그 天理가 선하기 때문입니다. 그러므로 《중용》의 법이 智·仁·勇을 세 가지 達德으로 삼고, 또 好學·力行·知恥를 덕에 들어가는 문으로 삼은 것입니다. 이른바 博學·審問·愼思·明辯은 아는 일이며, 篤行은 실행하는 일입니다. 《대학》에 "사물과 부딪친 연후에 知에 이르고 知에 이른 연후에 意가 誠해지며, 意가 誠한 연후에 마음이 바로 되고 마음이 바로 된 연후에 몸이 닦인다"고 하였는데 사물과 부딪치고 知에 이르는 것은 智의 일이며, 意가 성하고 마음이 바로 되는 것은 篤行의 일입니다. 《書經》의 "오직 精密하고 專一해야 한다[惟精惟一]"는 말과 《易經》의 "지극한 것을 알아서 이르고 끝나는 곳을 알아서 끝낸다[知至至之 知終終之]"는 말, 《논어》의 "知에 미치면 仁으로 지킨다[知及仁守]"는 말, 《맹자》의 "始終이 條理가 있다"는 말은 모두 致知로 시작하고 力行으로써 끝맺는다는 것을 말한 것입니다. 무릇 致知하면 자신의 마음이 洞然하여 가려지거나 의혹됨이 없고 力行하면 天理가 渾然해져 부족함이 없게 됩니다. 그러나 자신을 매섭게 추궁하고 노력하여 안으로는 자신의 私를 돌보지 않고 밖으로는 습속에 이끌리지 않는 것은 勇者가 아니면 또한 그 實을 다하지 못합니다. 진실로 이 세 가지를 알아서 조금도 중단하지 않으면 자신을 성취하고 만물을 성취시키는 도리가 세워지고 천하를 다스리는 데 저절로 여유가 생길 것입니다. 비록 그러하나, 평소에 存養하고 省察하는 공부가 없으면 또한 능히 할 수 있는 主體가 없고 근거할 자리가 없게 됩니다. 그러므로 군자는 언제나 敬畏하는 마음을 간직하여 천리의 본연을 보존하고, 싹트려는 人慾을 막음으로써 方寸의 마음속에 조금이라도 불쾌하거나 부족한 데가 없도록 합니다. 그러면 가만히 있어도 敬하게 되고 말하지 않아도 믿게 됨으로써 篤恭의 경지에 이르면 천하가 태평하게 됩니다. 이것이 학문의 궁극적인 功效입니다. 지금 元子의 학문은 마땅히 순서대로 점차 진보해야 하고, 갑자기 高遠한 데 미치게 해서는 안 됩니다. 그러나 앎에는 淺深이 있고 실행에는 大小가 있는 법이니, 먼저 작은 것부터 이루어 놓지 않는다면 장차 어떻게 그 큰 것을 자연스럽게 가져 오겠습니까? 마땅히 어릴 때 孝悌와 誠敬의 實을 가르쳐, 사물의 하나하나에 이르기까지 각각 그 禮義의 소재를 알게 한 연후에야 앞날에 성취되는 바도 자연히 크고 원대하여질 것입니다. 삼가 상께서는 유의하시기 바랍니다.

　《예기》〈문왕세자편〉에는 이런 말이 있습니다. "무릇 삼대의 군주들이 세자를 가르칠 때에는 반드시 禮樂으로써 하였으니, 樂은 속을 닦는 것이요 禮는 겉을 닦는 것이므로, 예와 악이 마음 속에 교착되면 겉으로 나타나게 된다. 그러므로 그것이 이루어지면 기뻐하며 공경스러워지고 따뜻하며 文雅해진다." 또 공자는 이렇게 말했습니다. "아들 됨을 안 연후에 아비가 될 수 있고, 신하됨을 안 연후에 군주가 될 수 있고, 남을 섬길 줄 안 연후에 남을 부릴 수 있다." 군주와 세자의 관계는 친하기로는 아버지이고, 높기로는 군주이니 아버지의 친애가 있고 군주의 존엄이 있은 연후에야 천하를 차지하여 보존하게 됩니다. 이 때문에 세자를 기르는 일은 신중히 하지 않을 수 없는 것입니다. 한 가지 일을 행함으로써 세 가지 일을 모두 잘 되게 하는 것은 오직 세자를 공부시키는 일입니다. 그러므로 세자가 태학에 들어가면 백성

〔國人〕들이 그것을 보고 "장차 우리 군주인데, 우리와 나이순으로 함께 하며 사양하는 것은 무슨 까닭일까?" 하고 생각할 것입니다. 아버지가 계시니 그러는 것이 禮이지만 이렇게 함으로써 대중들이 부자의 도리를 알게 되는 것입니다. 또 "장차는 우리 군주인데 우리와 나이순으로 함께 하며 사양하는 것은 무슨 까닭일까?" 하고 생각할 것입니다. 군주가 계시니 그러는 것이 禮이지만 그렇게 하면 대중들이 군신의 의리에 밝아집니다. 또 "장차는 우리 군주인데 우리와 나이순으로 함께 하며 사양하는 것은 무슨 까닭일까?"라고 하겠지만, 어른을 어른 대접하는 것이며, 그렇게 하면 대중들이 長幼의 예절을 알게 됩니다. 그러므로 아버지가 계시는 동안은 아들이 되고, 군주가 계시는 동안은 신하라고 말하는 법인데, 아들과 신하의 예절을 지키는 것은 군주를 존대하고 어버이를 친애하는 일입니다. 그러므로 가르쳐야 부자간의 도리를 알고, 가르쳐야 군신간의 도리를 알고, 가르쳐야 長幼 간의 도리를 알게 되는데, 부자·군신·장유의 도리가 잘 되어야 나라가 다스려집니다. 옛말에 "樂正은 학업을 맡고, 傳와 師는 덕행의 성취를 맡는데, 한 사람이 크게 어질면 만국이 바르게 곧아진다"는 것은 세자를 두고 한 말입니다.

〈문왕세자편〉에는 이런 구절이 있습니다. "文王이 세자 때에 王季에게 뵙기를 하루 세 번씩 하되, 첫닭이 울면 의복을 차리고 침실 문밖에 이르러 모시는 內竪에게 '오늘은 안부가 어떠하시냐'고 물어, 내수가 '편하시다'고 하면 문왕이 기뻐했고, 한낮이 되면 또 가서 역시 그렇게 하고, 저녁이 되면 또 가서 역시 그렇게 하였으며, 편치 못한 때가 있어 내수가 문왕에게 고하면 문왕의 안색이 근심스러워지며, 어디를 가도 신을 제대로 신지 못하였다. 왕계가 입맛을 회복한 뒤에야 또한 이전과 같이 하였고, 밥상 올릴 때면 반드시 차가운지 따스한지를 살펴보고, 밥상이 나오면 宰에게 무엇을 들였는지를 묻고, '남은 것을 또 들이지 말라' 하였으며, 宰가 그리 하겠다고 한 연후에야 물러 나왔다. 武王도 그대로 실행하였으며 더 보태지도 못하였다. 문왕이 병이 나면 무왕은 冠帶도 끄르지 않고 잤으며, 문왕이 한 번 밥을 먹으면 무왕도 한 번 밥을 먹었으며 문왕이 두 번 밥을 먹으면 역시 두 번 먹었는데, 열이틀 만에 병이 차도가 있었다."

賈誼의 〈保傅篇〉에는 이런 구절이 있습니다. "태자가 이미 관례를 치르고 성인이 되면 잘못을 기록하는 史官과 음식을 다스리는 宰를 두었고 선한 자를 올리는 旌, 過失을 비방하는 나무를 마련하였으며, 瞽史는 詩를 암송해 주고 樂工은 箴諫을 외워 주어, 배우는 바가 智와 함께 자란다. 그러므로 어려서도 부끄러울 것이 없고, 변화가 마음과 함께 이루어지기 때문에 천성처럼 道에 맞았다. 봄에는 아침의 태양을 朝見하고 가을에는 저녁달에 제사하는 것은 공경해야 함을 밝힌 것이요, 봄가을로 학교에 들어가 國老를 앉히고 醬으로 친히 대접하는 것은 효도해야 함을 밝힌 것이다. 행차할 때는 鸞和 — 천자의 수레에 다는 방울 —를 울렸고, 걸음걸이는 諸采에 맞추고, 뛰어가는 것은 肆夏(古악장)에 맞게 한 것은 법도가 있어야 함을 밝힌 것이다. 禽獸도 차마 죽이지 못하고 살리며, 그 애절하게 죽어가는 소리를 듣고서는 차마 그 고기를 먹지 못한 것은 은택을 넓히고 또한 인자해야 함을 밝힌 것이다. 무릇 삼대가 장구했던 것은 태자의 輔翼을 이와 같이 구비하였기 때문이다." **이상은 덕성을 기르는 방법을 마땅히 넓혀야 한다는 것을 말한 것입니다.**

신들이 듣건대, 옛날에는 王宮과 國都에 모두 학교를 세우고, 천자 원자도 대중들과 나이순으로 함께 하며 사양하고 8세면 小

學에 들어가 六甲·五方·書記를 배우고, 15세에는 대학에 들어가 先聖의 예악을 배웠습니다. 단지 고정된 것만 가르친 것이 아니라 양성할 것을 갖추게 하였는데, 대개 의리로는 마음을 양성시키고, 음악으로는 귀를 양성하고, 采色으로는 눈을 양성하고, 拜揖·舞蹈와 오르고 내릴 때 빠르게 하고 더디게 하며 숙였다 쳐다보다 하는 것으로는 혈맥을 양성하였으며, 기거하는 좌우와 盤盂·几杖에까지도 戒銘이 있었던 것은 가히 양성하는 수단을 다 구비하였다 하겠습니다. 부자의 도리, 군신의 의리, 장유의 차서에 있어서도 오직 사람들이 보고 감동하여 일어나게만 하려고 한 것이 아니라, 반드시 음식을 돌보고 문안하여 誠敬의 實을 돈독히 하고, 친히 國老를 대접하여 장유의 법도를 익힘으로써 앞날에 아버지가 되고 군주가 되고 어른이 될 도리를 다 알도록 하였으니, 덕성을 높이고 학업을 넓힌 방법이 또한 세밀했습니다. 덕성은 오직 성취시키고 禁戒는 마땅히 풀지 말아야 하기 때문에, 과오가 있을 때는 史官이 기록하고, 실수가 있을 적에는 宰가 음식을 거두어 전후좌우에서 서로 경계하고 깨우침으로써 이목을 훈도하고 心志를 감화하여 잠깐 동안의 걸음걸이도 반드시 예법에 맞도록 하고, 비록 미미한 곤충이나 초목의 움과 뿌리와 등걸의 싹에 이르기까지 생기가 있는 것이면 반드시 측은하게 여기고 조심히 살펴 생장시키고 성취시키기를 생각하게 하였으니, 오직 仁을 펴는 방법만 넓힌 것이 아니라 化育을 贊助하는 공이 또한 여기서부터 확대될 수도 있습니다.

《시경》大雅 大明 詩의 둘째 장은 다음과 같습니다. "摯나라 任氏의 둘째 딸, 먼 殷나라에서 周나라로 시집왔네, 경사에 시집와서 王季의 짝이 되어 함께 덕을 닦았도다. 태임이 임신하여 우리 문왕 낳았도다." 또 넷째 장의 내용은 다음과 같습니다. "하늘이 下界를 살펴어 천명이 응집되었네, 문왕 초년에 하늘이 배필로 점지했네, 洽水의 북쪽 渭水가에 있었네." 그 다섯째 장은 다음과 같습니다. "大邦의 좋은 규수 天女에 견줄 만하네, 길일을 택하고, 예절 갖추어 親迎하네, 위수 가에 배다리 놓으니, 그 광경 찬란하도다." 또 여섯째 장은 다음과 같습니다. "하늘에서 命이 있었네, 문왕에게 명하네, 주나라 경사에서 명하네, 왕비 될 여자는 莘씨라네, 맏딸로 길러 시집을 보냈다네, 하늘의 도움이 도타워 무왕을 낳았네, 하늘이 보우하여 너에게 명하였네, 殷나라를 치라 하셨네." 魯哀公이 "면류관 차림으로 親迎함은 **너무** 중하지 않은가?"라고 물으니 공자가 낯빛이 달라져 이렇게 대답하였다. "두 姓氏가 좋은 짝이 되어 先聖의 뒤를 계승하여 천지·종묘사직의 주인이 되는 일인데, 주군께서는 어찌 **너무** 중하다고 하십니까? 천지가 화합하지 아니하면 만물이 생겨나지 못하는 법입니다. 혼인은 만세를 이어가는 일인데 주군께서는 어찌 **너무** 중하다고 하십니까?" 漢의 匡衡은 이렇게 말한 바 있습니다. "配匹 사이는 백성이 생기는 시초이며 만복의 근원이다. 혼인의 예절이 바른 연후에 모든 만물이 제자리를 찾고 천명이 온존하다. 공자가 《시경》을 論次할 때 關雎章을 첫머리에 놓은 것은 군주는 태상이며 만백성의 부모이기 때문에 그 后夫人의 행실이 천지와 짝하지 못하면 神靈의 대통을 받들어 만물을 합당하게 다스려갈 수 없다는 것을 의미한다. 이것은 紀綱의 첫머리요 교화의 발단이니, 상고 이래 삼대의 흥망이 모두 여기서 비롯되었다." **이상은 배필의 선택을 마땅히 신중하게 해야 하는 것을 말한 것입니다.**

신들이 삼가 고찰하건대, 《시경》大雅 大明은 곧 문왕의 덕을 노래한 것인데, 반드시 周가 나온 근원을 따지고 周家의 왕업 성공을 언급하면서 한결같이 먼저 后妃의 덕을 기술하고, 또한 王

李·문왕의 수덕이 하늘에 닿은 것을 근본으로 삼고 있습니다. 이것은 근본을 안 것이 아니겠습니까? 면류관 차림으로 친영함은 공자 때부터 크게 중시한 일인데, 혼인의 예절이 바르지 못한 지는 오래 되었습니다. 范祖禹가 말한 '族姓·女德·隆禮·博議' 네 가지는 실로 배필을 가리는 고금의 큰 법인데, 族姓을 앞세운 것은 善類이기를 바란 것이며, 女德을 살피는 것은 제사 받들기 위한 것입니다. 예를 높인 것은 시초를 바르게 하기 위한 것이며 널리 여러 사람과 의논하는 것은 신중하기 위한 것입니다. 진실로 신중히 가릴 때에는 반드시 이 네 가지를 잘 참작하여 따지고 헤아린다면 잘못되는 일이 거의 없을 것입니다. 비록 그렇다 하더라도 왕계와 태임이 있은 연후에 문왕이 太姒에게 장가들 수 있었고, 문왕과 태사가 있은 연후에 무왕이 姜氏에게 장가들 수 있었으므로, 세자의 배필을 가릴 근본은 또한 성상에게 있습니다. 진실로 室家의 모범이 되고 하늘에 닿을 수 있는 實을 다하신다면, 하늘이 아래로 살피셔서 반드시 賢淑한 여자를 내려 聖子의 배필이 되게 하여 우리 국가 억만 년의 무궁한 복을 단단히 해 줄 것입니다.

2. 定難功臣의 錄勳 시정을 주장(《중종실록》 12년 3월 4일 기묘)

홍문관 직제학 李耔 등이 箚子를 올렸다. 그 내용은 대략 다음과 같다.

賞典은 과람하게 줄 수 없고 寵命은 망령되게 내릴 수 없는 것이니, 조금이라도 합당하지 않으면 功利를 요행하는 마음만 열어 놓아 그 미치는 해독은 이루 말할 수도 없습니다. 지난날에 국가에서 定難 공신을 잘못 錄勳하여 과람하게 보답하는 은전을 내리매, 공도 없는 사람이 앉아서 특별한 상을 받았으므로 사람들이 불쾌한 마음을 가졌고, 지금은 더욱 불만이 쌓였습니다. 臺諫이 당초에 바로잡으려고 힘쓰지 않은 것을 분하고 애석하게 여겨 다시 論啓하는 것은 나라를 위한 심려에서 부득이한 일인데, 여러 달 명을 기다리다 지금 合司까지 하여 의견을 올렸는데도 성상께서 들으려는 기색이 없으시니 中外에 실망하지 않는 사람이 없습니다. 신들은 일이 이미 결정되고 때가 이미 오래된 것을 모르는 것이 아닙니다. 진실로 功利의 근원이 한번 열리면 거의 걷잡을 수 없게 되는데, 그대로 방치하여 후일에 무궁한 폐단을 넘겨주어서는 안 됩니다. 비록 백대가 지난 일이라도 고칠 것은 반드시 고쳐야 합니다. 옛적에 傅咸이 말하기를 "공도 없이 후한 상을 받으면 백성은 모두 달갑게 여기지 않고 나라에 화가 된다"고 하였고, 宋璟은 "천자가 功과 일 벌이기를 좋아하면 다투어 요행을 바라는 마음이 생긴다"고 하였습니다. 무릇 공리가 있는 곳에는 사람의 큰 욕심이 깃들게 마련이니 비록 통렬하게 그 근원을 막는다 하더라도 쉽게 흘러나오는 것이 항상 염려되는데, 하물며 그런 근원을 열어 유도하면 어찌 되겠습니까? 국가에서 反正한 당초에, 근원을 맑게 해야 함을 생각하지 못하고 빌미의 길을 조금 터놓아 요행을 바라는 길이 단서가 되었고, 그 뒤의 해독이 반드시 커질 것을 살피지 못했습니다. 이어서 盧永孫이 갑자기 중상을 획득하고 높은 품계에 오르니, 그 이후에는 일 만들기 좋아하는 무리들이 미천하고 용렬한 무뢰한까지도 그렇게 되는 것을 자주 보고 다투어 분수에 맞지 않는, 바라는 마음을 갖게 되었으며, 심지어는 대신을 겪고 깔보는 미천한 노복까지 생기게 되었으니, 이는 화를 재미로 여기는 자들이 아니겠습니까? 무릇 공이 있어 상주는 것도 옛사람들은 오히려 요행심이 생기게 될 것을 염려하였는데, 더욱이 공도 없이 후한 은총을 누리게 되어 사람들의 과람하고 참월한 마음을 바라는 생각을 열어놓았으니, 어찌 그 끝이 있겠습니까?

전하께서 진실로 이 때 쾌히 공론을 따르시어 통엄하게 그 퍼짐을 막지 않으신다면, 신들은 그 쌓인 버릇과 흐르는 해독이 장차 이르지 않는 곳이 없어 자손만대의 무궁한 근심이 될 것을 우려합니다. 전하께서 만일 때가 이미 오래 되어 그 맹서를 어길 수 없다고 평계하시지만, 공도 없는 사람들과 피를 마시며 다짐한 것을 천지신명이 받아들이겠습니까? 지난날의 이른바 '맹서'란 다만 하늘과 신명을 속인 것이니, 지금 비록 고친들 무슨 안 될 일이 있겠습니까? 잘못된 일은 반드시 바로잡아야 하는 법인데, 어찌 때가 멀고 가까운 것을 따지고 있습니까? 엎드려 바라건대, 전하께서 도의의 근원을 열어 아랫사람들을 인도하고 공리의 길을 막아 간사를 없애시며, 성심으로 신하를 대우하고 爵賞을 중히 여겨 공정하게 내리십시오. 지난 실수를 고집하지 마시고 果斷하게 중론을 따르시어 요행을 노리는 무리들이 엿볼 수 있는 틈을 없애신다면 宗社에 이보다 다행한 일이 없을 것입니다."

3. 親迎의 禮法을 올리다(《중종실록》 12년 3월 19일 갑오)

홍문관 직제학 이자 등이 친영하는 일로 다음과 같이 古禮를 널리 수집하여 올리다.

옛날 魯 애공이 "冕服으로 친영하는 것은 **너무** 중하지 않은가?" 라고 묻자 공자는 추연히 대답하였다. "두 성이 좋게 결합하여 천지와 종묘사직의 주인이 되는 일인데, 君께서는 어찌 **너무** 중하다고 하십니까? 천지가 화합하지 않으면 만물이 생겨나지 못하는 법입니다. 大婚은 만세를 이어가기 위한 것인데, 군께서는 어찌 **너무** 중하다 하십니까?"《춘추》에는 "紀의 履緰가 와서 (부인될) 女를 맞이했다"는 구절이 있으며, 程子는 이렇게 말하였습니다. "先儒들은 모두 '제후도 마땅히 친영해야 한다'고 하였는데, 친영은 머문 館에서 맞이하는 것이므로 친영할 때 수레 고삐를 넘겨주는 예식이 있는 것이다. 어찌 종묘사직을 버리고 멀리 다른 나라까지 가서 아내를 맞이하는 일이 있었겠는가? 이른바 친영이란 머문 館에서 맞는 것입니다. 선유들이 이것으로 마침내 친영 이론에 집착하여 곧바로 '천자도 모름지기 친영해야 한다'고 하게 된 것이다." 또 胡寧은 이렇게 말하였습니다. "어떤 사람은 '천자가 반드시 친영하였겠는가? 太上은 천하에 대적이 없는 법이며, 비록 여러 부모 형제도 모두 그 신하이고 사방에 가면 제후들도 감히 자기의 室을 내놓지 않을 수 없는데, 만일 만승이 존귀함을 굽혀 멀리 친영하는 예를 행하러 간다면 어떻게 천하에 대적자가 없다고 하겠는가?' 하고, 어떤 사람은 '왕후란 함께 천지와 종묘를 섬기고 만세를 이어받을 중한 분이라'고 한다. 그 예법을 마땅히 어떻게 해야 하겠는가? 성이 같은 제후에게 詞命을 맡도록 하고, 卿은 가서 공을 맞이하고 監은 부모 나라로 가면, 여러 경들은 모두 京師로 떠나는 것을 전송한다. 관에 와서 머물면 천자가 친영하여 들이는 것이 왕후를 맞는 예법이 아니겠는가?"

范祖禹는 왕후를 맞는 여섯 가지 예법을 논하였는데, 이른바 隆禮라는 조목에서 이렇게 말하였습니다. "진언하는 사람들이 반드시 말하기를 '천자는 지극히 존귀하여 천하에 대적이 없으니 부부의 예를 행하지 않아야 한다'고 하였고, 荀卿도 '천자도 처가 사람들에게 배필이 없음을 알린다'라는 말을 하였습니다. 그렇다면 주공의 禮制나 공자의 말은 모두 믿을 것이 못 되고 순경의 말이 믿을 만하다는 것입니까? 신이 《예기》를 살피니 冠禮·婚禮에는 오직 士의 예법만 있고 천자·제후의 예법은 없습니다. 成人이 되어 부부가 되는 것은 천자부터 士에 이르기까지 동일한 것입니다." 朱子는 이렇게 말하였습니다. "옛날 천자는 필시 왕후의 집에 친히 가는 예법은 없었을 것이다. 지금 처가가 먼데 그 예를 행하려고 하면 한 방도는 처가를 근처로 나오게 하여 한 곳에 머물게 하고 그곳으로 가서 맞아 館으로 돌아와 예식을 올리는 것이며, 한 방도는 처가가 한 곳으로 나오면 사위가 그리로 가서 맞이하여 돌아와 자기 집에서 예식을 올리는 것이다."

신들이 삼가 고찰하건대, 冕服으로 친영하는 것을 哀公이 **너무** 중하다고 여겼으니 친영의 예가 행해지지 않은 지 오래되었으며, 후세에는 황제의 친영 예법이 없었으니, 대개 太上은 천하에 대적이 없다는 말 때문에 빼버린 것입니다. 국가의 《五禮儀》에도 왕세자의 친영 예법만 있고, 국왕의 왕비 맞는 것을 빼놓은 것은 곧 왕비 맞는 것 때문에 다른 나라까지 갈 수 없으므로 역시 태상은 대적이 없다는 例를 따른 것입니다. 그러나 공자가 애공의 질문에 "두 성씨가 좋게 화합하여 先聖의 뒤를 이어받고 천지와 종묘사직의 주인이 되는 일인데, 군께서 어찌 **너무** 중하다고 하십니까?"하고 답하였고, 禮에 "제후는 천지에 제사할 수 없다"고 천지를 아울러 말한 것을 보면 분명히 제후만 친영한 것이 아닙니다. 程子가 말한바 "곧바로 천자도 모름지기 친영하게 되었다"는 뜻도 멀리 국경 너머까지 맞으러 가지 않음을 말한 것이지 천자는 친영할 필요가 없다는 말이 아닙니다. 주자가 '천자는 반드시 왕후의 집까지 친히 가는 예법이 없다'고 한 것도 천자는 왕후의 집까지 친히 가는 것이 마땅하지 않다는 것을 말한 것이지 친영이 마땅치 않다는 말은 아닙니다. 만일 천자의 친영이 마땅치 않다고 여겼다면 '천자는 친영하는 것이 마땅치 않다'고 할 것이지 '왕후의 집까지 친히 가는 것은 마땅치 않다'고 하지 않았을 것입니다. 程子의 이른바 '館을 만든 곳에서 맞는다'는 것과, 胡氏의 이른바 '여러 卿들이 모두 경사로 전송하고 館에 머문 뒤에 천자가 친히 맞아들인다'고 한 것이 오늘날의 예법에 근거가 될 만합니다. 다만 친히 왕비의 집까지 가서 맞으면 미안하니, 먼저 館所를 정하여 친히 나아가 맞는 것이 예법에 맞을 것 같습니다. 그러나 이는 중한 예법이니, 다시 조정과 의논하여 결정함이 어떻겠습니까?"

4. 예가 없는 관리의 推問을 주장(《중종실록》 12년 5월 14일 무자)

직제학 李耔 등이 다음과 같이 아뢰었다.

慈殿께서 미령하시니, 약을 의논하는 일이 지중한데 都提調 柳洵이 병으로 나오지 않으니 대신에게 그 임무를 대신하도록 해야 합니다. 또 王子 君이 문안만 하고 즉시 물러가는 것은 자못 至親의 義가 없는 것이니, 마땅히 곁에서 떠나지 않고 시약하며 밤에도 유숙하는 것이 예절에 합당합니다. 또 자전께서 避御하시고 상께서도 그곳에 유숙하시니 중대하고 어려운 일이라 대소 臣民은 모두 안심할 수가 없습니다. 삼공 육경은 다 여기서 명을 기다려야 하며 비록 밤이라 해도 물러갈 수 없고 또 자신의 몸에 병이 있는 것도 생각할 겨를이 없어야 할 것입니다. 그런데 어제 삼공들을 보니 아침에 물러갔다가 저녁에 들어오는데 이는 대신의 예절에 크게 어긋나는 일입니다. 또 병조판서 高荊山은 移御하시는 여러 절차를 다 알아서 관장해야 하는데도 뜸질을 핑계로 나오지 않았고, 예조판서 권균은 이미 이어하신다는 말을 들었는데도 어제 스스로 鍼灸를 시작하였으며, 姜渾은 都摠管으로서 시위하러 왔지만, 편안하게 집으로 물러갔다 저녁에야 왔으니 심히 불가한 일입니다. 또 기강을 규찰하는 일이 근래에 매우 해이하여 여론이 있은 지 이미 오래되었는데, 어제 사헌부의 관원도 곧장 물러나 檢察하지 않았으니 지극히 불가한 일입니다. 사간원은 본래 5員인데 3員이 어제 동시에 鍼灸하고 1員은 병을 고하였습니다. 평시에도 그럴 수 없는데 하물며 이런 때는 어떻겠습니까? 기강이 해이한 것은 요즈음에 와서 그런 것이 아니라 그렇게 된 유래가 있습니다만, 오늘 마침 기회가 있어 감히 아룁니다.”

5. 君臣 사이가 막힌 것을 중심으로 여러 문제, 특히 허반 처의 노비를 내수사에 귀속시킨 문제를 비판하다(《중종실록》12년 6월 12일 병진)

부제학 李耔 등이 箚子를 올렸는데 그 내용은 대략 다음과 같다. “나라를 잘 다스리는 사람은 군주의 세력이 크지 않은 것을 걱정하지 않고 오직 아랫사람의 정이 막힐 것을 두려워하며, 여러 사람이 과실을 말하는 것을 꺼리지 않고 오직 그것이 聽納되지 못할 것을 두려워하는 것입니다. 우리나라는 군신 상하의 사이가 막혀있다 할 수 있으니, 君上은 깊은 궁궐에 있고 出納을 맡은 것은 환관뿐이요, 신료를 만나고 상하를 통하게 하는 것은 오직 經筵이 있을 뿐입니다. 그런데 근자에 자전께서 미령하시어, 약을 맛보고 식사 시중드시는 일이 급하여 경연까지 아울러 오랫동안 비위 두었습니다. '一曝十寒'은 옛사람들〔古人〕이 두려워하던 일입니다. 자전께서 편찮으시니 편안할 경황은 없다 해도 전에 말씀드린 상하가 막혔다는 걱정은 깊이 살피지 않을 수 없는 일입니다. 방금 서정은 잡히지 않고 기강이 진작되지 못하며, 賢과 邪가 섞여 있고, 貪戾한 것이 풍조가 되었으며, 서북에는 걱정이 많고, 민생은 곤궁에 빠지고, 公私의 재정은 궁핍한 것 등, 말할 만한 것이 실로 많습니다. 그런데 전하께서는 어찌 宰臣들을 맞이하여 나라 다스릴 일을 논의하지 않으십니까? 그리고 언관·시종과 백관들을 召對하는 일도 혹은 이르고 혹은 늦어서 일정한 시각이 없으며, 혹은 많고 혹은 적어서 일정한 규칙이 없습니다. 허심하게 마음을 열어 결점을 깨닫고 여러 아랫사람들의 情을 통하면 인재를 가려내고 庶務를 총람하며 총명을 넓히고 결점을 보완할 수 있으니 그 유익함이 매우 큰 것입니다. 公論은 국가의 元氣이므로 북돋우어 길러야 하는데, 싫어하는 기색을 보이고 사람을 물리치는 것은 정도와 거리가 먼 것입니다. 무릇 말을 듣고 일을 처리하는 법은 다른 것이 없고 오직 의리로써 헤아리는 것뿐입니다. 대간이 논하는 것이 모두 의리에 합당한데도 모르는 채 청납하지 않으시고 혹은 바르지 않은 말로 핑계를 대시고 혹은 열흘이나 한달 묵혀 두시다가 어쩔 수 없어야 윤허하시니, 이것이 어찌 마음을 비우고 여론을 거스르지 않는 도리이겠습니까?

內需司가 당치않은 私用을 받들기 위하여 小民과 하찮은 이익을 다투니 이는 그 근본이 비루한 일입니다. 그리고 이것으로 변방 오랑캐를 받들고 머리 깎은 중들을 양성하니, 옆으로 흐르고 넘치는 것이 모두 더럽고 비루한 일입니다. 잘못되고 틀어지는 것도 실로 괴이한 일이 아닙니다. 잘못된 일에 빠진 지가 오래되어 이것이 결국은 예삿일로 익숙해지고, 그리하여 마침내 늘어나고 보태져야 좋아하시며 심지어는 당당한 한 나라의 군주로서 小臣의 집 부인과 臧獲을 다투어 선왕에게 누를 끼치고 收養이란 말을 듣게 되었습니다. 무릇 방손이나 지손으로 들어와 대통을 이으면 그 낳은 부모에게도 사사롭게 할 수가 없는 것인데 하물며 廟社와 神人의 주인으로서 보잘것없는 장획 때문에 한 부인에게 무리하게 수양한다면 지금은 물론 만세에도 어찌 부끄럽지 않은 일이겠습니까? 潛邸 때나 즉위하신 뒤거나를 막론하고 수양이란 말은 할 필요가 없습니다. 또 이미 수양의 稱을 끊어버렸다면 文案이야 믿고 안 믿고 간에 그 장획은 本族에게 돌려보내야 할 것입니다. 설사 該司에 公屬되었다 하더라도 사실을 추고해야 합니다. 그 실정에 조금이라도 공평하지 않으면, 군주는 백성에게서 덜어내어 나라에 보텔 수는 없는 것인데, 특별히 敎判을 내리시어 억지로 사사로이 차지하시며 또 옳지 않은 말로 옳게 말하는 자를 물리치시니, 이러고서 어떻게 백성에게 모범을 보이시겠습니까? 지난해의 보잘것없는 노비야 아무 곳에 두든지 損益될 것이 없지만 기필코 내수사에 두도록 명하셨다가 몇 달 동안 간쟁한 뒤에야 윤허를 하셨으니, 이것이 어찌 편벽되고 사사로운 생각이 다 사라지지 않고 오늘에 다시 나타난 징험이 아니겠습니까? 전하께서는 편벽되고 사사로운 생각의 싹을 잘라 버리시고 내수사를 혁파하시어, 사사로운 이익의 근원을 끊고 권씨의 장획을 속히 許磐에게 돌려주심으로써 부족한 덕을 온전케 하소서.

노영손에게 참람하게 加資한 일에 대해서는, 공론이 비등하여 마지않는데도 전하의 주장은 더욱 굳기만 하시니, 어찌 이들을 아끼고 편애하시는 것이 이와 같으십니까? 까닭을 알 수 없습니

다. 억누를 수 없는 것은 공론이요, 거스를 수 없는 것은 物情이
니 결단코 고치지 않을 수 없는 일입니다."

6. 허반의 노비 귀속 문제를 항의(《중종실록》 12년 6월 17일 신유)

부제학 李耔 등이 箚子를 올려 허반의 노비에 관한 일을 논하
니, 傳敎하였다. " 종이 다른 뜻이 있는 것이 아니라 군덕을 위해
서 말한 것이니 該司가 결정한 대로 공에 귀속시키는 것이 옳다."
　李耔 등이 말하기를 "신들이 당초 아뢴 뜻은 해사에서 결정한
대로 해야 한다는 것이 아닙니다. 무릇 한편으로는 나라, 한편으
로는 백성에게 관련된 것이라 나라가 小民과 더불어 다투는 것이
불가하기 때문이었습니다. 그런데 전교를 들으니, 신들이 말해서
는 안 될 일을 말한 것이라고 말씀을 하셨습니다. 상의 뜻은 公
事가 이미 그렇게 되었고 일이 또한 자질구레한 것으로 여기신
것이지만, 시종의 뜻은 재물에 관계된 것이니 백성을 손해하여
임금에게 이익되게 하는 것은 君德에 크게 상관된다는 것입니다.
무릇 임금께서 조금이라도 諫言을 물리치는 빛이 있으면 아래에
서 진언하기가 쉽지 않습니다. 하물며 말을 해도 듣지 않으시고
또 '너의 職掌이 아니다'라고 책망하신다면 진언의 어려움이 또한
심하지 않겠습니까? 侍從 신하들이 君德의 잘못을 보았다면 마
땅히 糾正해야 하는데, 전교가 이러하시니 큰 잘못입니다. 신들
은 言路에 방해가 많지 않을까 매우 두렵습니다."
　傳敎曰 "너희가 오래 시종의 반열에 있었으니 나의 뜻을 어찌
모르겠으며, 나 또한 너희의 뜻을 어찌 모르겠는가? 너희의 뜻은
단지 君德에 관계되는 것이기 때문에 말한 것인데, 이제 아뢴 뜻
또한 상세히 들었다."

7. 허반의 노비를 내수사에 귀속시킨 잘못을 비판(《중종실록》12년 6월 21일 을축)

부제학 李耔 등이 상소하였는데 그 내용은 대략 다음과 같았다.

근래 허씨의 노비를 억지로 내수사에 소속시킨 것은 義를 어기면서 利를 따른 것이니 크게 聖德에 누가 되었습니다. 신들은 군주의 생각을 논하는 자리에 있으므로 부득이 의논을 드렸는데, 도리어 하교하시기를 '侍從은 법 밖의 일을 裁斷하여서는 안 된다'고 하시니, 신들이 듣고는 모르는 사이에 송구하고 놀라지 않을 수 없었습니다. 무릇 안색에 自得하는 빛이 있어도 이미 사람을 멀리 물리치는 것인데, 하물며 싫어하고 꺼리는 形迹이 敎命에 나타났으니 무얼 다시 말하겠습니까? 言路를 막음이 심합니다. 뒤에 비록 마지못해서 내수사에는 소속시키지 않았지만, 그래도 公에 귀속시키라고 명하시어 쾌히 利根을 버리고 公議를 펴 보이지 못하셨으니, 이는 이것을 빙자해서 비난을 막으려는 것에 불과한 것입니다. 程子는 "천하의 일을 비록 공정히 한다 해도 거기에 私意가 작용하면 이 또한 私이다"고 말한 바 있습니다. 이제 형적을 가지고 본다면, 그들을 公司에 속하게 한 것이지 私司에 귀속시킨 것이 아니니 이것이 義같지만 이치로 따져보면 일에 드러난 이익은 약간 다르기는 해도 그 바탕에 숨어 있는 것은 그대로입니다. 무릇 公意에서 나온 일이라도 私意가 작용하면 이를 私라고 하는데, 하물며 일과 뜻이 모두 공의에서 나온 것이 아니라면 무슨 말을 하겠습니까? 만약 '진실로 나라를 이롭게 한다'고 한다면, 군주의 부는 나라가 그의 것이며 그 백성이 다 그 소속인데 무엇이 부족해서 젊은 부녀의 臧獲으로 이익을 삼으려고 하십니까?

　어느 詩에는 이런 구절이 있습니다. "저기에 버린 볏단 있고, 여기도 흘린 이삭 있으니, 과부의 利로다〔彼有遺秉 此有滯穗 伊寡婦之利〕." 《禮記》는 이것을 인용하며 "이와 같은 방법으로 백성의 淫邪함을 막아도 백성은 여전히 義를 잊고 利를 다투는 수가 있다"고 하였습니다. 왕자는 公田에서 나오는 수확을 남김없이 거두어서 하나도 흘려버림이 없게 할 것 같지만, 과부에게도 반드시 이익이 돌아가게 하였습니다. 다 차지하지 않고 백성에게 利를 남기는 것은 왕정의 첫 번째 일입니다. 그런데 이제 군왕으로서 한 젊은 부녀의 장획을 다투시어 차지하시니 '흘려 利를 남겨주는' 뜻은 어떻게 된 것입니까? 백성이 義를 잊고 利를 다투게 될 것은 당연한 일이 될 것입니다. 傳에 이르기를, "왕자가 이익을 좋아하면 大夫는 비루해지고 庶人은 도둑질을 하게 된다"고 하였습니다. 대체로 이익이 있는 곳에는 사람이 몰려드는 것이니, 시초는 심히 작으나 끼치는 해독은 반드시 큰 것입니다. 근자 廢朝에서 훔치고 겁탈하는 敎令을 베풀었기 때문에 백성들이 모두 그 영향을 받고서 재물과 이익만을 추구하게 되었습니다. 그리하여 의리가 무엇인지를 모르게 되었던 것이니, 이는 전하께서도 친히 보고 들으신 바일 것입니다. 원하옵건대, 의리의 기미를 깊이 살피시어 쾌히 공론을 따르십시오. 下民이 仁讓과 貪戾 어느 편으로 기울어지느냐 하는 기틀은 실로 여기에 달려 있는 것입니다.

8. 경연 그리고 신하와 면대를 강조 (《중종실록》 12년 7월 4일 무인)

홍문관 부제학 李耔 등이 다음과 같이 아뢰었다.

經筵에 나오시는 것은 반드시 아랫사람의 의견을 취하는 것을 기다릴 필요도 없이 하시면 됩니다. 상께서 날씨를 보시어 나오실 만하면 나오시는 것이 좋습니다. 또 경연이 아니라도 불시에 臣僚를 召對하시면 상께서 하시고 싶은 말씀과 아랫사람이 아뢰고자 하는 것이 서로 논의될 것이니, 일을 보거나 講讀을 하는 것뿐만 아니라 신하에게 물어보는 일도 있는 것입니다. 요즈음은 신료들을 접견하지 않으신 지가 벌써 여러 달이 되었으니 아랫사람인들 어찌 아뢰고 싶은 말이 없겠으며 상께서도 어찌 물어보실 일이 없겠습니까? 이 때문에 여러 번 경연과 諮問하시기를 청했던 것입니다. 聖德을 보면 근래 자질구레한 일들로 아름답지 못한 점이 많이 있습니다. 즉시 入對하게 해서 그들이 아뢰고자 하는 것을 아뢰게 한다면 상하의 사정을 모두 아실 수가 있을 것입니다. 그런데 요즈음에는 상하가 매우 막혀 있으니 아랫사람으로서 어찌 답답하고 민망한 마음이 없겠습니까? 또 평안도는 지난해에 이미 飢荒이 심하였고 지금 또 가뭄이 들어 백성이 앞으로 굶주리게 되었는데, 오랑캐들은 날로 치성하니 불 속이나 물에 빠진 사람을 구하는 특별한 조치가 있어야 합니다. 그런데도 근래에는 상하가 모두 태연히 아무 것도 모르고 있는 것 같은데, 이것은 오로지 面對를 할 수 없었던 것에서 비롯된 것입니다.

9. 대체에 힘쓸 것과 평안도 문제, 인재 발탁을 논하다(《중종실록》 12년 7월 4일 무인)

(召對에서) 부제학 李耔曰 "옛날 임금은 '庶獄·庶愼에서 이를 구태여 알려 하지 않는다' 하고, 이를 현명한 유사에게 맡겨 그 책임을 다하게 하였습니다. 이것은 군주의 하는 일이 너무도 번다하여 그것들을 일일이 다 할 수가 없기 때문입니다. 그런데 우리나라의 규모는 자질구레한 일까지 모두 반드시 위의 의견을 받으니, 상께서는 그때마다 정신을 쓰시며 잠시도 틈이 없으시니 大體에 매우 어긋나는 일입니다. 더구나 賜送하시는 소소한 물건에까지 聖慮를 쓰신다면 크게는 학문·持敬에 관한 일에 전념하실 수가 없을 것이니, 아랫사람으로서 실망하지 않는 사람이 없습니다. 그리고 비록 女謁 등의 일이 있다 해도 상께서 믿지 않으시는 까닭에 그들이 마음대로 하지는 못합니다만, 옛날의 군주는 항상 경계하고 두려워하였는데도 자기도 모르게 점점 그 속으로 빠져 들어갔으니, 삼가지 않을 수 있겠습니까? 이 때문에 대간·시종이 걱정을 하는 것입니다.

또 평안도는 旱災가 매우 심하여서, 지금 비가 온다 해도 가망이 없으니 국가에서 여러 가지 조치를 한다 해도 결코 그 道를 蘇復시키지는 못할 것입니다. 그런데 저들(여진인)이 지금 中原에서 소란을 피우는데 쥐새끼나 도둑 개 같은 도적은 아니어서 人畜을 잡아간 것이 얼마인지 모릅니다. 평시에도 유지하기가 어려운데 더구나 지금은 公私가 모두 궁핍한 상태이니 만약 변고라도 생긴다면 어떻게 대처하겠습니까? 서방은 우리나라의 관문이니 만약 잘 지키지 못하면 앞으로 어떻게 나라를 다스리겠습니까? 상께서는 사람을 쓰실 때에 常例만 따르지 마시고 스스로 격려하시어 대신·재상과 의논하여 처리하는 것이 옳습니다.……

지난번 남곤이 인물이 부족하다고 아뢰기에 신은 그렇지 않다고 아뢰었습니다만, 대체로 인물이 부족하다는 말은 임금이나 집정 대신이 입 밖에 낼 필요가 없는 것입니다. 하늘이 一世의 재능 있는 사람을 내는 것은 반드시 일세에 쓰기 위함이니, 재능 있는 사람이 모자라는 것이 아니라 그들을 어떻게 쓰느냐에 달린 것입니다. 그 인물이 옛날의 성현과 같아서 하루아침에 재상 지위에 둘 만한 사람이 어찌 대대로 나올 수 있겠습니까마는, 여러 가지 직임에 적합한 사람이야 어찌 많이 얻을 수가 없겠습니까? 옛사람이 부족하다고 한 것은 일세의 인물을 속인 것입니다. 인물은 결코 없다고 할 수 없습니다. 인물을 얻는 道가 있고 인물을 쓰는 要領이 있는데, 인물이 부족하다고 한다면 어찌 폐가 없겠습니까? 상께서는 참작하시기 바랍니다.”

10. 尹珣 부부의 放逐을 주장하다(《중종실록》 7월 22일 병신)

부제학 李耔 등이 다음과 같은 箚子를 올렸다.

“엎드려 보옵건대, 전하께서 뜻을 훌륭한 정치에 두시고 항상 제왕을 흠모하시며, 慨然히 古道를 점차 회복하고 계십니다. 親迎禮는 오랫동안 폐지되어 있던 것을 전하의 깊은 마음으로 결단하시고 행하기를 서슴지 않으시니 한 나라의 신하와 백성은 삼대의 正禮를 보고 감격하여 기뻐하지 않는 사람이 없었고, 삼대의 다스림이 이로부터 회복될 것이라고들 말하고 있습니다. 전하께서는 大禮를 행하시는데 이미 그 시작을 바로 하시었으니 모름지기 그 뒤를 잘 도모하여 더욱 뜻을 신중하게 하시며 또 십분 至

善을 다하시어 宗社 만세의 터전을 튼튼히 하셔야 합니다. 그리
하여 털끝만큼이라도 간특한 일이 그 사이에 자라나서 다른 날
국가의 끝없는 화란이 되지 못하게 하도록 하소서.

尹珣의 처 具氏는 본래 陰邪하고 간특한 자질로서 요사하게 꾸
미어 남의 마음을 혹하게 하는 모양은 실로 창기보다도 심한 데
가 있습니다. 그녀는 또 才術이 능하여 족히 간사한 짓과 참소를
꾸미며 또 화란을 일으킬 만하므로, 사람들은 그녀를 모두 요물
이라고 지목하고 있습니다. 심지어는 이웃 鄕黨에서도 그녀를 가
까이 하려 하지 않습니다. 윤순은 또한 일개 시정의 거간꾼으로
서 본래 사특하고 탐심이 있는데다가 망령되고 사납기까지 하여
善類를 자못 원수와 같이 여기는 자입니다. 그는 지난번 廢朝 때
에 말 잘하고 아첨 잘하는 것으로써 총애를 얻어 몇 달 사이에
높은 품계에까지 올랐고, 또한 그의 처가 宮禁에 출입하면서 특
별히 총애를 받았습니다. 그리하여 의기가 양양하게 된 그는 아
무 짓이나 꺼리는 일이 없게 되었고, 더럽고 추악한 면모가 드러
나서 걷잡을 수 없는 추문이 사방에 퍼졌습니다. 귀가 있으면 다
듣고 입이 있으면 모두 말하는데, 윤순이 어찌 이를 모르겠습니
까? 그런데 靖國한 뒤에도 여전히 그 부부는 조금도 마음을 움
직이지 않고 뻔뻔스러워 길거리의 아이들과 골목의 군졸들도 그
들을 보면 비웃고 손가락질을 합니다. 그리고 사대부들은 마치
더러운 것을 대하듯 그를 唾棄하며 그와 함께 어울리기를 부끄럽
게 여깁니다. 구씨도 더욱 방자하여 조금도 부끄러워하며 기죽은
빛이 없으므로, 사람들이 모두 몹시 미워하여 그의 사특한 죄를
드러내어 사람의 도리를 바로잡고자 하지 않는 사람이 없습니다.
그리하여 物論이 오래 鬱結했던 나머지 조만간 터지고자 할 즈음
에 마침 그의 族親이 중궁으로 들어오시게 되었습니다. 사람들은

모두 어진 국모를 얻은 것을 기뻐하였으나, 다만 간음하고 부정한 자가 친척 가운데 있는 것을 크나큰 불행으로 여겨 正位하시는 날 아주 끊어 버려 正始의 근원을 맑게 하고자 하였습니다. 이 때문에 오늘 이와 같이 論啓하는 것입니다.

그런데 전하께서는 도리어 전교하시기를 '이 일이 지금에야 발설된 까닭을 모르겠다'고 하시니, 신들은 聖意를 알지 못하겠습니다. 신들은 正位하시는 첫머리에 갑자기 睿聽을 어지럽히는 것이 미안하다는 것을 모르는 바가 아닙니다. 그러나 이와 같이 급급히 의견을 조목조목 올리는 것은 진실로 종사의 화복과 안위의 기틀이 실로 여기에 있고, 이 기틀을 한번 잃어버리면 지혜가 있더라도 뒷일을 잘 수습할 수가 없기 때문입니다. 傳에 이르기를 '군자는 그 처음을 신중히 한다'고 하였으니, 이는 그 기초를 바로 하고 일을 미연에 방지하기 위함입니다. 전하께서는 단초를 단단히 다지셔야 합니다. 마땅히 사특하고 더러운 것을 씻어 버리고 궁궐을 깨끗이 숙청하시어, 자손 만세에 경사와 福祿을 누릴 터전을 만드셔야 합니다.

원하옵건대 전하께서는 쾌히 중론을 따르시고 시원히 용단을 내리시어 윤순의 朝籍을 삭탈하고 구씨를 교외로 물리치시어 그들이 통교하는 길을 영구히 끊어 놓으소서. 밝은 사람은 죄악이 싹트기 전에 끊고 화의 기미는 미연에 방지합니다. 이 사람이 戚屬이기는 하지만 그다지 가까운 것도 아니요 또 전하의 聖明이 환히 비추시니, 스스로 궁중에 드나들며 그 술책을 부리지는 못할 것입니다. 그러나 음험하고 사특한 무리는 임기응변을 예측할 수 없으니, 진실로 그를 끊어 멀리하지 않으면 기회를 살펴 연줄을 만들거나 점점 빠져들게 하는 참언 또는 살을 에는 듯한 호소 등 백 가지 교묘한 술책을 부리게 될 것입니다. 무릇 인정이란 점점 그 속으로 빠져 들어가도 스스로는 깨닫지 못하는 것입니다. 그리고 그를 끊어 버리려면 그를 멀리하는 것이 가장 효과적입니다. 그러므로 仁人은 小人에게 비록 명백히 드러난 죄악이 없다 해도, 진실로 그 속마음을 알게 되면 반드시 그를 四夷 가운데로 보내어 魑魅를 방어하게 하였습니다. 이것은 그가 나라에 재난을 일으킬 것이 두렵고, 또 그가 스스로 재난에 빠지게 될 것이 애처롭기 때문에 그에게 그가 있을 곳을 얻게 하려는 것이었습니다. 그러므로 이제 윤순을 밖으로 내쫓는다면 다른 날 화란이 일어나지 않을 것을 기약할 수 있을 것이며 외척들 역시 온전히 보전할 수가 있을 것입니다. 그러나 화란이 일어난 뒤에 대책을 세운다면 나라가 패하고 제 몸은 죽어서 둘 다 보전할 수가 없을 것입니다. 신들은 여기에 보는 것이 있어 국가를 위해 걱정한 끝에 때맞추어 통절히 논계하면서 전하께서는 그를 깊이 미워하시고 신들의 말이 있는 것을 다행으로 여기시어, 옛날 四夷 가운데로 보내어 魑魅를 방어하였듯이, 곧 출척하라는 명이 있으실 것으로 생각하였습니다. 그러나 전하께서는 즐거이 따르지 않으실 뿐만 아니라, 듣기를 싫어하시고 또 신들의 말을 꺼리시는 뜻이 敎命 가운데 보이며, 왕래하는 동안에 曲盡하게 감싸주시는 등 도무지 끊어 버리고자 하지를 않으십니다. 이것은 은연중에 이 무리들의 사악한 술책이 자라나도록 만드는 것이니, 전하께서 스스로 화란의 조짐을 만드시면서도 이를 깨닫지 못하실까 두렵습니다.

또 하교하시기를 '불가불 죄를 만들어 멀리 쫓아 버려야 하겠는데, 죄를 만들자면 또 반드시 사실 여부를 조사해봐야겠다'고 하시고 한편으로는 律文을 이끌어 언론을 저지하셨습니다. 이는 매우 편협하고 비루한 일이니, 역대 제왕이 廓然大公한 도량으로 간사한 무리들을 내쫓던 것과는 매우 다릅니다. 옛날, 四夷로 보내어 魍魅를 막게 한 사람인들 어찌 반드시 律文을 대조하여 구차스러운 이유를 만든 연후에야 멀리 보냈겠습니까? 무릇 隱微한 술책이란 訊問해서 알아낼 수는 없는 것이니, 그 情狀을 알지 못하는 것이 걱정이요, 그 정상을 안 뒤에는 오히려 때를 놓쳐 물리칠 겨를이 없을 것을 걱정하게 됩니다. 만약 정상을 알고도 물리치지 않다가 죄악이 극도에 달하여 死刑을 받을 지경이 되어서야 이를 다스린다면 이 때는 이미 구제할 길이 없는 것입니다. 신들은 중간에서 명을 출납하는 일이 부실하게 되지나 않을까 두렵기 때문에 어제 면대를 청하여 뵙고 남김없이 極論하였으나, 전하께서는 못 들으신 채 돌아보지도 않고 대답도 하지 않으시며 또 싫어하고 꺼리는 기색이 얼굴에 나타나시니 신들은 무슨 까닭인지 모르겠습니다. 그런데 이제 또 하교하시기를 '자전께 여쭈었더니 이런 일이 없다고 하신다'고 하시었습니다. 대체 이런 일은 지극히 더러운 일이어서 말하기가 매우 추잡한 것인데 어찌 상께서 자전께 여쭈어 보신 뒤에 그것을 증거로 삼으시겠습니까? 그리고 설사 입증을 할 수 있다고 할지라도 자전의 한 마디 말씀으로 온 나라 사방의 입을 다 막을 수야 있겠습니까? 더구나 그때에 자전께서는 멀리 경복궁에 기거를 하시었으니, 昏荒한 모양을 낱낱이 아시기는 참으로 어려우셨을 것입니다. 무릇 한집안에서도 여러 자식들의 은밀하고 사특한 일을 친형제도 다 듣지 못하는 것은, 지극히 친하고 밀접한 사이에는 남이 말하기를 어렵게 여기기 때문인데, 하물며 지극히 높고 은밀하신 자리라 누가 감히 음란한 일을 慈殿 앞에 고해 바칠 수 있겠습니까? 자전께서 듣지 못하신 것은 전하께서 듣지 못하신 것이나 마찬가지입니다. 그뿐만 아니라 창덕궁과 창경궁은 서로 붙어 있는 듯 가깝지만

廢主의 昏狂이 극도에 달하여 도무지 절도가 없었을 때에는 잠깐 동안에도 동에 번쩍 서에 번쩍 어디로 갔는지 향방을 알지 못하였습니다. 그러니 추문이 어찌 까닭이 없었겠습니까? 驪姬의 야반 참소를 史官이 기록하였으니 여러 사람의 눈은 속일 수가 없습니다. 추문이 퍼지매 대신도 이미 아뢰었으니 聖鑑에 밝게 비추시면 의심이 없으실 것입니다. 그런데도 기필코 자전의 말씀을 증거로 삼으시며 여러 가지로 곡진하게 비호하시니 邪言과 간사한 참소가 궁중에 출입하면서 몰래 들어가 그리된 것이 아니겠습니까? 생각이 여기에 미치니 두렵고 놀라움을 금할 수가 없습니다.

전하께서는 평소에 신들과 조용히 역대 治亂 興亡의 자취 및 소인·외척이 나라를 어지럽게 만든 일을 강론하실 때에는, 과연 탄식하고 분격하시며 그 군왕이 일찍 조처하지 못한 것을 한스럽게 여기셨습니다. 그리하여 신들이 물러 나와서는 늘 기뻐하며 말하기를 '우리 주상이 이러하시니 뒷날 비록 소인·외척의 간사한 자가 있다 해도 조정에 걱정이 없겠다'고 하였는데 오늘 이런 일이 있을 줄을 어찌 생각하였겠습니까? 진실로 괴이한 일입니다. 오늘 일로 보건대 전하의 心志가 달라지시고 저들의 淫邪한 근성이 이미 궁중에 뿌리를 박아서 그런 것이 아니겠습니까? 그렇지 않다면 앞뒤의 상반됨이 어찌 이리 심하십니까? 전하께서 왕비를 들이신 지 며칠밖에 되지 않았는데, 벌써 외척 떨거지에게 私情을 두고 힘써 비호하시고 宗社를 위해 걱정하지 않으시고 正論을 막아 버리시니 이와 같이 폐단이 시작되다가는 그 流弊가 한심한 데까지 이르게 될 것입니다. 요사이 전하의 덕행이 虧損되는 것은 주로 궁중에서 일어나는 일들 때문인데, 이것이 점점 심하여 마침내는 이 지경에까지 이르렀으니 정말 통분할 따름입니다. 지난 4월 자전께서 移御하신 뒤부터는 오랫동안 경연을 폐하시고 群臣을 접견하지 않으시며 날로 환관 宮妾들만 가까이 하셨습니다. 그리하여 구변 좋고 간사하며 아첨 잘하는 무리들이 모두 나와서 聖心을 蠱惑시켰으니, 오늘날 일이 이렇게 된 것도 우연한 일이 아닙니다. 따라서 이것으로 전하께서 전일에 학문을 좋아하신 것도 단지 허위일 뿐이요, 속은 실상 그러하지 않으신 것을 알겠습니다. 전하께서 처음에야 어찌 거짓으로 하려 하셨습니까? 이치를 보는 것이 밝지 않음에 따라 好惡가 바르지 못하므로 干謁이 들어오고 私恩이 개재하여 더럽고 사특하기가 이와 같은데도 그 악을 모르시니, 하늘이 종사를 돌보지 않으시는 전하에게 미혹한 채 깨닫지 못하게 하시는 것입니까? 전하께서 깨닫지 못하시는 때가 곧 국가의 화란이 싹트는 날이기도 하니, 탄식하고 눈물 흘리며 어찌할 바를 모르겠습니다. 高觀達識의 선비치고 누군들 관을 벗고 官服을 던져 버리고 아주 가서 돌아오지 않으려고 하지 않겠습니까?

　전하께서 즉위하신 지 이제 10여 년이 되었습니다만, 이렇다 할 치적이 없이 국사가 날로 미미해가며, 賢邪가 섞이고 是非가 뒤바뀌어, 조정에는 흩어질 조짐이 보이고 외방에는 공고한 형세가 없습니다. 그런데도 민심을 激揚하고 匡救할 계책은 생각지 않고 도리어 화란의 씨를 심어 이를 배양하시니 참으로 알 수가 없는 일입니다. 더구나 근년 이래, 천재와 物怪, 일월과 성신, 水루·서리와 우박 그리고 닭과 벌레들의 재앙이 거듭 나타나니, 이는 모두 陰이 성하고 陽이 쇠미한 징후입니다. 하늘에서 징후를 내려보낼 때에는 반드시 까닭이 있는 것이니, 진실로 황공하고 두려워하며 깊이깊이 살피고 생각하여, 하늘의 뜻이 어디에 있는지를 찾아야 합니다. 바라옵건대 전하께서는 명쾌한 단안을 내리시어, 사사로운 정분 때문에 지체하지 마시어 구씨를 교외로 내쫓으시고, 윤순의 조적을 삭탈하여 조정이 숙청되고 國祚가 오래가게 하신다면 이보다 큰 다행이 없겠습니다."

부제학 李耔, 전한 김정, 교리 윤자임·이청·조광조·김구, 부수찬 기준, 박사 정응, 正字 朴閏卿·安處順 등이 올린 것인데, 기준이 草하고 김준이 교정하고 김구가 글을 썼다.

11. 정몽주가 고려 말의 왕이 신씨였던 것을 알았건 몰랐건 그 충절에는 흠이 되지 않는다는 것을 주장(《중종실록》 12년 8월 18일 신유)

李耔曰 "기록만 보고 말하여 그 인물을 논하는 것은 진실로 쉽지 않습니다. 대신의 의논은 신씨를 섬긴 것을 光明하지 않게 여기지만, 이것도 綱常을 扶植하는 일이기는 합니다. 史冊을 고증해 보면 지금 정몽주가 (우왕과 창왕이) 僞辛인줄 정말 완전히 몰랐다고는 할 수는 없는 것 같습니다. 그러나 그 사람의 情狀으로 보면 그렇게 말할 수 있습니다. 무릇 절개를 잃는 사람은 득실을 걱정하며 功名을 중하게 여깁니다. 정몽주가 (우왕과 창왕을) 신씨인 줄 알면서 섬겼다는 것은 알 수 없지만, 그가 왕씨를 위하여 충절을 다한 것으로 논한다면, 신씨를 섬긴 것을 흠이라고 지적할 수는 없습니다. 무릇 일에는 작은 일이라도 본디 가벼이 의논해서는 안 되는데, 하물며 이 분은 우리나라가 있어 온 이래로 이 한 사람이 있을 뿐이라는 분입니다. 정몽주가 신씨인 줄 알면서 섬겼다 해도 이것은 豫讓이 智伯을 위해서 한 것과 같은 일이니, 大節에 흠이 있는 것으로 지적해서는 안 됩니다. 두 임금을 섬길 마음이 있었다면 바야흐로 태조께서 흥하는 운수인 때였으므로 왕씨가 쇠미하여 떨치지 못한다는 것을 알 수 있었

고, 태조를 따랐으면 공명을 얻기가 손바닥을 뒤집기보다 쉽다는
것은 슬기로운 자가 아니더라도 알 터인데, 오히려 충절을 다하
여 마침내 왕씨를 위하여 죽었으니, 이것으로 보면 僞辛을 섬기
지 않았다는 것을 알 수 있습니다. 또한 섬긴 것이 신씨인 줄 반
드시 안 것이 아니었음을 알 수 있습니다. 또 敎書에 '늘 狄仁
桀·張柬之의 마음을 품었다'고 하셨는데, 이 글을 지은 자는 지
나친 칭찬의 말을 쓴 것이니, 이 한 꼬투리를 가지고 大賢人을
흠잡아서는 안 됩니다. 신씨를 섬긴 것이 흠이 된다는 말을 가지
고 名敎를 扶植하는 데 도움으로 삼는다면 괜찮지만, 대현인의
일은 가벼이 의논해서는 안 되며, 이런 의논은 후세에 가서야 비
로소 정할 수 있습니다."

12. 정몽주 묘의 수리를 청하다(《중종실록》 13년 3월 7일 병오)

不時 경연에 나아갔다.

參贊官 李耔曰 "신이 성묘하는 일로 龍仁에 가보니, 文忠公 鄭
夢周의 묘가 있었습니다. 그 묘에 특별히 표시를 하지 않아 丘와
다름이 없었습니다. 실로 국가가 예를 결한 것입니다. 조종조에서
는 그 충의를 가상히 여겨 爵號를 더하고 그의 자손을 錄用하였으
며, 聖代에서는 道學에 공로가 있다 하여 문묘에 배향하였으니,
또 그 塋墓도 잘 수리해야 합니다. 고려 5백 년 동안 충의의 한
가닥을 부지해 온 사람은 다만 이 사람뿐입니다. 오늘날에 와서
그 무덤이 불에 타고 도끼질을 면하지 못하니, 이 어찌 聖朝의 일
이겠습니까? 청컨대 별도로 잘 수축하게 하시기 바랍니다."

上曰 "이 사람은 과연 도학에 공로가 있다. 禮官으로 하여금
그 塋域을 잘 수리하도록 하라."

李耔曰 "신하란 質을 바치고 군주를 섬기는 것이므로 위태할 때에 이르면 모두 군주를 위하여 의롭게 죽어야 하는데, 이를 못하는 사람이 많기 때문에 충의를 귀하게 여기는 것입니다. 前朝 5백 년 끝에 다만 한 사람이 있었으니, 이 사람은 어찌 천명과 민심의 돌아가는 곳을 몰랐겠습니까? 오직 두 군주를 섬기지 않았을 뿐이었습니다. 그러므로 한번 죽어 후회가 없었던 것입니다. 祖宗께서 부득이 천명에 응하고 민심을 따랐지만, 충의를 귀하게 여길 줄 알았기 때문에 그 방도를 다해 권장, 만세를 위하여 節義의 큰 근본을 세웠습니다."

13. 김안국이 현량과에 천거한 사람의 임용과 평안도 상황을 논하다
(《중종실록》 13년 3월 26일 을축)

참찬관 李耔曰 "천거된 사람들은 신이 전에 그 道의 수령이 되었을 때 대개 그 이름 을 들었던 자들입니다. 金安國은 조정의 뜻을 잘 체득하여 직접 접견하거나 힘써 방문하였다고 합니다. 그 정밀하고 자상함이 이와 같으니 만약 이들을 百執事에 등용하면 어찌 아름다운 일이 아니겠습니까? 6품 관직은 범인에게는 가볍게 初授할 수 없지만, 그 가운데 나이가 많고 才行이 있는 자를 택하여 6품관에 제수하는 것은 좋습니다. 銓曹는 아마 '규정 밖의 일을 행하면 뒤 폐단이 염려된다'고 하겠으나, 대체로 기강이 서지 아니하면 가슴에 딴 마음을 품고 있는 사람은 비록 규정된 법대로 등용된다 해도 무엇이 두려워서 그 술책을 펴지 못하겠습니까? 지금 습속은 모두 형적과 혐의를 피하기 때문에 신같은 사람도 국가의 직임을 맡을 경우 그 일이 감당할 만하더라도 먼저 구차히 과실만 면하려는 마음이 듭니다. 이 때문에 폐풍이 쌓여 훌륭한 정치를 기대할 수 없습니다. 사람들의 氣習은 하루아침에 갑자기 변할 수 없습니다. 이것은 다른 이유 때문이 아니라 인심이 여러 번 변고를 겪어서 그런 것입니다. 이와 같은 말을 신이 성상의 면전에서 아뢰기는 하나 물러가 생각하면, 그 폐습은 옛날과 다를 것이 없습니다. 이 폐습을 없애지 아니하면 성상께서 비록 잘 다스리려는 마음이 간절한들 다스림의 효과가 어떻게 나타나겠습니까? 이는 지금의 큰 병폐입니다. 성상께서는 한 良相을 얻어 그에게 성심껏 위임하여 그의 포부를 펴게 하면 능히 오늘날에 仁政을 펼 수 있을 것입니다. 그렇지 않으면 사람마다 소임을 담당하지 않으려는 마음을 먹어 그 일에 힘쓰지 않을 것입니다. 이 풍습을 어찌 쉽사리 고칠 수 있겠습니까? 이것이 쌓여 습관이 된다면 治化를 바라고 있으나 끝내 보지 못할 것입니다." — 李耔가 아뢴 말은 은연 중 남곤을 논박한 것이다 — …….

평안도의 사변을 알리는 書狀에 '의주 건너편에 野人이 많이 모여 살며 人畜을 약탈하므로 지금 奏請使의 迎逢軍이 숲 속에 숨어 요동으로 나가지 못한다'고 하며, 또 滿浦僉使 崔世節의 牒呈에 '모월 모일에 三衛의 야인이 中原을 소란하게 하여 만약 利를 얻지 못하면 앞으로 方山 지방을 약탈한다'고 하는데, 야인이 만포에 와서 고발한 말이 의주 목사의 邊報와 서로 같습니다. 5백여 騎가 의주의 건너편에 나타났다면 무심히 버려 둘 수 없습니다. 야인이 중원에서 준동하다가 그 형세가 확장된다면 마땅히 미리 방비해야 합니다. 무사한 것이 습성이 되어서 방비를 소홀히 한다면 침범의 화가 어찌 없을 것이라고 보장하겠습니까? 또 奏請使의 길이 막혀 제때에 돌아오지 못한다고 하니 이 또한 크게 놀랄 일입니다."

14. 종묘 犧牛가 죽은 문제를 논의하다(《중종실록》 13년 4월 4일 임신)

도승지 李耔·좌승지 韓效元·우승지 金淨 등이 종묘에서 와서 다음과 같이 아뢰었다. "신들이 享所의 일을 살피고자 종묘에 갔는데 犧牛가 묘문으로 들어오다가 죽는 것을 보았습니다. 이것은 실로 큰 변고라 삼공·예관이 執事로 모두 廟庭에 있었기에 신이 그들과 의논하니, 모두들 지금 大祭는 거행할 수 없을 것 같다고 합니다. 그러나 제삿날이 임박하였으므로 지금 거행하지 않으면 뒤에 다시 거행하기 어려우니, 지금 할 수 있는 계책이라면 祭文에다 誠敬이 부족하여 재변을 부르게 되었다는 내용을 싣는 수밖에 없을 것이라 합니다. 또 홍문관과 臺諫으로 제관에 差任된 사람이 많아 그들에게 의논하니, 재변이 희생에 발생한 것은 필시 神이 歆享하지 않으려고 하기 때문이라고도 합니다. 가능하다면 오늘 허물을 告由하는 제사를 먼저 지내고 내일 대제를 거행하였으면 좋겠으나, 급박하고 거칠어서 반드시 예에 미치지 못할 것이니 다시 擇日하고 犧牛를 택하여 후일 거행하십시오." 또 정승 등이 '이와 같은 일이 옛날에도 있었을 것이니 역사를 살펴보는 것이 좋겠다'고 하고, 또 '내일 대제를 행하더라도 하례와 음복 등의 의식은 거행하지 않는 것이 좋겠다'고 말하였다. 상이 따랐다.

李耔 등이 또 아뢰었다. "古史를 널리 살펴보니 이와 같은 변고는 옛날에도 없었는데, 단지 晋 元帝 때 郊祭의 소가 죽은 일은 있었습니다. 그러나 그 뒤의 사실이 실려 있지 않았기 때문에 어떻게 처리하였는지는 알 수 없습니다. 또 지금의 변고가 이와 같은데 당연히 제사할 것을 제사하지 않는 것과, 제사함이 부당한데 제사하는 것이 모두 중하고 어렵지 않은 것이 없습니다. 신

들이 아침에 묘정에 가 비록 정승과 진지하게 의논하였으나 어찌할 바를 몰라 자세히 의논할 수 없었습니다. 廟 안에는 홍문관·대간이 또한 齋宿하고 있으니, 승지로 하여금 다시 가서 의논하게 하며, 그 나머지 六卿 및 侍從·臺諫으로서 종묘에 나아가지 아니한 자는 모두 齋戒하기 위하여 각각 그 司에 모여 있으니 이들을 闕庭에 불러 놓고 의논하는 것이 어떠하겠습니까?"……

李耔 등이 또 아뢰었다. "정부·육조 당상 이외에 종2품 이상으로 더불어 일을 의논할 만한 자 — 정부·육조 외의 재상은 곧 姜渾·黃孟獻·김안국이다 — 는 모두 부르시기 바랍니다." "그리하라"고 傳敎하였다.

〔이어서 闕庭에서 논의가 진행되었다〕

승지 등이 서로 보며 오랫동안 결정하지 못하였다. 이에 李成童·申公濟·文瑾 등이 말하였다. "우리가 각각 생각한 바를 都令公(李耔)이 택하는 것이 어떻겠습니까?"

李耔가 그리하라고 하였다. …… 이자 아뢰기를 "모두 옳지 못합니다. 어찌 이처럼 근거가 없소." 결국 다시 의논하여 다음과 같이 의견을 올렸다. "변괴가 몹시 커서 상하가 두려워하므로 필시 대제를 거행하지 못할 것 같습니다. 뒤로 물리는 것이 비록 쉽지 않은 것 같으나, 《家禮》의 〈四時祭篇〉에 '상순이 불길하면 중순으로 하고 중순이 불길하면 하순에는 날을 가리지 않고 한다'는 말이 있습니다. 陵寢·原廟의 제사를 太廟와 함께 모두 大祭라고 부르나 그 실상은 같지 않습니다. 왜냐하면 능침과 원묘의 제사는 모두 誓戒 隷儀의 禮가 없기 때문입니다. 禮文을 살펴보면 크게 경중이 있으니, 능침과 원묘의 제사는 내일 지낸다 해도 太廟는 내일 먼저 告還祭를 지내고, 대제는 다시 날을 택한 다음 犧牛를 택하여 행하여도 그리 늦지는 않을 것입니다. 《禮記》에 실린 '帝牛不吉'에 대해 그 본문을 詳考해보면, 지금처럼 임박해서 일이 생긴 사례가 아니라, 미리 정한 것이 불길하여 결국 그 희우를 바꾸고 그 제사를 미루는 것은 하지 않았습니다. 또 대제의 제문에 조종이 견책을 보여 재변을 만나 두렵다는 뜻을 기록하기에도 그 語勢가 곤란합니다."

15. 《大明會典》 문제를 논의하다(《중종실록》 13년 4월 26일 갑오)

李耔 아뢰기를 "이 《대명회전》은 한두 사람이 저작한 책이 아니고 곧 조정이 함께 의논하여 撰한 것입니다. 그 서문의 年月을 보니 기사년간에 만든 것이요, 또 황제의 서문이 있으니 실로 귀중한 전적입니다. 《大明一統志》 같은 책도 우리나라를 기록하면서 그 世系를 遠祖에서부터 太祖에 이르기까지 분명히 기재하고 또 '王瑤가 昏弱하여 많은 사람이 문하시중 某를 추대하여 군왕으로 삼았고 또 그 뒤 또 誥命을 내렸다'고 쓰고 있습니다. 그 誥命의 하사는 太宗朝에 있었으며, 그때에는 다만 權知國事라고만 칭하였는데, 무슨 까닭으로 그랬는지 알 수 없습니다. 조종이 설사 그 덕에 부끄러운 일이 있어도 사실과 다르면 또한 유감인데, 하물며 이와 같이 근거가 없는 일을 기록하였으니 무슨 더 할 말이 있겠습니까? 이 말이 반드시 천하에 반포되었을 것입니다. 천하에 반포될 뿐만 아니라 또한 후세에까지 전해질 것입니다. 大節의 사실이 이와 같이 전해졌으니, 정말 통분한 일이 아닐 수 없습니다. …… 恭讓이 고명을 주청할 때 황제가 '王氏 대대로 왕이 되었는데, 근세에는 왕씨 아닌 자가 왕이 되었으니, 三韓이 왕위를 계승하는 것은 良法이 아니다'고 하였으니, 상국에서도 辛

氏가 왕씨가 아님을 알았던 것입니다. 왕씨를 시해했다는 것은
이것으로 밝힐 수 있습니다.”

16. 辨誣外交에 필요한 자료의 수집을 청하다(《중종실록》13년 5월 27일 을축)

대사헌 李耔 啓曰 “신이 奏請副使로 경사에 가게 되는데, 주청하
는 일은 매우 중대한 것이니 고사에 반드시 그 예가 있을 것입니
다. 아직 상고해 보지는 못하였습니다만, 옛날 蘇頌이 그 아버지에
관한 일을 고쳐 줄 것을 청하여 神宗이 이를 허락하고 國史를 追
改한 일이 있었습니다. 이러한 사례가 반드시 또 있을 것입니다.
弘文館에게 널리 史籍을 고증케 하십시오.” 傳教曰 “그리하라.”

17. 주청 상주문을 筆削하여 완성하다(《중조실록》6월 16일 갑신)

영의정 정광필, 좌의정 신용개, 우의정 안당, 남양군 洪景舟,
중추부사 金詮, 예조판서 남곤, 호조판서 高荊山, 형조판서 李惟
淸, 花川君 沈貞, 우참찬 崔淑生, 예조참판 孫澍, 병조참판 方有
寧, 호조참판 李自堅, 대사헌 李耔, 이조참판 金淨, 이조참의 金
安老, 병조참지 趙邦彦, 호조참의 金磹, 홍문관 부제학 趙光祖,
형조참의 尹殷弼, 대사간 孔瑞麟, 직제학 鄭忠樑, 집의 柳仁淑,
사간 申光漢, 장령 鄭士龍, 閔壽千, 부응교 閔壽元, 교리 尹自任,
헌납 柳庸謹, 지평 金湜, 任權, 부교리 奇遵, 張玉, 정언 李希閔,
정자 李認 등이 대궐 뜰에 모여서 奏請文書에 筆削할 부분을 의
논하였다. 김전·남곤·심정·최숙생·이자·김안로·김정 등이
그 일을 실제로 주관하여, 장황한 곳은 깎기도 하고 모자라는 곳

은 보충하기도 하였다. 이에 정광필·신용개·안당이 그 교정된 글을 가지고 入啓하였다. "온당치 못한 곳은 고치고 보충할 데는 보충을 해서 대강 이와 같이 되었습니다. 그러나 아직도 미진한 대목이 있을까 두려우니, 남곤·이자 — 남곤은 奏請正使고 李耔 는 副使였다 — 들에게 다시 반복해서 상세히 교정케 한 다음, 신 이 또한 다시 본 뒤에 결정하는 것이 어떠하겠습니까?" 傳敎 曰 "그리하라."

주 청 문

조선 국왕 신 이역은 삼가 상주하여 은혜 받으려는 일을 陳請 합니다. 正德 13년 4월 21일 陪臣 李繼孟이 북경에서 돌아와 이 렇게 보고하였습니다. "《大明會典》의 조선국 아래 기록된 註를 보니 거기에 '李仁任의 아들 舊名은 成桂, 지금 이름은 旦이라는 자가 홍무 8년부터 25년까지 전후에 무릇 王氏 四王을 시해하였 으므로 짐짓 기다리게 하였다'라는 문자가 있었습니다." 이 말을 들으니 참으로 두렵고 민망스러워 어쩔 줄을 모르겠습니다.

홍무 27년 4월 25일에 欽差內使 黃承奇 등이 海嶽과 山川 등의 신에게 告祭하는 축문을 가져왔는데, 거기에도 '高麗陪臣 이인임 의 후사인 성계, 지금 이름 旦이라는 자가……'라는 문자가 있었 습니다. 이것을 보고 先臣 康獻王 某가 곧바로 '本宗의 세계는 이 인임과 아무런 상관도 없다'는 사실을 구비하여 奏聞하였습니다. 그런데 永樂 원년 정월 초8일에 陪臣 趙溫이 경사에서 돌아와 또 "祖訓條章 안에 '조선 국왕은 이인임의 후사이다'라는 문자가 있 다"고 보고하였습니다. 이 말을 듣는 先臣 恭定王이 前項 宗系에 관한 일을 재차 주달하여 바로잡아 주기를 청하였습니다. 이에 영락 2년 2월 초10일 예부상서 李至剛 등이 聖旨를 받들어 "조선

국왕이 奏文을 올려 이인임의 후사가 아니라고 하였는데, 지난번의 傳說과는 차이가 있다. 그 주문에 따라 개정하라”는 조칙을 전하였습니다. 이것을 받들고 온 나라가 모두 기뻐하여 表를 올려 陳謝하고 자손 대대로 皇恩을 받들고 있는데, 이제 《대명회전》의 내용을 들으니 宗系에 관한 일이 개정되지 않았을 뿐만 아니라, 선조에게 있지도 않았던 악명이 더 추가되었다 하니, 온 나라의 신민이 놀라서 모두 어쩔 줄을 모르고 있습니다.

가만히 돌아보면 신의 先世는 원래 본국의 全州에서 나왔습니다. 28대조 翰이 신라에서 벼슬하여 司空이 되었고, 신라가 망한 뒤에는 한의 6대손 兢休가 고려로 들어왔으며, 13대손 安社는 元나라에서 벼슬해서 南京 五千戶所의 다루가치가 되었습니다. 그 뒤 이 직책을 세습하다가 원나라 말년에 전쟁이 일어나자 안사의 증손 子春이 아들 성계를 데리고 그곳을 피해 동쪽으로 내려왔습니다. 至正 신축년은 恭愍王 10년(1361년)인데, 이 때 홍건적 毛元帥·關先生 등 20만 명이 국경 지방에 闖入하자, 선신 성계가 처음 대장의 밑으로 들어가서 선봉으로 올라가 공을 세워 武班의 직책을 받았습니다. 그러나 아직 이름은 알려지지 않았습니다. 이 무렵 공민왕은 후사가 없어서 몰래 총신 辛旽의 아들 禑를 데려다 자기의 소생이라 일컫고 궁중에서 길렀습니다. 그런데 만년에 변덕스럽고 난폭하기가 이를 데 없어 근신들을 많이 죽이므로, 嬖臣 洪倫과 내시 崔萬生 등이 홍무 7년 9월 23일에 몰래 弑逆하였습니다. 權臣 李仁任이 윤과 만생을 저자에서 찢어 죽인 뒤, 아둔하고 약한 자를 세우고자 하여 禑를 그대로 후사로 삼고 그 아들 昌을 세자로 삼았습니다. 우왕 14년(1388)에 이르러, 先臣 某가 본래 근신하는 마음이 있고 허물이 없다 하여 비로소 문하시중으로 삼았습니다. 이 때 무신 崔瑩이 있었는데, 그는 배운 것이 없고 狂悖한 위인으로서 辛禑에게 아첨하여 그 딸을 妃로 바치고, 함부로 군사를 일으켜 요동을 범하고자 하여 여러 장수들을 독촉해 내보냈습니다. 이 때 선신 성계도 副將이 되어 그 군중에 있었는데, 압록강까지 갔을 때 '上國에 죄를 짓는 것보다는 차라리 僞姓에게 죄를 지어 한 나라를 편안케 하는 것이 낫다'고 생가하고, 여러 장수들과 합의하여 군사를 돌이켰습니다. 禑가 이에 스스로 그 죄를 알고 두려워하며 자리를 사양하여 昌에게 주었으나 인심이 붙지 않았습니다. 그렇지만 그들의 黨與가 많고 盛하여 아무도 감히 폐하자는 말은 못하였습니다. 홍무 22년 8월 초8일에 배신 尹承順이 경사에서 돌아올 때 받들고 온 宣諭聖旨에 "王氏가 시역을 당하여 후사가 끊어진 뒤 비록 왕씨를 假稱하였다 할지라도, 異姓을 왕으로 삼는 것은 또한 삼한에서 대대로 지켜 온 良策이 아니다"라는 말씀이 있었습니다. 공민왕비 安氏가 이 성지를 받들고 국론을 두루 물어, 처음으로 僞辛을 내쫓고 왕씨의 후손인 定昌君瑤에게 임시 국사를 처리케 하였습니다. 그리고 이인임은 僞姓을 冒立한 죄를 논하여 외방으로 내쫓겼고 또 禑·昌 부자와 최영까지 모두 주륙하였습니다. 얼마 뒤 瑤가 또 不義하여 시비를 분간치 못하고, 아첨하는 무리들을 가까이 하며 말하는 사람을 내쫓고, 살육을 일삼는 등 크게 君道를 잃었으므로, 사람들이 모두 분히 여겨 離叛을 생각하게 되었습니다.

홍무 25년(1392) 7월 12일 대소 신료와 軍民·耆老들이 공민왕비 안씨에게 나아가 왕요를 폐하고 종실에서 그 후계를 선택할 것을 청하였습니다. 그러나 이러한 부탁을 감당할 만한 사람이 없어 한 나라가 주인 없는 상태가 되었습니다. 이에 先臣 成桂에게 사대를 성실히 하고 백성을 편안히 한 공이 있다고 모두 그를 추대하고자 하였습니다. 선신은 굳게 사양하였으나 群情에 어쩔 수가 없어 임시로 국가를 맡고 곧 형식을 갖추어 奏聞하였습니다. 太祖高皇帝께서도 그 사정을 환히 아시고 國王에 명하시고, 국호를 朝鮮으로 내리시니 선신 성계는 비로소 旦으로 개명하였습니다. 그리고 왕요는 그의 私邸에 거처하면서 천수를 다하게 하였습니다. 선신의 宗系原流는 전후가 이와 같습니다.

신이 또 이인임의 世系를 밝혀보면, 그는 곧 본국 星山府 吏屬 長庚의 후예로서, 그의 조부 李兆年은 과거에 급제하여 벼슬이 政堂文學에 이르렀고, 부 褒는 同知密直이었습니다. 누대의 宦族으로서 인임에 이르러서는 형제 6명이 모두 요직을 차지하여 권세를 장악하고 뇌물을 받았습니다. 그 세력이 안팎을 압도하고 오랫동안 권력을 장악하였으며, 지극히 흉악하여 왕의 폐립도 자기 마음대로 하였으므로, 국인들도 다만 이인임이 있는 줄만 알고 왕이 있는 줄은 모를 정도였습니다. 先臣 이성계가 國政에 참여한 이래 이인임의 불법을 모두 고치고 없애 버리자, 그 黨與의 미움을 크게 받아 갖가지로 모함을 당하였습니다. 또 尹彛·李初 등의 도배가 몰래 上國으로 달아나 교묘하게 허망한 일들을 꾸몄지만, 태조 고황제께서 만리를 밝게 내다보신 덕택으로 그 두 사람은 결국 伏誅되고 말았습니다. 이번에 《회전》에 수록된 '4왕을 시해했다'는 설도 아마 이들이 허위날조한 말에서 나온 것 같습니다. 또 李仁任의 후사라고 冒稱한 것은 仁任의 종족이 강성하고 권세가 컸으며 오랫동안 그의 안중에 군왕이라는 것이 없었기 때문에, 그의 후사라고 칭하면 행적이 의심스럽기는 해도 듣는 자가 쉽게 믿을 수 있기 때문에 그렇게 속였던 것 같습니다.

신이 또 생각컨대, 옛날에는 世系를 중히 여겨서, 큰 것은 世家라 하고 작은 것은 家譜라고 하였습니다. 모두가 성씨와 종족을 분별하기 위한 것이었습니다. 지금은 牛醫·馬隷 같은 지극히 미천한 자들까지도 모두 族籍이 있어서 그 世系를 분명히 해놓고 있습니다.

소국은 변방 오랑캐의 땅에 위치하고 있지만 天朝 明을 우러러 받들며 사직과 인민이 있어 藩國의 자격을 갖추고 있습니다. 그런데 宗系가 他姓으로 잘못 기록되고 지금 백여 년이 지났어도 그대로 고쳐지지 않고 있습니다. 더욱이 弑逆은 천하의 大惡인데, 사실도 아니면서 그 누명을 쓰고 있으니 천하에 이보다 더 큰 억울함이 없습니다. 先臣 旦의 出處本末과 4왕의 전후 사정은 털끝 하나 의심할 것이 없습니다. 그런데도 不逞한 무리들이 거짓 모함하는 말을 날조하여 상국까지 들리게 하였으니, 지하에 있는 혼령이 冥冥한 속에서 원통할 뿐만 아니라, 聖朝의 寶典이 또한 잘못된 것을 전하였다는 평을 면치 못할까 두렵습니다. 이것이 바로 신이 이마를 평상에 부딪치고 가슴을 치면서 스스로 그칠 줄 모르는 이유입니다. 신의 文辭가 만약 거짓을 나열한 것이라면, 하늘에는 해가 있고 땅위에는 臣民이 있으며, 또 믿을 만한 역사의 기록이 昭然합니다━'且有信史記載昭然'의 8자는 뒤에 또 삭제해 버렸다. 중국에서 혹 그 사적을 보자고 하지나 않을까 걱정했기 때문이었다.━ 일국의 이목도 속일 수 없는데, 하물며 감히 聖聰을 기만할 수 있겠습니까? 엎드러 바라오니 성스럽고 자비로운 황제께서도 우러러 先皇帝의 명을 따르시어, 전하는 말의 잘못을 바로잡아 신의 일가에게 신의 조상을 찾게 하시고, 先臣 旦 또한 幽怨을 풀게 해주시면 이보다 더 다행한 일이 없겠습니다.

대제학 남곤이 지은 글이다.

18. 변무외교 문제를 논의하다(《중종실록》13년 6월 19일 정유)

奏請使 南袞과 副使 李耔 啓曰 "太宗朝의 先系를 고쳐 줄 것을 청한 奏本 가운데 '兢休로부터 安社 ― 모두 先系의 이름이다 ― 에 이르기까지 13世'라 하였는데, 이제 璿源殿에 있는 先系圖簇子 傳寫記를 상고해보면 '궁휴에서 안사에 이르기까지 12세'라고 하였습니다. 鄭摠이 지은 桓祖墓碑記에는 '忠敏이 華를 낳고 화가 珍有를 낳았다'고 하였는데, 주본에서 13세라고 한 것은 바로 이 때문입니다. 璿源圖는 단지 충민 이후에 진유가 있었다는 것만 쓰고 華를 기록하지 않았기 때문에 1세가 빠지게 된 것입니다. 이 일을 대신과 의논하시고, 또 승문원에 있는 本國에서 보낸 태조 추대 奏文과, 태종조 종계 개정을 청한 奏, 태종조 종계 개정을 재청한 주, 禮部에서 종계 개정을 허락한 咨文, 본국에서 보낸 종계 개정 謝恩表 등의 문서도 한 통씩 謄書해 가지고 가서 문답에 대비하는 것이 어떻겠습니까?

또 신들이 들으니, 지금 중국이 요란하여 황제도 북경 성내에 있지 않다고 합니다. 신들이 북경에 가다가 중도에서 만약 불의의 변고를 듣게 되면, 그 때 어떻게 처치하면 좋겠습니까? 또 주청할 때에도 대답하기 어려운 일이 반드시 있을 것이니 대신과 함께 의논하기를 청합니다."

19. 북경에서 예부상서에 보낸 書(《중종실록》 14년 4월 7일 경오 細注)

남곤 등이 京師에 있을 때 예부상서 毛澄에게 다음과 같이 上書하였다.

이인임은 고려의 큰 奸賊입니다. 공민왕이 시해될 때 首相으로서 국정을 담당하여 洪倫 등을 죽이면서 백성[國人]의 지지를 받았지만, 前王이 갑자기 薨하였다고 天朝에 아뢰었으니, 그 일에 참여한 것이 분명합니다. 禑는 비록 前王이 아들로 길러온 자이기는 하나 타성을 아들로 삼았다는 비난이 여러 사람의 입에서 비등하였는데도, 仁任은 겉으로는 전왕의 뜻을 따르면서 속으로는 일신의 이익을 도모하였습니다. 이 때 禑는 막 10세가 되었는데 衆議를 물리치고 그를 세움으로써 인심이 복종하지 않고 宗社를 무너지게 하였으니, 고려 5백 년의 王業은 실로 이 자의 손에 망한 것입니다. 그가 사형되던 당시 禍가 온 세상에 뻗쳤으므로 東韓의 백성은 지금까지 절치부심하며 그를 씹어 먹으려고 하는데, 도리어 그를 國祖 위에 올려놓아 宗系를 더럽히고 있습니다. 무릇 남을 아비라 부르는 것은 거지 아이도 하려 하지 않는 것인데, 우리나라가 비록 보잘것없지만 그래도 여러 관리와 많은 백성이 있는데 그 군왕을 거지 아이가 자기 아비를 아버지라 하는 것만도 못한 것으로 만들어 놓았으니, 자손된 사람으로서 그 마음이 어떠하겠습니까? 이런데도 따져 밝히지 않는다면, 봄과 가을에 제사를 올릴 때 눈감고 廟室 아래 서서 감히 '나는 祖先을 잘 받들었다'고 할 수 있겠습니까? 이것은 執事께서도 잘 짐작하실 수 있을 것입니다. 또 우리 國祖 康獻王은 공민왕 시대에 막강한 권세가 있었던 것도 아니고 遷民 출신으로 처음 武略으로 등용되어 벼슬한 지 10여 년 만에 갑인년의 변이 있었는데, 직접 죽인 자도 따로 있고 當國者도 따로 있으며 그 일에 관여한 사람도 있었고 國祖는 알지 못한 일입니다. 또 禑·昌 부자는 임금의 자리를 훔쳐 차지한 王氏의 盜賊이므로 왕씨의 신하들이 위로는 高皇帝의 聖旨를 따르고 아래로는 安妃의 분부를 받들어 왕씨를 위하여 토벌하였지만, 國祖는 알지 못한 일이었습니다.

王瑤가 군주답지 못해 인심이 원망하여 離叛하였기 때문에 국조는 여러 사람의 추대에 못 이겨 부득이 응한 것이며, '獨夫(민심을 잃은 군주)'에 대해 무슨 시기할 것이 있고 무슨 노할 것이 있어 감히 弑逆하였겠습니까? 瑤가 끝까지 천수를 보전한 것은 국인이 다 알고 천지의 신명이 내려 살핀 바이니, 비록 내용을 속이려한들 어찌 가능하였겠습니까? 이것은 執事께서도 잘 推察하실 수 있을 것입니다. 우리 조선은 東海 가에 있는 나라로 비록 외지고 누추하지만, 대대로 中國과 통교하여 자못 詩書와 禮義의 가르침을 들었으므로, 명분을 높이고 綱常을 중히 여겨 중국의 문화로 교화된 지 오래되었습니다. 聖朝에 들어와서도 동으로 미치는 교화를 제일 먼저 받았으며, 홍무 25년에 강헌왕이 비로소 동쪽을 다스리라는 寄託을 받았습니다. 처음 誥命을 청하니 '三韓의 신민이 이미 李氏를 받들었으니 백성에게 병화가 없게 하여 사람마다 天樂을 즐기게 하라'는 뜻이 담긴 詔旨를 내렸고, 다음해에 國號를 고치고자 청하니 '조선이라는 칭호가 아름다우니 그 이름을 근본으로 삼아 하늘의 뜻을 체득하여 백성을 길러 후대까지 길이 창성하라'는 말씀이 담긴 詔旨를 내리셨습니다. 우리 小邦은 聖德에 고무되어 자손이 서로 이어온 지 1백 20여 년이 되었으며, 온 나라가 화락하며 대소의 신민이 편안하게 농사 짓고 우물 파서 물 마시는 생활을 하고 있습니다. 이것은 모두

上國의 列聖이 내려준 것입니다. 하늘과 땅같이 큰 은혜에 보답할 길이 없으나 우리가 간절하게 우러러 받드는 마음은 하늘의 해가 밝게 비추어 주고 있습니다.

이번《大明會典》에 기록된 본국의 故實에 큰 오류가 있어 온 나라가 당황하고 놀라 어쩔 줄 모르고 있습니다. 그러나 聖明한 도량은 遠邦도 다 포용하여 조금도 사사로움이 없어 天과 같을 뿐인데 처음부터 어찌 마음에 두고 한 것이겠습니까? 그 일이《祖訓》에 기록된 것은 또한 이유가 있습니다. 그때 辛禑와 辛昌의 黨與에 尹彝·李初 같은 자들이 남몰래 전의 유감을 품고 암암리에 보복을 도모하였습니다. 그러나, 일을 거사하기에 스스로 힘이 부족함을 알고 상국을 격노시켜 皇靈을 빙자하여 자신들의 奸計를 이루기 위해서 인임과 國祖가 모두 이씨이고 인임의 악이 여러 사람에게 이미 잘 알고 있는 것을 이용하여 의심스럽지만 밝히기 어려운 일로 교묘하게 날조하여 사람들과 상국에게 퍼뜨렸으니, 그것을 들으면 어찌 그 말을 믿지 않을 수 있었겠습니까? 예로부터 참언에는 미혹되기가 쉬워 伯奇가 벌을 떨어버리고, 曾參이 사람을 죽였다고 하니 자부 자모의 의심을 면치 못하였거늘 하물며 상국이 하국의 관계에서야 어떻겠습니까? 형세가 현격하여 정이 통하지 않으니 그 말을 믿는 것이 실로 마땅합니다. 그러나 弑逆은 전하의 大惡으로 사람에게 용납될 수 없고 법에서도 용서받을 수 없는 것이며, 잇달아 4왕을 시해하는 것은 더구나 羿와 韓浞도 하지 않았던 일입니다. 왕씨에 대한 우리 國祖의 出處 본말은 위에 진술한 바와 같이 털끝만큼도 陵逼한 혐의가 없는데도, 저 羿·韓浞도 하지 않았던 악명을 씌워 東韓 전체를 亂逆의 소굴로 만들었으니, 전일 중국에서 배운 詩書와 禮義의 가르침이 어디 있으며, 綱常이 어디 있으며, 名分이 어디 있습니까? 이런 악명을 쓰고 어떻게 보통사람의 축에 끼어 천지 사이에 설 수 있겠으며, 어떻게 貢物 상자를 들고 大庭의 반열에 낄 수 있겠습니까? 이것이 우리나라 사람이 억울한 마음을 머금고 우러러 天廷에 아뢰는 이유입니다.

'짐짓 기다리게 하였다〔姑待之〕'라는 세 글자를 보면 大聖人이 가벼이 사람을 끊지 않는 뜻을 알 수 있지만, 성인이 어찌 시역을 용서할 수 있겠습니까? 장차 傳言의 사실 여부를 徵驗한 뒤의 처치를 기다리게 한 것일 뿐입니다. 징험해 보니 과연 그런 사실이 없으므로 윤이·이초 등에게 죄를 묻고 본국을 처음과 같이 대우하였습니다. 그렇지 않았다면, 하늘을 받들어 죄를 토벌하는 성인의 마음으로써 그것을 그렇게 처리하였겠습니까? 저희들이 또 듣건대, 天道와 人事는 10년이면 반드시 변한다고 합니다. 그러므로 宋 華督의 악을 10년 뒤 《春秋》에도 다시 썼습니다. 우리나라의 왕이 비록 流言으로 무고를 당했지만, 이미 고황제께서 그 정상을 분명히 아시고 聲敎에 참여시키는 윤허를 받아온 지 1백 년 뒤에 그 일을 다시 들어 策書에 실었으니, 四海의 사람들은 이 책만 보고 고황제의 뜻은 모르고 반드시 모두 '조선은 시역의 나라이다', '시역의 나라도 朝貢의 반열에 있을 수 있는가?'라고 할 것입니다. 그렇게 되면 우리나라의 모호한 악명이 오랜 뒤에 더욱 새로워질 뿐만이 아니라, 聖朝도 우리 小邦을 자식처럼 돌본 일 때문에 사해의 비판을 받게 될까 염려스러우니, 더욱 痛惜하여 감히 스스로 편안할 수 없는 바입니다.

집사께서는 도덕과 문장으로 조정의 儀表가 되었으며, 상하의 질서를 유지하고 神人을 화합하게 하는 것이 소임인데 같은 천하 안에서 一物도 그 자리를 얻지 못하게 되면 모두 집사의 책임입니다. 더욱이 우리나라의 일은 악명도 이보다 더 큰 것이 없으며 원통함도 이보다 더 큰 것이 없으니, 더욱 집사께서 앞장서서 따지고 밝히셔야 할 일입니다. 그것을 변별하여 바로잡는 데는 또 분명한 증거가 있습니다. 앞에는 '삼한의 신민이 이미 이씨를 받들었다'고 한 高皇帝의 詔旨가 있고, 뒤에는 '王瑤가 혼미하여 衆人이 성계를 추대하여 왕으로 삼았다'는 《大明一統志》의 기록이 있습니다. 이것을 하나로 종합하여 先後가 어긋나지 않게 一代의 大典으로 정하여 천하 만세에 전하면 어찌 폐한 것을 일으키는 일이 아니겠습니까? 더욱이 李仁任에 관한 조목은 이미 고황제께서 개정하라는 명이 있었으며, 省에 있는 문서에도 분명히 기재되어 있어 찾아보면 상고하기 쉬운 일이 아닙니까? 이제 우리나라는 위로는 군왕으로부터, 아래로는 士庶에 이르기까지 寢食을 철폐한 채 주야로 머리를 들고 명백한 칙서가 내리기만을 기다리지 않는 자가 없습니다. 저희들이 외람되게 使臣에 선발되었기에 와서 下情을 말씀드리는 것입니다. 돌아가 보고할 말이 있어야 할 것만 알고 저희 감정 때문에 말이 막히고 급박하여 이렇게 어리석음을 무릅쓴 것도 알지 못하였습니다.

20. 奏請使馳啓(《중종실록》 14년 3월 15일 무신)

　주청사 남곤·부사 李耔가 京師에서 돌아오는 도중에 다음과 같은 글을 올려 馳啓하였다. 즉, 지난 2월 8일 황제의 車駕가 북경성에 들어왔으며, 13일에 郊天祭를 지낸 뒤 南海子로 가서 사냥하고 14일에 환궁하였습니다. 16일에 覆本을 예부에 내렸습니다. 그 내용은 "聖旨를 받들겠습니다. 조선 국왕 李旦이 李仁任의 宗系가 아니라는 것은 우리 太宗 文皇帝께서 이미 그 개정을 허락하는 성지가 있었습니다. 이제 또 奏本을 갖추어 陳情하니 그 誠孝가 가상하므로 돌아가 조칙을 등사하여 왕에게 주도록 하십시오.' '알았다〔知道〕'"는 것이었습니다. 17일 예부는 手本을 갖추어 한림원으로 이송하였습니다. 19일 신들이 예부에 가서 尙書에게 말하였습니다. "我國이 아뢴 일에 대하여 조정에서 이미 개정을 허가하셨으니, 恩典이 至重하여 감격스러움을 이기지 못하겠으나 단 어떻게 개정할지 모르겠습니다. 비록 칙서는 받았으나 판본은 아직도 그대로 있으니 예전대로 와전될까 염려스럽습니다." 이에 상서는 이렇게 말했습니다. "《대명회전》의 기록은 전적으로 《祖訓》에 따른 것이며, 《회전》은 이미 발간된 책이므로 추가하고 개정할 수는 없다. 그러나 이 책은 근년에 새로 편찬되어 나온 책으로서 《조훈》과 같은 것은 아니며, 또 그 내용은 한 때 시행하는 제도이므로 수시로 增損될 수 있으므로 머지않아 改撰될 것이다. 이제 분명한 勅旨가 있었으니 이것에 의거하여 개정할 것인데, 예전대로 될 것을 무엇 때문에 근심하는가?"

신들이 또 말하였습니다. "宗系 문제 하나도 태종 문황제께서 이미 개정하라는 칙지가 있었으나, 《대명회전》에는 예전대로 기록되었습니다. 지금 즉시 修改하지 않는다면 또 전과 같을 우려가 있습니다." 그러자 상서는 이렇게 답하였습니다. "그대 나라의 일에 대하여는 《大明一統志》의 기록이 명백하며, 더욱이 이제 특별히 칙지까지 있으니 이후 모든 책의 찬술은 저절로 분명하게 바로잡힐 것이다. 그대들은 의심하지 말라." 신들은 또 郎中 姜龍을 보고 위와 같이 고하니, 강용도 상서의 뜻과 같은 말로 답하고 또 이렇게 말하였습니다. "본부의 문안이 두 번의 화재를 치렀다. 영락 연간에 개정한 일은 《대명회전》을 편찬할 때 攷據가 없었으므로, 《祖訓》에 바탕을 두어 기록하였다. 이제 문황제의 성지 가운데서 그것을 찾아냈고 또 특별한 칙지가 있으니, 모든 서적을 修撰할 때는 이것으로 바른 것으로 삼을 것이다. 사관도 기록하였으니 어찌 분명하지 않은가?"

22일에 한림원이 칙문을 내각으로 올렸고, 이를 다시 中書舍人에게 내려 覆寫를 마쳤으며, 23일에 尙寶司에서 寶璽를 찍었습니다. 25일에 신들이 궐에 나아가 칙서를 받고 이어 陛辭할 때 황제는 동남 지방을 두루 순행하려고 아문에게 선척을 수리하게 하고 河道를 소통시켰는데, 이 달 초순 사이에 御駕가 움직일 것 같다고 들었습니다. 그러니 만약 동남 지방을 순행하지 않는다면 요동을 순행할 것이라고 합니다. 또 칙서를 등사하여 봉함해 주었는데 그 내용은 다음과 같습니다. "황제는 조선 국왕 이역에게 칙유하노라. 그대의 선조 이단이 본래 이인임의 종계가 아니므로 우리 태종 문황제께서 이미 개정할 것을 준허하신 성지가 있었는데, 이제 그대가 또 주본을 갖추어 진정하니 誠孝가 가상하다. 특별히 청한 바를 윤허하여 칙서를 내려 짐의 뜻을 諭示하노니, 그대는 이 유시를 삼가 받들라."

21. 개정외교 보고(《중종실록》 14년 4월 7일 경오)

상이 慕華館에 行幸하여 칙서를 맞이한 뒤 환궁하였다. 이어 남곤·이자·한충 등을 인견하였다.

임금께서 말씀하시길 "당초 주청할 때는 준허 받지 못할까 염려하였는데 이제 준허를 받아 왔으니 기쁘다. 그러나 처음에 두 가지 일을 주청하였는데 칙서에는 한 가지 일만 언급되었고, 또 경들의 書狀을 보아도 주청할 수 있다는 말이 없었다. 예부에 다시 주청할 수 없다고 판단한 연후에 돌아온 것인가?"

남곤 아뢰기를 "예부 낭중 姜龍이 우리나라 通事를 불러 '너희

나라에서 주청한 두 가지 일은 覆本에 분명히 실려 있으니 돌아가서 너희 나라 陪臣에게 뒤에 복본을 보면 두 가지 일이 이루어졌다는 것을 알 수 있을 것이다'라고 하였습니다. (이에 앞서) 예부상서도 '조선은 문헌의 나라요, 우리 조정을 공경으로 받들어 조공을 그치지 않고 있는데, 이제 주청한 것도 예의의 나라이기 때문이다. 황제가 멀리 行幸하여 奏達하지 못하였으나, 이제 황제가 天祭를 지내기 위하여 경사로 돌아왔으니, 제사를 필하면 곧 주달하겠으며, '聖旨를 받들어 是(奉聖旨是)로 올리겠다'고 하였습니다. '是'는 우리나라에서 '그에 따라 윤허한다'는 말과 같습니다. 신들은 한 가지 일만 언급되리라고는 생각하지 않았습니다. 칙서를 지을 때는 예부가 '奉聖旨是'에 따라 성지의 말씀을 써서 그 手本을 한림원에 올려 한림원이 칙서를 지었는데, 세 閣老의 허가를 얻은 뒤 鴻臚寺를 시켜 辭單을 올리게 한 것입니다. 신들이 그것을 拜辭할 때는 칙서만 내어주었으며, 이미 拜辭한 뒤라 다시 주청할 수 없었습니다. 또 칙서 외에 '조선 국왕에게 勅諭한다'고 씌어진 봉함이 있었는데, 이는 본국에 가서 전하가 열어보시게 한 것이었습니다.

신들이 그곳에 있을 때 물러가 사사로이 열어보았으나, 열어보았다는 뜻을 예부에 고할 수 없었으므로 다시 주청하지 못하였습니다. 처음 칙서에는 반드시 두 가지 일이 거론되었을 것으로 신들은 생각하였습니다. 가서 다시 奏請하려고 했어도 事勢 때문에 올릴 수가 없었을 것입니다. 다만 종계에 대한 일을 명확히 변명한 것은, 문황제의 분명한 聖旨가 이미 있었으므로 祖訓에 따라 준허한 것입니다. 또 칙서에 '주본을 갖추어 진정하였다〔具本陳情〕'고 하였는데, '주본을 갖추었다'는 말은 (우리가) 주청한 것을 모두 지적한 것 같습니다. 또 '誠孝이 가상하다〔誠孝可念〕'고 한 말은 단지 종계 한 가지만 허락한 것으로 생각할 수 없습니다. 만약 文皇帝가 准許한 것만으로 종계에 대한 일만 준허하였을 뿐이라면, 끝에 '주청한 일을 특별히 윤허한다〔特允所請〕'고 하지도 않았을 것입니다. 또 중국이 우리나라를 예의의 나라로 여기고 기쁘게 하기 위하여 칙서를 내렸다고 들었는데, 한 가지는 준허하지 않았다면 반드시 그것을 윤허하지 않은 뜻을 언급하였을 터인데, 칙서에 그 말이 없습니다. 중국이 우리나라를 꼭 속인 것이 아니라면 예부가 반드시 咨文을 보내어 준허하지 않은 뜻을 말하였을 것입니다."

임금이 물었다. "지금 의논이 각기 달라 어떤 사람은 다시 주청하여야 한다 하고 어떤 사람은 다시 주청해서는 안 된다고 하므로 오늘 의논하려 한다. 이제 다시 주청하는 것이 어떠한가?"

남곤 아뢰기를 "다시 주청하는 일은 경솔히 할 수 없습니다. 과연 한 가지를 준허하지 않았다면 다시 주청하여야 하지만, 만약 中朝에서는 이미 두 가지를 다 준허하였다고 여기는데도 우리나라가 다시 주청하는 것은 불가합니다."

李耔 아뢰기를 "신들이 처음 주본을 예부에 올릴 때, 주본을 보지도 않고 '許改할 수 없다. 또 문황제 때 준허한 종계에 대한 일도 고증해 보았으나 증거가 없다'고 하였으며, 예부의 判司郞官은 '南京에 가서 고증해 오겠다'고 하였는데, 마침 主客司에 있던 私書를 고증하여 문황제 때 우리나라가 성지를 받은 일을 찾아내자, 儀制司에서 '이것이 증거가 되니 너희들이 주청한 일은 가망이 있다'고 하였습니다. 그러나, 또 '조선이 중국에 힐책 당한 일이 없고 또 후세에도 반드시 追論 당할 일이 없는데도, 주청하는 것은 명분을 중히 여겨 그런 것이다. 그러나 고증하여 찾아낸 문서는 곧 사사로이 보관하였던 것이니, 이것으로 사실을 입증하기

는 어렵다'고 하였습니다. 마침 예부상서는 한림원 출신이었는데, 그는 '閣老와 의논하니 閣老가 조선은 예의의 나라라 오명을 씻으려는 것이니 훌륭한 일이다'라고 했다며 상서가 예부에 앉아 郎中 강용을 불러 '내각과 의논하니 가하다 하였으니 그 주청에 답하여 보내라. 복본을 만들어야 하는데 삼가 신중히 하라'고 지시하였습니다. 그날로 초안을 지었는데 예부만이 아니라 조정도 함께 의논한 것입니다. 신이 한충·최세진 등과 함께 보니, 그 말이 과연 희미하고 불분명하였습니다. 그러나 칙지에 '주본을 갖추어 진정하였으니 특별히 주청한 바를 윤허한다'는 등의 말은, 아마도 중대한 명분에 관한 것이기 때문에 '너희 祖가 과연 하지 않았다'고 明言할 수 없어 희미하게 두 가지 일을 들어 말한 것뿐인 것 같습니다."

한충이 아뢨다. "비록 다시 주청한다 해도 그 사세를 보면 '四王을 시해한 일은 과연 하지 않았다'고 분명히 말하지는 않을 것입니다."

22. 사신의 체통을 잃었다는 비난에 사임을 청하다(《중종실록》 14 년 4월 17일 경진)

남곤·이자·한충 아뢰기를 "대간이 신들에게 奉命使의 체통을 잃었다 하니 자리에 있기가 미안하여 감히 사직합니다. 또 상사를 받았으니 더욱 미안합니다. 상이 공 없는 사람에게 과람하게 미치는 것은 불가합니다."

남곤 홀로 아뢰기를 "신은 본디 風病이 있는데다가 政府는 중요하고 바쁜 자리 — 곤이 이 때에 찬성으로 있었다 — 입니다. 억지로라도 從仕하고 싶으나 그렇게 되면 이 증세가 재발하여 다

시 살아날 수 없을까 두려우니, 신의 직을 갈아 한산한 데 있게
해주소서."

이자 아뢰기를 "지난해에 비로소 가선대부에 올랐는데 1년도 못
되어 또 정2품에 올랐습니다. 더구나 육경의 자리는 반드시 물망
이 있고 나이와 덕이 아울러 높으며 경력이 많은 사람이라야 감
당할 수 있는 것인데, 신은 올해에 비로소 40세가 되었고 재덕과
경력이 없으므로 직임을 감당할 수 없겠기에 감히 사직합니다."

두 사람이 굳게 사직하였으나 윤허하지 않았다.

23. 현량과에 추천된 사람을 교수·훈도로 差任할 것, 堤堰 축조, 빈 땅으로 이민, 역 합병, 내금위 인사, 중국 약재 가격 조정을 건의하다(《중종실록》 14년 6일 11일 계유)

신용개·안당·이장곤·신상·李耔가 추천받은 사람들을 教
授·訓導로 差授하되 取才法에 구애받지 않기로 하는 일에 관하
여 의논드렸다.

"근래에 학교가 쇠퇴하여 그 폐를 앞으로 구제하기 어렵게 되
었으니, 추천 받아 선발된 사람들은 교수와 훈도를 差授하는 것
이 합당할 것 같습니다. 다만 청렴하게 몸을 닦고 근신하게 자신
을 申飭하여 비록 한 고을에서 소문이 났다 하더라도, 그 가운데
에는 혹 학문이 모자라는 사람이 없지 않아 일률적으로 차임하여
보낼 수는 없으니, 해당 曹가 그 가운데 師長이 될 만한 사람을
택하여 보내도록 하고, 만약 효과가 있으면, 그 사람의 재능과
그릇에 따라 임용하여 권장하는 것이 어떻겠습니까?"

또 堤堰을 많이 쌓아 관개용수로 하는 일에 관하여 의논드렸
다. "제언을 쌓아 관개하는 것은 농사에 중요한 일이니 마땅히

수축해야 합니다. 다만 제언 쌓을 곳을 파느라 백성의 正田을 망치게 되고, 밭을 잃은 백성에게 보상해 주지 못하면 원성과 폐단이 또한 적지 않을까 걱정되니 각도 관찰사로 하여금 수리가 긴요한 부분을 살피게 하고 아울러 폐기될 밭주인의 사정을 물어서 啓聞하도록 한 뒤에 다시 의논함이 어떻겠습니까?"

또 비어 있는 땅에 이민하는 일에 관하여 의논드렸다. "경상좌도에는 황무지가 많고 전라도 지리산 근처에는 빈 땅이 많아, 범죄자를 이주시키면 땅의 利를 버리지 않을 수 있으니 시행할 만한 계책인 것 같습니다. 다만 한 경내에 어떤 곳은 백성이 살고 어떤 곳은 비어 있는 것은 비단 전라도만 그런 것이 각도가 다 그러하니, 죄의 경중을 헤아려 따로 법조문을 만들어 流配에 해당되지 않는 자들도 모두 옮기게 하면 그 땅에 안정하여 사는 백성들이 소동할 우려가 있습니다. 추수 뒤에 下三道 관찰사에게 그 죄가 이민시킬 만한 자와 경작할 만한 땅을 헤아려 그 가부를 살펴서 啓聞하게 한 뒤 다시 의논하는 것이 어떻겠습니까?"

이상은 金安國이 拜辭할 때 아뢴 것이다.

또 驛을 합치는 일의 가부에 관하여 의논드렸다. "5~6개 驛을 1道로 만들어 察訪을 하나만 두면 인원이 남는 큰 폐단을 (없앨 수 있어) 편리한 것 같지만 지금 각도 관찰사의 啓本을 보건대 합병은 백성들의 원하는 바가 아닙니다. 沿革은 중한 일이니 마땅히 백성이 원하는 대로 해야 하는데, 민정이 이러니 그대로 두고 합병하지 않는 것이 어떻겠습니까?"

또 內禁衛 일에 관하여 의논드렸다. "鍊才에 罷한 사람들에게 재시험을 허용하는 법이 《경국대전》에 실려 있으니, 진실로 경솔하게 폐지할 수 없습니다. 근래에 병조가 내금위의 仮預差의 수가 많이 남아돌지만 이유 없이 임용하지 않을 수도 없어 우선 가예차가 다 없어질 때까지 재시험을 허용하지 않는 것이지 영구히 재시험법을 폐지한 것이 아닙니다. 가예차가 다 임용된 뒤에는 《대전》에 따라 그 전대로 시행하는 것이 어떻겠습니까?"

또 唐藥材의 무역 가격을 시장 가격에 준하는 일에 관하여 의논드렸다. "풍년이나 흉년을 막론하고 면포 1필이면 쌀 7두씩 하는 법이 《續錄》에 실려 있으니, 경솔하게 고칠 수 없습니다. 다만 지금은 면포 값은 싸고 약재 값은 비싸, 3배 또는 1배 되는 따위의 일은 당초부터 법에 의한 것이 아닌데다 높고 과중한 것 같으니, 바라건대 해당 司에게 짐작해서 마련하여 시행하도록 하는 것이 어떻겠습니까?"

모두 그대로 따랐다.

24. 야인 대책 논의(《중종실록》 14년 6월 14일 병자)

좌의정 신용개, 우의정 안당, 우찬성 이장곤, 병조판서 이계맹, 지변사 황형·고형산, 우참찬 이자, 병조참판 박영, 참의 김근사, 참지 성운 등이, 옮겨와 사는 저들(여진인)의 일에 관하여 의논드렸다. "지금 윤희평의 啓本을 보건대, 閭延 지방의 강변에 와서 사는 사람들이 특히 金主成叮의 족친만이 아니라, 다른 부락이 서로 이끌고 와서 사는 사람들이 90여 호나 되고, 강안으로 옮겨 들어와 여연의 옛성 옆에서 사는 사람들이 20호로, 하나의 큰 부락을 이루어 장차 兩界에 큰 해가 될 것이니, 마땅히 내쫓아 발붙이지 못하도록 해야 합니다. 다만 主成叮 등이 와서 산 지 이미 오래되었고, 또 전일에 거주를 허용하였으니, 갑자기 내쫓는다면 원망하고 분한 마음을 가질 것이 우려됩니다. 그러나 당초 함경도 군관을 보내 주성가를 타이를 때 彼人 하나가 강안에서 거주하므로, 여연성 군관이 함부로 강안에 들어온 죄로 꾸짖으며 '즉각 철거하지 않으면 너희 族親도 편히 居接하지 못하게 될 것이다'고 하자, 주성가 등이 '삼가 분부대로 따르겠습니다'고 하였습니다. 지금 함부로 강안으로 들어와 옛 성에 의지하여 사는 자가 20호가 되었으니 이 잘못을 꾸짖는다면 주성가가 비록 내쫓기더라도 그다지 원망하는 마음은 생기지 않을 것입니다. 절도사로 하여금 다시 군관을 보내게 해 '함부로 강안으로 들어오고 다른 사람들을 많이 끌고 왔다'는 것으로 주성가를 책망하고 '본토가 아니면서 함부로 변방 가까이 나와 우리 경내에서 漁獵한다'는 것으로 그 뒤를 따라 와서 강 밖에 거주하는 자들을 책망하도록 하십시오. 이어서 '너희들은 전에 이미 타일렀는데도 즉각 떠나지 않았으니 마땅히 명령을 거역한 것을 따져 벌주어야 하지만, 너희들이 벼와 곡식을 거두지 못하면 즉각 떠나기 어려울까 싶기 때문에 용서한다. 그러나 곡식이 곧 익게 되어 이제는 시일을 정하여 수확할 수 있으니 다시 무엇을 기다릴 것이 있겠는가? 만약 즉시 돌아가지 않는다면 마땅히 군사를 거느리고 크게 징계하겠다. 이래서 약속하는 것인데, 너희들이 만일 전과 같이 한다면 죄가 너희들에게 있어 후회해야 소용이 없게 될 것이다'고 한다면 저들(여진인)이 스스로 오래 살 수 없다는 것을 알게 되어 철수하여 돌아갈 계책을 세우게 될 것입니다. 군관을 보내어 엄한 말로 준엄하게 책망하고 그 정상을 탐지하여 馳啓하게 한 다음 다시 의논해서 시행해야 합니다."

그대로 따랐다.

25. 대신의 도리를 논하고 형벌 남용을 반대하다(《중종실록》 14년 6월 23일 을유)

(朝講에서 상의 하문에 대하여) 우참찬 이자가 답하였다.

"대신의 도리는 너그럽게 善을 좋아하면 그만입니다. 만일 (남을) 질투하여 미워하는 짓을 한다면 (그런 대신은) 어디에 쓰겠습니까? …… 元祐 시대에 사마광이 재상이 되어 무릇 백성에게 해로운 법을 일체 제거하고 姦黨도 반드시 배척했으나, 純仁은 너무 심한 것만 제거하였습니다. 만일 지나치게 다스리면 반드시 뒷날에 소인들이 군자를 또 그렇게 모함할까 하는 것입니다. 이것이 바로 순인의 생각이었던 것입니다. 王禹偁이 말하기를 "맹자가 '仲尼는 지나친 것을 하지 않는 분'이라고 말했다"고 하였는데, 순인에게는 그런 점이 보입니다. 공자가 少正卯를 죽인 것은 너무 심한 것 같지만, 이것은 理에 합당하게 한 것입니다. 만약 현명한 사람을 방해하고 나라에 병폐가 되는 사람이라면 부득이 이렇게 처리해야 되지만, 그렇지 않은 사람이라면 털속을 불어 잘못을 찾아내는 것처럼 (지나치게 잘못을 캐어) 법으로 처치할 필요는 없습니다.……宋의 국법이 가장 正大하였던 것은 祖宗 이래로 사대부를 죽이지 않았기 때문입니다. 죄가 진실로 극악하다면 법으로 다스려도 좋지만 반드시 죽이는 것은 다스리는 지극한 도리가 아닙니다. '심하지 않았다'고 볼 수 있다면 반드시 사형할 필요는 없습니다."

陰崖 李耔의 발자취를 찾아서

정 만 조

이성규 교수와 음애 이자에 대한 학술 발표와 관련해 처음 의견을 나눈 때가 아마 작년 6·7월쯤이 아니었던가 한다. 대충 이야기를 마무리 지은 뒤 이 교수가 보내온, 집안에서 발간한《음애선생문집》을 읽게 되었다.

보통 때의 습관대로 그 인물 파악을 위해 먼저 연보부터 보았다. 후손 道興이 영조 28년에 완성했다는 음애의 연보는 그에 관한 문자가 산일 되었던 탓으로 내용은 풍부하지 않았으나 다른 사람의 문집이나 국사·야승에서 널리 채록하고 상세한 고증까지 곁들이고 있어 자못 흥미로웠다.

그러는 가운데 후반부에 가서 문득 호기심을 자극하는 구절을 찾게 되었다. 바로 기묘사화 뒤 벼슬에서 쫓겨난 음애가 세상과 담을 쌓고 대문을 닫아건 채 자신의 허물을 되돌아보며 숨어 산 곳이 음성의 음애라는 기록이었다.

'陰'이라 한 이상 햇볕이 잘 들지 않을 터이고 '崖'는 절벽이므로 아마도 절벽 아래 어두컴컴한 곳이 아닐까. 그래서 은거하기

딱 알맞고 그 지명마저 숨는다는 뜻을 가진 곳이니만큼 음애선생이 거처를 거기에 정하고, 나아가 자신의 별호로까지 삼게 되었으려니 하면서, 사람의 처지와 땅의 형세가 어찌 그리 잘 맞을까 하고 혼자서 생각해 보았다.

그러다가 연보 작성자의 설명에 음애가 바위에 새겼다는 손바닥만한 크기의 '濯纓仙榻'이라는 네 글자가 그때까지도 완전하게 남아있다는 구절을 보고, 한때 탁본하느라 돌아다녔던 버릇이 되살아나 그렇다면 어디 한번 찾아보자는 마음을 먹게 되었다. 그러나 연보 작성 때부터 이미 250년이 지난 오늘날까지 음애의 유적과 그 글자가 온전히 보존되고 있을까? 현재 상태를 알 수 없어 궁금하였다. 음성에 관한 몇 가지 자료를 찾았지만 음애동은 나오지 않았다. 기대하지는 않으면서도 인터넷에 들어가 찾아보았다. 뜻밖에도 음애에 관한 기록과, 더구나 '탁영선탑'이라는 글자가 바위에 새겨져 있다는 기록을 접할 수 있었다. 바로 음성군 소이면 비산리 음애동이 거기라는 것이다. 산길에서 목말라 물 찾던 사람에게 옹달샘이 주는 기쁨이 그러할까. 비록 하찮은 발견일지 모르나 음애동의 위치와 글자의 소재를 확인했다는 데서 오는 마음속의 희열을 바로 가라앉히기는 힘들었다.

이야기를 전해들은 이 교수도 같이 한번 찾아보자는 의욕을 보였고, 음애 연구에 동참하기로 한 경기대의 이근수 교수 역시 자신에게 먼저 말하지 않은 것이 서운하다는 투로 참여 의사를 강하게 전해왔다. 그래서 음애 유적의 답사가 계획되었으나, 늘 그러기 마련이지만 서로가 바쁘고 약속이 어그러진 데다 날씨마저 겨울에 접어들어 결국 해를 넘기고 말았다.

원래는 음애에 관한 글을 쓰기 전에 그 足跡과 遺墟를 탐방해서, 글을 접해 얻었던 음애의 영상과 대비시켜 보려 작정했으나, 이렇게 해서 끝내는 글을 쓰고 나서야 길을 찾아 나서게 된 것이다.

새로 정한 날짜는 5월 2일이었고 음성 버스터미널에서 오전 9시에 만나기로 하였다. 버스시간표의 착오로 말미암아 이근수 교수와 함께 이성규 교수를 만난 것은 진천에서였다. 비로소 음애 유허 답사가 시작된 것이다.

음애가 숨어살던 곳을 찾는 길은 음성에서부터 시작된다. 음성 읍에서 동북 쪽에 있는 주덕을 향해 36번 국도로 차를 타고 2~3분 가게 되면 소이면과 경계를 이루는 잔고개라는 언덕길을 만나며, 이곳을 넘으면 바로 비선거리가 나온다. 초행길이라 처음에는 비선거리의 위치를 몰라 어림잡은 곳에 마침 민속박물관 휴게소가 있어 차를 마실 겸해서 그곳에 정거하였다. 민속박물관이라 해서 별다른 물건이 전시된 것이 아니라 오래된 나팔이나 제니스 라디오, 새마을 관련 책자, 등잔, 죽부인 등 그야말로 온갖 잡동사니를 모아 놓았다. 주인아주머니에게 물으니 바로 여기가 비선거리인데 음애동은 모르겠다고 한다. 그래서 지금까지 현지 답사할 때 터득한 경험으로 이장댁이 어디냐고 물어 다행히 이장과 통화할 수 있었다.

길을 건너가 만난, 사람 좋아 보이는 이장은 김해 金氏로 함자는 賢九씨라고 하며 여기서 태어나 자라고 잠시 서울 생활한 외에는 이곳을 벗어난 적이 없다고 한다. 마음이 급하여 수인사도 제대로 닦지 못한 채 음애 李某를 아시느냐, 혹 바위에 '탁영선탑'이라는 한자를 새겨 놓은 것 보셨느냐를 거푸 물어도 반응이 별로 시원찮다. 인터넷 검색 결과를 따랐던 교통정보가 엉터리여서 새벽부터 버스 때문에 고생했던 생각이 순간 뇌리를 스치면서, 음애동에 관한 정보 역시 인터넷을 통해 얻었던 터라 잘못된 것이 아닌가 하는 불안감이 들었다. 그러나 이장이 내놓은 음성

군지에서 소이면의 고적으로 음애동과 더욱이 '탁영선탑'이라는 石刻이 있다는 기록을 발견하게 되어 우선은 희망을 갖게 되었다. 특히 음애동이 방죽 안에 있다는 말에 이장은 한번 같이 가 보겠다고 했다. 일행 4명이 이장의 집을 출발해 한 10분 산 쪽으로 걸어갔을까, 작은 개울이 나타나 그렇다면 암벽도 있으리라 짐작이 갔다. 개울 옆으로 길도 없는 곳을 더듬어 올라가며 혹 작은 바위라도 나오면 무슨 글자가 있나 유심히 살피기도 한 지 몇 분이 지나지 않아 아까부터 일행의 선두에 서서 올라가던 이성규 교수의 "아! 여기 있다" 하는 환성이 들렸다. 얼른 쫓아 올라가 보니 약 5미터 정도 높이의 바위가 나무에 일부 가려져 있고 그 중간쯤에 유려한 필치로 '陰崖洞'이라는 제법 큰 글씨로 된 刻字가 나왔다. 그러면 '탁영선탑은?' 하고 두리번거리는데 역시 이 교수가 맞은 편 바위 — 높이가 한 3미터 될까? — 를 손가락으로 가리켰다. 약간 돌이끼가 붙어있기는 하지만 탁영선탑의 네 글자가 한눈에 들어왔다. 드디어 음애의 遺墟를 찾은 것이다. 우리야 《음애집》에서 〈自敍〉나 〈瓜亭記〉 묘도문자를 통해 머릿속으로 그려온 음애동과 刻字를 실제 눈으로 확인한 정도의 감흥을 가졌지만, 음애의 방손인 이성규 교수의 상기된 표정과 다소 흥분한 듯한 언동은 우리와는 크게 달랐다. 그도 그럴 것이 음애가 어느 시절 사람인가? 무려 500년 전의 인물이 아닌가. 까마득한 후대의 방손으로, 그 후손마저 제대로 찾지 못하는 한 궁벽한 산골의 개울가 바위에서, 그 선조의 刻字된 필적과 자취를 찾게 되었다면 어느 누구라도 솟아오르는 기쁨을 감출 수 없을 것이다. 벌써부터 사방을 뛰어다니며 카메라의 셔터를 부지런히 누르는 이 교수를 보며 이런 생각이 들었다.

다시 찬찬히 글자가 새겨진 바위 주위를 살피니 개울의 폭은 이쪽 '음애동'이 새겨진 바위와 '탁영선탑'이 새겨진 암석의 거리가 4~5미터 정도이고 그 사이에 물이 흐르는데 조금 위쪽에 한 6~7평 되는 평평한 암반이 바닥에 놓여 있다. 옛날에 음애가 바로 이 바위에 앉았을 것이라고 말하면서 엉덩이를 내려앉아 사진을 같이 찍었는데, 글쎄 딱딱하고 찬 암반이 별 거부감 없이 친근하게 느껴지는 것은 역시 음애선생과 인연이 깃든 곳이기 때문일까 — 이장 설명으로는 이 암반은 문바위라 부른단다.

여기서 잠시 연보에 나와 있는 陰崖의 정경을 베껴본다.

선생께서는 사화 이후 人事를 사절하고 마침내 음성의 음애동으로 거처를 옮기고 (그로) 말미암아 자신의 호를 음애라 하셨다. 작은 집을 지었는데 동쪽으로 돌우물이 있고 졸졸 흐르는 물이 마을 들머리에 이르러 물맑은 개울〔淸溪〕로 흘러든다. 청계의 좌우에 바위가 깎아 놓은 듯이 서 있고 평평하게 굽어 洞門이 되었는데 선생께서 그 바위에 '濯纓仙搨'이라 새겨 놓았다. 때로 학도들을 거느리고 그 위에서 배회하며 시를 읊었는데 詩酒로 유유자적하며 세상일을 잊은 듯 담담하였다. 그러나 時政의 잘못됨을 들었을 때는 탄식해 마지않으며 士類가 망했음을 너욱 애통해 하셨다. …… 탁영선탑의 네 글자는 크기가 손바닥만한데 새겨놓은 글자 획이 아직도 완연하다.

연보에는 탁영선탑의 글자 크기가 손바닥만하다고 했는데 내 손바닥으로는 어림도 없다. 옛날 사람들의 손은 모두 그렇게 컸을까? 연보의 설명에 더 이상 보탤 말이 없으나 《孟子》의 〈离婁〉에 "滄浪의 물이 맑음에 가히 나의 갓끈을 씻을 만하도다"라는 데서 유래했다는 '탁영선탑'의 글자가 무색하게 옛날의 청계는 오늘날 濁水로 변해버려 마치 세상인심이 갈수록 험악해지는 것을 드러내는 듯하여 아쉬웠다. 음애 당시는 아니고 뒷날 누군가가 세웠으리라 짐작되는 정자 터의 기둥을 판 흔적이 개울바닥 암반에 네 군데나 있어 작은 경치나마 자연 그대로 두고 보지 못하는 인간의 욕심을 다시 한번 생각해 보게 된다.

문득 음애라는 지명으로 볼 때 무슨 큰 바위나 壁立千仞의 절벽이 있지 않을까 둘러보았으나 얼른 눈에 뜨이지 않는다. 이장 말로는 개울에서 올려다 보이는 높은 산이 음성의 鎭山인 迦葉山이라 하며 거기에 마당바위·농바위·집바위 따위의 이름이 붙은 암괴들이 있다고 한다. 그렇다면 崖는 맞겠는데 왜 陰이라 했을까. 이곳은 햇볕도 잘 드는데……. 아쉬움을 뒤로 하고 개울 옆으로 해서 경작지인 밭으로 나왔다. 아마 어딘가에 음애가 오이를 심고 세웠다는 瓜亭이 있지 않았을까.

지명으로서 음애에 관한 의문은 점심을 먹으러 음성읍내에 갔다가 되돌아 잔고개를 넘어 오면서야 비로소 풀렸다. 고개에서 왼쪽으로 본 가섭산의 한 8부능선 정도에 채석으로 말미암아 흉측하게 파여지기는 했지만 거대한 암벽이 북쪽을 향해 있었기 때문이다. 북향이니만큼 햇볕이 들지 않아 陰한 곳이 분명하고 얼핏 보아도 백여 길 되는 암벽이니만치 斷崖라 해도 무리 없을 것이다. 음애는 바로 이를 두고 한 말이 분명하다.

결국 음애동이란 음애 부근에 있는 동네란 뜻이 된다. 어찌 음애동뿐일까. 음성이라는 군 이름조차 음애에서 유래하지 않았나. 만약 그렇다면 채석한 것은 음성의 상징인 심장 부분을 파먹은 것과 다름없다고 본다.

음성의 음애에서 은거한 지 10년이 지난 50세 때 음애는 충주의 兎溪로 거처를 옮겨 夢庵을 짓는다. 토계에서는 음성에서와는 달리 조금 문호를 열어서 출입도 하였다. 그래서 탄수 이연경, 십청헌 김세필, 존암 이약빙, 처사 허초 등과 서로 왕래하며 학문을 논하면서 54세로 마감하는 여생을 보내었다.

　바로 이 충주의 토계가 우리의 두 번째 답사지였다. 토계로 가는 길은 만만치 않았다. 불정에서 감물을 거쳐 살미로 향할 때 산태극 수태극이라는 우리나라의 지형처럼 험한 산길을 돌아갈 수밖에 없었고, 중간 중간에 임진란 때 申砬의 달천 전투로 귀에 익은 달천을 여러 차례 가로질러 건넜다. 19번 국도를 타고 한없이 달리나 하는 순간 살미라는 도로 표지와 함께 '수주 8봉 폭포'라는 안내판이 나왔다. 그에 따라 좌회전하여 평범한 지방도를 4~5분 정도 가자 갑자기 눈앞에 한줄기의 작은 산봉우리들이 볼록볼록 솟아오르는데 끝 부분에 가서 중간이 칼로 자른 듯이 싹둑 하니 뭉텅 잘려나가고 — 바로 이것이 劍巖이다 — 그 사이로 푸른 물과 함께 건너편 마을에 기와 얹은 무슨 건물이 보이는 풍경을 맞게 되었다. 아무런 예고 없이 모퉁이를 돌자마자 문득 나타나더니 점차 분명하게 시야에 들어오는 절경은 우리로 하여금 그야말로 감탄을 금할 수 없게 하였다.

　산자락을 돌아 다리를 지나 이까 본 기와집으로 찾아드니 그곳은 다름 아니라 음애와 탄수·십청헌을 제향하는 팔봉서원이었다. 이 서원의 원래 이름은 溪灘이다. 이는 선조 15년(1582년) 당시 충청도 관찰사이던 開嵓 金宇宏이 충주목사 徐選 그리고 충주 사림과 힘을 합하여, 50여 년 전 이곳에 우거하던 음애의 遺墟에다가 그와 그 道友로 때로 이곳에 와서 함께 강학하던 灘叟 두 분의 학덕을 기리고 이와 겸하여 유생의 장수처로 삼기 위한 서원을 세우면서, 음애가 여기 살면서 썼던 다른 별호인 溪翁과 灘叟에서 앞 글자를 한 자씩 따서 계탄서원으로 일렀던 데서 유래했다. 또 이곳의 형승을 따서 검암서원이라고도 불렀다 한다.

창건 당시는 崇德祠·好懿堂이라는 이름의 사묘와 강당, 明誠齋·敬義齋라는 동·서재의 기본 건물을 갖추고 둘레에 담장을 둘렀다는데 임진왜란으로 불탄 뒤 다시 중건했다고 한다. 광해군 4년(1612년) 음애의 또 다른 도우로서 음애동과 가까운 知非川에 살면서 왕래가 있던 십청헌 김세필, 탄수의 사위이자 문인이며 그 인연으로 음애를 방문해 며칠 시봉까지 했던 소재 노수신을 추향함으로써 음애 주향의 의미는 다소 엷어졌으나 서원의 운영은 더 충실해질 수 있었다. 이후 충주 사림의 청원으로 현종 13년(1672년)에 조정으로부터 팔봉서원이란 현판을 받음으로써 사액 서원으로서 충주 일대의 대표적인 존재가 되었다가 대원군의 서원정비령에 따라 훼철되는 비운을 만났다.

잔뜩 찌푸려 있던 날씨가 마침 빗방울을 떨어뜨리는 속에서 서원 앞에서 섰으나 문이 잠겨 있었다. 그러나 그렇다고 출입 못할 정도는 아니었다. 서원은 최근에 새로 지었는데 祠廟만 덩그렇게 해 놓았을 뿐 강당은 아예 없고 재실도 동재 한 칸만 있다. 웬만한 정자에도 몇 개씩 걸려 있게 마련인 현판조차 별로 보이지 않는다. 선조 때 사림의 영수로 퇴계에 버금가는 유학자로 치던 영의정 노수신이 〈계탄서원기〉를 지었고 조선 중기 4대 문장가의 한사람으로 손꼽히던 택당 이식의 중건 상량문이 있음에도 말이다. 그런데 서원 중건에 참여한 인사들의 명단과 중건 경위를 적은 중건비가 잠시 얼굴을 내민 햇빛을 받아 유난히 빛나고 있어 옛날과 오늘을 비교하게 하는 것 같아 묘한 기분이 들었다. 적어도 문화유적을 복원한다면 제대로 격식에 맞추고 철저히 고증을 거쳐 할 것이지 그저 건물을 세웠다는 데 의미를 두어서야 차라리 하지 않느니만 못하지 않을까. 절마다 무슨 佛事다 해서 건물이 새로 지어지지만 그래도 문화재가 여럿이고 사람이 넘쳐나는

데 견주어 그야말로 "뜰 가득히 봄풀 만 무성할 뿐 적막강산으로 사람 흔적 찾을 길 없다〔滿庭春草寂無人〕"고 한 고려 말의 학자 安珦의 한탄을 증명이나 해주는 것 같았다.

서원 건물에서 맛 본 실망감은 서원 앞의 전경을 보는 데서 곧 상쇄되었다. 어쩌면 그렇게도 묘하게 되어 있는가. 서원이 있는 곳은 약간의 언덕으로 앞으로 돌출되어 있고 달천의 물줄기는 그 언덕을 U자형으로 빙그르 돌아 충주로 흘러가는데, 맞은 편 산줄기에는 아까 들어올 때 본 작은 봉우리들이 볼록볼록 솟아있다. 그런가 하면 칼로 자른 듯 가운데가 잘려 나가 劍岩이라 불리는 암벽 사이로 그리 높지는 않으나 하얗게 부서져 내리는 팔봉폭포의 모습은 비경이란 바로 이런 것을 두고 하는 말이라고 가리키는 듯 하다. 일찍이 학봉 김성일이 통신사로 일본에 가는 길에 이곳을 지나며 검암의 음애 유허를 보고 지은 시가 음애에 대한 학봉의 존모심과 이곳의 정경을 그림처럼 그려내고 있다. 이를 소개하는 것으로 말로 표현 못할 감정을 대신한다.

<음애의 검암서원을 지나며 느낀 생각(過陰崖劍巖書院感懷)>

흰구름 낀 언덕 위의 명현을 모신 사당	名賢祠宇白雲阿
한번 보자 감개스런 마음 많이 일어나게 하네	一望令人感慨多
비방이 산 같아서 비록 배척당했으나	謗似丘山雖見擯
마음이 철석이니 어찌 닳은 적 있겠나	心如鐵石豈曾磨
황각에서 국 끓이던 손 거두어 들었고	卷懷黃閣調羹手
창랑에서 돛대 치던 노래에 화답했네	來和滄浪鼓枻歌
그날의 당신 모습 아직도 방불하여	當日典刑猶髣髴
천길 높은 검암에는 맑은 물이 들러 있네	劍巖千仞帶清波

《학봉집》 속집 권1에는 〈十三日過獺川望劍巖有感〉으로 되어 있다)

팔봉서원은 음애가 살던 몽암 터에 세운 것이라 한다. 어느 날 음애가 아침 일찍 일어나 창문을 여니 자던 구름이 물가에 흩어지고 새벽 해가 산언덕을 밝게 비추었다. 마음이 흔쾌해진 음애가 '즐겁도다! 즐겁도다!'를 연발하자 창밖에서 이 말을 들은 어린 종이 '소금이 없어도 즐겁구나, 간장이 없어도 즐겁구나'라고 중얼거렸다고 한다. 음애의 청빈한 삶이 아름다운 자연 속에서 더욱 신선하게 다가오는 것 같다.

가족들이 모두 이사를 오게 되면서 몽암이 너무 협소해지자 음애는 헌 배를 강가에 메어두고 기거하면서 그 즐거움을 〈船板記〉로 남겼는데, 지금도 배를 메어두고 살고 싶을 정도로 달천의 물은 맑고 산은 수려하다. 음애는 번민에서 벗어나지 못한 음애동의 생활과 자연과 함께 자적한 토계의 생활을 스스로 다음과 같이 비교하였다.

버림받고 물러나 음애에 살며 인사를 끊고 폐문두절하며 허물을 되돌아보았다. 샘물을 끌어 沼를 만들고 풀을 베어 정자를 짓기도 하였으며, 휘파람을 불며 마음을 펴 보기도 하였다. 때때로 다시 술이 생기면 수십 일을 痛飮하며 일어나지도 않았다. 세수하고 머리 빗는 일도 오래 폐하여 손톱에는 때가 가득하였다. 몸은 약해져 가누지도 못하였고 정신은 어지럽게 마모되었다. 황량한 폐허를 홀로 걸으며 마치 꿈속에서처럼 중얼거렸으며 혹은 문자를 엮어 시구를 만들기도 하였으나 다시는 세상에 드러낼 만한 구절〔警策〕을 얻을 수 없었다. 그것이 오래되어 습관이 되었다. 이에 더욱 깊고 그윽한 곳을 찾아 토계로 이사하였다. 이곳은 인적을 찾을 수 없고 촌가도 극히 적은데, 산은 높고 냇물은 깊다. 물가의 새와 들짐승과 함께 종일 노닐며 집으로 돌아갈 생각도 잊었으며, 疎野한 천성이 그윽함과 만나 기뻐하였다. 또 이탄수가 멀지 않은 곳에 살아 청풍이 불고 달이 밝으면

문득 한번 노를 저어 서로 찾아가 바위 위에 앉아 시를 읊조리며 仙
人의 종적을 높이 흠모하였다. 맑은 냇물에서 달을 낚고 가을 산에서
고기를 잡는 홍 또한 얕지 않았다(《음애집》,〈自敍〉).

달 밝은 밤 흐르는 물소리를 피리 소리 삼아 뜻 맞는 道友들과
술잔을 기울였음직한 음애의 殘影을 머릿속으로 그려보다가, 다
시 한번 시간 내어 여유를 갖고 이곳을 찾아 음애의 謦欬를 親承
하겠다고 기약하면서 서울로 차를 돌렸다.